中印关系研究丛书
教育部人文社会科学重点研究基地四川大学南亚研究所
四川大学中国西部边疆安全与发展协同创新中心
2011年教育部人文社会科学重点研究基地重大项目（批准号：11JJD810024）

中印人文交流研究
历史、现状与认知

A Study of Sino-Indian Cultural Communications:
The Past and the Present and Their Mutual Perceptions

尹锡南◎著

时事出版社

图书在版编目（CIP）数据

中印人文交流研究：历史、现状与认知/尹锡南著.—北京：时事出版社，2015.12
ISBN 978-7-80232-920-1

Ⅰ.①中… Ⅱ.①尹… Ⅲ.①中印关系—文化交流—研究 Ⅳ.①G125 ②G135.15

中国版本图书馆 CIP 数据核字（2015）第 266427 号

出 版 发 行：	时事出版社
地　　　　址：	北京市海淀区万寿寺甲 2 号
邮　　　　编：	100081
发 行 热 线：	（010）88547590　88547591
读者服务部：	（010）88547595
传　　　　真：	（010）88547592
电 子 邮 箱：	shishichubanshe@sina.com
网　　　　址：	www.shishishe.com
印　　　　刷：	北京昌平百善印刷厂

开本：787×1092　1/16　印张：26　字数：404 千字
2015 年 12 月第 1 版　2015 年 12 月第 1 次印刷
定价：118.00 元

（如有印装质量问题，请与本社发行部联系调换）

献给我的朋友——

印度国际大学（Visva Bharati）中国学院院长
阿维杰特·巴纳吉博士（Dr. Avijit Banerjee）

学术委员会
（以姓氏笔画为序）

主　任：罗中枢
副主任：姚乐野
主　编：李　涛
副主编：文富德　张　力　陈继东
委　员：文富德　尹锡南　李　涛　叶海林　任　佳
　　　　孙士海　张贵洪　张　力　张　骏　杜幼康
　　　　沈丁立　沈开艳　杨文武　邱永辉　陈利君
　　　　陈继东　尚劝余　荣　鹰　郁龙余　姜景奎
　　　　赵干城　胡仕胜　谢代刚　谭　中（美国）
　　　　Mahendra P. Lama（印度）
　　　　Khalid Rahman（巴基斯坦）

总序

中印两国有着两千多年的文明交流史，共享两千多公里边界线，拥有25亿、占世界1/3的人口，中印关系对自身、地区乃至全球都具有举足轻重的影响。随着国际形势的发展，国际政治活动重心正逐渐从欧美向亚洲，特别是东亚、南亚等充满活力的地区转移，这对于迅速崛起的亚洲新兴发展中大国中国和印度关系的研究而言愈显重要。

当然，影响中印关系的因素众多。从历史看，既有两千多年文化宗教友好交往的回忆，又有1962年边界冲突留下的阴影；从现实看，既有两国政府的高度重视，又有双方大众相互认知上的缺失和不对称；从发展看，既存在不同产业结构和资源禀赋的互补性，又存在贸易逆差等带来的问题；从国际形势看，既有同为发展中大国追求共同利益诉求的互助性，又有受地缘政治和国际格局变化影响带来的排斥性和潜在的冲突性……因此中印关系长期扑朔迷离、跌宕起伏。

如何共同引导和维护好作为集邻国关系、大国关系、发展中国家关系、多边舞台上的重要伙伴关系"四位一体"的中印关系，这不仅是两国政府、官员的职责，也是双方民众、媒体、特别是从事中印研究的智库学者们义不容辞的任务。为此，教育部人文社会科学重点研究基地四川大学南亚研究所在基地重大项目和其他项目研究的基础上，整合全国最新科研成果推出了此套《中印关系研究丛书》。

这套丛书将从经济发展、外交安全和社会文化的视角，全面探讨中印关系发展的历史轨迹、客观现状和未来走势，希望能有助于推动两国关系沿着正确的方向发展——从国家利益谋求自主发展，从双边关系增进互信共赢，从地区层面共促亚洲世纪，从全球视角追求世界和平、天下大同。这不仅是作者们的心声，更是两国人民的愿景！

李 涛

四川大学南亚研究所常务副所长、教授

2014 年 3 月 25 日

目 录

绪论 〉〉〉_ 1
  第一节　何谓国际关系研究的"文化视角"　〉〉〉_ 2
  第二节　中印关系研究的历史与现状　〉〉〉_ 5
  第三节　研究意义及其他　〉〉〉_ 12

第一章　中印文化交流概述　〉〉〉_ 17
  第一节　中印文明特质辨　〉〉〉_ 18
  第二节　古代中印文化交流　〉〉〉_ 24
  第三节　近现代中印文化交流　〉〉〉_ 35
  第四节　当代中印文化交流　〉〉〉_ 45

第二章　近现代中印双向认知考　〉〉〉_ 57
  第一节　引言　〉〉〉_ 58
  第二节　中印双向认知的平衡性　〉〉〉_ 60
  第三节　中印双向认知的错位性　〉〉〉_ 81

第三章　当代中印双向认知考　〉〉〉_ 89
  第一节　中印双向认知的平衡性　〉〉〉_ 90
  第二节　中印双向认知的错位性　〉〉〉_ 119
  第三节　中印双向认知的历史规律　〉〉〉_ 140

第四章　人文交流与中印关系发展：媒体报道 >>>_ 149
第一节　中印媒体报道对方的积极一面 >>>_ 150
第二节　中印媒体报道对方的消极一面 >>>_ 162
第三节　媒体报道相关问题的思考 >>>_ 173

第五章　人文交流与中印关系发展：公共外交 >>>_ 181
第一节　中印公共外交历史回顾 >>>_ 182
第二节　公共外交优化国家形象 >>>_ 189
第三节　如何加强对印公共外交 >>>_ 194

第六章　人文交流与中印关系发展：文化软实力传播 >>>_ 201
第一节　何谓中印文化软实力 >>>_ 202
第二节　印度文化软实力传播对中国的启示 >>>_ 211
第三节　中印文化软实力双向传播的背景 >>>_ 218
第四节　中印文化软实力双向传播的措施 >>>_ 223

第七章　印度的中国研究概况 >>>_ 239
第一节　独立以前印度的汉学研究 >>>_ 241
第二节　当代印度的汉学研究 >>>_ 245
第三节　当代印度的中国研究转型 >>>_ 256
第四节　中国问题研究的主要建树 >>>_ 263

第八章　中国的印度研究概况 >>>_ 271
第一节　现代中国的印度学 >>>_ 273
第二节　当代中国的印度学 >>>_ 281
第三节　印度现实问题研究 >>>_ 310
第四节　中印研究对方的异同 >>>_ 322

余论　文化互动与中印关系发展 >>>_ 325

附录一　中印文化交流史大事记　〉〉〉_ 331

附录二　印度汉学研究部分重要书目　〉〉〉_ 343

附录三　《泰戈尔与中国》部分译文　〉〉〉_ 351

参考文献　〉〉〉_ 377

后记　〉〉〉_ 399

绪论

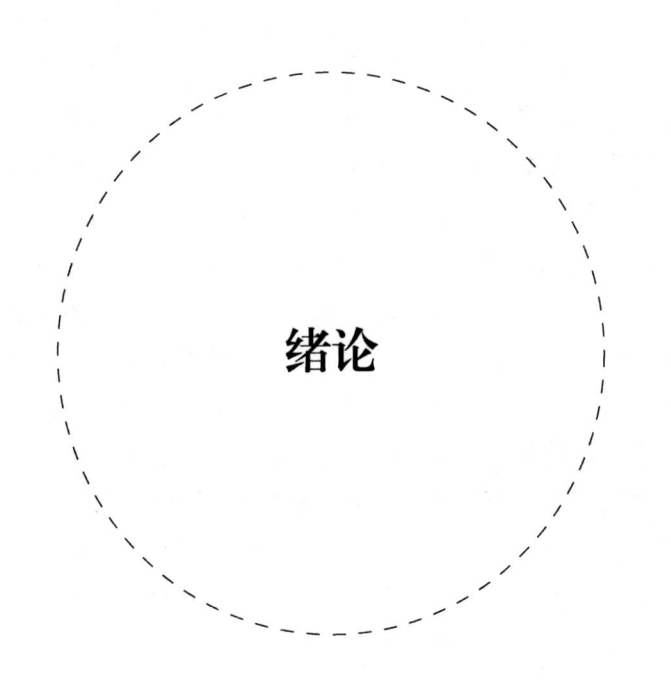

第一节 何谓国际关系研究的"文化视角"

提起"国际关系"这个词汇，人们首先会将之与主权国家之间的首脑互访、外交博弈、军事交流、对抗甚或跨国经济贸易等联系起来，国际关系研究者们也历来注重从政治、经济、军事、外交安全等角度考察当代民族国家之间的互动关系。例如，国内出版的一本国际关系专业教材在介绍当代西方国际关系理论时，用了大量篇幅介绍国际关系理论在西方的理论起源、历史沿革、从理想主义与现实主义到新现实主义与新自由主义的三次论战、国际关系理论的新论战、国际关系基础理论（包括国家利益论、权力论、冲突论、均势论、博弈论、集体安全论等）和冷战后国际关系理论新发展等。[1] 含有文化因子的软实力论和文明冲突论只以很小的篇幅进行说明，这似乎说明了文化视角的国际关系理论建构或相关研究在世界范围尚处起步阶段的事实。不过，近年来出版的一本隶属于"21世纪国际关系学系列教材"的《西方国际关系理论经典导读》说明，社会学视角或历史、文化与心理学视角的国际关系理论开始进入国内学者的研究视野。该书收录了国际关系理论中的现实主义、自由主义、建构主义、批判理论和后现代主义等四个学派共12部著作的部分译文，其中一些译文折射出某种程度的历史文化视角。[2]

尽管如此，随着经济全球化和国际文化交流的迅速发展，随着美国为首的西方国家对外战略的新调整，文化因素在大国博弈和世界外交舞台上开始扮演着比从前更为重要而复杂的角色，国际关系理论中的文化因素也开始呈现出比重逐渐增加的迹象。特别值得注意的是，20世纪后期、特别是自美国学者塞缪尔·亨廷顿颇具争议的"文明冲突论"出现

---

[1] 参阅倪世雄等著：《当代西方国际关系理论》，上海：复旦大学出版社，2001年版。
[2] 参阅秦亚青编：《西方国际关系理论经典导读》，北京：北京大学出版社，2009年版。

以来，国际关系研究领域在某种程度上出现了文化转向的趋势。亨廷顿认为："在这个新世界中，区域政治是种族的政治，全球政治是文明的政治。文明的冲突取代了超级大国的竞争。"[1] 同样值得注意的是，同一时期，新自由主义理论代表人物、美国学者约瑟夫·奈提出了"软实力"一说，这是影响同样深远的国际关系理论。奈曾经回忆道："1990 年，我在一本关于美国未来实力的书中第一次提出了软实力的概念。"[2] 在约瑟夫·奈那里，软实力是与军事实力、经济实力并驾齐驱的"三驾马车"之一："在这样一个多样化的世界里，所有这三种力量——军事实力、经济实力和软实力，都是必不可少的，尽管它们在不同场合具有不同的作用。然而，只要目前的经济和社会发展趋势继续下去，信息革命的领导作用和软实力就会变得更加重要。"[3] 在奈看来，富有诱感与影响力的软实力包含了民主、自由等西方价值观，多党制等西方政治理念和好莱坞大片等文化因素。[4] 不可否认，在软实力理论中，文化软实力占有非常重要的比例。另外，随着建构主义和后现代主义思潮等在 20 世纪 80—90 年代进入国际关系领域，话语、文化身份、主体认同等开始涌入国际关系研究领域。"建构主义为公共外交提供了身份认同研究的理论支持……建构主义非常注重文化、观念和身份认同的理论作用，其参与主流理论的讨论，并不拒绝主流理论的概念和范畴体系，而是想开辟一条从文化、主观认识来重新构建国际关系理论的途径……显然，文化和认同被建构主义看作基础性的因素。可以说，建构主义研究的主题恰恰是信息社会条件下国际关系最重要的问题，建构主义的兴起客观上也促使国际关系学者重新去审视民族主义、种族、宗教、性和性别等因素在全球政治中的作用，这是信息社会条件下国际关系领域面临的核心问题，

---

[1] ［美］塞缪尔·亨廷顿著，周琪等译：《文明的冲突与世界秩序的重建》，北京：新华出版社，1999 年版，第 7 页。

[2] ［美］约瑟夫·奈著，马娟娟译：《软实力》，"中文版序"，北京：中信出版社，2013 年版。

[3] ［美］约瑟夫·奈著，郑志国等译：《美国霸权的困惑：为什么美国不能独断专行》，北京：世界知识出版社，2002 年版，第 12—13 页。

[4] 同上书，第 9—12 页。

却是主流理论长期以来所忽视的。"① 因此，富含人文色彩的公共外交理论获得部分国际关系研究者的青睐。

从近年来国际关系理论建构和实践的新动向来看，大致可以得出这么一种印象：国际关系研究所谓的"文化视角"，便是注重考察不同国家在文化沟通、人文交流、公共外交、双向认知、形象塑造、媒体报道、学术研究等不同侧面所反映出的现象或问题。"文化视角"是考察当代纷繁复杂的国际关系的一种广义文化视野，这也基本符合上述理论思潮的发展动向。换句话说，以往隶属于语言学、文学、哲学、历史学等范畴的人文科学概念开始进入国际关系这一社会科学的研究领域。进一步说，比较文学形象学、新闻传播学、心理学、历史学、宗教哲学、汉学或中国学等属于人文科学的知识领域大致可以融入国际关系研究，从而体现学科交叉的优势，这反映了当代人文科学和社会科学相互渗透、融合的大趋势。

正是在上述新的理论思潮的冲击下，近年来国内一些学者开始重视从文化视角切入复杂的国际关系研究，这使中国的国际关系研究或中外关系研究领域出现了很多新的动向，产生了很多新的成果，② 以前被学者们不太重视甚或忽视的文化视角开始显示它的方法论意义和重要价值。例如，一位学者认为，目前中国外交应该重视"战略性外交话语"的建构，并以"韬光养晦"、"和平发展"与"和谐世界"等三个基本概念进行分析。该学者认为，战略性外交话语并非严格的概念，而是具有某些战略因素的话语，可以称其为比拟性外交话语，这种话语的建构已经成为中国外交所面临的紧迫问题。"中国学者需要努力加强与西方学者的对话，以提供更具说服力的中国声音……总之，中国需要跳出西方的话语框定，主动定义中国的国际定位，设置国际议题，赢得话语主动权。这是一个长期的对外战略目标，同样也需要长期的不懈努力。"③ 另一位学

---

① 韩方明主编：《公共外交概论》，北京：北京大学出版社，2011 年版，第 23—24 页。
② 值得注意的一个动向是，一些从事比较文学研究的学者的自觉探索明显带有国际关系研究的色彩，例如周宁：《天朝遥远：西方的中国形象研究》，北京：北京大学出版社，2006 年版。
③ 叶淑兰："中国战略性外交话语建构刍议"，中国人民大学书报资料中心"复印报刊资料"《中国外交》2013 年第 1 期，第 39 页。

者对中国外交为何缺乏话语权和如何打造自己的国际话语权进行了探讨。[1] 话语分析本是语言学、文学和哲学等人文科学的重要议题，如今进入了国际关系研究的社会科学范畴。还有一位学者对于西方文化传播的战略意图、中国方面的应对措施等进行了系统而全面的探索。[2] 在华裔学者谭中看来，国际关系的地缘政治或地缘经济研究模式以外，应该出现地缘文明研究范式。他说："按照逻辑来说，'民族国'之间的关系，受到地缘政治范式支配，可是'文明国'应该例外，应该由'地缘文明范式'来支配。"[3] 综上所述，文化视角可以且已经纳入国际关系研究的方法论范畴。

第二节　中印关系研究的历史与现状

顾名思义，本书主要从文化视角出发，考察和研究近代以来、特别是20世纪中期亦即1947年印度独立以来曲折发展的中印关系。这是与以往大多数学者倾向于从国际政治互动、军事安全或经济贸易等侧面研究中印关系有所不同的地方。

实事求是地看，从文化视角研究古代至现代中印关系的著述出现得较早，但如果严格区分的话，它们主要是对中印文化交流进行历史梳理，属于中外文化交流史的范畴。例如，印度著名佛教学者、汉学家师觉月（Prabodh Chandra Bagchi, 1898—1956，或译"巴克齐"）于1944年出版的《印中千年文化关系》（India and China: a Thousand Years of Cul-

---

[1] 参阅王义桅："中国外交如何争取国际话语权"，中国人民大学书报资料中心"复印报刊资料"《中国外交》2013年第1期，第42—45页。

[2] 参阅张文木："西方文化传播战略及其应对"，中国人民大学书报资料中心"复印报刊资料"《中国外交》2013年第4期，第16—23页。

[3] [印] 谭中、郁龙余主编：《谭云山》，北京：中央编译出版社，2012年版，第176页。

tural Relations）便是如此。① 印度前总统拉达克里希南、K. M. 潘尼迦、季羡林、林承节、薛克翘和郁龙余等人也有这方面的研究成果问世。上述学者的研究主要从文化交流角度研究古代中印关系，他们的著述大多并不涉及或很少涉及中印关系发展的现实问题研究。②

无论是在中国、印度还是西方学术界，系统而全面地研究现代中印关系发展都是从20世纪中后期开始的。主要以1962年中印边境冲突为契机，印度和西方迅速兴起中印关系研究热潮，出现了不少相关成果。20世纪六七十年代，印度和西方学界的研究主要聚焦于中印边界纠纷和边境冲突，涉及印度对华决策等因素，但绝大部分研究带有浓厚的意识形态色彩，缺乏理性。例如，西方学者于1967年出版的《中印关系史：充满敌意的共处》一书持反华基调，该书于1971年在印度再版。③ 一些印度学者坚持"中国侵略印度"的观点。④ 当然，这一时期也出现了为数不多的比较客观的研究成果，如英国学者内维尔·马克斯韦尔在1970年出版的《印度对华战争》和印度学者卡·古普塔在1974年出版的《中印边界秘史》便以客观的态度追溯了中印边界纠纷的历史根源。20世纪80年代以来，西方学界的中印关系研究不断出现新的成果，研究领域有所拓展，如瑞士学者吉尔伯特·艾迪安所著《世纪竞争：中国和印度》、美国学者斯蒂芬·柯亨所著《大象和孔雀：解读印度大战略》和戴维·史密斯所著《龙象之争》、斯蒂芬·霍夫曼所著《印度与中国危

---

① 该书已有完整中译本面世：[印] 师觉月，姜景奎等译：《印度与中国——千年文化关系》，北京：北京大学出版社，2014年版。

② 例如：S. Radhakrishnan, *India and China: Lectures Delivered in China in May* 1944, Bombay: Hind Kitabs Ltd. 1954; K. M. Panikkar, *India and China: A Study of Cultural Relations*, Bombay: Asia Publishing House, 1957; 季羡林：《中印文化交流史》，北京：新华出版社，1991年版；林承节：《中印人民友好关系史（1851—1949）》，北京：北京大学出版社，1993年版；薛克翘：《中印文化交流史话》，北京：商务印书馆，1998年版；薛克翘：《中国印度文化交流史》，北京：昆仑出版社，2008年版；[印] 谭中、耿引曾：《印度与中国——两大文明的交往与激荡》，北京：商务印书馆，2006年版。

③ John Rowland, *A History of Sino-Indian Relations: Hostile Co-existence*, Bombay: Allied Publishers, 1971.

④ 例如：Mohan Ram, *Politics of Sino-Indian Confrontation*, New Delhi: Vikas Publishing House, 1973。

机》等等。① 客观地看，部分西方学者的研究还没有完全摆脱关于中国的意识形态偏见。例如，美国学者 J. W. 加尔弗（高龙江）于 2001 年出版《持久竞争：二十世纪的印中对峙》。他声称，其著作专门研究"中印间深刻持久的地缘政治竞争"。他认为，地缘政治冲突已经左右了印度和中国的命运。② 他的研究代表了部分西方学者对中国的刻板印象和以地缘政治视角分析中印关系发展的现实主义心态。

值得注意的是，印度学者 K. P. 古普塔发表于《中国述评》（China Report）1972 年第 4、5 期上的长篇论文《从社会历史视角分析印度的现代中国观》，对近代以来印度中国观的历史演变进行了系统的探索。这可视为印度学界从文化视角考察中印关系的一个范例，它既有对于中印关系的历史文化透视，也有对中印当代政治关系、军事互动的思考，较好地体现了文化视角与政治视角相结合的研究方法。通观该文不难发现，由于写于 1962 年中印边境冲突之后不久，古普塔此文自然带有浓厚的意识形态偏见，对于中国的看法存在一些错误或偏见，但该文将研究视野扩展为古代、近代到 20 世纪 70 年代的中国认知或中印相互认知，这是一个开创性贡献。该文主要通过建构主义者推崇的后现代文化身份、民族国家认同等视角，对印度如何认识中国以及中印相互认知失衡或不对称的情况进行探索。该文某些结论带有明显的意识形态偏见或时代局限，例如："考虑到中印认知失衡的这种核心思想结构，许多历史之谜开始显山露水……在这些抽象概念的最深层，似乎自辩喜和康有为时代以来，任何东西都未发生变化。"③

20 世纪 80 年代后，印度学者对于中印关系史、特别是 1947 年以来的当代中印关系史产生了浓厚的兴趣。总体上看，他们主要从政治视角而非文化视角出发论述中印关系的曲折发展，研究心态开始转向理性，能以较为客观的姿态探索中印关系曲折发展的各种复杂因素，并为发展

---

① Steven A. Hoffmann, *India and the China Crisis*, Berkeley: University of California Press, 1990.
② Johan W. Garver, *Protracted Contest: Sino-Indian Rivalry in the Twentieth Century*, London: Oxford University Press, 2001, p. 3.
③ Krishna Prakash Gupta, "Indian Approaches to Modern China-II: A Social-Historical Analysis", *China Report*, Vol. 8, No. 5, September-October, 1972, p. 57.

中印关系出谋划策。这种趋势在 21 世纪初表现得更为明显，如任嘉德和 V. C. 卡纳合著的《"毛泽东对印战争"后印度与中国的走向》、① K. 巴杰帕伊等主编的《大象与龙：21 世纪的印度与中国》、② 尼米·库里安的《崛起的中国与印度的政策选择》、③ 白蜜雅的《中国、世界与印度》、④ 任嘉德主编的《潘查希拉与未来：论印中关系》、⑤ S. D. 沙尔玛著的《全球化时代的中国和印度》⑥ 等便是如此。这一时期，白蜜雅、M. 莫汉蒂和尼米·库里安等人的著述值得关注。当然，由于中印边境冲突的影响，加之受西方研究模式的影响很深，部分印度学者的研究成果带有冷战色彩和意识形态偏见。例如，T. S. 穆尔提所著的《印中边界：印度的选择》⑦ 和 G. 查杜威迪所著的《1947 年至今的印中关系》⑧ 便或多或少带有意识形态的研究痕迹。A. B. 阿格拉沃尔的《印度、西藏与中国：尼赫鲁扮演的角色》更是继承了 20 世纪六七十年代某些印度学者研究中国问题的错误立场和观点。⑨

20 世纪 90 年代以来，华裔学者谭中等的中印关系研究开始步入新的探索路径。他们拓展文化研究新视野，力图培育和展示中印关系研究的新思维。谭中主编了两本重要的书，即 1994 年应印度文化关系委员会之邀主编的《印度地平线》和 1998 年主编的论文集《跨越喜马拉雅鸿

---

① C. V. Ranganathan and Vinod C. Khanna, *India and China*, *The Way ahead after "Mao's India War"*, New Delhi: Har-Anand Publications, 2000.
② Kanti Bajpai and Amitabh Mattoo, eds. *The Peacock and the Dragon: India and China in the 21st Century*, New Delhi: Har-Anand Publications, 2000.
③ Nimmi Kurian, *Emerging China and India's Policy Options*, New Delhi: Lancer Publishers, 2001.
④ Meera Sinha Bhattacharjea, *China, the World and India*, New Delhi: Samskriti, 2003.
⑤ C. V. Ranganathan, ed. *Panchsheel and Future: Perspectives on India-China Relations*, New Delhi: Samskriti, 2005.
⑥ Shalendra D. Sharma, *China and India in the Age of Globalization*, Cambridge: Cambridge University Press, 2009.
⑦ T. S. Murty, *India-China Boundary: India's Options*, New Delhi: ABC Publishing House, 1987.
⑧ Gyaneshwar Chaturvedi, *India-China Relations: 1947 to Present Day*, Agra: MG Publishers, 1991.
⑨ Ajay B. Agrawal, *India, Tibet and China: The Role Nehru Played*, Mumbai: N. A. Books International, 2003.

沟：印度寻求理解中国》。① 在这两本书里，印度学者除了对中印政治互动、经贸往来等进行论述外，还就中印文化关系等重要议题进行阐发。这显示，印度学者在研究中印关系方面开始接续师觉月等前辈学者的研究方法和路径并力求创新。就著作而言，德里大学东亚研究系玛姐玉所著的《在华印度人：1800—1949》，探讨了殖民主义时期在华印度人所作所为及其复杂命运，也探讨了其复杂命运对当代中印关系曲折发展的影响。该书是中印关系研究领域的力作。② 尼赫鲁大学狄伯杰的两部中印关系研究著作《20 世纪前半叶的中印关系》和《1904—2004 年的印度与中国：一个世纪的和平与冲突》也呈现出相似特色。③ 兰密施的《理解 CHINDIA：关于印度与中国的思考》催生了"中印大同"思想。谭中赞同兰密施的观点并有所发挥，近年来他主要以建构地缘文明新范式为旨归展开中印关系研究。他主编的英文著作如《跨越喜马拉雅障碍：印度寻求理解中国》、中文著作如《中印大同：理想与实现》、④《印度与中国》（合著，商务印书馆，2006 年）等均体现了这一思想。由谭中和张敏秋等人主编的英文版《跨越喜马拉雅障碍：中国寻求了解印度》已经在印度出版。⑤ 该书收录的所有论文的作者均为中国学者，谭中的"中印大同"思想和对中印边境冲突的思考值得关注。总的来说，从文化视角研究中印关系、特别是当代中印关系的曲折发展已经成为一些印度学者的学术自觉，但其广度和深度都有待加强或提升。

对中国学界来说，中印关系研究的规模在很长一段时期不及印度和西方学界，近 20 年来，这一状况逐渐得到改善。从国际政治视角出发研

---

① Tan Chung, ed. *Indian Horizons*, Vol. 43, No. 1 - 2, New Delhi: Indian Council for Cultural Relations, 1994. Tan Chung, ed. *Across the Himalayan Gap: An Indian Quest for Understanding China*, New Delhi: Gyan Publishing House, 1998.
② Madhavi Thampi, *Indians in China: 1800 - 1949*, Delhi: Manohar Publishers, 2005.
③ B. R. Deepak, *India-China Relations in the First Half of the 20th Century*, New Delhi: A. P. H. Publishing Corporation, 2001. B. R. Deepak, *India and China: 1904 - 2004, A Century of Peace and Conflict*, New Delhi: Manak Publications, 2005.
④ 谭中主编：《中印大同：理想与实现》，银川：宁夏人民出版社，2007 年版。
⑤ Tan Chung, Zhang Minqiu and Ravni Thakur, eds., *Across the Himalayan Gap: A Chinese Quest for Understanding India*, New Delhi: Konark Publishers, 2013.

究中印关系的著作包括：王宏纬的《喜马拉雅山情结：中印关系研究》、①赵蔚文的《印中关系风云录（1949—1999）》、②张敏秋主编的《中印关系研究（1947—2003）》、③郑瑞祥的《印度的崛起与中印关系》、④尚劝余的《尼赫鲁时代中国和印度的关系（1947—1964）》、⑤赵干城的《中印关系现状·趋势·应对》、⑥刘学成的英文著作《中印边界纠纷和中印关系》（1994年）和张力的英文著作《南亚冲突控制：中国的认知与角色作用》（2009年）等等。研究中印关系的相关论文更是不计其数。另外，近年来，国家社会科学基金和教育部各类社会科学基金均设立了有关中印关系研究的项目，显示了中印关系研究越来越受到学界的高度重视。近两年来，国家社会科学基金对涉及印度政治、经济、社会等领域或中印关系研究的课题明显加大了扶持力度，其中批准设立的个别项目体现了从文化视角考察中印关系发展规律的旨趣。

20世纪末至21世纪初，中国学界开始出现从历史文化视角系统考察20世纪中印关系发展规律的研究成果。例如，林承节所著的《中印人民友好关系史（1851—1949）》（北京大学出版社，1993年）和薛克翘所著的《中国印度文化交流史》（昆仑出版社，2008年）等便属此类。张敏秋主编的《跨越喜马拉雅障碍：中国寻求了解印度》也在这方面作出了贡献，该书多篇论文均从历史文化视角出发，探索中印关系发展现状和趋势。⑦随新民所著的《中印关系研究：社会认知视角》以国际关系理论结合认知心理学的模式，研究当代中印关系发展中的一些关键问题，作者的创新意识非常明显。值得注意的是，随新民认为："在中国学术界，中印关系的认知研究还是一项空白，即使在国外，也尚未发现从

---

① 王宏纬：《喜马拉雅山情结：中印关系研究》，北京：中国藏学出版社，1998年版。该书后来修改再版：王宏纬：《当代中印关系述评》，北京：中国藏学出版社，2009年版。
② 赵蔚文：《印中关系风云录（1949—1999）》，北京：时事出版社，2000年版。
③ 张敏秋主编：《中印关系研究（1947—2003）》，北京：北京大学出版社，2004年版。
④ 郑瑞祥：《印度的崛起与中印关系》，北京：中信出版社，2006年版。
⑤ 尚劝余：《尼赫鲁时代中国和印度的关系（1947—1964）》，北京：中国社会科学出版社，2009年版。
⑥ 赵干城：《中印关系现状·趋势·应对》，北京：时事出版社，2013年版。
⑦ 张敏秋主编：《跨越喜马拉雅障碍：中国寻求了解印度》，重庆：重庆出版社，2006年版。

社会认知的双向互动视角考察分析中印关系的研究成果。"① 随新民的著作便是从双向认知视角研究中印关系的学术实践。他还明确地以"认知错位"等概念进行论述,如"中印两国这种认知上的错位无疑会对中印关系产生消极影响"② 等类似的概念随处可见,又如"认知差异"、"认知固化"、"不对称的安全认知结构"、中印知觉结构的"非对称性"、"认知互动"、"相互认知"等。③ 不过,限于研究旨趣和著述体例,该书显然没有将中印关系放在更为宏阔的历史视野中进行审视,也未将文学作品、历史著述等丰富多彩的文本纳入研究范畴,而只限定于几个重要的议题,这虽然集中了论述的笔墨,但却使其考察的广度和深度受到限制。龙兴春在论文《中印仍有巨大的认知错位》中,对中印认知错位现象进行了简略分析。他认为:"双方对当今中印关系中主要矛盾仍存在认知错位……事实上,很多认知并没有多少实际支撑,它们往往缘于历史情感、价值好恶、惯性思维或某种国际关系理论。"④ 周宁发表论文《"我们的遥远的近邻":印度的中国形象》,该文对印度的中国认知做了较为系统的历史考察,⑤ 提出了很多新的见解,但是认为现代印度的中国形象是西方中国形象的翻版,这一不无偏颇的结论有悖于事实。他有意忽略了泰戈尔、谭云山和谭中等人关于中国及中国文化的正面认识。拙著《印度的中国形象》(2010 年)和《印度中国观演变研究》(2014 年)考察了印度中国形象的历史变迁。⑥ 限于篇幅和体例,拙著的相关研究有待深化。

值得一提的是,中印合作研究项目成果即中英文版《中印文化交流百科全书》于 2014 年 6 月出版,这对深化中印关系研究大有裨益,自然也为从文化视角研究中印关系奠定了更为坚实的基础。据介绍,全书以

---

① 随新民:《中印关系研究:社会认知视角》,北京:世界知识出版社,2007 年版,第 21 页。
② 同上书,2007 年版,第 75 页。
③ 参见随新民:《中印关系研究:社会认知视角》,北京:世界知识出版社,2007 年版,第 159、165、165、174、253、299、310、311 页。
④ 龙兴春:"中印仍有巨大的认知错位",《环球时报》2012 年 10 月 23 日,第 15 版。
⑤ 周宁:"'我们的遥远的近邻':印度的中国形象",《天津社会科学》2010 年第 1 期。
⑥ 尹锡南:《印度的中国形象》,北京:人民出版社,2010 年版。

800多个条目为主体，对2000多年来中印两国的贸易往来、科技交流、宗教哲学交流等方面进行总结与描述，内含4000多个主题，约110万字，配图1300多幅。"《中印文化交流百科全书》是对中印文化交流史的全面系统总结，是中印两国文化交流与合作的新成果……全书的编纂工作遵循实事求是的原则，以史实为依据，客观准确地反映中印两国在历史上的双向文化交流。"[①]

纵观中国、印度和西方学者的相关研究，虽然出现了从文化角度探讨近代以降、特别是20世纪中期以来中印关系曲折发展的一些论文，且某些著作或论文集也涉及到这一问题，但是以文化视角系统研究19世纪以来、特别是冷战后中印关系曲折发展的专著比较少见，这给本书研究留下了极为丰富的探索空间。近年来，笔者在《印度的中国形象》和《印度中国观演变研究》等著作和相关系列论文中，对印度关于中国的单向认知进行了初步探索。《中印人文交流研究：历史、现状与认知》一书便是在此基础上的全面拓展和深化，其对中印双向认知的历史考察和规律分析，非常典型地体现了这一旨趣。

第三节 研究意义及其他

历史上，中印文化交流是世界各大文明友好交流的典范。在各自争取民族独立的现代时期，中印互相声援和支持。1947年印度独立以来，中印两国的政治互动呈现出一波三折的趋势，目前仍然存在很多复杂的变数。重要的是，当代中印关系的复杂多变绝非政治研究或经济研究方法所能完全解释的，它需引入新的分析模式或研究方法进行阐释。

2005年前后，谭中等人提倡"中印大同"，印度学者对此存在不同

[①] 冯文礼："《中印文化交流百科全书》问世"，中国社会科学网，2014年7月1日，http://www.cssn.cn/ts/ts_sjxw/201407/t20140701_1236440.shtml。

反响。2006年是中印友好年，中印举办了一系列促进两国友好睦邻关系的活动。为推动中印之间的旅游交往，2007年2月14日两国在新德里正式启动"2007印度—中国旅游友好年"活动。2008年1月，印度总理在中国社会科学院发表演说时指出："首先，我们必须拉近印度和中国之间的认知距离，我们应该长期地努力，来确保相互之间有正确的了解。不仅了解彼此的文化和历史，也了解彼此目前的发展。我们应该加强人文交流，消除误解和偏见。我们需要在学术界、媒体、非政府专业人士和文艺界之间开展广泛、全面的对话。"[①] 2010年12月，温家宝总理访印期间，专门召集中印文化界知名人士就如何发展两国友好关系进行座谈，这显示中国领导人对于文化交流在中印关系发展中的重要地位有了更新的认识。2011年被中印两国定为"中印交流年"，2012年又被两国领导人确定为"中印友好合作年"。2013年5月，李克强总理访问印度期间，与印方高层共同确定2014年为"中印友好交流年"。2013年5月20日，中印两国发表的联合声明中称："双方认识到青年交流对促进相互理解发挥着重要作用，决定继续举行百人青年代表团年度互访活动。"[②] 这些以国家名义发表的联合声明再次确认了人文交流对促进中印关系发展的重大意义。事实上，只有加强人文交流，促进中印文化交流与学术合作，才能在最大限度上缩短中印之间的"认知距离"，为培育印度健康理性、成熟客观的中国观创造基础和前提，并为中印关系健康发展创造更好、更多的契机。从另一个角度来说，从文化视角研究和透视中印关系发展的历史、现状，预测未来的发展趋势，并为如何促进中印文化交流，进一步开展中印间公共外交而思考良方，便成了当前学术研究的重点之一。

从目前情况来看，中印关系处在前所未有的大好发展时机。"中印友好"、"文化交流"或"公共外交"等已经或即将成为中印关系研究的关键词。目前，中印友好与龙（中）象（印）竞争的趋势并存，印度与中

---

① "印度总理曼莫汉·辛格在中国社会科学院发表演讲"，2008年1月15日，http://big5.china.com.cn/international/txt/2008-01/15/content_9533777.htm。

② "中华人民共和国和印度共和国联合声明"，2013年5月20日，http://www.fmprc.gov.cn/ce/cein/chn/zywl/t1041929.htm。

国的文化互动显得尤其重要，这也说明从文化视角出发系统考察当代中印关系的曲折发展非常必要和重要。

目前，印度研究在中国冷寂一段时日后已开始转热，中印关系研究更是如此。限于某些复杂因素，中国学者的中印关系研究还期待某些方面的突破。例如，中印边境冲突的评价或研究就是如此。更为复杂的是，某种程度上，20世纪以来中印关系发展的一波三折还与近代以来中印民间交往由盛转衰和殖民主义的侵扰等因素存在联系。事实上，通过来华印度官兵、印商、在印华商和留学生等群体的活动，近代以来中印之间曾经出现多种形式、多个层面的互动交流。泰戈尔1924年访华后频繁的中印民间往来以及20世纪50年代的中印兄弟情谊成为20世纪中印关系史的美好篇章，但殖民主义势力干扰等消极因素又使得这种互动交流一直呈现出不稳定的态势。1947年印度独立以后，两国之间的政治热情持续了一段时间，但中印关系在中印边境冲突前后迅速跌入低谷。此后，中印关系出现了很长时期的沉寂。时至今日，中印之间的政治互动、经贸往来、军事交流、文化交流、旅游往来等仍然存在很大的提升空间，印度朝野看待中国和印度新闻媒体报道中国亦始终是复杂的"多声部"。因此本书注重从历史互动的视野考察20世纪以来、特别是印度独立以来中印关系阴晴不定的原因，以比较文学、历史学等学科的理论方法探索近代以来中印建构对方形象的思想机制或心理动因，再结合国际关系理论等分析21世纪中印合作的前景，以拓展中印关系研究的某些重要领域。近年来，中国学术界提倡开展公共外交，以便于建构中国良好的国际形象。在提倡文化强国与追求中国梦的时代背景下，中国政府提倡建设自己的文化软实力，争取国际话语权，构思中国文化"走出去"战略。这显示，国际关系研究的触角已经从政治、经济、军事、外交安全等领域延伸到了文化层面。当前，中印关系发展处于敏感而关键的时期，本书力求在前人相关研究的基础上有所创新，为中国政府制定对印外交策略、构思对印文化交流的蓝图提供力所能及的学术参考。

从学理上讲，本书属于典型的跨学科研究，因此除了重视国际关系理论资源外，很有必要将历史学、比较文学等领域的知识和方法结合在一起进行研究。

首先，本书将采取历史溯源的方式，对中印千年文化交流史进行简单梳理，并对近代以来西方殖民势力在中印人民友好关系中打下的各种"楔子"进行分析，从而对20世纪以来中印曲折互动的历史文化背景有一个大致了解。其次，本书注重发挥比较文学形象学理论、跨文化交流理论在国际关系研究中的学科交叉作用。当代曲折发展的中印关系既是现实政治的产物，也是跨文化交流的复杂体现，因此必须重视研究中印双方的文化认知对双边关系发展的现实影响。比较文学形象学理论有助于分析和阐释这种跨文化认知的难题，跨文化交流理论更是如此。中国文化与印度文化并非完全同质意义上的文化，相反，它们是一对异质文化。中印各自的宗教哲学是其文化的核心要素，塑造着中印文化思维的特色。当代中印关系之所以艰难曲折，至今还存在一些不确定因素，这与两国人民看待外部世界、看待历史邻居的心态有着一定的联系。如何透视这一问题，决定了各种文化视角在研究中的必然介入。由于本书涉及国际关系研究，国际关系理论的思想资源必然纳入方法论范畴。当然，由于该项目的跨学科性，上述各种理论资源运用的多寡和深浅要视具体内容而定。

本书主要包括以下四个方面的研究内容：第一，辨析中印文明特质和梳理中印文化交流的历史脉络；第二，考察中印近现代、当代的双向认知，此即近代以来、特别是20世纪中期印度独立以来中印关系曲折发展的文化阐释和心理透视；第三，分析媒体报道、公共外交和文化软实力传播与中印关系发展的复杂联系，此即中印关系研究的热点或新视角；第四，简略介绍现当代印度的中国研究和中国的印度研究概况，为学界打开另一扇窥视中印关系的"文化窗户"。这四个方面的研究内容以第二、第三部分为重点。

具体来说，本书首先将简略地介绍中国文明与印度文明基本特质的异同、尤其是考察它们之间的差异，并对印度文化思维和中国文化思维的规律进行比较研究，以探索中印认识对方的一些思维定势。同时，笔者对古代至近现代的中印文化交流史进行简述，以呈现近现代中印友好的双向认知历史背景和心理基础。在此基础上，简要考察近代以来至20世纪中叶中印两国间的相互认知。

第二部分对印度独立、新中国成立到1962年中印边境冲突前夕以及1962年至今的当代中印文化交流进行考察，同时将对1962年中印边境冲突的历史文化成因及其对中印关系的深刻影响进行简析。在此基础上，简要考察1949年新中国成立以来中印双向认知的基本轨迹，总结其发展演变的历史规律，揭示导致当代中印关系曲折发展的某些文化或心理因素。

第三部分从媒体报道、公共外交和文化软实力传播等三个角度，探讨人文交流如何促进中印关系发展的问题。首先，本书将探讨中国与印度媒体关于对方国家的报道问题，深究其中的历史内涵、政治色彩和心理动因，思考中印之间的双向报道如何影响中印关系的健康发展，探索正确引导中印媒体双向报道的良策，从而为清除中印彼此理解对方的一些心理障碍"对症下药"。在此基础上，本书将着力探讨中印间公共外交历史、现状和如何加强中印人文交流的具体措施等问题。此外，笔者还将就中印文化软实力比较和中印文化软实力均势传播等问题进行初步探索，思考如何以文化软实力双向传播促进当代中印关系发展的问题。

最后，笔者将对20世纪以来印度的中国研究和中国的印度研究概况进行简介，为中国学界提供相关研究信息。笔者拟对中印研究对方的大致脉络和基本概况进行简介，以为国内学界提供中印关系研究的一种新视角。笔者还将力所能及地整理一份中印文化交流大事记，提供印度汉学研究部分重要书目，以飨读者。为使学界了解泰戈尔访华与中印现代文化交流的复杂关系，笔者还译出了印度学者卡利达斯·纳格编著的《泰戈尔与中国》的部分文章，并将其收入附录。

第一章

中印文化交流概述

一般认为，世界上存在着"四大文明摇篮"："世界上有四大文明摇篮，文化的种子从这些地区传播到全球各地。按照由东及西的次序排列，它们是：中国、印度次大陆、'肥沃的新月形地带'和地中海地区（尤其是希腊和意大利）。在这四个地区中，印度理应得到比它通常享有的更高的声誉。"[1] 提出上述观点的学者坚持认为："印度古代文明与埃及、美索不达米亚和希腊文明不同的地方在于，它毫无断裂地得以保存至今……事实上，印度与中国拥有世界上最悠久而持续的文化传统。"[2] 否认同处亚洲地区的中印两国具有悠久的文化联系或文明互动历程显然是愚蠢的，但承认印度文明和中国文明一样，都未产生任何文化"断裂"而延续至今，这似乎难以成为当今中印学界的共识。这提示我们在研究中印文化交流史时，必须对印度文明的特质乃至中印文明特质的异同进行一番简略的考察。

第一节 中印文明特质辨

华裔学者谭中认为："中国和印度是当今'民族国'世界中两个唯一

---

[1] [英] A. L. 巴沙姆主编，闵光沛等译：《印度文化史》，北京：商务印书馆，1999年版，第1页。
[2] A. L. Basham, *The Wonder that was India: A Survey of the History and Culture of the Indian Subcontinent before the Coming of the Muslims*, Third Revised Edition, New Delhi: Picador India, 2004, p. 4.

的'文明国'。"① 这将印度文明的崇高地位提升到一个新的境界。谭中的观点似乎隐含着一个基本前提：印度文明和中国文明一样，自古至今没有出现发展的断裂现象。一般来说，中国文明没有出现发展的断裂现象，这很容易理解，但要理解印度文明同样延续至今，需要对此进行澄清。对于某些中国学者将印度文明排除在"唯一的从未中断过的文明"之外的说法，谭中的观点是，所谓"中断"和"分裂"主要是指政治体制的表现，而文明发展的规律完全不同。因此，根据对印度古代文明的历史考察，似乎可以得出这样的结论："中国总体上说是一个文明、一个国家，是大屋顶式。印度总体上说是一个文明、多个国家……可以这样说，中国文明范式是'superdom/穹顶'式，印度文明范式是'hutments/军营'式。"② 按照谭中和前述历史学家的说法，印度文明与中国文明一样，不存在所谓发展"中断"的现象。中国学者的思路与此有些相似。例如，有的学者在论述印度文明的特质时说："印度是世界文明的发祥地之一，与中国一同跻身于世界四大文明古国之列……不可否认，在长久的历史发展过程中，印度文明既曾繁荣昌盛，也尝衰微低迷，但它却历经劫难，跋而复起，四千余年，绵延不绝，并在20世纪中叶再获新生。这充分说明，印度民族是一个伟大的民族，而其文明，亦具有非凡的生命力。"③ 再看另一位学者的观点："中印两国虽然几千年来曾遭受过多种外来势力的侵略和冲击，但博大精深的中印文明非但没有因此而中断或改变其本身发展的轨迹（如埃及、巴比伦文明），反而用兼收并蓄的方式融合了多种外来文化，并使本身的文化推陈出新，具有更加旺盛的生命力，从而延续不断地保持了下来，成为世界上少有的几个具有数千年延续不断发展历史的文化。"④ 尼赫鲁在1956年发表的看法也确认了印度文明的上述特质："在中国和印度这两个国家里，不仅在历史开始之际就有了这些早期文明，而且尽管有一切

---

① ［印］谭中、郁龙余主编：《谭云山》，北京：中央编译出版社，2012年版，第4页。
② ［印］谭中主编：《中印大同：理想与实现》，银川：宁夏人民出版社，2007年版，第37—38页。
③ 刘建、朱明忠、葛维钧著：《印度文明》，北京：中国社会科学出版社，2004年版，第2页。
④ 王德华、吴扬主编：《龙与象——21世纪中印崛起的比较》，上海：上海社会科学院出版社，2003年版，第152页。

的盛衰隆替，变化更迭，但它们联系不绝，从未中断。因此，中国和印度具有这种长远的不中断的传统和文化遗产。"① 这些观点说明，印度文明的确具有"非凡的生命力"。它之所以在某些历史阶段出现"衰微低迷"，这是因为其曾经遭受一波又一波外敌入侵，也是其种姓制度在某种程度上阻碍民族团结等负面因素使然。印度文明的旺盛生命力使其一次次走出历史的"低迷"状态，直至现代时期焕发勃勃生机。一般而言，正如谭中所说，印度文明延续至今，应是指其古典文化传统的衰而不落、历久弥新，而非指其政治体制的延续不断和地理疆界的亘古不变。

弄清楚印度文明的一大特性后，需要再对另一个问题进行澄清。这便是印度文明的东方性与西方性问题，这一问题其实也与日本文明特性的问题非常类似。这反映了亚洲国家在世界历史发展过程中受惠于东西方文明互动的基本规律。有的学者认为，事实上，从人种学、历史学、文明类型学来看，印度确实属于西方。不过，印度地处东方世界，在其文明、文化的发展进程中，大量地接受东方民族文化传统的影响，使其与同种同源的西方文化越来越拉大距离，当西方人重新"发现印度"时，便确认它属于东方世界。"客观而论，印度既有不可挥去的西方基调，又有鲜明浓郁的东方韵味；既不同于欧美，又不同于中日；是处于东方与西方之间的一个真正的文化上的中间地带。"②

关于中国文明与印度文明的差异，还有学者指出：首先，从古代政治实体的发展来看，中国自秦始皇统一全国以来，在2000多年中基本上保持着大一统的封建帝国框架，始终是一个"具有具体疆土范围和中央政府的国家实体"，短期内战分裂除外。另一方面，长期以来，印度始终没有一个王朝"统一过整个印度"。因此，直到英国全部占领南亚次大陆之前，始终没有一个"明确的印度国家实体"。③ 中印之间的这种区别对于各自的现代民族复兴道路影响深远。其次，中华文化在数千年中始终以中原地区

---

① [印] 贾瓦哈拉尔·尼赫鲁著，齐文译：《印度的发现》，"中译本序言"，北京：世界知识社，1956年版。

② 此段介绍参阅郁龙余：《中国印度文学比较》，北京：中国社会科学出版社，2001年版，第1—2页。

③ 王德华、吴扬主编：《龙与象——21世纪中印崛起的比较》，上海：上海社会科学院出版社，2003年版，第153页。

的汉民族文化为主流文化或主导文化,而印度文化的成分显然要复杂得多,因为这其中包含了雅利安文化、达罗毗荼文化、佛教文化、印度教文化、耆那教文化、伊斯兰文化等。"虽然印度教文化在印度文化中影响最大,但它始终没有像汉文化那样在中华文化中占绝对优势,成为印度文化的主流或主导文化。在数千年的印度文化发展史中,雅利安文化、佛教文化、印度教文化、伊斯兰文化可以说是'各领风骚数百年',在不同的历史时期里成为印度文化中的主流文化。"这便使得印度寻找一种凝聚全民族的文化力量比中国"要困难得多"。① 虽然说印度教文化难以成为印度文化的"主流文化"和佛教文化也可"各领风骚数百年"这些观点有待商榷,但是印度文化的复数性或多元性的确是任何一个研究印度问题的学者都无法忽视的历史现象和现实问题。该学者还认为,经过了200多年的英国殖民统治后,西方的精神文明和物质文明被嫁接到印度文明中,即使是反抗英国殖民的政治斗争,也未根除或排斥英国人带来的西方民主制度和西方文化。相反,中国近代没有完全沦为西方殖民地,这便使西方列强可以在政治、经济方面控制中国,但却无法彻底摧毁"以儒家思想为主体的封建思想文化体系,使西方的思想文化和制度文化在中国社会中广泛传播和扎根,从根本上改造中国的封建文化"。② 另外,宗教因素在印度文明的发展过程中有着举足轻重的作用,而中国则无此特征。"因此,对中国人思想起作用的主要不是宗教,而是至高无上的皇权思想、宗族主义和孔孟之道的儒家思想。"③

关于印度文明的特点,谭中说:"印度特殊的地理历史环境使它的文明有三大特点:(1)容纳性特别大,'存异不求同';(2)辐射性能高,像一面镜子,外来文化射进来又折射出去;(3)想象力丰富,故事性强。"④ 这里所说的"存异不求同",是指印度文明对外来文明的无限包容性;所谓的"辐射性能高",当然是指印度文明卓有成效的世界传播;至

---

① 王德华、吴扬主编:《龙与象——21世纪中印崛起的比较》,上海:上海社会科学院出版社,2003年版,第153页。
② 同上书,第154页。
③ 同上书,第155页。
④ [印]谭中主编:《中印大同:理想与实现》,银川:宁夏人民出版社,2007年版,第38—39页。

于"想象力"和"故事性",则应指印度文化浓郁的宗教神话色彩。印度文明的这些特点,与中国文明既有相异之处,也存在一些相似的地方。

在1988年的一篇"序"中,季羡林曾将世界文化分为四个独立的体系,即中国文化、印度文化、闪族文化和西方文化。他认为,这四个文化体系又可分为两大类,两类之间互有差异、各有特点。"专就中国和印度而言,两国文化体系分属两大类别,其差别是非常明显的。从思想方法来看,中国体系具有逻辑性、条理性,让人一目了然。印度则深邃难测,用现在的话来说,就是透明度不高,然而耐人寻味。这表现在一切方面。"① 虽然说这一观点有过于简单之嫌,但还是道出了中印文明特性差异的一些侧面。

另一位学者在比较中印古代文化传统时指出,中印皆为历史悠久的文明古国,但文化形态却又区别很大,这种区别自然也可视为中印古代文明特质的差异所在。"就神话和历史而言,印度古代神话发达而史学不发达,中国古代史学发达而神话不发达,形成鲜明对照。"② 产生这种鲜明反差的原因是:"印度古代始终缺乏既实用又宜于长期保存的书写材料,因而一直保持口耳相传的文化传承方式。这就决定了印度古代口头文学创作——神话传说、史实和民间故事——的异常发达。而中国古代早已具备既实用又宜于长期保存的书写材料,因而一向重视以书写文字为依据的文化传承方式……而中国古人重视书写文字,促成中国史学起源较早。"③ 该学者还认为:"中国古人历史意识成熟较早。历史意识必然倾向于消解神话思维,而强化理性思维。这样,中国古代神话的发展不仅受到压抑,还遭遇历史化。"④ 按照这位学者的看法,在中印神话比较中(此处主要是指中国汉族神话,不包括中国少数民族神话),还可以发现对某个同样问题的思考,在印度形成神话,在中国却没有形成神话。例如,在印度古代的宇宙论中,存在着一种四时代的循环论神话。这里的四个时代是指印度史诗和往

---

① 季羡林:《季羡林全集》,第10卷,北京:外语教学与研究出版社,2009年版,第353页。
② 黄宝生:《梵学论集》,北京:中国社会科学出版社,2013年版,第241页。
③ 同上书,第178页。
④ 同上书,第249页。

世书神话提及的圆满时代、三分时代、二分时代和迦利时代。印度的这种"时代循环论神话"体现了"一种历史退化论观念"。而中国古人试图总结王朝兴衰的历史经验,并未形成由天神创造或操控的"历史循环论"。"这也可以说是中国古人历史意识成熟较早的又一种表现。"① 有的学者还认为,印度古代的宗教哲学思想抑制了印度人历史意识的形成。② 印度当代历史学家罗米拉·塔帕尔的话可以视为对中国学者观点的一种互动:"打个比方说,时间和空间被视为历史的经线和纬线。在印度,理解时间的过程中包含了抽象概念,如循环时间被视为宇宙学的组成部分,而线型时间则来自人的业果。在史诗《摩诃婆罗多》、《摩奴法论》和《毗湿奴往世书》等不同的著作中,循环时间都是关于宇宙的一种思考,对于这种世界观的阐释或许可以追溯到基督纪元之初。"③

在中国学者看来,印度文明和中国文明特质的差异还表现在宗教思维或理性思维是否发达这一方面。这是因为:"印度教中既含有宗教信仰,也含有实用理性和思辨理性,只是在功能发挥和表现形态上,与中国有所不同。儒家在中国古代文化传统中占据主导地位,以政治和伦理为核心的经学和史学发达。而印度教在古代印度文化传统中占据主导地位,神话和史诗发达,各种法论和哲学都烙有宗教信仰的深深印记。无疑,这种文化差异主要是在雅斯贝尔斯所谓的'轴心时代',即中国的春秋战国时代和印度的列国时代形成的。"④ 印度作家泰戈尔的相关描述可以证明印度文明的宗教特性。他认为,印度文明独特之处在于它发端于"森林文明"。此处的"森林文明"暗示,印度文明具有浓烈的宗教气息。他说:"印度文明发源于丛林,而不是在都市,这是一种奇特的现象……从森林栖居中流出的文明之河,滋润整个印度,至今汩汩流淌。"⑤ 他还认为,印度人"通过冥思默想进入世界深处,建立灵魂与景物的联系。印度不是在物质财富

---

① 黄宝生:《梵学论集》,北京:中国社会科学出版社,2013 年版,第 250 页。
② 葛维钧:"古代印度的宗教哲学妨碍了历史学的建立",《南亚研究》1991 年第 1 期。
③ Romila Thapar, *The Penguin History of Early India from the Origins to AD 1300*, New Delhi: Penguin Books, 2003, p. 37.
④ 黄宝生:《梵学论集》,北京:中国社会科学出版社,2013 年版,第 258 页。
⑤ [印] 泰戈尔著,白开元译:《静修林》,刘安武、倪培耕、白开元主编:《泰戈尔全集》,第 21 卷,石家庄:河北教育出版社,2000 年版,第 414 页。

上展示文明，印度文明的舵手是隐士，是衣不蔽体的苦修者。"① 泰戈尔对滋润了印度文明的森林评价很高。

关于中国与印度文明特性的差异，人们还可以从语言民俗、逻辑思维、宗教传统等各种不同角度进行探索，以上介绍只是略举几例而已。接下来对古代至近现代的中印文化交流概况做一简介。

第二节　古代中印文化交流

季羡林曾将中印文化交流分为七个阶段：滥觞期（秦汉以前）、活跃期（后汉三国，25—280年）、鼎盛期（两晋南北朝隋唐，265—907年）、衰微期（宋元，960—1368年）、复苏期（明朝，1368—1644年）、大转变时期（明末清初）和清代即近现代的"涓涓细流"期。② 按照他的看法，世界上不同文化之间的交流规律是："两种陌生的文化一旦交流，一般说来，至少要经过五个阶段：撞击——吸收——改造——融合——同化。"③ 由于各国情况不同，上下两个阶段的分界比较模糊。总体而言，五阶段说是"能够成立的"，也可运用于中印文化交流史的考察："特别是在中印文化交流史上，这五个阶段尽管难免有的地方有交光互影的情况，但大体轮廓是比较清楚的。"④ 季羡林将中印文化交流的活跃期视为中印两种精神文化的撞击和吸收阶段，将鼎盛期视为中印文化的改造与融合期，将衰微期视为中印文化的同化阶段。"由此可见，他（季羡林）在中印文化交流史

---

① ［印］泰戈尔著，白开元译：《静修林》，刘安武、倪培耕、白开元主编：《泰戈尔全集》，第21卷，石家庄：河北教育出版社，2000年版，第415页。

② 此处叙及的具体内容参阅季羡林：《季羡林全集》，第13卷，北京：外语教学与研究出版社，2009年版，第365—539页。

③ 季羡林：《季羡林全集》，第13卷，北京：外语教学与研究出版社，2009年版，第363页。

④ 同上书，第364页。

的分期和各个时期特点的总结方面做了开创性的工作。"① 有的学者在此基础上将中印文化交流分为六个时期进行考察,即先秦两汉时期、两晋南北朝时期、隋唐五代时期、宋元明时期、清代与民国时期以及中华人民共和国时期。② 笔者为叙述方便,将此简化为古代、近现代和当代等三个时期。自然,这里的古代、近现代和当代是以中国历史发展的脉络或轨迹为依据进行划分的。下面先对古代中印文化交流进行简介。

1939年,印度民族独立运动领袖尼赫鲁曾经在宏大的历史背景中考察了中印文化关系:"世界上还没有任何两个国家像中国、印度这样有如此悠久的文化联系。"③ 尼赫鲁对中印文化交流历史悠久的首肯,提示我们带着学术之眼回到历史深处,回顾中印"合著"两千多页"梵典与华章"(借用郁龙余著作的标题)的篇首。

中印两个伟大的东方文明古国既然相邻,各自又有灿烂辉煌的文化传统,更应有多种多样的文化互动,事实上也的确如此。④ 不过,这里存在一个尚未解决的学术难题。正如季羡林所言,当欲追寻中印文化交流的起点时,我们不得不面临一种尴尬:"文化交流是人类的一种集体活动。既是活动,必有一个时间上的起点。然而,中印文化交流的起点则是'难言也',谁也说不清楚。"⑤ 还有学者认为,秦朝以前,中印之间不仅有贸易关系,而且可能还存在其他方面的交流。他认为,中印文化交流的起点肯定在公元前3世纪秦始皇统一中国以前。这恐怕是大多数人都能接受的意见。"至于这一交流究竟起于何时,现在已无法考订了。"⑥ 后来,该学者在另一本书中这样写道:"中国与印度文化交流的起源甚早,但究竟开端于何时,现在谁都说不清楚。对此,学界曾经有过各种推测,但都不能就

---

① 薛克翘:《中国印度文化交流史》,北京:昆仑出版社,2008年版,第28页。
② 具体内容参见薛克翘:《中国印度文化交流史》,北京:昆仑出版社,2008年版,第30—567页。
③ 转引自林承节:《中印人民友好关系史(1851—1949)》,北京:北京大学出版社,1993年版,第270页。
④ 亦可参阅段渝:"古蜀文明与早期中印交流",段渝主编:《南方丝绸之路研究论集》,成都:巴蜀书社,2008年版,第460—470页。
⑤ 季羡林:《季羡林全集》,第13卷,北京:外语教学与研究出版社,2009年版,第365页。
⑥ 薛克翘:《中印文化交流史话》,北京:商务印书馆,1998年版,第9页。

具体时间得出肯定的结论。"① 他还依据中国考古界对棉花和海贝的相关考古成果推测道:"如果这些海贝是从印度沿海来的,则说明中印之间的贸易最迟在商代中期已经开始,距今已有 3400 年的历史了。"② 无论如何,中印古代交流的存在已是不争的事实。这种相互交流还能激起古代印度与中国对彼此形象的朦胧幻想。

按照季羡林的看法,汉朝是中印文化交流的活跃期,中印交流有了正式的记载。首先是司马迁的《史记》。在《史记》第 116 卷《西南夷列传》中,司马迁叙述道,张骞于汉武帝建元六年(公元前 135 年)奉命出使西域。10 多年后回国途中,张骞在大夏国(今伊朗、阿富汗一带)看到了四川出产的蜀布和邛竹杖。《史记》第 123 卷《大宛列传》中有几乎完全相同的记载。季羡林据此认为:"可见至晚在公元前 2 世纪,中国四川的产品已经传到了印度,这是中印文化交流可靠的证据,十分值得重视。"③

西汉时期,自从张骞通西域以后,中国与印度西北部地区便有了一定的往来,因此形成了学者们称谓的"西域道"。由于西域道的开通,汉朝派往印度的使节日益增多。西汉与印度还存在一条海上通道即"南海道"。东汉时,班超在西域经营达 30 年之久(公元 73—102 年),对维持西域道的交通起到了积极作用。中国人对印度的了解比西汉时更进一步,其间的文化交流也比以前更加频繁。这一时期,中印之间还存在中国西南通向印度的第三条道路即滇缅道,它也承担着中印文化交流的使命。④

根据季羡林等学者的考证,中印交流活跃期里,物质文化方面的交流主要是:中国方面的丝、纸、钢等传入印度,而印度方面则有璧琉璃(梵文为 vaidurya)等传入中国。两汉之际,中印精神文化的交流是佛教传入

---

① 薛克翘:《中国印度文化交流史》,北京:昆仑出版社,2008 年版,第 30 页。本节及后文关于中印文化交流概况的介绍,主要参考该书和季羡林《中印文化交流史》(该书收入《季羡林全集》第 13 卷)的相关内容,特此说明。

② 薛克翘:《中国印度文化交流史》,北京:昆仑出版社,2008 年版,第 32 页。

③ 季羡林:《季羡林全集》,第 13 卷,北京:外语教学与研究出版社,2009 年版,第 373 页。

④ 关于汉代中印文化交流三条通道的具体情况,参阅薛克翘:《中国印度文化交流史》,北京:昆仑出版社,2008 年版,第 38—50 页。

中国。正如玄奘所言："佛兴西方，法流东国。"① 这里的"西方"指印度。

谭中认为："几千年来，印度文明向四面八方辐射，佛教思想及传道形式对犹太教、天主教、基督教起了一定影响，但它向东的折射更大，与中国文明的会合有两种方式，一种方式是在神州大地会合，另一种方式是在中亚和东南亚两大地区会合。"② 此处所谓"在神州大地会合"便是指佛教文化与中国文化在华夏大地的早期会合与交流。值得注意的是，佛教传入中国，是"经过中亚民族的媒介"。③

印度佛教兴起于公元前6世纪左右，释迦牟尼生活的时代与孔子大约相近。随着佛法西来，一些印度僧人如摄摩腾、竺法兰等先后来到中国，从事译经活动，招收中国徒弟，为中印文化交流贡献自己的力量。"佛教传入中国，是东方文化史上，甚至世界文化史上的一件大事。其意义无论怎样评价，也是不会过高的。"佛教不但影响了中国，也由中国传入朝鲜和日本。"如果没有佛教的输入，东方以及东南亚南亚国家今天的文化是什么样子，社会风俗习惯是什么样子，简直无法想象。"④ 佛教传入中国后，给中国各个方面带来了深远的影响。⑤

总之，秦代以前已经开始的中印文化交流在两汉时期进一步加强。在两汉时期，中印文化交流可以分为两个阶段进行考察："西汉时期，重点在物质文明的交流和交流渠道的探索；东汉时期，在物质文明交流的同时开始了精神文明的交流，而精神文明交流的主要事件是佛教传入中国的中原地区。"⑥

公元220年到580年的360年中，是中国的魏晋南北朝时期，中印文

---

① 玄奘、辩机著，季羡林等校注：《大唐西域记校注》（上），北京：中华书局，2000年版，第43页。
② [印]谭中主编：《中印大同：理想与实现》，银川：宁夏人民出版社，2007年版，第39页。
③ 季羡林：《季羡林全集》，第13卷，北京：外语教学与研究出版社，2009年版，第391页。
④ 同上书，第380—381页。
⑤ 关于佛教对中国社会、文化的多方面影响，参阅薛克翘：《佛教与中国文化》，北京：昆仑出版社，2006年版，第9—420页。
⑥ 薛克翘：《中国印度文化交流史》，北京：昆仑出版社，2008年版，第50页。

化交流全面展开，双方对彼此的了解得以巩固和加强。三国以后，译经活动继续进行，范围扩大，梵僧来华增多，中国佛教开始逐渐形成各式各样的宗派，促进了中国古代宗教文化的丰富发展。这一时期还开始了中印政府间的友好往来。在两晋南北朝到隋唐的中印文化交流鼎盛期，双方文化交流的内容繁杂多样。这里仅就几个重要的方面做些简介，主要包括对于中印双方均有影响的杰出中印僧人的简介、印度文化影响中国及中国文化影响印度以及中印两种文化改造和融合等几个方面的内容。

首先是一些著名的中印僧人为推动中印文明的跨文化对话作出了不可磨灭的贡献。例如，鸠摩罗什、法显、玄奘和义净等人便是其中的杰出代表。

鸠摩罗什本天竺人，生卒年为公元344年和413年。其祖父为天竺国宰相。鸠摩罗什在龟兹国（今新疆库车一带）出生。有的学者评价说："不管怎样，他（鸠摩罗什）本身就是中印文化交流的体现，也正由于他的特殊身份和先天条件，为他成为中印文化交流史的伟人奠定了基础。"[①] 鸠摩罗什不仅把印度佛教介绍到中国，也促进了中国古代翻译事业的发达，并提出了自己独特的翻译理论，显示了中印文明跨文化对话的题中应有之义。

在魏晋南北朝时期，中国出现了去印度取经的高潮，其中的代表人物是法显。季羡林高度称赞法显，认为他是"有确凿可靠的证据的真正抵达天竺的第一人"。[②] 他是第一个走到天竺去"拿"佛教的人。法显是"拿来主义者"，不甘心等待"送来"。"他在中国佛教史上真正开启了一个新纪元"。[③] 法显于399年去印度学习佛法，10多年后归国。法显回国后撰写了一本《佛国记》，此书译为英文后，在国外特别是印度起了极为重要的作用。"印度历史学家视此书为瑰宝，认为是印度古代史及中古史不可或缺的材料。一般老百姓则认为法显是印中友谊的象征，至今依然如此。法

[①] 薛克翘：《中国印度文化交流史》，北京：昆仑出版社，2008年版，第78页。
[②] 季羡林：《季羡林全集》，第13卷，北京：外语教学与研究出版社，2009年版，第401页。
[③] 同上书，第400页。

显同以后的玄奘和义净，鼎足而三，几乎成为印度家喻户晓的人物。"①

由于佛教的关系，唐朝与印度的交流日益增多。唐蕃古道的开辟，使中国与印度的文化交流更为开阔，其具体表现是求法运动高涨和政府间接触频繁。"这一交流在深度和广度上均超过以往，两种文化的融合已充分体现出来。"②

法显之后，西行求法活动至唐代而达巅峰时期。根据义净的《大唐西域求法高僧传》记载，公元641年到691年，就有40多位僧人去印度取经。义净的统计并不准确，实际上，隋唐五代去西天求法的僧人如著名者玄奘、慧日、悟空等都不在义净的统计范围之内。这一时期印度各地来华的僧人有善无畏、金刚智、不空、佛陀多罗、菩提流志、释天竺等人。印度僧人翻译了大批密宗经典，对佛教密宗在中国的传播起了很大的推动作用。

玄奘是唐代求法运动的伟大代表，是中印文化交流史上的"第一伟人"。③ 玄奘在几千年中印文化交流史上是"影响最大的，至今仍然为中印两国人民忆念不忘的、空前绝后的中印友好的象征"。④ 玄奘于公元629年启程赴印，历经万难，终于到达天竺。公元645年，玄奘携佛经657部，回到长安，唐太宗接见了他。不久，玄奘撰写了《大唐西域记》12卷，上呈皇帝。他在书中详细地记叙了西域138个国家和地区的历史、地理、宗教、民俗、语言、文字等情况，为研究古代中亚和南亚地区的历史文化提供了宝贵资料。玄奘还在朝廷的支持下办起了规模巨大的译经场，倾其精力，译出佛经74部，1335卷。季羡林因此认为："他（玄奘）是唐代著名的高僧，佛教唯心主义理论家，不畏艰险的旅行者，卓越的翻译大师，舍生求法的典型，中印友好的化身。"⑤ 人们几乎找不到一本讲印度古代问题

---

① 季羡林：《季羡林全集》，第13卷，北京：外语教学与研究出版社，2009年版，第404页。
② 薛克翘：《中国印度文化交流史》，北京：昆仑出版社，2008年版，第152页。
③ 同上书，第153页。
④ 季羡林：《季羡林全集》，第13卷，北京：外语教学与研究出版社，2009年版，第419页。
⑤ 玄奘、辩机著，季羡林等校注：《大唐西域记校注》"序"，北京：中华书局，2000年版，第1页。

而不引用玄奘《大唐西域记》的书。1978年，印度历史学家阿里教授在给季羡林的信中说："如果没有法显、玄奘和马欢的著作，重建印度史是完全不可能的。"[①]

在玄奘之后，还有许多中国僧人去印取经学习，其中最著名者是在玄奘取经70年后到印度的义净。义净回国后写了两部书，即《大唐西域求法高僧传》和《南海寄归内法传》。此二书对我们了解当时西域求法的盛况、印度和东南亚地区的佛教情况以及中印文化交流的历史，都有重要的资料价值。

总之，唐代求法运动的高涨，促进了中印文化交流，并使中印文化融合速度加快。"佛教禅宗的出现，标志着印度佛教的中国化过程已经完成。在经过长期痛苦的文化整合以后，佛教文化已经成为中国文化的一个有机部分而深入人心，从而在人生观念、思维方式、道德标准、价值取向、生活习俗等方面发挥着无形的作用。"[②]

唐代，中国与印度的官方接触很多，双方互派了很多使者到对方国家去。其中，王玄策出使印度值得一提。他先后去印度三次。王玄策对印度、尼泊尔等地的情况有特殊的观察，回国后写下了《中天竺国行记》（或称《王玄策西国行传》）一书，可惜已经失传。从其他书如《法苑珠林》中可以看到它的零星段落，涉及到宗教、地理、艺术等多方面。

魏晋南北朝至隋唐时期，印度文化对中国的影响包括文学、史学、音韵学、艺术、戏剧、天文历算、科学技术等方面。正是这一点，使得很多人产生了印度文化对中国有全面影响而中国文化对印度并无影响的错觉或谬见。这便造成了所谓的"单向流动"（one-way traffic）说。对此，季羡林的观点是："在中国解放以前，印度文化单方面地向中国流动，是中国学习印度。到了解放以后，中国的新文化又一个劲地流向印度，是印度学习中国。事情当然不是这个样子。"[③]

[①] 季羡林：《季羡林全集》，第13卷，北京：外语教学与研究出版社，2009年版，第430页。
[②] 薛克翘：《中国印度文化交流史》，北京：昆仑出版社，2008年版，第179页。
[③] 季羡林：《季羡林全集》，第13卷，北京：外语教学与研究出版社，2009年版，第364页。

1947年印度独立以前,印度学界对中国文化研究作出杰出贡献者主要是师觉月等人。师觉月认为,中印文化交流看起来完全是单向度的,因此没有谁试图去发现中国文化对印度生活思想的影响。但师觉月深信:"即使稍微留意一下,我们也能发现中国对印度生活思想的影响痕迹。"[①]季羡林的观点与此相似。季羡林说:"我一直反对中印文化交流单向论,但印度史料的缺乏,造成中印文化关系研究,特别是中国文化在印度传播和影响研究的难度。"[②] 这说明,他也认识到寻觅中国影响印度的痕迹的难度。

　　古代中国影响印度的一个有趣事件是佛教的倒流。季羡林是最早注意到这种现象的学者之一。他引用宋朝人赞宁的《宋高僧传》卷二十七《含光传》的一段话后发挥道:"佛教从西天传入中土,将这枝叶植入中华之土中,又生根干,传回西天。这在宗教史上是少见而极其有意义的事情;在中印文化交流史上,也是少见而极有意义的事情。"[③] 这种"翻唐为梵"即汉译佛经回译为梵文的现象,不是简单的行为,这其中必然包含了很多的文化变异。这说明,中印文化交流存在着比单向交流远为复杂的情形。

　　印度学者潘尼迦(Kavalam Madhava Panikkar,1895—1963)认为,中印文化之间绝不是单向交流那么简单。他说:"中印文化交流充满活力,延伸了如此漫长的时期,否认中国文明影响印度是荒唐无稽的。"[④] 的确如此。如果联系唐朝时期中国老子哲学传入印度并给印度文化以深远影响,就会明白这一点。

　　根据薛克翘的考证,老子与印度的关系发生于佛教在两汉之际传入中国内地之后。"老子与印度的关系首先是因为他被奉为道教的始祖,然后

---

　　① Prabodh Chandra Bagchi, *India and China: A Thousand Years of Cultural Relations*, New York: Philosophical Library, 1951, p. 197.
　　② 参见季羡林与郁龙余的对话,郁龙余等著:《梵典与华章:印度作家与中国文化》,银川:宁夏人民出版社,2004年版,第2页。
　　③ 季羡林:《季羡林全集》,第13卷,北京:外语教学与研究出版社,2009年版,第463页。
　　④ K. M. Panikkar, *India and China: A Study of Cultural Relations*, Bombay: Asia Publishing House, 1957, p. 64.

则因为佛教传入中国。"①两晋南北朝时，中国去印度的僧人在求法之余，把中国儒家和道家的思想介绍给印度人完全有可能。到了唐代，老子与印度的关系有了实质性进展。唐太宗曾令玄奘等人将老子的《道德经》译成梵文。玄奘翻译《道德经》后，其是否传入印度，如果传去，影响如何，这些情形因为缺乏印度方面的资料而无法证实。根据薛克翘在印度访学期间的多次考察，20世纪80年代印度北方一些城市的书摊出售印地文和乌尔都文版的《道德经》，而且印地文版的《道德经》还不止一种版本。印度还存在马拉提语版的《道德经》。薛克翘虽然没有见到其他印度语言版的《道德经》，但他就自己所知的四种版本推测道："《道德经》在印度的流传已可以说是比较广泛了，而且至少已流传了大半个世纪。"②从古到今，老子与印度始终有着特殊的因缘，印度古今人士对《道德经》有一种似曾相识的亲切感，因此古代印度的童子王会向唐朝皇帝求取《道德经》，而今天印地文版《道德经》会被印度人意译为《道奥义书》。③由《道德经》在印度传播的个案，再联系潘尼迦等印度学者的思考推断可以发现，中印文化交流的确是一种思想互动。假如印度人也注重历史记录，那么书写一部中印文化交流史的真貌，一定会比书写中日、中英、中美间的文化交流更加便利。

印度宗教受中国文化影响还有一例，即在中国佛教回传倒流印度以外，还存在道教影响印度密宗的问题。1931年，印度著名汉学家师觉月发表论文《密教的外来成分》，以新的证据指出了佛教和印度教密宗所受中国的影响。另外，印度南方泰米尔文资料也记载了中国道教影响印度密宗的证据。④

《秦王破阵乐》是唐代宫廷乐舞，又名"七德舞"，取材于秦王李世民

---

① 薛克翘：《中国与南亚文化交流志》，上海：上海人民出版社，1998年版，第244页。此处多参考该书对老子与印度的文化关系的介绍。同时也可参阅薛克翘：《中国印度文化交流史》，北京：昆仑出版社，2008年版，第222—226页；或参阅薛克翘：《象步凌空：我看印度》，北京：世界知识出版社，2010年版，第274—277页。
② 薛克翘：《象步凌空：我看印度》，北京：世界知识出版社，2010年版，第276页。
③ 参阅薛克翘："老子与印度"，《南亚研究》1990年第2期，第10—15页。
④ 关于道教影响印度宗教的具体情况，参阅薛克翘：《中国印度文化交流史》，北京：昆仑出版社，2008年版，第226—230页。

攻灭刘武周事，故名。李世民即帝位后命人制作。公元 633 年，李世民又亲制《破阵舞图》。此舞有三变，每变四阵，有来往疾徐击刺的场景，并有箫管歌鼓等合奏，歌者合唱。公元 656 年，唐高宗更名为《神功破阵乐》。此乐在汉族商乐基础上吸收了龟兹乐的要素，是唐代最著名的歌舞大曲之一。[①] 根据玄奘《大唐西域记》的记载，戒日王曾经与他谈到过《秦王破阵乐》，这似乎证明它已经在此前传入印度。但是，英国学者宁梵夫对此持怀疑态度。"《秦王破阵乐》若真如玄奘所载，在戒日王时代的'印度诸国多有歌颂'，则为中印文化交流史又增添一值得欣喜之重要例证。"[②] 中国学者通过详细考证得出结论：玄奘的记载"最接近真实"。这是因为，《秦王破阵乐》确实在玄奘面见戒日王之时已经传入印度，但其传入印度的形态很可能发生了改变，去除舞蹈部分，保留乐曲和曲词。戒日王很可能率先赞美了《秦王破阵乐》中的主人公至那王。[③] 该学者的考证说明，中国文化在古代如何向印度传播，是未来中印文化交流史研究的重要领域，当然也是研究难度很大的学术命题。

根据季羡林的观察，中唐以后，中国政局动荡，中印文化交流活动开始出现衰落迹象，无复贞观、开元之热。同时，在印度，到了公元 10—11 世纪，也就是中国宋朝前期，印度教兴起，迅速强盛起来。另一方面，伊斯兰教开始传入，佛教在印度走向衰落。但是，一个有趣的文化现象出现了："在佛教这个主要交流载体停止活动后，中印文化交流反而走到了最高阶段：同化阶段。"[④]

宋朝初期，中国汉地僧人奔赴印度取经的运动出现了复兴迹象。根据《佛祖统记》记载，公元 966 年宋太祖曾下诏募集前往西天求法的人，应诏者 157 人。但是，到宋仁宗时代（1023—1063 年），中国汉地僧人到印

[①] 此处介绍参阅黄心川主编：《南亚大辞典》，成都：四川人民出版社，1998 年版，第 335 页。

[②] 张远："《秦王破阵乐》是否传入印度及其他——兼与宁梵夫教授商榷"，《南亚研究》2013 年第 2 期，第 141 页。

[③] 张远："《秦王破阵乐》是否传入印度及其他——兼与宁梵夫教授商榷"，《南亚研究》2013 年第 2 期，第 155 页。关于该学者即张远对宁梵夫的辩驳和对《秦王破阵乐》传入印度的详细考证，参见该文。

[④] 季羡林：《季羡林全集》，第 13 卷，北京：外语教学与研究出版社，2009 年版，第 464 页。

度取经的活动基本停止了。当时在中国西藏地区,求法运动仍在继续。

宋代以来,佛教对中国文化的影响继续发展,宋明理学对佛教思想主动地吸收和融合。这种吸收融合还表现在民间信仰的各个方面,以及宋代志怪、元明杂剧、明代白话小说等文学形式对佛教思想的融会贯通上。"佛教再也不是印度的佛教,而是中国的佛教,中国的佛教文化已成为中国文化一个不可分割的组成部分。这些,追根溯源,都是中印文化交流的结果。"① 这些便是佛教中国化的表现形式。

由很多历史个案可以看出,以佛教为代表的印度思想已经为中国思想所同化。季羡林认为,禅宗和理学表现了这种同化现象的方方面面。他还认为,中印交流到了这里还不会停止。印度佛教以特殊方式继续对中国社会和文化产生影响。"但是这个佛教决不会再来自印度,印度已经没有佛教了,而是印度佛教的一个变种:喇嘛教。"②

元代在中国历史上是一个比较短的朝代,元代中印交流的内容已经不再局限于佛教。元人汪大渊于1349年著成《岛夷志略》一书,对印度各地记载颇详。

自从印度佛教失去了交流载体的作用以后,中印文化交流的内容主要指通商贸易与外交活动等物质或政治领域了。在这两方面,明代要远远超过元朝。它的特点是:时间更长,地域更广。③ 明代的中印文化交流可以从郑和下西洋这一历史事件进行考察。随郑和下西洋的费信、马欢和巩珍三人回国后分别写出了《星槎胜览》、《瀛涯胜览》和《西洋番国志》三部书,书中详细记载了他们下西洋时所历各国的情况,是研究中印文化交流的重要文献。

按照季羡林的观点,到了明末清初,中外文化交流产生了"大转折",这迅速改变了中外文化交流的性质。中国同欧洲为代表的西方世界的文化交流,成为"一股激流",而同亚洲国家的交流,则成为"涓涓细流",大

---

① 薛克翘:《中印文化交流史话》,北京:商务印书馆,1998年版,第108—109页。
② 季羡林:《季羡林全集》,第13卷,北京:外语教学与研究出版社,2009年版,第474页。
③ 同上书,第485页。

有若断若续之势。"中印文化交流就属于这个范畴。"① 换句话说,在季羡林看来,清初以前是"东土"与"西天",即中国文化与印度文化"合流"的时期,这似乎可以形象地称为"中印流",这是中印文化自秦汉"合流"以来一直浪花飞溅的壮观景象,但在大转折后,一切都变了。此后,开始出现了新的文化"合流",即中西合流或曰"中西流"。这种迥然有别的"中西流"很快就在声势上盖过了以往风光无限的"中印流"。如此一来,中印文化交流的命运和面貌也将发生巨变。

第三节 近现代中印文化交流

在林承节等学者看来,清朝前期,中印两国人民交往并没有完全中断,信息也没有彻底阻隔,但面对面的大规模文化交流大为减少,这主要是因为殖民主义势力进入东方的缘故。不过,通过一些来自西方的间接信息,中国得以了解一些印度的情况。鸦片战争以后,中国对印度的关注多了,特别是戊戌变法和辛亥革命期间,中国更加重视印度,在同情印度命运的同时,还把印度沦为英国殖民地的悲惨遭遇视为折射中国命运的一面镜子。从这时开始,在争取民族独立解放的道路上,中印交流开始逐渐增多,两国人民相互同情、相互支持,从而结下了深厚的兄弟情谊,延续了中印源远流长的历史友谊。从晚清到中华民国再到1949年新中国诞生,中印交流注入了更多的新元素,发生了许多可以载入史册的重要事件。这一切使得双方之间的文化交流沾染了鲜明的时代特色。

根据林承节的研究,郑和下西洋到18世纪20年代的300年间,虽然有若干史籍如《西洋朝贡典录》、《四夷广记》和《明史》等记载印度情况,但数量很少,而且都是拾人牙慧,无法为人提供新的信息。"在漫长

---

① 季羡林:《季羡林全集》,第13卷,北京:外语教学与研究出版社,2009年版,第508页。

的'禁海'和'闭关'的日子里，中国人与外界基本隔绝，对印度的变化自然茫无所知。印度在中国人心中又复成了一个远在西天、一切都很陌生的国度了。"① 鸦片战争前后，在民族危机日趋严重的关头，在睁开眼睛看世界的心态召唤下，一些向国人介绍外国的书籍出现了，其中有四部书在介绍世界概况的同时，也介绍了印度，这便是陈伦炯的《海国闻见录》、谢清高口述的《海录》、魏源的《海国图志》和徐继畬的《瀛环志略》。②"中国人在近代重新了解印度就是从这四部书开始的。"③

1878 年 7 月 7 日，四川总督丁宝桢派遣青年学子黄懋材游历印度，考察当时的情势。"这是近代官方派至印度的第一位出访者……在中国人心中，两国的距离因他的这次游历似乎一下子就缩短了很多。"④ 看来，黄懋材的此次游历带有一种公共外交的色彩。黄懋材一行六人，出游的整个过程达一年五个月，其中在印度亦即英属印度的境内停留约六个月。黄懋材的印度纪行提供了许多新的信息，加深了中国人民对印度的了解。⑤ 黄懋材之后，清政府派遣官员马建忠和吴广霈于 1881 年赴印三个月，拜会印度总督商谈鸦片专售问题。这是一次注定失败的外交行为。不过，马建忠根据自己印度之行的所见所闻写下了《南行记》，而同行的名士吴广霈著有《南行日记》。历史学家评价说："马建忠的使命虽然失败，他和吴广霈此

---

① 林承节：《中印人民友好关系史（1851—1949）》，北京：北京大学出版社，1993 年版，第 1—2 页。此处及后文多参考该书相关内容。
② 笔者于 2011 年 12 月 7 日参观位于加尔各答的亚洲学会时，发现徐继畬的《瀛环志略》与其他重要的东方古代典籍（包括梵文、藏文典籍）一道，被置放在玻璃柜里，成为供读者和访客瞻仰的珍贵文物。这似乎向人们传递着什么重要的信息。
③ 林承节：《中印人民友好关系史（1851—1949）》，北京：北京大学出版社，1993 年版，第 2 页。
④ 同上书，第 17 页。
⑤ 关于黄懋材此行的具体情况和他介绍印度的新贡献，参阅林承节：《中印人民友好关系史（1851—1949）》，北京：北京大学出版社，1993 年版，第 17—29 页。顺便需要说明的是，根据笔者在印度访学期间（2011—2012 年）的了解，德里大学东亚研究系的汉学家玛姐玉教授（Madhavi Thampi）近年来在指导一位女博士候选人研究黄懋材的几卷印度纪行，并英译其中的一些章节。笔者为此向其提供了黄懋材印度游记的光盘（根据照片制作）和打印稿。2015 年 10 月 21 日，笔者在四川大学接待来访的印度贝拿勒斯印度大学（BHU）中文系主任、汉学家嘉玛希教授（Kamal Sheel）。他透露自己准备在中国学者帮助下，以英语翻译并出版黄懋材、康有为、吴广霈、马建忠等人的印度游记。此事说明，黄懋材印度之行的重要历史意义得到了中印学界的共识，林承节的《中印人民友好关系史（1851—1949）》对印度学界的中印关系史研究启迪颇深。

次印度之行的意义并不因之减色。他是近代中国第二个派驻印度的官方使者。他和吴广霈是近代中国最早游历过印度并做了记载的少数人中的两个。他们的南行日记是19世纪中国人记述的关于印度见闻的十分珍贵的史料。"① 因此，可以说，鸦片战争后中国人对印度的直接了解有了一个非常不错的开端。

近年来，德里大学东亚研究系玛妲玉教授（Madhavi Thampi）的相关研究引人注目。就近现代中印关系史研究而言，玛妲玉以其视角独特的钩沉和思考走在了中印学界的前列。2009年，她与一位学者合作出版《中国与孟买的建设》。此书着力考察中国、英属印度和大英帝国之间的鸦片贸易如何惠及孟买的经济发展、社会进步和文化变迁。两位作者在该书中认为，19世纪中期是中国与印度孟买商业贸易的分水岭。中国之于孟买的意义不止是孟买棉花和鸦片出口的目的地，还在于其在孟买现代棉纺织业的发展中扮演了重要的投资者角色。② 两位作者认为，与早期中印贸易伴随着文化价值观的对华传播不同，近代时期的孟买和中国关系却"呈现出一幅不同的风貌"。③ 这种"不同"便是中国文化借着贸易的风帆，对孟买人的社会生活所产生的微妙影响。

按照玛妲玉等人的考察，18世纪末至20世纪初，中国与印度西海岸（包括孟买）的联系曾经留下过一些文化艺术的影响痕迹。"中国的各种影响并不醒目，也不富有戏剧性，但却表现在影响上层人士审美趣味的复杂方式上，表现在装饰其家宅的漂亮花瓶和画作上，表现在女性服饰花色图案的创新设计上，表现在众多中国小贩在城市的大街小巷兜售的货物器皿上。对华贸易对孟买文化和艺术最为重要而持久的影响在纺织业领域。"④ 对此，作者们的解释是："在孟买的上层人士中，拥有和展示来自中国的具有异国风味的装饰品是一种地位象征，这表明其家族的富有，也表明其与有利可图的对华贸易存在着联系……中国的丝绸和丝织品特别吸引着印

---

① 林承节：《中印人民友好关系史（1851—1949）》，北京：北京大学出版社，1993年版，第37页。
② Madhavi Thampi and Shalini Saksena, *China and the Making of Bombay*, Bombay: The K. R. Cama Oriental Institute, 2009, p. 69.
③ Ibid., p. 94.
④ Ibid.

度商人。"① 中国服饰的图案风格对印度女性尤其有吸引力,她们将本土的纱丽与中国文化有机地结合起来,从而形成了两种最具代表性的"中印流"纱丽:"葛萝纱丽(gara saree)代表了中印文化传统令人着迷的融合佳例。中国的'出口艺术品'(export art)往往代表着东方与西方的融合……这一时期,中国纺织传统随跨海贸易来到印度的另一个例子是谭乔伊纱丽(tanchoi saree)。"② 两位作者在对中国文化如何微妙地影响印度社会生活的情况进行研究后得出结论:"因此,来自中国的商贸艺术品或出口艺术品在影响18、19世纪欧美装饰艺术的审美情趣时,发挥了重要的作用,这也在孟买得到了反映。可以说,这种影响与其说是代表了中国对印度文化的直接影响,不如说是一种间接的影响,因为富有的孟买上层人士模仿那一时期属于主流西方文化的情趣习俗。"③ 尽管这样,孟买人对中国纺织艺术的欣赏和吸纳改造,并非是对西方时尚完全的机械复制,而是"通过印度的情趣和传统进行了过滤"。④

可以说,通过玛姐玉及其印度同行们基于印度文献和中国文献的不断探索,一些似乎将永远沉入地表的历史真相正在逐渐被打捞出水。这为中印学界、特别是中印关系史研究界提供了弥足珍贵的参考资料,也使人们对中国文化如何影响近代印度社会生活的情况有了一点最基本的了解。⑤ 这是一个引人入胜的领域,我们有理由期待,在中印文化交流、学术合作复归正常化的21世纪,中国文化如何影响古代、近现代印度的历史脉络会更加清晰地展现在世人面前。

根据现有资料可以看出,19世纪中后期至1920年左右,中印之间的交流非常稀少。20世纪初,虽然中国知识界已经开始译介印度文学作品,但中印文化界人士仍旧缺乏正常的面对面交往。在这种非常不理想的时代

---

① Madhavi Thampi and Shalini Saksena, *China and the Making of Bombay*, Bombay: The K. R. Cama Oriental Institute, 2009, pp. 96–97.

② Ibid., p. 98.

③ Ibid., p. 101.

④ Ibid.

⑤ 关于中印近代文化交流和商业往来的详细信息,还可参考玛姐玉所撰相关条目,参阅中印联合编审委员会:《中印文化交流百科全书》,北京:中国大百科全书出版社,2014年版,第14—21页。

背景中，印度大诗人、亚洲第一个诺贝尔文学奖获得者泰戈尔1924年访华被当代历史学家称为中印文化交流史上的一个"转折点"。① 限于中国当时非常复杂的社会政治环境，陈独秀等部分激进知识分子对泰戈尔访华持反对的姿态。整体来看，中国知识界对泰戈尔访华抱持一种毁誉参半的暧昧心态，赞美者有之，观望者有之，冷漠者有之，反对者有之，这是一种耐人寻味且值得探索的历史现象。这种现象的背后，潜伏着制约或阻碍中印文化交流或文明对话的许多复杂症结。例如，1924年泰戈尔访华期间，陈独秀曾经致信胡适，话虽简短，但却透露出非常明显的信息：

适之兄：

特启者：《中国青年》将出特号反对太戈尔，他们很想吾兄为《中国青年》此特号做一篇短文，特托我转达于你。我以为此段事颇与青年思想有关，吾兄有暇，最好能做一文寄弟处。兄倘能做文，望于本月十五左右发出，二十日以前寄到上海。

弟仲甫白　四月九日②

虽有如此激烈的不和谐声浪，梁启超、徐志摩和胡适等人却对来华演讲的泰戈尔表现得非常热情。事实上，胡适并未答应陈独秀的请求。这从陈衡哲于当年5月28日致胡适的信中便可看出："你为了太戈尔所说的话，我们都十分赞成，我尤赞成你所说的'自己打自己的嘴巴'的意思。我每次看了《晨报副刊》之后总有这一个感觉，所以甚喜你有这一番言论。"③

泰戈尔把自己的访华与恢复中印两国传统友谊的伟大使命紧密地、自觉地联系在一起。他在中国演讲中诚恳地说："我们印度是个被打败的民族；我们没有权力，政治的、军事的、商业的权力都没有；我们不知道从

---

① 林承节：《中印人民友好关系史（1851—1949）》，北京：北京大学出版社，1993年版，第150页。关于泰戈尔1924年访华的详细介绍和分析，参见该著第150—173页，亦可参见拙著：《世界文明视野中的泰戈尔》，成都：巴蜀书社，2003年版，第252—287页。

② 中国社会科学院近代史研究所中华民国史研究室编：《胡适来往书信选》（上册），北京：社会科学文献出版社，2013年版，第177页。

③ 同上书，第184页。

物质上如何帮助你们或者伤害你们。然而，所幸的是，我们能够作为你们的宾客、你们的兄弟以及你们的朋友与你们相会。"① 泰戈尔在各种场合呼吁两国人民共同担当起发扬东方精神文明、反对西方实利主义（物质主义）的使命，向世界传播爱的福音，增强友爱亲善。他认为中国若能与印度一起维护东方文明，东方文明定可发扬光大，反之，亚洲则无力维护东方文明。当其主张受到部分中国激进知识分子的批评后，泰戈尔的困惑溢于言表，他对中国友人说："对于你们的人民来说，我是迂腐的，因而也是无用的；而对于我的人民（印度人民）来说，我却是时髦的，因而也是令人讨厌的。我真不知道孰是孰非。"② 泰戈尔的中国演讲观点鲜明，在当时的中国引起了各种各样的复杂反响，这些或褒或贬的反应似乎都在泰戈尔的意料之外。在告别演说中，泰戈尔说："我一直在纳闷，中国是否真如我从前在画面中所见的那样，我是否真能走进中国人的内心之中。初次聚会的那日，我满怀焦虑，一直在思索，对于一个来自你们认为是某个神秘地方的人，一个名声靠传闻来支撑的人，你们对我的期望或许太高。因此，为了让你们明白我能力有限，我马上对你们说老实话，我只是一个诗人而已。"③ 他的坦诚相告说明，他已经知晓中国知识界某些人对于他的主张的强烈反应。

无论如何，泰戈尔访华的历史意义不可低估。可以说，这次访问的确打开了现代中印文化交流的正常通道。"自此以后，两国人民发展友谊的内容大大拓宽了。反帝斗争中的合作依然是友谊的主体，但它有了文化交往这个强劲的侧翼……泰戈尔访华的意义还不止于此。他是近代印度第一个正式来华访问的友好使者，是抱着恢复和发展两国传统的友谊而来，是为架设友好桥梁而来。他的访问成功地把两国人民的友好联系推进到建立两国人士正常交往与合作的阶段。中印两国人民近现代友好关系史由此掀开了新的一页。"④

---

① ［印］泰戈尔著，李南译：《在中国的演讲集》，刘安武、倪培耕、白开元主编：《泰戈尔全集》，第20卷，石家庄：河北教育出版社，2000年版，第29页。
② 同上书，第5页。
③ Sisir Kumar Das, ed. *Talks in China*, Rabindra Bhavana: Visva Bharati, 1999, p. 77.
④ 林承节：《中印人民友好关系史（1851—1949）》，北京：北京大学出版社，1993年版，第150页。

泰戈尔1924年访华改变了近代以来中印对话渠道极不畅通的不利局面，现代中国与现代印度知识界开始了20世纪早期文化对话的第一波，从此中印文化交流进入一个新阶段。泰戈尔来华前，中国知识界对印度文化的认识与研究有限，主要表现为对泰戈尔作品的译介及对他的研究上。因他访华激起的了解印度的热情，以对印度文学、哲学、历史等多方面研究的开展而迸发出来，这体现了泰戈尔访华之于中印文化交流的巨大时代意义。

20世纪初，中国人对印度历史、文学、哲学、佛学等知识领域所进行的现代学术意义上的研究已经开始。① 大学里开设印度学课程始于1916年，这年许季上在北京大学开设印度哲学课，后改为梁漱溟讲授。20世纪20年代末30年代初，又有一些大学开设与印度有关的课程，如1931年陈寅恪在清华大学开设佛典翻译文学课。1918年，加尔各答大学开设国语言文学课，这是"近代印度大学里研究中国学的第一个步骤"。在印度，直到1921年国际大学（Viswa Bharati）创办之前，对中国文化和历史的研究几乎是"一片空白"。② 这说明了印度汉学或中国学研究缺乏传统积累的一面，也说明了当代印度汉学研究在某些方面不如欧美、日本发达的基本原因。国际大学为中国学者到印度去研究和讲学奠定了物质基础。"国际大学的创办，在促进印度的中国研究方面起了重要作用。"③

20世纪初，中国去国外留学者日益增多，但主要是去日本、欧洲，没有人去印度。泰戈尔访华后，开始有人去印度了。第一个去印度的中国留学生是曾圣提，他受苏曼殊和泰戈尔的影响去了印度。他在泰戈尔和甘地身边学习过，1925年回国。"第一个去印度从事文化交流的中国学者是谭

---

① 关于中印现代文化交流的发展概况和现代中国学者对印度历史文化研究概况、印度学者的中国学研究概况的介绍，参阅林承节：《中印人民友好关系史（1851—1949）》，北京：北京大学出版社，1993年版，第228—242、411—454页；同时参阅薛克翘：《中国印度文化交流史》，北京：昆仑出版社，2008年版，第460—504页；薛克翘：《中印文化交流史话》，北京：商务印书馆，1998年版，第164—173页。

② 林承节：《中印人民友好关系史（1851—1949）》，北京：北京大学出版社，1993年版，第229页。

③ 同上。

云山。"① 被后人誉为"当代玄奘"的谭云山也受到泰戈尔人格的感召，抱着促进中印文化交流的愿望，于1928年9月来到印度国际大学。谭云山在国际大学一面研究佛学和印度文化，一面开设中文班，教授中文，并开始学习梵文。自从他去之后，国际大学的中国学研究得到了加强。在教学同时，谭云山不断地给国内写文章，介绍印度的情况，内容包括国际大学概况、印度民族运动发展、印度宗教、文化、在印华侨概况等。1931年周游印度后，他写了《印度周游记》，1933年该书出版。蔡元培、于右任等为之题字祝贺，蔡题写书名，于的题辞是："中印民族与中印文化之联络者"。② 1935年，谭云山又出版《印度丛谈》，对印度各方面情况予以介绍。"谭云山可以说是我国近代以来第一位对印度了解最全面最深入的人，他的介绍很好地起到了帮助中国人民较多地了解印度的作用。"③

20世纪20年代后半期至30年代初，去印度访问的学者和作家还包括徐志摩、许季上、许地山、高剑父、陶行知等人。他们中的很多人都是因为泰戈尔才与国际大学、印度结缘的。这充分说明，泰戈尔对中印文化交流贡献巨大。

在印度数年后，谭云山对中印文化交流不理想、不顺畅的情况有了颇为清晰的认识。为了改变这一落后局面，1931年他和泰戈尔酝酿了建立中印学会的计划。④ 该计划的最初思路得到了甘地首肯。蒋介石和一些国民党要员也对此表示支持。这显示了中国政界和文化界在加强中印文化交流方面的共同立场。1934年5月，印度的中印学会成立，泰戈尔任主席，尼赫鲁后来任名誉主席，普拉沙德、拉达克里希南等名人曾任各地负责人。1935年5月3日，中国的中印学会在南京正式成立。蔡元培当选为理事会主席，戴季陶当选为监事会主席。第一个中印文化交流的民间组织就在中印两国分别成立了。中国的中印学会成立初期主要做了三件事情：一是向

---

① 林承节：《中印人民友好关系史（1851—1949）》，北京：北京大学出版社，1993年版，第230页。

② 转引自林承节：《中印人民友好关系史（1851—1949）》，北京：北京大学出版社，1993年版，第232页。

③ 同上。

④ 关于谭云山与中国、印度的中印学会成立和具体运作的相关历史细节，参阅［印］谭中、郁龙余主编：《谭云山》，北京：中央编译出版社，2012年版，第34—85页。

印度国际大学捐赠了一批中国古籍,二是向国内呼吁教育界和学术界在大学里设立印度佛学和印度文明史讲座,三是帮助泰戈尔的国际大学募集资金建立中国学院。①

1937年4月14日,国际大学的中国学院举行成立典礼,这是中印现代文化交流史上开天辟地的大事件。甘地、尼赫鲁等人高度重视中国学院。泰戈尔在成立典礼上做了题为《中国和印度》的讲话。他激动地说:"对我来说,今天是一个期待已久的伟大日子。我可以代表印度人民,发出消隐在昔年里的古老誓言——巩固中印两国人民文化交流和友谊的誓言。远在一千八百年前,我们的祖先以无限的忍耐力和牺牲精神,为这种交流奠定了基础。"② 中国学院的成立使中印文化交流有了一条现代通道。泰戈尔与谭云山为中国学院的建立和中印文化交流的恢复立下了不朽功勋。谭云山被任命为中国学院首任院长。为表彰他对中印文化交流所作出的杰出贡献,中国全国政协于1957年选举他为特邀委员。1979年,印度国际大学授予他文学博士学位。后世有人将谭云山尊称为继玄奘、苏曼殊之后的"白马投荒第三人"。③

抗日战争和第二次世界大战爆发以来,客观条件对开展中印文化交流限制颇多,但中印文化界、学术界还是克服困难,勉力为之。和前一段时间比起来,这一时期的新因素是,文化交流成为国民党和国大党两党合作的主要内容之一。1939年尼赫鲁访华期间和之后,两党拟订了中印民族合作运动计划,其中许多项目具有文化交流性质。1942年,蒋介石访印期间,提出了实施交换留学生和学者的计划。于是,文化交流不再只由文化界人士牵头,政治家们也参与进来。这完全可以视为中印现代关系史上最为典型、也最为积极有效的公共外交行为。这使得20世纪40年代的中印文化交流"不仅范围扩大,而且多种渠道,齐头并进"。④

先看中国方面。抗日战争开始后,中国去印度讲学和研究的学者主要

---

① 参见薛克翘:《中印文化交流史话》,北京:商务印书馆,1998年版,第169页。
② [印]泰戈尔著,白开元译:"中国和印度",刘安武、倪培耕、白开元主编:《泰戈尔全集》,第22卷,石家庄:河北教育出版社,2000年版,第445页。
③ [印]谭中、郁龙余主编:《谭云山》,北京:中央编译出版社,2012年版,第24页。
④ 此段介绍参阅林承节:《中印人民友好关系史(1851—1949)》,北京:北京大学出版社,1993年版,第410页。

有金克木（1941年）、吴晓铃（1942年）、徐梵澄（1942年）、陈翰笙（1944年）、常任侠（1945年）、陈洪进（1945年）等，他们回国后都成为研究印度学的著名学者，写出了一批重要著作，或译出了重要的印度文化经典。在此之前，季羡林赴德国学习梵文、巴利文、吐火罗文（1935—1946年）。1943年3、4月间，中国文化访问团访问印度，双方协议，当年即互派10位研究生。自此以后的几年中，中国派往印度的留学生主要有杨瑞琳、巫白慧、巴宙、李开物、周达甫、杨允元等人，他们后来也成为研究印度的学者。就课程设置而言，1942年云南呈贡建立了国立东方语文专科学校，这是中国大学首次设立印度语言文学专业。该校教授印地语、印度历史、宗教等，后迁至南京。1946年，北京大学成立东方语言系，教授印度语言文学。同年，金克木在武汉大学开设印度哲学课程。1949年新中国诞生以前，中国的印度学研究成果（著作和论文）非常丰富，涉及到梵语文学与泰戈尔作品的翻译和研究、印度哲学与佛学、印度历史、中印文化交流史等方面。以上各领域研究成果不胜枚举，兹不举例。①

再看印度方面。1943年，中印政府决定互派留学生，首批印度留学生九人于当年11月来华，他们在中国主要学习中国历史文化。1947年，印度临时政府派遣10名留学生来华，学习中国语言、艺术、哲学等。1948年，印度独立后又派遣了一批留学生。这些人中，有的后来成为中国学专家。这一时期，就印度研究中国文化的机构而言，主要有下面三处：首先是泰戈尔的国际大学，主要研究者包括谭云山、师觉月、S. 列维等人。20世纪30年代，在新德里，拉古·维拉（Raghu Vira）创办了另一个重要的中国学研究机构即印度国际文化研究院。从1937年起，他开始研究中国文化和中印关系史，并与中国同行们进行学术交流，其子罗凯什·钱德拉（Lokesh Chandra）继承了父业，后来成为蜚声印度的中国研究专家。这期间，在浦那的费尔古森学院也建立了一个研究中国文化的机构，P. K. 巴帕特和V. V. 戈克雷两人是这个研究中心的核心人物，他们主要研究中国佛教。这一时期在印度研究佛教并有成果问世的学者有白乐天

---

① 此处言及的研究者和研究成果详见林承节：《中印人民友好关系史（1851—1949）》，北京大学出版社，1993年版，第410—454页。

（P. V. Pradhan）、巴宙、P. V. 巴帕特、N. A. 夏斯特里及冉云华等人。[1]

历史学家对此总结道："总之，到印度独立、中国解放前，中国学、印度学已作为一门学科在两国开始创立，有了专门的机构、专门的人员，并开始取得研究成果。"[2] 虽然说这些成果还存在良莠不齐的状况，研究基础还非常薄弱，但却为后来中国学和印度学研究在两国的长期开展打下了基础。

第四节 当代中印文化交流

1947年印度独立和1949年新中国成立是亚洲乃至世界现代史上的重大事件。作为两个民族独立国家，中印两国在后殖民时期的文化互动具有鲜明的特色。它既不同于古代中印交往的亲密无间，也区别于泰戈尔时期互动频繁的正常状态。新时期中印文化交流走的是一条曲折蜿蜒的"羊肠小道"，这与中印当代政治互动的潮起潮落大有关联。换句话说，政治因素在很大程度上制约了中印文化交流的正常进行，当然，中印学界西方中心主义思想严重等复杂因素也不可忽视。这里所谓的"政治因素"是指1962年中印边境冲突。对于这一重大事件进行历史探源和文化反思，将解开导致当代中印关系曲折发展的重要密码。

薛克翘认为，1949年到2000年间的50年中印文化交流，可以分为四个时期：第一个时期为高潮期，出现在50年代；第二个时期为中断期，时间为60年代初至70年代初；第三个时期为恢复期，时间大致为70年代中

---

[1] 参阅林承节：《中印人民友好关系史（1851—1949）》，北京：北京大学出版社，1993年版，第420—422页；关于印度中国学研究的大致情况，可参阅中印联合编审委员会：《中印文化交流百科全书》，北京：中国大百科全书出版社，2014年版，第272—273、496—505页；亦可参阅拙著：《印度的中国形象》，北京：人民出版社，2010年版，第175—205页。

[2] 林承节：《中印人民友好关系史（1851—1949）》，北京：北京大学出版社，1993年版，第421—422页。

后期；第四个时期为平稳发展期，主要指 80 和 90 年代。① 不过，从实际情况来看，20 世纪 60 年代初到 70 年代末的 20 年时间，基本可以视为中印文化交流的萧条期，两国即使有过某些人文交流，那也只不过是点缀而已，对于中印关系的整体发展和改善尚未起到明显的促进作用。此外，从另一方面看，如果要考察 21 世纪初十多年的中印文化交流，似乎可以遵从前述学者的分期逻辑，将之称为快速发展期。越到后来，这种发展加速的态势越明显。

1947 年印度独立后，政治界和舆论界的主流是主张中印友好。1949 年新中国成立后，印度是第一个与新中国建立外交关系的非社会主义国家。20 世纪 50 年代中期被称为中印关系的"蜜月期"。这一时期，中印两国共同倡导了"潘查希拉原则"亦即和平共处五项原则，两国领导人互访，还共同促成了万隆会议的成功。"印度中国是兄弟"的呼声响彻喜马拉雅两侧的中印两国。"兄弟"一词意味着印度中国观达到了历史的最高境界。

20 世纪 50 年代，由于受到国际反华势力的包围，在对外交流方面，中国在很长时期里处境微妙，而相对来说，印度则处于轻松自如的境地。50 年代里，作为中国的邻居，印度在许多方面仍然给予中国大力支持。印度在事关中国核心利益的朝鲜战争和印度支那问题上与中国互相配合与支持。在许多印度人的心目中，中国仍然是殖民主义时期同甘共苦的好兄弟。这一时期是中印关系全面发展的"蜜月期"，除两国总理实现互访外，还有频繁的官方往来，以及军事、科技、教育、卫生等各方面的积极交流。中印互访代表团均受到对方人民的热烈欢迎。②

略举两例。1951 年 9 月 20 日，应印度和缅甸两国政府的邀请，赴印缅中国文化代表团从北京出发，对上述两国进行友好访问。其中，访问印度的时间是 10 月 28 日至 12 月 9 日。根据陈翰笙的回忆，代表团共 15 人，团长为丁西林，余者为李一氓、刘白羽、郑振铎、季羡林、冯友兰、钱伟长、叶丁易、张骏祥、狄超白、吴作人、常书鸿、周小燕、倪斐君和陈翰笙等，另有六名工作人员随行。代表团访问了加尔各答、孟买、新德里、

---

① 薛克翘：《中国印度文化交流史》，北京：昆仑出版社，2008 年版，第 506 页。
② 关于 1949 年后的中印文化交流详情，参见薛克翘：《中国印度文化交流史》，北京：昆仑出版社，2008 年版，第 506—540 页。

海德拉巴等城市，并参观了鹿野苑和泰姬陵等历史古迹。他们还受到了尼赫鲁总理的热情接见和盛宴款待，并与印度各界人士进行了广泛接触和深入而友好的交流。①

　　1951 年 9 月 1 日，中国和平理事会等向以下三个印度机构发出访华并参加中国国庆大典的邀请：位于孟买的印中友好协会（会长为时任《闪电》编辑的卡兰吉亚即 R. K. Karanjia）和全印和平理事会、位于加尔各答的印中友好协会。这可视为 20 世纪 50 年代的对印公共外交。印方迅速作出了热烈回应，组成了以印度斯坦文化协会秘书、《新印度》编辑森德拉尔（Pandit Sundarlal）为团长的 15 人印度友好代表团，其中包括著名英语作家、记者、时任全印和平理事会副会长的安纳德在内的三名记者。1951 年 9 月 21 日，印度友好代表团到达香港九龙，22 日到达广东。至 10 月 30 日启程回国，代表团在中国访问达 40 日之久。他们除了参加中国国庆大典外，还依次访问了广州、北京、沈阳、天津、南京、上海、杭州等多个重要城市和一些农村，并参观了鲁迅在上海的故居，感触很深。在华期间，代表团受到了毛泽东、周恩来等领导人的亲切接见。森德拉尔、安纳德与中国作家郭沫若等人亲切合影。回到印度后，森德拉尔和卡兰吉亚分别撰写了中国游记，并于次年即 1952 年在古吉拉特邦的阿默达巴德和马哈拉斯特拉邦的孟买同时出版。森德拉尔和卡兰吉亚等人通过在华 40 日的耳闻目睹，加深了对中国政治、经济、社会现实与民俗文化等各方面的了解，并对中印历史友谊有了更为直观的感受。他们分别描述了自己的中国印象。在森德拉尔等人笔下，新中国的一切令人欣喜，使人振奋。与森德拉尔同行的卡兰吉亚也对新中国翻天覆地的变化感到振奋。在对中国社会面貌新变化大加赞赏的声音中，自然不乏一些诗意浪漫的语言。例如："无论我走到哪里，我发现中国都洋溢着新的生命气息。我看到，一个有着丰富传统的古老国度正在走向辉煌的新生和快速的变迁。或许可以正确地说，过去两年中所产生的变化，要比以前四千年中的变化还要多。"② 森德拉尔还

---

　　① 关于此次赴印友好访问的详细情况，参阅陈翰笙：《四个时代的我：陈翰笙回忆录》，北京：中国文史出版社，2012 年版，第 81—87 页。
　　② Sundarlal, *China Today: An Account of the Indian Goodwill Mission to China, September-October* 1951, Allahabad: Hindustani Culture Society, 1952, pp. 439 - 440.

非常珍视毛泽东主席接见他时的合影,为此他翻印了几万张,在印度到处散发,传递中印友好的信息。他们的中国游记在当时的印度公众心目中激起了热烈反响,这显示了中印人文交流的巨大魅力,也说明恰到好处的公共外交对于优化中国在印国家形象至关重要。

20世纪50年代访印的中国学者、作家们也分别留下了很多热情而真诚的溢美之辞。例如,季羡林曾经回忆道:"我曾多次访问印度。印度人民对中国人民代表的欢迎,简直达到了狂热的程度。"[1] 他认为,印度群众的欢迎有多种原因,其中玄奘的《大唐西域记》在印度的广泛影响扮演了重要角色。如果联系古代中印友好交往历史,再联系殖民主义时期中印两国同甘共苦、心心相印的兄弟情谊,印度民众对中国客人的欢迎便能得到很好的解释。

1951年,季羡林第一次访问印度。1955年,季羡林等人第二次访问印度时,已届70高龄的森德拉尔拄着拐杖亲自到机场去迎接这批尊敬的中国客人。1978年,季羡林第三次随团访问印度时,94岁高龄的森德拉尔再度与他相遇。关于两人在尼赫鲁大学的这次非同寻常的见面,季羡林在《天竺心影》中记叙道:"他(森德拉尔)搂住我的脖子,摸着我的下巴颏儿,竟像一个小孩一般地呜呜地哭起来。我们的团长王炳南同志到他家里去拜望他的时候,他也曾哭过,他说:'我今年九十多岁了。但请朋友们相信,在印中两国没有建立完全的友好关系之前,我是决不会死去的!'"[2] 此后,季羡林在德里参加的每次会议,这位印度老人都积极参加并发言。由此不难发现,20世纪50年代中印文化交流的硕果恰似一瓶陈年佳酿,在70年代末竟然散发出这等迷人的醇香。

来华访问的印度代表团也在中国人的心目中留下了美好的记忆。例如,1955年印度文化代表团访华期间,在各地举行艺术演出。时任文化部副部长的丁西林在《印度艺术家在中国》一文中回忆道:"观众们对于这来自有悠久历史和丰富文化遗产国家的音乐和舞蹈立即产生了浓厚的兴趣。他们从印度艺术表演的每一段动人心弦的韵律,每一种出神入化的舞

---

[1] 季羡林:《中印文化交流史》,北京:新华出版社,1991年版,第78—79页。
[2] 季羡林:《季羡林全集》,第1卷,北京:外语教学与研究出版社,2009年版,第130页。

姿中亲切地体味到印度艺术的高度成就和优秀传统。特别是中国的艺术家们在这些优美的印度艺术节目中惊异地然而是自豪地发现了印度音乐中有近似中国音乐的音调旋律的地方；他们也发现了印度舞蹈和中国舞蹈在手势表情上的相同之处。这种千百年来中印两国文化交流的迹象，生动地说明了中印两国人民友谊的深厚悠久。"① 1983 年，周而复在为《东方歌舞话芳菲》所写的"序"中回忆，50 年代尼赫鲁及其女儿曾经陪同他和中国政府文化代表团其他成员观看印度舞蹈。周而复的印象是："晚会上演出了三个舞蹈：卡特克舞、恰拍利舞跟和利舞。我们非常欣赏舞蹈家们的精湛艺术。印度舞蹈在世界舞蹈中独树一帜，是世界上最优秀的舞蹈之一。古典舞有六十四种手指表情姿势，一般可以表达五百种以上的意思。"②

  1959 年 3 月 31 日，达赖喇嘛进入印度，中印关系多云转阴的一个新阶段就此拉开序幕。1959 年 8 月中印边境发生武装冲突，中印关系迅速恶化，并演变为 1962 年边境冲突事件。边境冲突爆发以后，在印华侨处境异常艰难。1963 年，中国政府展开了大规模撤侨行动。很多华侨选择远走西方。早在 1949 年前后，在华的印度侨民选择大规模地离开中国，这给中印关系的长远发展带来了雪上加霜的负面效应。此前，英属印度政府为避免中国内战殃及印度人，从 1945 年底开始帮助在华印度人有组织地大规模撤离中国大陆。"在印度人散居世界的历史上，这种完全彻底地离开定居国的行为是非常独特的。"③ 在印华侨和在华印侨大规模离开对方国家带来的直接恶果就是，当代中印人文交流的基础非常薄弱，同时也使很长一段时期内的中印双向认知带有很大的局限。"对大多数印度人而言，尽管他们承认中国是一个伟大邻邦，但她却是公众认识里非常遥远的国度。"④

  1962 年后，将近 20 年时间里，中印文化交流遭遇空前的危机。尽管如此，中印两国学者在中国学和印度学方面下足功夫且颇有收获者仍不乏

---

① 佚名主编：《印度文化代表团在中国》，北京：人民美术出版社，1956 年版，第 3 页。
② 周而复：《浪淘沙》，北京：档案出版社，1991 年版，第 308 页。
③ Madhavi Thampi, *Indians in China: 1800 - 1949*, New Delhi: Manohar Publishers, 2005, p. 215.
④ Ibid., p. 19.

其人。以中国为例，这一时期的代表性成果包括季羡林译迦梨陀娑的《优哩婆湿》（人民文学出版社，1962年）、谢冰心和郑振铎等译10卷本《泰戈尔作品集》（人民文学出版社，1961年）、金克木的《梵语文学史》（人民文学出版社，1964年）等。季羡林在1973年到1977年间译完印度大史诗《罗摩衍那》，并于1980年到1984年分七册出版。

总体而言，20世纪60—70年代，中印学者对对方国家的学术研究存在很大的差异。中国仍然关注印度文学译介，间杂印度现实问题研究，印度则从研究中国文化转向关注中国现状与中印关系。这种研究内容的差异或曰不对称的研究模式将持续很久。它对中印文化交流起着消极的作用，自然也对印度的中国观与中国的印度观有着深远的影响。

1988年，拉·甘地总理访问中国。这是尼赫鲁1954年访华后34年来印度总理的首次中国之行。"此行开启了印中两国首脑频频互访的新局面，为增进两国友好作出了积极的贡献。"[1] 不过，拉·甘地的访华之旅并不轻松，因为在他临行前，印度国内的反对声不小。有人认为："印度对拉·甘地在当代中国进行的开创性之旅取得的成果表示高度赞赏。"[2] 拉·甘地访华"打破了中印关系的长期僵局"，这次访问"标志着印中关系新时代的开端"[3]。在拉·甘地访华基础上，中印关系继续朝着良性互动的方向发展，这为中印文化交流逐步打破20世纪80年代前的萧条局面奠定了民意基础。

20世纪80—90年代是中印文化交流的平稳发展期，也带有一些过渡的性质。这20年时间中，由于政治互动正常化，两国间的人文交流催生了许多可圈可点的实绩。例如，根据有的学者考证，印度英语作家M. R. 安纳德曾经在新中国成立前两次访问中国。1951年，安纳德曾随前述的森德拉尔代表团一起访华。20世纪80年代，安纳德再次访华，并拜访了当年自己在英国时的朋友萧乾。他还应邀拜会了自己小说的中文译者王槐挺。

---

[1] 赵蔚文：《印中关系风云录（1949—1999）》，北京：时事出版社，2000年版，第306页。
[2] K. Natwar Singh, *My China Diary*: 1956-1988, New Delhi: Rupa & Co., 2011, p. 139. 据悉，该书已由尚劝余等学者译为中文，出版日期待定。
[3] Bhawna Pokharna, *India-China Relations: Dimensions and Perspectives*, New Delhi: New Century Publications, 2009, p. 69.

1986年，王槐挺去印度访问时，受到安纳德的热情接待，两人就中印文化交流进行了三次对谈。① 他们之间的交往不仅是两位作家的深情私交，也是中印文化交流走向正常化的精彩一笔。1980年1月，中国参加了在印度班加罗尔举行的国际电影节。1981、1983、1985、1987年，中国均参加了在印度举办的国际电影节，有的电影还获了奖。同期，印度多部电影也来北京参展放映。1981年，鲁迅研究专家王士清以及印度文学研究专家、翻译家吴晓铃、石真夫妇等访问印度。1983年，刘国楠和金鼎汉等印地语学者访问印度。1985年，季羡林等人访问印度。特别值得一提的是，自1988年印度拉·甘地总理访华签订1988—1990三年文化交流执行计划后，中印双方隔年便派作家代表团互访，逐渐形成了惯例，并一直延续至今。1993年，印度拉奥总理访华期间，双方签订了《广播电视合作协定》，从此中印两国的电视交流也逐渐步入正轨。1994年11月28日至12月2日，印度学术界在南方海滨城市喀拉拉邦首府特里番得琅举行"印度学国际讨论会"，主办方邀请了北京大学的王邦维、耿引曾两位学者赴会。两位中国学者的研究成果受到印度学者的重视。1994年，根据中印两国的文化协定，在中国举办了第一届"印度文化节"，历时两月，遍及中国18个城市。印度还派出了包括10个文艺团体在内的140人大型代表团访华，这是前所未有的盛举。② 此后至今，在中国和印度的各个城市定期或不定期地举办"印度文化节"、"中国文化节"已经成为惯例，这是中印文化交流正常化的必然效应。无疑，这对加深两国人民的彼此了解起到了很好的促进作用。

进入21世纪以来，中印关系改善势头不减，中印交流延伸到政治、经济、文化、体育、卫生、旅游等诸多领域。2003年6月，瓦杰帕伊总理对中国进行访问。双方在联合宣言中提出要建立新的全面合作关系，并对如何加强中印人文交流进行了新的构思。2006年，中国国家主席胡锦涛访问印度。2006年是中印友好年，中印举办了一系列促进两国友好睦邻关系的

---

① 张玮："20世纪后半期以来的中国—印度文学交流"，《东南亚南亚研究》2013年第2期，第92页。后文介绍参考该文相关内容。

② 关于20世纪80—90年代中印文学、艺术、教育、体育、科技等各方面的交流合作，详见薛克翘：《中国印度文化交流史》，北京：昆仑出版社，2008年版，第516—540页。

活动。为推动中印之间的旅游交往，2007年2月14日中印两国在新德里正式启动"2007印度—中国旅游友好年"活动。2011年被中印两国定为"中印交流年"，2012年又被两国领导人确定为"中印友好合作年"。2013年5月，李克强总理访问印度期间，与印方高层共同确定2014年为"中印友好交流年"。2015年和2016年分别被确定为"印度旅游年"和"中国旅游年"，中印两国将为此展开系列活动。

从各个层次的人文交流来看，进入21世纪以来，中印文化交流的力度或频率明显增大。中印学者和作家们到对方国家访学或进行文化采风的人数逐渐增多，中印学生到对方国家学习甚至获取学位者也有明显增加的趋势。中印人民开始把对方国家作为旅游观光的目的地。中印学者进行跨国双边学术交流的机会越来越多。例如，2000年11月6—7日，印度德里大学举行"殖民帝国主义时期的印中互动"国际研讨会，四川大学南亚研究所研究员邱永辉、云南社会科学院南亚研究所所长王崇理等学者应邀赴会。2001年秋，四川大学南亚研究所举办"世界贸易组织与印度经济发展"国际研讨会，印度政策研究中心的三位学者应邀赴会。2001年12月，中国作协副主席王蒙率领中国作家代表团一行五人应印度文学院之邀，对印度进行了为期十天的访问。2002年3月，中国作协副主席何建明率团访问了新德里的印度文学院、美术学院、音乐舞蹈学院及国家戏剧学院。近年来，刘建、王邦维、邱永辉、魏丽明、薛克翘、张力等中国学者先后受邀赴印，多次参加印度学者（包括印度的中国问题专家或汉学家）举行的各种国际学术研讨会，就双方感兴趣的话题进行讨论、对话。

21世纪初，印度作家到中国访问采风的概率大大增加，印度学者应邀赴北京、上海、云南、成都等地进行学术交流的机会越来越多。例如，2002年6月，印地语作家施里拉尔·舒克拉应中国作家协会的邀请，率领印度作家代表团一行十人对华进行友好访问。2006年10月，北京大学东语系和中国社会科学院亚太研究所分别举行第11届印度文学研讨会和"中印文化交流学术研讨会"，笔者均在会上发现有一名印度学者参会发言。2007年9月，应中国作家协会的邀请，乌达亚·纳拉亚南·辛格为团长的印度作家代表团一行11人访问了北京、西安和上海。2008年10月，北京语言大学举行比较文学国际学术研讨会，尼赫鲁大学的著名学者狄伯杰与会发言，并与笔者就印度的中文教学问题进行对话。2009年8月，印度文学院代表团一行六人访华。

根据《新京报》的报道，近几年热议的那烂陀大学进展顺利，"搭顺风车"的特殊形式的中印文化交流随之起航。2006年，印度总统卡拉姆提出重建那烂陀大学，印度政府对此也十分支持。2007年1月，印度总理辛格在第二届东亚峰会上提出重建那烂陀大学的倡议，中方对此予以积极回应。当年11月，中国国家主席胡锦涛访印，中印两国政府表示将在复兴和重建那烂陀大学上进行合作。2007年，印度召集多国精英学者组成重建那烂陀大学的"顾问团"（Nalanda Mentor Group），即那烂陀大学的董事会。该顾问团宣称："现在正是重建那烂陀崇高的普世主义，使之成为知识中心的最好机会。"[1] 这个顾问团的阵容非常豪华：主席由阿马蒂亚·森担任，其他成员包括北京大学东方学研究院院长王邦维教授、新加坡前外交部长杨荣文、曾任香港大学校长的王赓武教授、日本著名画家平山郁夫等11人。2010年12月，中国总理温家宝访问印度，宣布中国向那烂陀大学捐款100万美元。2011年11月，中国驻印度大使张炎代表中国政府向印度那烂陀大学捐款100万美元。王邦维指出："中印文化交流有很多项目，那烂陀大学和中国有比较特殊的关系，捐款给那烂陀大学，也是表示对印度友好的一种姿态。"[2] 2013年10月10日，在文莱举行的第八届东亚峰会上，李克强总理在讲话中赞赏印度为重建那烂陀大学所做的努力，愿参与签署"成立那烂陀大学谅解备忘录"，与各方一道促进峰会框架下的人文交流。可以乐观地预测，中印文化交流将围绕那烂陀大学的发展而不断得以深化。

2013年，带有公共外交色彩的中印合作研究项目"中印文化交流百科全书"正式启动，参与相关研究和词条撰写的包括玛妲玉、邵葆丽、嘉玛希和那济世等印度学者和薛克翘、刘建、葛维钧、王邦维、陈明、姜景奎、金姗姗、赵佳梓、张远、张幸等中国学者。2014年2月11日，中国

---

[1] 那烂陀顾问团："展望那烂陀大学"，原载印度驻华大使馆：《佛教圣地那烂陀——古代印度和中国的文化交流》（贾诗美责编），译者不详，2010年，第13页。
[2] 转引自高美、赵欢："唐僧'取经地'800年后复课重建那烂陀大学"，《新京报》2014年9月14日，http://edu.163.com/14/0914/09/A63HRITE00294M9N_all.html。

驻印使馆在新德里举行"中印友好交流年"启动仪式,正在印度访问的国务委员杨洁篪、印度副总统安萨里出席,印度社会各界人士近 600 人出席活动。杨洁篪在致辞时表示,中印友好交往源远流长,数千年来两大古老文明交相辉映,互学互鉴,共同创造了辉煌历史。安萨里在致辞时表示,古代的丝绸之路曾将印中两大文明紧密相联,带来双方思想文化和人员物产的大交流,当今印中的复兴梦又使双方走到了一起。印中要打开大门,扩大人员往来,相互学习,增进理解,加强团结合作,促进印中关系的大发展。[①] 2014 年 6 月 30 日,中国国家副主席李源潮在北京人民大会堂与印度副总统安萨里共同出席《中印文化交流百科全书》发布会,这标志着该项目合作取得了圆满成功。在出版刊物、向中印人民介绍对方国家文化和国情等方面,双方都互有新动作。例如,印度驻华大使馆于 21 世纪初出版中文版杂志《今日印度》,免费向中国读者赠阅。这一杂志办得生动活泼,介绍印度的历史文化、风土人情,配以大量的图片说明,对于中国了解印度帮助极大。中国驻印度大使馆和领事馆也向印度读者赠阅介绍中国国情和最新动向的英文杂志。

从目前来看,中印关系处在前所未有的大好发展时机,这也是当前中印文化交流得以迅速发展并迅速向规模化、机制化过渡的基本保障。例证之一是:2015 年 5 月,莫迪总理访华期间,中印政府发表的联合声明中对人文交流的表述如下:

> 二十一、2015 年 5 月 15 日,李克强总理和莫迪总理在北京共同出席"太极瑜伽相会"活动。双方同意 2015 年 6 月 21 日共同组织国际瑜伽日相关活动。两国领导人欢迎云南民族大学与印度文化关系委员会开展合作。
>
> 二十二、两国领导人注意到加强教育机构交流将为两国社会经济发展发挥积极作用,欢迎双方相关部门签署教育交流计划。
>
> 二十三、双方对"中国印度文化交流计划"取得的进展感到满

---

① 佚名:"中印友好交流年启动仪式在新德里举行",2014 年 2 月 12 日,http://www.fmprc.gov.cn/ce/cein/chn/ssygd/yhjln/t1127679.htm。

意。双方将于2015年下半年各派200名青年互访。

二十四、双方欢迎四川省和卡纳塔卡邦缔结友好省邦关系,重庆市和金奈市、青岛市和海德拉巴市、敦煌市和奥兰加巴德市缔结友城关系。

二十五、为进一步加强对话、增进相互了解,双方决定设立"中印智库论坛",每年召开一次,在两国轮流举办。双方同意将媒体高峰论坛机制化,由中国国务院新闻办公室和印度外交部负责,每年一次,轮流在两国举办。两国领导人欢迎上海复旦大学设立甘地印度研究中心。[①]

此外,2015年5月发表的该声明中还明确指出,为进一步便利和促进两国文化、旅游、经济、人员往来,双方决定互相在对方国家增设一个总领事馆。中国将在金奈开设总领事馆,印度将在成都开设总领事馆。

---

① "中华人民共和国和印度共和国联合声明",2015年5月15日,http://www.fmprc.gov.cn/ce/cein/chn/zygx/zywx/t1264214.htm。

第二章

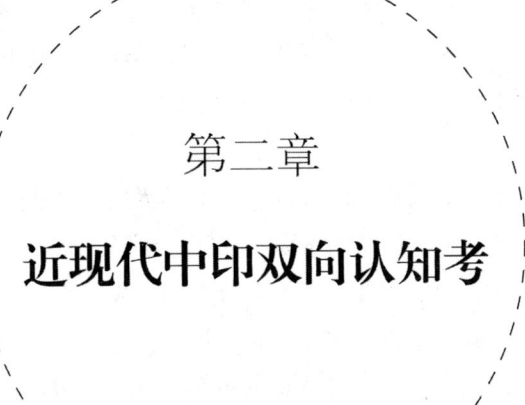

近现代中印双向认知考

第一节 引言

所谓的"双向认知"大约相当于英语 mutual perception，指的是双方对彼此的整体认识或大体印象。与中印双向认知紧密相关的便是中国的印度观或印度形象、印度的中国观或中国形象等概念。"观念"或"形象"似乎与 image、perception 和 view 等英语词汇近义。"image 可以是观念性的、视觉的、听觉的、嗅觉的形象，也可以是这些感觉的一种融合。"[1] 客观地看，与"中国观"一词相近的是目前学界更喜采纳的一词即"中国形象"。

关于中国观与中国形象的区别，目前学界的探索并不多见。有的学者指出，外国人眼中中国形象的本质不在于中国这一心理投射的客体，而在于西方这一心理认知的主体。"西方的中国形象是西方文化投射的一种关于文化他者的幻象，是西方文化自我审视、自我反思、自我想象与自我书写的方式，表现了西方文化潜意识的欲望与恐怖，指向西方文化'他者'的想象与意识形态空间。"[2] 从这个角度看，虽然说中国形象与西方人的主体反思有关，但它是一种对象认知或观念建构的过程。因此，中国观与中国形象、中国认识、中国认知等概念在很大程度上可以互换使用。一般而言，中国观主要表示东方国家或西方国家对中国社会、政治、经济、文化、宗教、民俗等各个方面的认识。照此推理，研究中国的印度观必然涉及中国对印度社会各个方面的认识。从以往一些学者的研究来看，他们对于国外中国观的思考有时更为偏重其政治、经济和社会等维度，对于世界的中国形象的探索则更偏向于文学与文化维度。但是，目前国内外学者在

---

[1] Colin Mackerras, *Western Images of China*, Hong Kong: Oxford University Press, 1989, p. 9.

[2] 周宁：《天朝遥远：西方的中国形象研究》（上卷），北京：北京大学出版社，2006 年版，第 3 页。

探索世界的中国形象时,似乎将其研究触角伸向了政治、社会、文学、宗教、民俗等更为广阔的领域。换句话说,目前的中国形象研究,基本上是世界的中国观研究的代名词而已。遵循这一逻辑,本章及后文在研究中印双向认知时,将思考的笔触主要集中在近现代及当代中印对彼此社会、政治、文化等各个方面的感性认识与理性思考上。

中印两大文明古国的友好交往在世界文明发展史上非常独特,这种独特性就体现在她们之间的和平往来上,如佛教对中国文化的"和平征服",中国道家思想对印度文化潜移默化的影响。尽管中印之间横隔着喜马拉雅山的天然障碍,但这从来没有阻挡彼此间源远流长的文化交流。中印文化交流的历史可以追溯到两千多年前。在这漫长的文明交往过程中,许多中国人记录了自己所感知的亦真亦幻的印度形象。[1] 然而,印度人自古不好笔录,这不仅使中国文化对古代印度的影响难觅踪影,也使印度人所感知的中国形象很难为后人准确把握。这不仅使得中国文化影响印度的痕迹难以捉摸,连寻觅古代印度的中国认识,寻觅近代以前印度的中国形象建构轨迹,也无异于大海捞针。[2] 只是通过艰难的寻觅,人们可以在一些早期印度文化经典里发现印度人认识和想象中国的蛛丝马迹。[3]

一方面,古代印度的中国认知痕迹不太明显;另一方面,由于资料丰富,中国古代的对印认知十分生动,因此在古代中印相互认知方面进行比较似乎有些勉为其难。鉴于此,本章主要对近现代时期中印双向认知进行简略的考察。客观地看,100多年的近现代史见证了中印如何认识对方的漫长心路。对于这种双向认知进行比较研究,我们将会发现一些十分有趣的、对当代中印关系发展有一定参考价值的历史规律。

---

[1] 关于古代中国的印度认知,参阅王向远等著:《佛心梵影——中国作家与印度文化》,北京:北京师范大学出版社,2007年版,第13—62页。

[2] 参阅郁龙余等著:《梵典与华章:印度作家与中国文化》,银川:宁夏人民出版社,2004年版,第529—530页。

[3] 关于古代印度中国幻想的介绍,参阅拙著:《印度的中国形象》,北京:人民出版社,2010年版,第45—54页。

第二节 中印双向认知的平衡性

中印近现代双向认知存在一些同步同质的平衡现象。这就是说，在某些历史阶段，中印双方的知识分子或政治精英、甚或下层民众都对对方抱有相似的感情，都对对方的伟大文明投以尊敬的目光，这也是近现代中印关系发展多呈玫瑰色的主要原因。

谭中认为，就中国而言，她的文化之眼所感知的印度形象可以分为六个阶段来进行分析，即神异阶段、敬仰阶段、虚无阶段、同情阶段、友好阶段和冷淡阶段。[①] 1840 年鸦片战争和 1857 年印度民族大起义，掀开了中印近代苦难史新的一页，这就是中国对印度同情阶段的开始。按照谭中的观察，中印关系在同情阶段就"已经开始了友好阶段"。[②] 随着 1947 年印度独立、1949 年新中国诞生，中印关系进入一个崭新的"友好阶段"。这一阶段延续了十年左右，直到 1959 年左右中印关系由晴转阴为止。这一时期，中国人眼中的印度不再是亡国奴的形象，不再是值得同情的任人宰割的被殖民者，而是从患难与共的道路上跋涉而来的东方兄弟，是冷战时期抗衡西方的东方盟友。印度形象的变化反映了中国对亚洲及世界地缘政治新变化的重新定义和判断。不幸的是，中印关系走过短暂而美好的友好阶段后，就急速地走向一个令人痛心的"冷淡阶段"，中国人心目中的印度形象产生了前所未有的剧烈转型。20 世纪 80 年代后期，中印关系改善使得中国开始正面认识印度成为可能，但是冰冻三尺，非一日之寒，长期的"冷淡阶段"使中国感知印度似乎回到了历史上的"虚无阶段"。近年来，在中印交流增多的背景下，虽然中国认识印度有了一些积极的变化，但是文化领域的西方中心主义使得中国人心目中西

---

① [印] 谭中：《中国文化眼睛中印度形象的变迁》，张敏秋主编：《跨越喜马拉雅障碍：中国寻求了解印度》，重庆：重庆出版社，2006 年版，第 31 页。
② 同上书，第 45 页。

方的美好压倒了印度的东方魅力。① 当代中国的印度形象还处在调整和变化时期。

按照谭中上述观点进行历史对位，1840年到1949年的100多年便是中国认识印度的"同情阶段"。按照谭中的观察，中印关系在同情阶段就"已经开始了友好阶段"。② 换句话说，中印近现代双向认知跨越了同情阶段与友好阶段。从认知主体上讲，中印双方都以知识分子或政治家为主，以士兵等其他各阶层人士为辅。同情对方的苦难境遇，在道义上甚至行动上予以支持，是这一时期中印双向认知的基本特点。这可视为近现代中印双向认知平衡性的第一个维度或第一层内涵。

先看看中国方面的印度认知。

鸦片战争前后，在一些向国人介绍世界各国概况的书中，有四部在不同程度上涉及到印度，包括陈伦炯的《海国闻见录》、谢清高口述的《海录》、魏源的《海国图志》和徐继畬的《瀛环志略》。"中国人在近代重新了解印度就是从这四部书开始的。"③ 鸦片战争后至19世纪末的戊戌变法时期，又出现了一些关于印度的书，有的是专门到印度采风归国后写成的，具有极高的历史文献价值，也对研究那一时期中国人的印度观提供了极好的资料。这其中，黄懋材、马建忠和吴广霈等三人亲历印度者的印度纪行具有特别重要的历史文献价值。

林承节认为："在介绍印度方面有重大突破的，是魏源的《海国图志》。它使中国人民对印度的认识由一鳞半爪而开始走向系统化、整体化。"④《海国图志》从1842年的50卷增至1852年的100卷，其中介绍印度的是该书第19至22卷和第29至30卷。魏源在该书中对"五印度"即印度的历史演变和地理方位、英国征服印度等做了介绍。因为他并未到过印度，那一时期也无更多的相关书籍可以参考，所以《海国图志》对于印

---

① 此处论述参阅谭中："中国文化眼睛中印度形象的变迁"，张敏秋主编：《跨越喜马拉雅障碍：中国寻求了解印度》，重庆：重庆出版社，2006年版，第48—50页。
② [印]谭中："中国文化眼睛中印度形象的变迁"，张敏秋主编：《跨越喜马拉雅障碍：中国寻求了解印度》，重庆：重庆出版社，2006年版，第45页。
③ 林承节：《中印人民友好关系史（1851—1949）》，北京：北京大学出版社，1993年版，第2页。下面对徐继畬、黄懋材等人关于印度认知的介绍，参看林承节该书相关内容，特此说明。
④ 同上书，第7页。魏源对印度的记叙，参看该书第7—11页。

度的各方面介绍难免留存了诸多遗憾或谬误。

徐继畬的《瀛环志略》出书于1848年，该书10卷，其中第3卷题为《亚细亚五印度》，专论印度，它比《海国图志》的印度记叙更为可信和准确。同魏源一样，徐继畬也是一位放眼看世界的晚清官员，但没有任何的出国经历。考虑到19世纪很多中国知识分子没有到过印度、甚至从未出国的历史语境，徐继畬的印度记叙具有相当的代表性。

由于刚刚经历了鸦片战争惨败的痛苦，徐继畬对印度被殖民者征服的事实自然不会轻易放过，而是纳入考察的视野，以为警示中国之用。翻开历史可以发现，英国东印度公司征服印度，从1757年算起，到1849年兼并旁遮普为止，总共用时92年。也就是说，到1849年3月29日，英国宣布兼并旁遮普标志着英国对印度的殖民征服"最终完成"。"英国人能取胜，主要是利用了印度的封建分裂状况……印度如果有明确的抵御外侮的观念，如果能团结一致，就不会败给东印度公司。但这样的观念和行动在当时的印度是不可能有的。"① 徐继畬带着对殖民者的愤怒和对印度人民的深切同情，对英国征服印度的历史做了描述："欧罗巴诸国之居印度，始于前明中叶，倡之者葡萄牙，继之者荷兰、佛郎西、英吉利，皆以重赀购其海滨片土，营之埔头。蛮人愦愦，不察其萌。英吉利渐于各海口建立炮台，调兵役戍，养锐蓄谋，待时而动。迨孟加拉一发难端，遂以全力进攻诸蛮部，连鸡楼桀，等于拉朽折枯，于是五印度诸部夷灭者十八九。哀哉！英人自得五印度，榷税养兵，日益富强。"②

对于毒害中国人民的鸦片贸易，与魏源一样，徐继畬自然是格外关注的。他的印象是："五印度货物惟棉花、鸦片最多。近年竟以鸦片为主，每岁运出数万余箱。宇宙浮孽之气，乃独钟于佛国，何其怪也。"③ 这话中既有对鸦片贸易的憎恨，也有对印度的定势思维，尤以"佛国"一词最为明显。该词暗示，徐继畬和魏源等人一样，对印度某些方面的认识还停留在遥远的过去。徐继畬还叙及广东与孟加拉之间的水路贸易，并含蓄地谴责鸦片贸易："迩年英人货船自印度来者十之六七，昔日之五印度求疏通

---

① 林承节：《殖民统治时期的印度史》，北京：北京大学出版社，2004年版，第39页。
② 徐继畬：《瀛环志略》（一），台北：台湾华文书局，1969年版，第224—225页。
③ 同上书，第226页。

而不得，今日之五印度，求隔绝而不能，时势之变固非意料所及矣。"①

徐继畬的《瀛环志略》正式问世30年后的1878年，四川总督丁宝桢派遣青年学子黄懋材游历印度，考察对方的风土人情。黄懋材被历史学家称为"近代中国第一个游历印度者"。② 黄懋材一行六人，出游的整个过程达一年又五个月，其中在当时的英属印度境内停留约六个月。黄懋材在印度游历了许多地方，绘制了五印度全图，回国后撰写了《游历刍言》和《西徼水道》，后者含有《恒河考》与《印度河考》。黄懋材还撰写了《印度札记》和《西輶日记》。黄懋材虽然是立足于实地采风，但其记叙与魏源、徐继畬等人一样，在客观记录自己所亲身感知的印度形象之外，也带有特殊的经世致用色彩。

1857年印度民族大起义冲击大英帝国的一个直接后果便是"东印度公司统治印度的终结"。③ 印度殖民地由英国女王直接统治，于是英人对于印度的政治政策、经济控制或剥削都有了一些调整和变化。实地考察的黄懋材及时地捕捉到了这些新的动向，并将之纳入自己的印度纪行中。例如，他在描述英国人挖空心思地按照一定比例对印度士兵进行组合的殖民策略时写道："半系释教，半系回教，分门别户，彼此如仇，互相牵制，免其同心谋叛。然前此兵变之事，往往有之。"④ 这说明，英国殖民者借力打力的恶毒计策仍然时有败笔。需要注意的是，黄懋材此处言及的"释教"是指佛教，这显示，黄懋材和徐继畬对印度社会的宗教现状同样失察。他们将印度教误以为"释教"。在观察到殖民当局刻意使英国人垄断政府高级职位的畸形现象后，黄懋材记载道："印度诸大员皆幼年从英国遣来，学习土话，优给俸禄，分任职事……惟微员末秩乃外官亲理民者，可以参用土人，多由富厚之家捐授其职。"⑤

1901年末，他携女避居大吉岭，在印度住了17个月，游历各地，广泛接触各界人士，对印度有了比较深入的了解，这使他的印度述评具有更

---

① 徐继畬：《瀛环志略》（一），台北：台湾华文书局，1969年版，第225页。
② 林承节：《中印人民友好关系史（1851—1949）》，北京：北京大学出版社，1993年版，第28页。此处对黄懋材的相关介绍，参阅该书第17—29页。
③ 林承节：《殖民统治时期的印度史》，北京：北京大学出版社，2004年版，第113页。
④ 黄懋材："游历刍言"，《得一斋杂著》，光绪十二年（1886年）梦花轩重刊本，第8页。
⑤ 黄懋材："印度札记"，《得一斋杂著》，光绪十二年（1886年）梦花轩重刊本，第2页。

多真实可信的成分。关于这次印度之行，康有为在《印度游记》"序"的开头写道："中国人之游印度者，自秦景、法显、三藏、慧云而后千年，至吾为第五人矣。"① 虽说这并不符合事实，但似乎隐晦地表达了康有为对中印文化交流惨淡现状的不满。他觉得黄懋材的相关记载"不能言印度之教俗"，并叙述了自己的游历动机："惜二千年之游印度者既极寡，或有其人皆佛法之裔，仅传佛之经典，而于印度之政俗婆罗门及诸教之瑰异，皆不及考举……今驱驰印度中八千余里，蒙沙犯尘，举耳闻目见而亲考之，乃皆为中土数千年所未闻者。恨不识梵文，不携传记，无从疏证引申，自知略脱，亦何足言！"②

康有为主要围绕以下几个方面的问题展开论述和思考。他首先思考的是，印度为什么会沦亡为殖民地？康有为分析了印度沦为殖民地的原因。1895 年，康有为提出印度亡于"守旧不变"的观点。他在《京师强学会序》中写道："昔印度，亚洲之名国也，而守旧不变，乾隆时英人以十二万金之公司，通商而墟五印矣！昔土耳其，回部之大国也，疆土跨亚、欧、非三洲，而守旧不变，为六国执其政，剖其地，废其君矣。其余若安南，若缅甸，若高丽，若琉球，若暹罗，若波斯，若阿富汗，若俾路芝，及为（国）于太平洋群岛，非洲者，凡千数百计，今或削或亡，举地球守旧之国，盖已无一瓦全者矣。"③ 守旧一词实为康有为批判国内守旧人士阻碍变法维新的寻常用语，但他却将其自然地用在了关于印度问题的思考中，这可看出，他对印度的历史与现状不是很熟悉，其印度述评显得有些抽象和空洞，不着边际。"不过，尽管抽象、空洞，他的论断并不错，甚至可以说是道出了印度衰败的症结所在。这是很有趣的。这也可以说是政治家观察事务的敏感吧，中国与印度本来就有许多共同点，康有为是按中国国情推断印度的。"④ 康有为以印度沦亡的历史现象为镜子，反照出自己

---

① 康有为:《印度游记》，郑逸梅、陈左高主编:《中国近代文学大系：1840—1919》（卷二十四），"书信日记集·2"，上海：上海书店出版社，1993 年版，第 519 页。

② 同上书，第 520 页。

③ 上海市文物保管委员会编:《康有为遗稿·列国游记》，上海：上海人民出版社，1995 年版，第 165 页。

④ 林承节:"康有为论印度"，张敏秋主编:《跨越喜马拉雅障碍：中国寻求了解印度》，重庆：重庆出版社，2006 年版，第 64 页。此处论述多参考该文相关分析，特此说明。

在中国以维新变法保国救亡的梦幻。

其次，康有为在论述中体现了对印度人民的同情以及对英国殖民者罪恶统治的谴责和揭露。与此前诸人观察印度不同的是，康有为对印度的种姓制度采取了严厉批判的姿态。他写道："夫人类之生，莫本于天，同为兄弟，实为平等，岂可妄分流品，而有所轻重，有所摒斥哉！且以事势言之，凡多为阶级而人类不平等者，人心患而苦，国必弱而亡，印度是矣。"[1] 对于康有为的这种鲜明态度，历史学家的评价是："像这样尖锐地批判种姓制度，在中国史籍中，康有为当是第一人了。"[2] 康有为还对印度人民饱受英国殖民压迫、剥削的生活惨状进行了实录。例如，在《京师强学会序》中，康有为这样写道："英之得印度百年矣，光绪十五年而始举一印人以充议员，自余土著，畜若牛马。"[3] 在他看来，印度的惨状达到了不忍目睹的境地。1913 年，他在《中国以何方救危论》一文中写道："今印度之内，岂不犹是二百国乎？而奴隶于英久矣……万里印度之地，如一大牢焉。吾之将为印度不远矣……印度人告我曰：'今此为英国之地，岂复有印度哉。'"[4] 对于康有为等人的这类记载，历史学家的评价是："近世的访印者、记述印度者，对印度的沦亡或多或少地表示出惋惜之情，但很少有提到印度人民的处境的。康、梁对印度亡国惨状的描述是我国近代史籍中最早的关于殖民统治下印度人民状况的记录。"[5] 这说明，K. P. 古普塔等印度学者对康有为印度述评的某些指斥是站不住脚的。毕竟，康有为等人是以同情的心态描述印度亡国惨状的。再如，光绪三十一年即 1905 年，随端方等出洋考察的"五大臣"之一戴鸿慈在德国柏林观看了一场表现英国殖民者迫害印度王后与普通女性的"情节甚奇"的八出戏剧后写道："英将某驻守印度，跋扈无礼，印度君臣以次咸畏惮之。每出，臣民

---

[1] 转引自林承节：《中印人民友好关系史（1851—1949）》，北京：北京大学出版社，1993 年版，第 61 页。

[2] 林承节：《中印人民友好关系史（1851—1949）》，北京：北京大学出版社，1993 年版，第 61—62 页。此处对康有为论述印度的相关介绍，参阅该书第 56—74 页。

[3] 汤志钧编：《康有为政论集》（上册），北京：中华书局，1981 年版，第 165 页。

[4] 汤志钧编：《康有为政论集》（下册），北京：中华书局，1981 年版，第 812 页。

[5] 林承节：《中印人民友好关系史（1851—1949）》，北京：北京大学出版社，1993 年版，第 70 页。

俯跪以迎送，英将傲慢益甚焉……观英将之威恣与印度君臣惊悚之状，使人生无限之感。乌呼！亡国之祸，可畏也哉！"① 陈天华以同样的心情写道："印度亡了，印度王的王位还在；越南亡了，越南王的王位还在；只可怜印度、越南的百姓，于今好似牛马一般。"②

人称"开中国现代梵文研究先河的第一人"（刘建语）的苏曼殊非常热爱和推崇印度古典梵语文学。他在1908年译述了被后人疑为其托名之作的《娑罗海滨遁迹记》。该书《译者记》中写道："此印度人笔记，自英文重译者。其人盖怀亡国之悲，托诸神话；所谓盗戴赤帽，怒发巨铳，指白种人言之。"③ 刘建因此断言："苏曼殊翻译这一作品的目的，在于以印度亡国的教训警示中国人，以印度人抵御外侮的精神激励中国人的反抗精神。译文对印度亡国的原因进行了探究，寄寓了译者对印度人民的深切同情。"④

季羡林评价说："统观梁启超一生有关印度的著述，有三点是比较突出的：第一，他对印度人民抱有极深厚的同情……第二，梁启超给印度文化极高的评价……第三，梁启超承认印度文化影响了中国。他把印度称为'最亲爱的兄弟之邦'。"⑤ 与康有为一样，梁启超也对印度为何沦为殖民地的原因进行了剖析，并抨击大英帝国对印殖民政策，深刻同情印度人民，批判种姓制度，对印度的命运和前途进行探讨。康梁师徒二人对印度的观察和论述，也有经世致用色彩，即为中国如何摆脱列强控制提供一面现实的"镜子"。根据林承节的考证，康有为著作中提到印度的约有80篇200处，梁启超有近100篇200多处。"这样多地讲印度，是因为在他们看来，印度的情况和中国有很多共同点，'举印度之事警中国'很有说服力；也

---

① 戴鸿慈：《出使九国日记》，郑逸梅、陈左高主编：《中国近代文学大系：1840—1919》（卷二十四），"书信日记集·2"，上海：上海书店出版社，1993年版，第813页。
② 陈天华：《警世钟》，任访秋主编：《中国近代文学大系：1840—1919》（卷十三），"散文集·4"，上海书店出版社，1993年版，第431页。
③ 转引自中印联合编审委员会：《中印文化交流百科全书》，北京：中国大百科全书出版社，2014年版，第282页。
④ 同上。
⑤ 季羡林：《季羡林全集》，第13卷，北京：外语教学与研究出版社，2009年版，第530—531页。

因为他们对印度人民的不幸抱有深刻的同情。"① 康、梁对印度的诸多观察和思考，尽管还存在很多的不足，但从晚清时代中印人民重建友好关系的角度看，还是很有意义的，也是"承上启下的一个重要环节……康、梁的论述超出了这个阶段，向前跨进了一步，由记叙进到分析，由现象进入本质，这就标志着中国人对印度国情的认识有了加深。"② 这说明，二人对印度的观察和思考比起此前的徐继畬、黄懋材等人有了不小的进步。之所以说他们的印度述评在"承上"之外，还有"启下"的特色，是因为他们认识到了中印同受西方列强侵略的严重危局，却未上升到主张中印重建友好关系、同呼吸共命运般地互相支持对方的思想高度。他们的思路"到此突然停止，没有再前进一步，推导出中印两国人民命运相同、休戚与共的结论……妨碍他们的思路再向前发展一步的主要障碍是他们反对任何革命的政治立场……新的突破只有留待革命派去实现了。康、梁虽然没有达到这个境界，但他们为日后革命派达到这个境界铺垫了道路，这个贡献是应该载入史册的。"③ 这一突破的重任自然落在了孙中山等人的肩头。值得一提的是，与康有为相比，梁启超对于印度文化的推崇更为后人瞩目。例如，1924年5月梁启超在北师大欢迎泰戈尔时做了一次热情洋溢的著名演讲。在讲演中，他对中国文化领受印度文化恩惠的具体情况进行了详细罗列。

在谭中看来，孙中山的一些文章表明，他强调了中印在英国侵略亚洲的时代背景下，存在着一种"休戚与共的关系"。孙中山的某些言论似乎说明，印度牺牲了自己而保存了中国，这也说明"孙中山的思想观点中渗透着中印两个殖民地难兄难弟的同病相怜"。④

综上所述，基于道义同情与文化亲和的姿态，从徐继畬、黄懋材到康有为、梁启超，再到章太炎和孙中山，近代中国知识精英和政治家对于印度历史和现实的认识越来越深刻，对于中印联合反殖的必要性和可能性的

---

① 林承节：《中印人民友好关系史（1851—1949）》，北京：北京大学出版社，1993年版，第57页。

② 同上书，第69页。

③ 林承节：《中印人民友好关系史（1851—1949）》，北京：北京大学出版社，1993年版，第70页。关于梁启超论述印度的具体分析，参阅该书第57—71页。

④ 谭中："孙中山对印度的独到见解"，张敏秋主编：《跨越喜马拉雅障碍：中国寻求了解印度》，重庆：重庆出版社，2006年版，第79页。

认识也是如此。他们为 1924 年泰戈尔访华及徐志摩、金克木和谭云山等人对印度的积极认识做好了思想和行动的铺垫。

当然，近代中国的印度认知也并非是铁板一块的玫瑰色，其中还存在一些人的误解或误读，如辜鸿铭、鲁迅以及一些激进知识分子如陈独秀等便是如此。①

再看同一时期印度方面的中国认知。

自 1857 年民族大起义以失败告终后，印度不仅在实质上，也在名义上完全陷入被殖民的境地。"如果说中国的处境和印度有什么区别，那就是：清王朝还是一个统一的国家……中国和印度人民在受害的性质和趋势上是同样的，区别只在于程度。最早沦为殖民地的印度，最早尝到苦果。不过，中国人民的命运并不好些。"② 在这种感同身受的基础上，印度人民对中国抱有深切的同情，并对外国列强侵略和掠夺中国深恶痛绝，对其罪行予以深刻揭露。在印度人的心目中，近代中国是文化意义或政治语境中的东方同盟者，是令人同情的东方兄弟，也是一面明晃晃的"镜子"。在这面"镜子"前，印度人照出了自己的苦难，照出了自己的悲悯。

在同情中国的人中，来华的印度官兵是一个特殊的群体。在英国发动第二次鸦片战争和镇压太平天国革命，以及 1900 年参与镇压义和团运动的八国联军行动中，都有相当部分的英属印度官兵和医生等参加。在这些来华印度人士中，有人最早记录了近代印度对中国苦难命运的同情。③ 试举几例加以说明。

1900 年，中国爆发了以"扶清灭洋"为口号的义和团运动。英国殖民者调集了部队，加入了八国联军的侵华行动。这支英军中照例包括了很多印度官兵，其中一位便是后来成为印地语作家的第七拉其普特团一级准尉 T. G. 辛格（Thakur Godadhar Singh, 1869—1920）。辛格与同胞都是被派

---

① 关于这一点，可参阅拙著：《华梵汇流：尹锡南教授讲印度文学与中印文学关系》，北京：中央编译出版社，2014 年版，第 204—273 页。

② 林承节：《中印人民友好关系史（1851—1949）》，北京：北京大学出版社，1993 年版，第 45 页。

③ 根据印度学者兰贾那·希尔和嘉玛希（或译"卡马尔·希尔"）等人的研究，至少有三位印度人士在其有关中国经历的著述中，记载了自己的中国印象。具体情况参阅中印联合编审委员会：《中印文化交流百科全书》，北京：中国大百科全书出版社，2014 年版，第 301—303 页。

往中国战场充当殖民炮灰的,非常幸运的是,他活着回到了印度。在华期间,他冒险以印地语写下了大量的战地日记,记载了自己的中国见闻。1901年,辛格逃过英印当局严格的书报检查,以《在华十三月》(英译为Thirteen Months in China)为题出版了自己的战地日记或曰中国游记兼回忆录。1902年5月1日,勒克瑙知名英文报纸《拥护者》高度评价该书:"作者极为仔细地观察并记录了军旅生活中稍纵即逝的事件细节,并以质朴的印地语加以呈现,字里行间点缀着丰富的个人见解,这些都是作者的过人之处。该书具有明显的超越性,因此在尚处萌芽阶段的印地语文学里留下了永恒的印记。"[1] 印度共产党总书记、曾经四次访华的高士(Ajoy Kumar Ghosh,1909—1962)主编过英文杂志《新纪元》(New Age)月刊,该刊1953年1月号登载了桑格尔(O. P. Sangal)对辛格日记的介绍。高士称辛格日记为"有历史价值的稀有的文件"。[2] 辛格的日记真实地记载了他对殖民战争的反感和对中国人民的同情。丁则良认为,尽管限于当时的历史条件,辛格的觉醒还没有达到国际主义的高度,但他的日记"标志着在帝国主义压迫下殖民地半殖民地的各国人民,尽管语言不通,肤色不同,就已经有了相互同情,对帝国主义者同怀憎恨的心理"。[3]

1900年6月29日,辛格登船离开印度。在当天的日记中,辛格写道:"很快就到了黄昏时分,太阳开始下落了,我走到上层甲板上去看看景色,一些奇怪的想法在心头出现……有一种恐惧盘旋在我的心头……中国的美丽的月亮真的要落下去吗?亚利安人的国土上的耀眼的太阳却真是落下去了。"[4] 辛格的话耐人寻味,他或许是担忧,自己的祖国已经遭受了沦亡为

---

[1] 转引自中印联合编审委员会著:《中印文化交流百科全书》,北京:中国大百科全书出版社,2014年版,第301页。

[2] 丁则良:"义和团运动时期一个印度士兵的日记",《光明日报》1954年2月20日,第5版。该文后来被收入史学双周刊社编:《义和团运动史论丛》,北京:(生活·读书·新知)三联书店,1956年版,第110—114页。收录该文时,该书将其发表日期误写为1954年2月1日。此处相关介绍同时参考林承节:《中印人民友好关系史(1851—1949)》,北京:北京大学出版社,1993年版,第51—54页;中印联合编审委员会著:《中印文化交流百科全书》,北京:中国大百科全书出版社,2014年版,第301页。

[3] 丁则良:"义和团运动时期一个印度士兵的日记",《光明日报》1954年2月20日,第5版。

[4] 同上。

殖民地的悲惨命运，中国的命运难道也会如此。到了中国，耳闻目睹外国列强对中国人民的欺压和迫害，他的心情难以平静。他写道："我们的心总是安不下来，因为到底我们是来和这些中国人作战了……一看到他们的肤色和我们的差不多，心中就有一种情感油然而生。中国人是信佛教的，和印度人信的是同一种宗教。我们同是亚洲大陆上的居民，所以中国人也还是我们的邻人呢。他们的肤色、风俗、礼貌和我们的也没有很大的差别。为什么上帝要降这样的灾害（按指帝国主义军队的屠杀抢劫等——则良）到他们的身上呢？难道我们不倒是应该去帮助他们吗？"[1] 由于同情中国，担忧中国的命运，辛格鄙视和憎恨英军对中国人犯下的罪行。他在日记中记录了英军到达天津时的恐怖行为。拿中国人当活靶打，是外国侵略军在中国经常进行的一项血腥"娱乐"活动。在从天津去北京的途中，辛格所在部队参加了这一血腥的行动。辛格在日记中写道："我真惭愧，印度士兵有时也参加了这种魔鬼般的暴行和屠杀。"[2] 类似文字，在辛格的日记中还有不少，字里行间显示出辛格对外国列强的痛恨和对中国的深切同情。他开始质疑自己参加的这场战争的合法性。

这种由同情中国而来的觉醒和深刻反思，显然是一种思想境界的升华。中国的痛苦和悲惨显然是触疼辛格内心伤痕的动力，他对印度民族劣根性的反思和批判是中国命运这面镜子的自然反射。辛格日记体现了印度对中国悲惨境遇的同情，集中代表了晚清时期在华印度人的中国体验。关于迄今未能完整译为中文的辛格日记，印度学者兰贾那·希尔和嘉玛希指出："该书以一位印度中尉的视角写就，为人们详细了解义和团运动、八国联军占领北京，以及中国人民在与八国联军的斗争中所遭受的各种暴行提供了一份可供参考的资料，同时提出了印度和中国联手抵抗西方统治的可能性。"[3]

作为一名军医，伽尔格（Mahendulal Garg，1870—1942）与前述的

---

[1] 丁则良："义和团运动时期一个印度士兵的日记"，《光明日报》1954 年 2 月 20 日，第 5 版。
[2] 同上。
[3] 转引自中印联合编审委员会著：《中印文化交流百科全书》，北京：中国大百科全书出版社，2014 年版，第 301 页。

T. G. 辛格一样，也在 1900 年随英属印度军队到了中国，并于 1900 年 6—12 月间，定期为印地语报纸《印度之友》撰写专栏文章，介绍中国的风土人情。这些文章后来于 1901 年结集为书出版，印数 1000 册。"该书是现代印度最早用印地文介绍中国情况的著作之一。"①

A. 辛格（Amar Singh，1878—1942）与 T. G. 辛格一样，也是随军到中国镇压义和团运动的印度军官。A. 辛格对自己在中国的所见所闻感到震惊，也对英属印度军队残害中国人的行径深感内疚。在论及中国现状时，他不无同情地引用别人的诗句写道："倘若天阙无主，倘若主人太多，或者主人懦弱，是妇孺，那么天庭亦会毁灭。这个世界又该当如何？这样的事情正在中国发生。倘若处于能人治下，中国就会将一支堪与世界任何强国争雄的军队排布于田野。"②

19 世纪至 1949 年新中国成立，印度智者出于同情中国而写下很多精彩篇章。首先应该提到的是印度民族主义先驱拉姆·莫汉·罗易。他在 1821 年创办了印度第一家民族主义报刊《明月报》。它报道了中国人民深受苦难的情况并表示同情。这是印度民族主义者对中国人民表示友好情意的最早证明之一。再看曾任印度驻中华民国大使的 K. M. 潘尼迦（Kavalam Madhava Panikkar，1895—1963）的话："与此相对，我对中国人民抱有深深的同情，乐见他们团结强大，有力地抗击一百多年来压迫他们的那些国家。我从心里欣赏他们涤荡屈辱的心愿，彰显亚洲复兴的理念，那些屈辱来自西方对中国的统治。印度和中国在这方面的情形相似。他们和我们的差异只在政治结构方面。"③ 因为同情中国的遭遇，憎恨列强对东方国家的侵略和掠夺，潘尼迦甚至不愿住进外国列强在北京的使馆区，他在回忆录中写道："从一开始，我就决定在使馆区以外的地方寻找居处。我不想与

---

① 中印联合编审委员会著：《中印文化交流百科全书》，北京：中国大百科全书出版社，2014 年版，第 301 页。

② 转引自中印联合编审委员会著：《中印文化交流百科全书》，北京：中国大百科全书出版社，2014 年版，第 303 页。

③ K. M. Panikkar, *In Two Chinas*: *Memoirs of a Diplomat*, London: George Allen & Unwin Ltd., 1955, p. 72.

使馆区发生联系，因为它非常明显地代表着欧洲对东方的霸权。"①

在印度智者对中国悲惨命运的关注中，英国对中国的鸦片贸易或曰中印英鸦片"三角贸易"和惨烈的抗日战争是两个极为重要的热点。

许多印度智者反对英国殖民者在远东一手操纵的"死亡贸易"即鸦片贸易，谴责殖民者用鸦片毒害中国人民的强盗行径。泰戈尔、甘地以及印度国大党极端派领袖提拉克等著名人士都持相同立场。1881 年，泰戈尔曾以非常形象的语言表达了他对中国命运的深切关注和同情："读完关于鸦片贸易如何进入中国的文章，心肠似铁的人也会对中国产生同情。"② 甘地在 1947 年接待中国代表团时说："印度是中国的伟大朋友。"③ 他在谈到鸦片贸易时说："一个世纪以前，中英之间发生了众所周知的鸦片战争。中国不想从印度购买鸦片，但是英国人把它强加给中国。印度同样应该受到斥责，因为一些印度人在印度订立了鸦片合同。"④

泰戈尔对中国抗日战争的支持集中体现在他与日本法西斯诗人野口米次郎的两次通信中。1938 年 9 月 1 日和 10 月 29 日，他以犀利的语言对野口关于日本侵略中国所做的辩护进行严厉抨击，同时体现了他对中国人民的同情。他告诉对方："日本采用从西方学到的野蛮方法，对中国人民发动一场残酷的战争，践踏文明的一切道德原则。这铁的事实，是任何辩解也改变不了的。"⑤ 对于中国抗日战争，甘地在 1932 年写给朋友的信中说："说起日本和中国，我们必然是同情中国。"⑥ 他在 1942 年告诉来访的蒋介石说："我在心里深深地同情着中国人民，并对他们在争取国家自由团结

---

① K. M. Panikkar, *In Two Chinas: Memoirs of a Diplomat*, London: George Allen & Unwin Ltd., 1955, p. 77.

② [印] 泰戈尔，白开元译："鸦片——运往中国的死亡"，刘安武、倪培耕、白开元主编：《泰戈尔全集》，第 23 卷，石家庄：河北教育出版社，2000 年版，第 1 页。

③ Tan Chung, ed. *Across The Himalayan Gap: An Indian Quest for Understanding China*, New Delhi: Gyan Publishing House, 1998, p. 43.

④ Ibid.

⑤ [印] 泰戈尔著，白开元译："致日本诗人野口的信"，刘安武、倪培耕、白开元主编：《泰戈尔全集》，第 22 卷，石家庄：河北教育出版社，2000 年版，第 305 页。

⑥ Mahatma Gandhi, *The Collected Works of Mahatma Gandhi*, Vol. 49, New Delhi: The Publications Division, Ministry of Information and Broadcasting, Government of India, 1979, p. 199.

的巨大事业中作出的牺牲和英勇斗争而致意。"① 这真是患难时刻见真情。1940年10月4日,尼赫鲁强烈谴责日本对中国重庆的空袭事件,同时呼吁印度人民一道反对日本对中国野蛮残忍的轰炸行动。② 出生于印度北方邦的著名印地语小说家普列姆昌德(Premchand,1880—1936)在逝世前几年,以一组短文表达了对日本侵略中国的愤慨以及对中国的同情。他写道:"日本还想获得印度的同情,这怎么可能呢?印度和中国有几千年的友好关系,印度对中国所抱的尊重、敬仰和友爱之情,那只有印度人民自己能体会到。"③

印度援华医疗队将中印人民的心灵联系得更加紧密。医疗队的重要成员之一柯棣华大夫于1942年12月8日逝世后,毛泽东为他亲笔题写了挽词:"印度友人柯棣华大夫远道而来,援助抗日,在延安华北工作五年之久,医治伤员,积劳病逝,全军失一臂助,民族失一友人。柯棣华大夫的国际主义精神,是我们永远不应该忘记的。"④ 作家萧三在当年12月24日发行的《解放日报》上发表《纪念柯棣华同志》一文,文中写道:"想一想吧,印度援华医疗队来到中国,每个人的名字下面加上一个'华'字。只这一点,看出印度人民爱中国人民的深意。"⑤ 接着,萧三还以诗一样的语言写道:"我们被侵略者都是一家人,一家人又分什么彼此?从长白山、昆仑山过喜马拉雅,从黄海、南海到印度洋,我们都一同呼吸。印度的人民大众!我们和你们在今天更是共命运、同生死的了……柯棣华同志,你安息在中国的土地里……愿你那遗留下来的中印合璧的孤子将被我们抚育成人,象征着中印两大民族永远合作,成为一体。"⑥ 萧三的话点出了柯棣华这个名字或曰文化符号所蕴含的中印友好之情。

印度智者对中国命运的关注和同情一直伴随着中国近现代史的蜿蜒前

---

① Tan Chung, ed. *Across The Himalayan Gap: An Indian Quest for Understanding China*, New Delhi: Gyan Publishing House, 1998, p.41.
② Jawaharlal Nehru, *Selected Works of Jawaharlal Nehru*, Vol.11, New Delhi: Orient Longman, 1978, p.345.
③ 唐仁虎、刘安武译:《普列姆昌德论文学》,桂林:漓江出版社,1987年版,第162页。
④ 中国人民解放军白求恩国际和平医院《柯棣华大夫》编写组:《柯棣华大夫》,盛贤功执笔,北京:人民出版社,1979年版,第192页。
⑤ 萧三:《萧三文集》,北京:新华出版社,1983年版,第194页。
⑥ 同上书,第195页。

行，这充分体现了两大东方邻居在惨淡现实面前感同身受地理解对方的善意。只有回溯中印千年友好交往史，回到中印文明对话的历史长河岸边，才能真正理解印度对中国的深切同情和兄弟情谊。正因如此，我们也才能理解为何一些印度智者对中国文明发自肺腑地热爱和崇敬，为何对中国的光明前途抱有无比坚定的信心。

随着对彼此文化了解的加深，部分中印知识分子对对方的文化表示高度的尊敬。到了后来，这种尊敬演化为他们的中印文明（文化）影响说和融合说。这可视为近现代中印双向认知平衡性的第二个维度或第二层内涵。

就中国方面来说，梁漱溟、梁启超等人对印度文化保持敬意。例如，梁漱溟在1921年出版的《东西文化及其哲学》中认为，在古代，希腊人、中国人、印度人各以独特的道路前行，均以其聪明才智"成功三大派的文明"，这是迥然不同的三大伟业。① 1924年，梁启超在题为《印度与中国文化之亲属的关系》的演讲中追溯了中国文化受惠于印度文化的历史。他说："我们中国文化，在两千年以前，本是一种单独的文化，不似地中海沿岸诸国，彼此接触交通，常得文化上的互助……至唐代中国与印度才交通，于是文化上遂起了一大变化，得益实是不少。就世界来说，中印两国，同为文化的母国，就中印两国说，印度文化，实为中国的老哥，中国转为老弟，但我国给她的利益极少，她给我国的利益极多，我们不要说现在文化思想如何，只说历史上受她文化思想之变化，便应表示二十分的欢迎。"②

对于历史悠久的中国文明，印度学者和政治家历来均持赞赏、崇敬的心态。例如，在《印度的发现》中，尼赫鲁充分显示了他对中国古代思想的赞赏。他说："在今天的政治经济世界中就是追求强权，然而……强权和武力都不能控制精神，尽管它们可能使精神硬化和粗糙化。孔子说：

---

① 梁漱溟：《东西文化及其哲学》，北京：商务印书馆，1999年版，第202页。
② 转引自孙宜学编：《不欢而散的文化聚会——泰戈尔来华讲演及论争》，合肥：安徽教育出版社，2007年版，第175页。

'三军可夺帅也，匹夫不可夺志也'。"① 印度宗教哲学家拉达克里希南在中国发表演讲时指出："中国拥有三千多年已知的历史，这使她保持了一种文化的连续性。地理因素和社会规范使中国的生活观念明确，这种独特的文化模式深深地植根于社会各阶层。"②

泰戈尔对中国文化的赞美更是现代印度作家的典范姿态。泰戈尔非常热爱中国文化，他对道家经典和唐代诗歌信手拈来的援引，足以见出中印文化跨文明神交的独特魅力。泰戈尔对于中国文化的深爱，最明显的莫过于他对中国古代哲人老子和诗人李白等人的推崇备至，在一定程度上，这也是这位世界诗哲的自觉选择。哲人身份使他自觉认同老子，而诗人身份又使其倾心属意于李白。他借用老子思想阐发自己对于生命、人性、社会伦理等有关问题的睿智见解，也引用李白等中国诗人的诗句来阐述自己的文学观念。更重要的是，泰戈尔还将其对中国文化的热爱上升为恢复中印友好传统友谊的具体实践。1924 年访华期间，他在各种场合演说的基调之一是，缅怀中印传统友谊，寻求恢复和加强两国人民的友好关系。他说："我想要赢得你们的心，因为我与你们亲密无间；因为我有个信念，当你们的国家站立起来，能够表现自己的精神风貌时，你们，乃至整个亚洲都将会有一个远大的前景。……我回想起印度将你们称作兄弟，向你们致以爱意的那一天。我希望，这一关系依然存在，并深藏于我们大家，亦即东方人民的心底。"③

正是对佛教嫁接中印文明的作用的清晰认识，以及对中印和平交往的亲切回忆，使得师觉月提出了中印文明融合说，谭云山则以"中印文化"说遥相呼应。这两位中印学者的观点深刻地影响了谭云山的儿子谭中对当代中印文明交往模式的全新探索。2006 年，谭中指出："我推动 Chindia，把它翻译成'中印大同'，并不是说两个国家将来要变成新的霸主，而是

---

① [印] 贾瓦哈拉尔·尼赫鲁著，齐文译：《印度的发现》，北京：世界知识社（即今世界知识出版社），1956 年版，第 745 页。

② S. Radhakrishnan, *India and China*: *Lectures Delivered in China in May 1944*, Bombay: Hind Kitabs Ltd. 1954, p. 25.

③ [印] 泰戈尔著，李南译：《在中国的演讲集》，刘安武、倪培耕、白开元主编：《泰戈尔全集》，第 20 卷，石家庄：河北教育出版社，2000 年版，第 26 页。

希望恢复到以前中印两个文明交流的亲密程度。"①

客观地看，佛教的传入是以"和平的征服"而非武力强迫的方式进行的，这是被中印千年文化交流史证明的客观真理，也得到当代学者的一致认可。在某些学者看来，佛教进入中国后，对中印文化交流起到了一种桥梁的作用，这是印度文明对中国文明的恩赐，自然也是中国对印度文化软实力传播的极大帮助。"中国把佛教'中国化'了，佛教也把中国'佛教化'了；佛教对中国贡献很大，中国对佛教贡献也不小。"② 佛教对中国文化心灵的"和平征服"，正是中印文明融合说或"中印文化"说得以产生的历史前提。

师觉月围绕佛教这条文化"红线"，对中印古代文化交流史进行了梳理。在此基础上，他提出了中印文明融合说："中印两个民族住在不同的气候带，说着不同的语言，拥有不同的文化和宗教传统。如果这样的两个民族可以在一个共同的平台（common platform）上对话，并为创造一个共同文明（common civilization）而齐心协力，它们这么做，或许有比我们平常想象的还要深刻得多的理由。中印人民的文化和社会理想存在许多共同之处。人们可能会发现，在许多不同术语的表达方面，中印之间存在心灵沟通。同样信仰某种神圣的秩序，依赖相同的传统力量和奉行相似的社会理念，这是中印两大文明的历史特征。"③ 这里所谓"共同的文明"，其实便是中印文明融合说的代名词。

师觉月认为，佛教对于缔造中印"共同文明"益处甚大："佛教在中国确实是一种消亡的宗教，但是它对中国人各个生活领域的巨大影响仍然存在。对于中印这样两个重要的亚洲国家而言，这种影响一直是其努力建设共同文明的例证。"④ "共同文明"概念的提出耐人寻味、发人深思。师觉月还认为，佛教艺术传入中国后，几个世纪以来给中国的民族艺术以潜移默化的影响。佛教艺术在中国不被视为外来的东西，而是已经被嫁接而

---

① 刘朝华整理："中印边界问题座谈会纪实（上）"，《南亚研究》2007年第1期，第44页。
② ［印］谭中、耿引曾：《印度与中国——两大文明的交往与激荡》，北京：商务印书馆，2006年版，第338页。
③ Prabodh Chandra Bagchi, *India and China: A Thousand Years of Cultural Relations*, New York: Philosophical Library, 1951, p. 174.
④ Ibid., p. 119.

最终产生一个崭新的艺术品种，它可以叫作"中印式艺术"（Sino-Indian art）。① 如把师觉月创造的两个词语"共同文明"和"中印式艺术"放在当代语境中考量，他可视为最早倡导中印大同的人。

和著名梵语学者金克木等人一样，谭云山也有长期驻印的经历。印度独立前，在印度传播中华文化贡献最大者是谭云山。他住在印度，但直至逝世也未加入印度国籍。他的印度体验各有特色，既有同于前人之处，也有一些微妙变化。

师觉月的中印文明融合说在旅印学者谭云山那里得到回应。1928年9月，谭云山应泰戈尔之邀到印度国际大学任教。他在教学之余，从事中国历史文化和中印文化关系的研究，共出版了17种英文、13种中文著作。1998年，国际大学在谭云山逝世15年后出版了谭云山文集《中印文化》，收录了他各个时期的代表作。②

谭云山对中印文化关系的清理催生了他的"中印文化"思想，其核心是联合中印，发展以不杀生为特征、以互识互补为目的的"中印文化"亦即中印一体、中印融合的新型文化，这近似于师觉月的"共同文明"说。谭云山说："'中印文化'这一新名称是15年以前杜撰的。"③时间大约在1934—1935年中印两国先后建立中印学会期间。在提倡中印文化一体说的基础上，谭云山还提倡"中印学"。有的学者对此解释说，中印文化是一尊神，具有不同面孔，中国文化是其中国脸，印度文化是其印度脸，中印学就是研究中印两张脸之间的共鸣呼应。通过中印文化之间的互相认识，也就能达到更好地认识自我文化之目的。中印学包孕了历史、哲学、文学、医学、政治学乃至理科各种学问，是一种综合性学科。④"中印文化"或"中印学"的实质与师觉月的两大文明融合说或曰"共同文明"说如出一辙，也是提倡一种中印大同的理念，它对谭云山的儿子谭中关于中印文化关系的思考有直接影响。谭云山与师

---

① Prabodh Chandra Bagchi, *India and China: A Thousand Years of Cultural Relations*, New York: Philosophical Library, 1951, p.154.
② Tan Yun-shan, *Sino-Indian Culture*, Santiniketan: Visva-Bharati, 1998.
③ Tan Yun-shan, *Ahimsa in Sino-Indian Culture*, Santiniketan: Visva-Bharati, 1949, p.2.
④ 参阅郁龙余等著：《梵典与华章：印度作家与中国文化》，银川：宁夏人民出版社，2004年版，第472—473页。

觉月一样，也在中印文化的对比中寻找相似点，以证明中印文化的亲和力。从另一个角度看，谭云山的"中印文化"说也是对梁启超的中印文化"亲属关系"说的历史呼应，是对孙中山中印政治联合思想的文化延伸。

在中印对视的过程中，有一种现象值得注意，那就是中印部分政治精英、知识分子均以自己的政治思想或文化视角看待对方，这就产生了一些有趣的误读，这种特殊现象似乎可视为近现代中印双向认知平衡性的第三个维度或第三层内涵。

毛泽东和甘地均以本土视角或模式解读对方的政治道路。毛泽东曾经在1936年与美国记者埃德加·斯诺（Edgar Snow）谈话时，表述了他对印度问题的观点。斯诺在书中有过相关记载："毛泽东读过许多关于印度的书，对于那个国家也有一定的看法。主要的一点，就是认为印度不经过土地革命是永远不会实现独立的。他问到我关于甘地、尼赫鲁、查多巴蒂亚以及我所知道的其他印度领袖的情况。"① 毛泽东认为，印度应该走中国式的土地革命道路才能赢得民族独立，这与20世纪60年代中国媒体认为印度农民应该走以农村包围城市的革命道路的主张相似，还与甘地关于中国革命应走印度式道路的看法有点相似。

甘地以印度模式解读中国问题的例子是，他以自己坚持的"非杀"（Ahimsa）或非暴力（Non-violence）信条为中国抗日战争把脉。1938年12月12日，甘地对中国代表团说，从非暴力原则来看，中国以日本人的暴力方式抵抗侵略是不合适的。中国最好放弃暴力抗日，这样才能保卫中国传统道德，拯救中国文化。"日本人不会毁灭我们的灵魂。如果中国的灵魂受到伤害，那可不是日本的过错。"② 在甘地看来，如果中国对日本充满爱心，就会以高贵的姿态展示非暴力的勇气。

毛泽东和甘地的误读现象在徐继畬、辜鸿铭和辩喜、拉达克里希南等人的笔下也不同程度地存在着。略有区别的是，中国知识分子笔下的误读

---

① [美]埃德加·斯诺著，董乐山译：《西行漫记》，北京：三联书店，1980年版，第67页。
② Mahatma Gandhi, *The Collected Works of Mahatma Gandhi*, Vol. 68, New Delhi: The Publications Division, Ministry of Information and Broadcasting, Government of India, 1977, p. 263.

带有一丝失望的色彩或负面的意味，印度知识分子则有美化对方的诗意色彩。

由于徐继畬没有亲身体验印度文明，那时也没有更为详尽的关于印度的记载或介绍，因此他所依据的只是古代和同时代人的相关记载，以至于他的某些印度观察带有想象和虚构的痕迹。例如，徐继畬对孟买的描述是："孟买在印度西界，沿山傍海，地形狭长。其民勤于生计，供太阳火神，死者不葬，以饱鸟鸢。"这里关于孟买人祭拜"太阳火神"的描述疑似对印度教徒向火神献祭的误解，而徐继畬所言"死者不葬，以饱鸟鸢"，似乎也属于隔空想象而已。占印度人口大多数的印度教徒一般在死后举行火葬，而非举行天葬。此外，这段描述十分形象地反映了徐继畬时代的中国知识分子对印度亦真亦幻的感觉："印度为佛教所从出。晋法显、北魏惠生、唐玄奘皆遍历其地，访求戒律、大乘要典，记载特详……诸佛菩萨罗汉绘塑之像，多裸上体，或耳带环，胫束钏，乃印度本俗，至今未改。所衣袈裟，即印度人外著之沙郎。僧人为礼，合掌膜拜，亦皆印度土俗也。"① 此处言及"至今未改"的印度习俗，当属徐继畬的借题发挥，事实上印度教是当时绝大多数印度人的宗教信仰，近代印度的民风习俗似乎不能以这般古旧刻板的印象进行描述。徐继畬对莫卧儿帝国时期的印度颇有微词，认为佛教已经在包括西藏在内的其他地方发扬光大，但"五印度"却舍弃佛教而改宗它教即伊斯兰教："而佛法最盛之五印度亦大半舍牟尼而拜派罕……自宋元以后，五印度佛教已不如回教之多。至今日而印度各国备欧罗巴之东番，又悉以耶稣教，而佛教愈微矣。慧光照于震旦，而净土转滋他族。物莫能两大，想佛力亦无，如之何耶？"② 联系前面的解释，徐继畬的笔力此处无力穿透近代印度的社会现实，无法呈现印度教占据大多数印度人宗教生活的真实场景，似乎也情有可原。从这些话中还不难品出一种心酸的惆怅之感，那便是沦为殖民地的印度再也无法契合中国知识分子心目中对昔日美好亲切的"佛国"的文化想象。

---

① 徐继畬：《瀛环志略》（一），台北：台湾华文书局，1969年版，第235页。
② 同上书，第236页。

辜鸿铭对印度文明的认识是负面的。例如，他不无偏激地说："印度是非常优美的，但也是可怕的。中国呢，中国是有人情味的……孔庙外形宏伟，具有古典的朴素特点，这是中国的形象，真正的中国形象。喇嘛庙具有蒙昧和神秘的特点，加上那里有许多偶像，有的丑陋不堪，色情下流，这是印度的形象。"① 因此，辜鸿铭基本上是以中国文化的本位立场观察和思考他所知甚微的印度文明和泰戈尔的，他对泰戈尔访华的评述既在意料之中，也在意料之外。

辩喜曾经谈论过中国的某些"负面因素"。他说："我曾经访问中国，她有世界上各个民族最值得羡慕的组织。但是，今日中国却是一群乌合之众，因为她的人民不能适应过去建立的体制。宗教关乎国家根本问题。如果这点有了保证，一切就会非常顺利。"② 辩喜将近代中国国力衰弱归因为中国人不效法古代体制，这是对中国基本国情缺乏深入了解所致，同时他强调宗教之于中国统一的重要性，这是浸染在他文化血液中的印度宗教特性使然。辩喜还认为："中国人无论男女都一直从头到脚包裹得严严实实。中国人是孔子与佛陀的信徒，其道德观念非常严谨优美，下流语言、淫秽书画或任何微小的猥亵举止及冒犯者都将受到严惩。"③ 这里的叙述使我们想起当初歌德对中国的诗意联想。

与辩喜对中国的文化误读相一致，宗教哲学家拉达克里希南对中国人的爱美之心大加赞赏。他说："中国人是爱美者，整个国家就是一座巨大的艺术宫殿。所有事物如城市与寺庙、田野与花园、桌子与椅子、小茶杯与筷子等，中国人都想使它们变得美丽。最贫穷的仆人也以漂亮的姿势吃光盘碟里的饭食。美是他们生活的面纱，是他们田园的色彩。"④ 这种叙述非常有趣，它反映了近代印度人士对于中国的美妙幻想，我们在某些英国作家如罗素的笔下也能见到。

---

① 转引自姜景奎主编：《中国学者论泰戈尔》（上），银川：阳光出版社，2011年版，第128页。

② SwamiVivekananda, *The Complete Works of Swami Vivekananda*, Vol. 5, Calcutta: Advaita Ashrama, 1979, p. 192.

③ Ibid., p. 503.

④ S. Radhakrishnan, *India and China: Lectures Delivered in China in May* 1944, Bombay: Hind Kitabs Ltd. 1954, pp. 163 – 164.

以上是对中印双向认知平衡性的简单归纳,下面对这种双向认知的错位性进行简介。

第三节　中印双向认知的错位性

中印近现代双向认知除了存在同步同质的平衡现象外,还存在一种同步但不同质的失衡现象或曰"认知错位"(perception asymmetry)现象,这种非常明显的不对称认知,在以往中国学者对近现代中印关系的探索中,基本上没有受到关注。相反,在当代印度学者的探索中,这种现象却得到高度重视,继而引发了当代某些印度学者的负面"连锁反应",即认为近代以来的中国一直是以居高临下的"傲慢"心态"蔑视"印度的。

印度学者 K. P. 古普塔曾探讨了近代以来中印相互认知错位的非常现象。他也是中印学界乃至世界汉学界第一个系统而历史地探讨这一现象的学者。他的观点虽然屡有偏颇或失实之处,但其中也不乏中的之言。例如,他说:"在中印相互认知这一点上,所有一般的解释完全无效,无法解释中印相互认知历史错位(historical asymmetry)或曰历史不对称的严酷现实。在民族自我认知的每一个时期,印度历来表现出对中国文化和文明的普遍崇拜,然而,中国却总是贬低印度的思维方式和行为方法。"① 这些话虽有以偏概全之嫌,但它还是多多少少道出了中印相互认知不对称的历史真相。

具体说来,近代以来中印双向认知的错位大致包括两个方面的涵义。这种认知失衡的第一层内涵便是,这一时期,中国知识精英高度认同历史悠久的印度文明,但其中的某些人却未能上升到高度认同或

---

① Krishna Prakash Gupta, "Indian Approaches to Modern China-I: A Social-Historical Analysis", *China Report*, Vol. 8, No. 4, July-August, 1972, p. 31.

赞赏现实印度的地步。他们虽然也以现实印度为反观自身痼疾弊端的一面"镜子",但却多是强调印度的负面形象或负能量。反观印度知识精英,他们对中国文明非常赞赏,对历史悠久的中印文化交流有着无比美好的印象,对中国抱有浓烈而真诚的亲切感。他们对文化中国的亲切感自然升华为对现实中国的形象利用,即以现实中国的正能量为反观自身弊端的一面"镜子",希望以此增强民族凝聚力,摆脱大英帝国殖民统治。

先来看看中国方面的印度认知。

仔细阅读过《瀛环志略》的黄懋材也对印度的"佛国"形象十分怀念,并以此思维定势观察当时的印度社会,得出了与徐继畬大同小异的结论。这说明,黄懋材仍然未能摆脱"佛教之眼看印度"的弊端,仍旧自我陶醉并感伤于士大夫的"天竺残梦"中。例如,他在《游历刍言》中这样写道:"……此五印度之大概情形也。夫印度为佛教所兴,汉唐以来,布满天下,可谓盛矣!无何回教起自天方,渐染葱岭左右。迄今印度之民皆舍牟尼而拜派罕……所谓慧光照于震旦,而净土反滋他族,良可慨已。"[1]

由于身为朝廷命官,背负着鸦片战争带给中国的心灵创伤,徐继畬和黄懋材的印度述评不可能摆脱政治身份和时代语境的限制,这使他们首先关注印度的社会现实,尤其是关注印度被大英帝国殖民的残酷现实。其次,他们二人都慨叹"佛国"的宗教衰落或曰改宗之悲,这反映了他们自己对"佛国"的深切怀念,也自然使其无法体察现实印度的宗教状况。另外,由于知识背景所限,二人显然无法把握印度文化的博大精深,从而遗留了诸多的论述空白和遗憾。

康有为尽管有过实地考察的经历,且对印度文明的伟大有很深刻的认识,但与黄懋材等人对现实印度的叹息和失望类似,他有时也以中国知识分子的集体无意识来观察和解读"佛国"印度。例如,他在《印度游记》中写道:"……且问佛而土人皆不知其名,其守博物院者至云此是支那之神,此地无有。乌呼!以佛之千年大教主生长之地,而乃谓为他国之神,

---

[1] 黄懋材:"游历刍言",《得一斋杂著》,光绪十二年(1886年)梦花轩重刊本,第14页。

大劫如此，岂不哀哉？闻此言伤惨。是夕与同壁谈此，明知怀劫固然，感慨人天，为之哽咽……岂知佛生中印度，千里无僧无一寺。乃至舍卫长生地，乃知不闻佛名号……遍寻佛教万里无，成住坏空本非相，亿劫变幻只须臾。"① 他还在题为《中印度舍卫祇树给孤独园佛殿拓影记》的诗中写道："印度万里无一山，舍卫城中鹫岭还……地上三千年教主，颓垣破殿怆余心……夕阳驱马重徘徊，再上台阶认劫灰，迦叶曼殊膜拜处，更无香火首频回。"② 这种对"佛国"现实黯淡的低沉写照，恰恰体现了康有为等中国知识精英对印度现实和社会状况的隔膜，也说明康有为的印度形象是自我忧郁的"异邦投射"而已。

综上所述，黄懋材、康有为等人不约而同地感慨"佛国"的宗教衰落或曰改宗之悲，这反映了他们自己对"佛国"的深切怀念，也自然使其无法体察现实印度的宗教状况。现实印度的惨淡凄凉与文化印度或曰"佛国"印度的辉煌荣光难以对接，这种现实与记忆的断裂使得黄懋材和康有为等人耿耿于怀，这种心理的淤积不可能不反映到他们的印度述评中去。因此，某种程度上可以说，在当时，印度这面烛照中国的现实之镜难有亲切而温馨的色彩。

康有为、章太炎等人的确还在某种程度上塑造了印度的"亡国奴"形象，它是警醒同样处于沦亡边缘的中国的一面政治镜子，也是对印度形象的政治利用。例如，章太炎以比较的方式指出了印度沦亡的一个因素："夫欲自强其国种者，不恃文学工艺，而惟视所有之精神。中国之地势人情，少流散而多执著，其贤于印度远矣……其志坚于印度，其成事亦必胜于印度，此宁待而蓍蔡知乎！"③ 1903 年，邹容在《革命军》中指出："近世革新家、热心家常号于众曰：中国不急急改革，则将蹈印度后尘、波兰

---

① 康有为：《印度游记》，郑逸梅、陈左高主编：《中国近代文学大系：1840—1919》（卷二十四），"书信日记集·2"，上海：上海书店出版社，1993 年版，第 542 页。
② 转引自林承节：《中印人民友好关系史（1851—1949）》，北京：北京大学出版社，1993 年版，第 73 页。
③ 章炳麟：《驳康有为论革命书》，任访秋主编：《中国近代文学大系：1840—1919》（卷十三），"散文集·4"，上海：上海书店出版社，1993 年版，第 247—248 页。

后尘、埃及后尘，于是印度、波兰之活剧，将再演于神州等词，腾跃纸上。"①

再看印度人士对中国形象的正面利用。

曾于 1944 年 5 月访问中国达两星期之久的印度宗教学家拉达克里希南在重庆做了系列讲演。从演讲内容可以看出，他虽对中国发展动向有些担忧，但仍注重考察中国之于印度的启示意义。他对中国人民高涨的政治热情和团结爱国精神印象颇深："抵抗日本造就了精神团结。共同经受苦难产生一种同胞情谊……各阶层的中国人皆为兄弟情谊所整合。在这一方面，中国比之印度明显占优。"② 拉氏欲借中国民众团结一致、抵抗外敌的正面形象，警醒正为民族独立奋勇拼搏的印度同胞。拉式赞扬中国人的众志成城，其实是"醉翁之意不在酒"。

1905 年，甘地为中国人民的团结精神所鼓舞，他写道："中国人尽管羸弱，但团结起来却变得非常强大。他们因此证实了古吉拉特的一句格言：'蚂蚁团结起来也能要毒蛇的命。'"③ 他显然是借中国人民一致团结、抵抗外侮的宝贵精神来激励自己的同胞抛弃种姓、教派的界限，尽快团结起来，为印度的民族尊严而继续奋斗。

印度智者在东方"发现"中国之于印度文明的启示意义的同时，还在以一种近似地缘政治的战略高度上升华中国形象，这是他们对中国形象正面利用的自然延伸。这方面以尼赫鲁和奥罗宾多等人为典型。

奥罗宾多在题为《印度与蒙古人》的文章中说："亚洲的觉醒是二十世纪的一个事实。在这一觉醒过程中，远东的蒙古人已经开了个好头。"④ 这里的"蒙古人"应指东亚即远东的中国人与日本人等。奥罗宾多认为，印度的觉醒是亚洲复兴的关键所在。中日将首先联手将英国殖民

---

① 邹容：《革命军》，任访秋主编：《中国近代文学大系：1840—1919》（卷十三），"散文集·4"，上海：上海书店出版社，1993 年版，第 729—730 页。

② S. Radhakrishnan, *India and China: Lectures Delivered in China in May 1944*, Bombay: Hind Kitabs Ltd. 1954, pp. 28 – 29.

③ Mahatma Gandhi, *The Collected Works of Mahatma Gandhi*, Vol. 5, New Delhi: The Publications Division, Ministry of Information and Broadcasting, Government of India, 1961, p. 83.

④ Sri Aurobindo Ghose, *Sri Aurobindo Bande Mataram*, *Early Political Writings*, Vol. 1, Pondicherry: Sri Aurobindo Ashram, 1972, p. 814.

者从印度土地上赶出去，为亚洲的自由团结奠定基础。然后，印度将在中国、日本等国的帮助下获得民族独立。① 奥罗宾多怀有中国与印度复兴后引领东方复兴的美好愿望，这与后世颇有争议也颇有深意的"21世纪是东方的世纪"一说有些相似，因此也格外耐人寻味。由此看来，奥罗宾多的东方民族大联合比之泰戈尔和尼赫鲁等人又有显著不同，奥罗宾多的"梦幻设计"充分显示了他集作家与极端派革命家于一身的双重气质。值得注意的是，他与泰戈尔、尼赫鲁一样，仍然将殖民压迫之下的中国坚定地视为他日必将成器的强大力量。奥罗宾多对中日印联合反殖的憧憬，寄托着他的印度独立之梦。

综上所述，在部分中国人看来，印度是现实斗争中令人叹息的失败个案，他们心灵深处美好而亲切的"文化之镜"也难敌这种现实而残酷的"印度写真"。在部分印度人看来，中国是现实斗争中令人肃然起敬且催人奋进的"号角"，是心灵深处一面美好而亲切的"文化之镜"。究其实，许多争取民族独立的中国政治精英在那些非常的时期内，以西方为文化定位的坐标，难有安静的心情来考察历史伴侣印度的真实面目。这便是中印双向认知日趋失衡的主要因素之一。

就近代中印双向认知的错位性而言，它的第二层涵义是指，虽说很多印度知识精英、政治精英高度认同中国文化，并在并肩争取民族独立的道路上，将彼此间文化认同提升至中印文化合作乃至政治互动的理想境界，但整体来看，在一个特定的时期内，中国方面的呼应却比较消极。除了孙中山、梁启超和徐志摩等少数人外，大部分中国政治家和知识精英并未积极响应泰戈尔和奥罗宾多等人联合中印的呼声。

熟知1924年泰戈尔访华始末的人都明白，中国知识界对其在华演讲宣扬的中印合作以复兴东方文明，抗衡西方"实利主义病毒"之主张的反应并未形成一致的声音。其中，陈独秀、瞿秋白、沈雁冰（茅盾）等，对泰戈尔的东西文明观进行了批判。

泰戈尔来华后，陈独秀频繁地在政治刊物《向导》、《中国青年》上发

---

① Sri Aurobindo Ghose, *Sri Aurobindo Bande Mataram*, *Early Political Writings*, Vol. 1, Pondicherry: Sri Aurobindo Ashram, 1972, p. 815.

文抨击他。有的学者认为："陈独秀对泰戈尔不无偏激的批评，缘自二人在文化观、社会观上的尖锐矛盾。"① 瞿秋白说："太戈尔不是资产阶级绝好的'王者之师'吗？怪不得中国人这样欢迎他，原来他和孔孟是一鼻孔出气的。"② 雁冰直言不讳地表示："我们更要普告全国青年，我们应该欢迎的太戈尔是实行农民运动的太戈尔，鼓舞爱国精神激起印度青年反抗英国帝国主义的诗人太戈尔！"③ 沈泽民认为，泰戈尔的思想"实在是中国青年前途的一大障碍。"④

有的学者指出："由于陈独秀过于简单地仅从政治角度来看待思想文化问题，因而对于泰戈尔的作品思想及其在中国的言论，就缺乏认真深入的具体分析，没有足够的说服力，至少对于像泰戈尔这样的确对中国人民怀有友好感情的世界著名作家来说，这样的批判显然是粗暴了一些。"⑤ 其他一些学者认为，泰戈尔受到批评，是由于他所意图弘扬的东方文明成为当时部分进步人士和激进知识分子攻击的标靶，陈独秀等人限于当时的现实条件及主观因素而对他缺乏足够了解更是加剧了这种人为的误解。他们刻意避开了泰戈尔恢复中印文化交流通道的积极呼声，这不啻于一种战略选择，也自然是一种战略失误，这也反映了早期中共知识分子和激进知识分子的不成熟之处。"早期共产党人在陈独秀授意、组织和领导下针对泰戈尔而发动的社会文化批判，事实上是一次整合思想凝聚力和显现团体战斗性的有组织行为。"⑥ 历史而客观地看，泰戈尔的演说受到质疑乃至批判，还与20世纪20年代前后一直进行的中西文化论战及科玄论战有极大关联。泰戈尔不光是在无意之中被卷入中国乱象纷呈的政治旋涡，也不幸被卷入中国的文化论战旋涡之中。

基于对泰戈尔等人的个案分析，K. P. 古普塔指出："早在印度知识界在脑海中酝酿这种中印精神联合战线的念头之初，中国的改革家们就已将

---

① 英溪："陈独秀的泰戈尔观"，《中国现代文学丛刊》，北京：作家出版社，2002年版，第3期。
② 瞿秋白："泰戈尔的国家观与东方"，《向导》第61期，1924年4月16日。
③ 雁冰："对于泰戈尔的希望"，《民国日报》副刊《觉悟》，1924年4月14日。
④ 沈泽民："太戈尔与中国青年"，《中国青年》第27期，1924年4月。
⑤ 朱文华：《陈独秀传》，北京：红旗出版社，2009年版，第140页。
⑥ 王燕："泰戈尔访华：回顾与辨误"，《南亚研究》2011年第1期，第127页。

印度表述为失败和停滞的负面样板。文化体系极大地制约了中国的知识精英，使其难以接受和吸纳亚洲复兴的观念。对于信奉儒家思想的人而言，印度改革家们所信奉的东方精神力量只是中国思想精华的一种表现而已。在中国，印度普遍鼓吹的东西方融合却以中国与西方精神融合的方式面世。"[1] 他的这些论断有其片面之处，因为他没有将孙中山等中国革命者与印度革命者的政治合作包括在内。

孙中山曾经在著述中提到印度赐予中国的物质文化和精神文化，并以历史悠久的中印文化交流为荣，这也是其萌发中印联合思想的基本前提之一。按照谭中的观察，孙中山还有一个引人注目的观点，即印度的民族主义思潮比中国发达，中国应该以此为鉴，以为己用。他说："印度也是亡国，但是他们的民族思想就不像中国的民族思想一样，一被外国的武力征服了，民族思想就随之消灭。"[2] 这种论调刚好与某些印度知识精英借中国的民族主义精神来激发印度的民族士气形成呼应。

综上所述，虽然近现代中印之间的双向认知的确存在文化与政治层面的错位或失衡现象，但孙中山的中印联合思想似乎在某种程度上可以弥补这一遗憾。

进一步说，古普塔论述的中印近代认知不对称现象，对分析后来中印两国的政治互动、文化合作却又不足为据。事实上，随着时间的推移，特别是随着1924年泰戈尔访华，中国方面以共产党人和国民党人为首的政治精英与甘地、尼赫鲁等人为代表的印度政治精英携手并肩，将中印合作落实在政治层面；随着中印学会等机构的成立，随着中印不少学者留学对方国家，中印文化合作也逐渐变为现实。这些积极动向使中印双向认知的历史失衡出现了转机。

至此，我们对近代以来中印双向认知的不对称现象有了大致了解。这种文化心灵沟通过程中产生的历史错位影响了当代中印双向认知，即使在今天，我们仍能隐约瞥见它的影响痕迹。透析当代中印关系发展的曲折蜿

---

[1] Krishna Prakash Gupta, "Indian Approaches to Modern China-I: A Social-Historical Analysis", *China Report*, Vol. 8, No. 4, July-August, 1972, p. 34.
[2] 转引自张敏秋主编：《跨越喜马拉雅障碍：中国寻求了解印度》，重庆：重庆出版社，2006年版，第76页。

蜓,我们不能不回溯近现代时期中印各阶层人士相互认知过程中产生的历史错位现象。

接下来对当代中印各阶层人士双向认知的平衡性与错位性分别进行剖析,并尝试对相关问题进行初步思考。

第三章

当代中印双向认知考

本章主要研究中华人民共和国成立至今的中印双向认知问题。在这长达60多年的时光中，中印关系先是经历了20世纪50年代"印度中国是兄弟"（Hindi-Cheeni Bhai Bhai）的"蜜月期"，然后中印关系便因边界问题和西藏问题等急转直下，1962年边境冲突更是使中印关系跌入低谷。"从1962年11月21日中国单方面宣布停火和随后将部队从其占领的地区撤走至1976年，印度与中国的官方外交关系处于停滞状态。人们非常恰当地将这一时期称为'不是冷战的冷和平'时期。"[①] 1962年边境冲突是震撼中印两大民族心灵的历史事件，它对此后的中印相互认知产生了极为深刻的影响，也是20世纪中期印度主流中国观出现重大转型的主要原因。[②] 边境冲突前后，中印双向认知出现了历史性转折或第一次重大转型。1988年以来，随着中印关系的大幅改善和短期波动，印度对华认知呈现出非常复杂而微妙的特点，中国对印认知也体现出非常丰富的色彩，常常是积极与消极的底色并存。由此，中印双向认知获得了第二次转型的重要契机。

第一节　中印双向认知的平衡性

与中印近现代双向认知存在一些同步同质的平衡现象相似，中印当代

[①] Gautam Das, *China-Tibet-India: The 1962 War and the Strategic Military Future*, New Delhi: Har-Anand Publications, 2009, p. 209.
[②] 相关分析可参阅尹锡南：《印度中国观演变研究》，北京：时事出版社，2014年版，第152—168页。

双向认知也存在这类平衡现象。具体说来，中印当代双向认知平衡性的第一个表征便是，两国领导人对对方国家形象或世界地位、双边关系等的认识均经历了漫长的变化，色彩丰富，主旨多变，时至今日，他们已经初步达成共识。可以说，这是一种跌宕起伏但又殊途同归的双向认知。

先看看1949年以来中国高层的对印认知轨迹。

1954年4月29日，中印签订了《中华人民共和国和印度共和国关于中国西藏地方和印度之间的通商和交通协定》，史称"西藏协定"或"潘查希拉协定"。它倡导了和平共处五项原则，中印关系日益友好。不过，应该看到，"潘查希拉协定"的签订，在印度的反响却是复杂的。有的学者认为，印度学界对它的评价存在分歧。肯定的一方认为，这一协定标志着中印关系新阶段的开始；否定的一方认为，协定的条款对印度毫无意义，但对中国极为有利，因为印度第一次接受西藏为中国的一部分。[1] 在20世纪50年代友好交往的大气氛中，中印两国高层与民间来往不断，将中印关系推向友谊新高潮，这也对中国领导人形成积极的印度观起到了促进作用。

曾经为印度援华医疗队重要成员柯棣华大夫题写挽词的毛泽东，在新中国成立后，对友好邻邦印度非常敬重。早在1945年4月，毛泽东就表达过对印度的美好期盼。他说："我们希望印度会获得独立，因为不仅是印度人民需要一个独立和民主的印度，而且世界和平也需要一个独立和民主的印度。"[2] 1951年1月26日，在参加印度大使馆举行的印度国庆宴会上，毛泽东发表演讲时，说出了一段被后来两国学者不断引用的经典名言："印度民族是伟大的民族，印度人民是很好的人民。中国、印度这两个民族和两国人民之间的友谊，几千年来是很好的。今日庆祝印度的国庆节日，我们希望中国和印度两个民族继续团结起来，为和平而努力。全世界都需要和平，只有少数人要战争。印度、中国、苏联及其他一切爱好和平的国家和人民团结起来，为远东和平，为全世界的和平而努力。"[3] 这种对

---

[1] 关于印度学界对"西藏协定"的复杂反应和意见分歧，详见尚劝余：《尼赫鲁时代中国和印度的关系（1947—1964）》，北京：中国社会科学出版社，2009年版，第80—85页。
[2] 转引自王宏纬：《当代中印关系述评》，北京：中国藏学出版社，2009年版，第47页。
[3] 毛泽东：《毛泽东外交文选》，北京：中央文献出版社，1994年版，第148页。

印度文明的高度赞赏给印度外交家留下了深刻的印象。例如，印度驻华大使 K. M. 潘尼迦后来在其回忆录中写道："1951 年 1 月 26 日，我们首次庆祝印度国庆节。我在北京饭店举办了一次宴会，当毛泽东亲自出席宴会时，所有人都感到惊喜……在宴会交谈时，毛泽东对发展与印度的友好关系表现出浓厚的兴趣。"①

1954 年 10 月 20 日，周恩来在招待尼赫鲁的宴会上讲话时指出，印度和中国都是亚洲的大国，历史上没有刀兵相见的不幸记录，却有密切的经济和文化联系。中印两国是世界上两个古老的国家，同时又是"两个年轻的国家"。② 1956 年 11 月 29 日，周恩来在印度国会发表演讲。他指出："的确，中国和印度的关系在世界历史上树立了一个罕见的范例。"③ 同一天，周恩来在尼赫鲁为他举行的招待宴会上真诚地表示："中国人民一向钦佩印度人民的文化传统和创造天才。中国人民要像自己的先人玄奘那样，虚心地向印度人民学习。"④ 这一席来自中国领导人的话，表达了中国人民对印度的敬重之情。

随着时间的推移，西藏问题等开始在中印两国领导人的相互认知方面产生消极影响，其中以印度领导人的对华认知尤甚。周恩来在 1959 年 5 月 6 日指出："印度一部分上层人士，按照尼赫鲁的说法是同情西藏人。实际上是同情农奴主。他们的目的是要使西藏停止不前，不改革，作为'缓冲国'，置于印度势力之下，成为它的保护国。尼赫鲁说，这是印度人'本能的反应'。这很对，的确，是他们阶级本能的反应。"⑤ 这话自然击中了部分印度政治精英的西藏观要害所在。这也说明，在新的时代背景下，中国领导人乃至普通民众的印度观即将发生转型，这一变化又将在《人民日报》等重要媒体上体现出来。当然，中国领导人并未完全放弃对印度方面的和平诚意，如周恩来指出："我们同印度广大人民并无冲突。中印两国

---

① K. M. Panikkar, *In Two Chinas: Memoirs of a Diplomat*, London: George Allen & Unwin Ltd., 1955, p. 125.
② 张敏秋主编:《跨越喜马拉雅障碍：中国寻求了解印度》，重庆：重庆出版社，2006 年版，第 9 页。
③ 同上书，第 10 页。
④ 同上书，第 11 页。
⑤ 周恩来:《周恩来外交文选》，北京：中央文献出版社，1990 年版，第 270 页。

人民过去友好相处，今后还会友好相处。"① 他主张采取互谅互让的态度，通过和平友好的协商，求得中印边界问题的合理解决。

历史地看，中印关系自 1959 年起出现危机，但仍未使毛泽东等中国领导人放弃对印友好的美好愿望。1959 年 4 月 26 日，在中印关系开始"阴云密布"的时候，毛泽东却意味深长地指出："总的说来，印度是中国的友好国家，一千多年来是如此，今后一千年一万年，我们相信也将是如此……印度没有参加东南亚条约，印度不是我国的敌对者，而是我国的友人。中国不会这样蠢，东方树敌于美国，西方又树敌于印度……我们不能有两个重点，我们不能把友人当敌人，这是我们的国策。几年来，特别是最近三个月，我们两国之间的吵架，不过是两国千年万年友好过程中的一个插曲而已，值不得我们两国广大人民和政府当局为此而大惊小怪。"② 从这些话来看，毛泽东态度诚恳地向印度表明了中国维持对印友好的立场，他心目中的印度仍是中国的友好邻邦。毛泽东以"吵架"和"插曲"等词诙谐地淡化了中印间的紧张气氛。毛泽东高瞻远瞩的风范，对邓小平等中国领导人的对印认知产生了积极的影响。

1982 年 10 月 22 日，邓小平在接见印度社会科学理事会代表团时指出："中印两国都是发展中国家，但在世界上都不是无足轻重的国家……我们两国又是近邻，不相互了解、不建立友谊是不行的……中印两国之间的问题并不是很大，既不存在中国对印度的威胁，也不存在印度对中国的威胁，无非就是一个边界问题。双方都应该做些事情来恢复五十年代的友谊。"③ 邓小平这里将印度明确定义为"发展中国家"和世界上并非"无足轻重的国家"，这相比以前的中国领导人和学者们将印度或印度人民泛泛地定义为"伟大的民族"或"勤劳、善良的人民"是一大进步。这显示，中国领导人开始以更加成熟的眼光看待印度。自然，这也是邓小平的和平与发展理念在国际关系实践中的具体运用。邓小平还说，中印边界问题即使"一时解决不了，可以先放一放，在贸易、经济、文化等各个领域

---

① 周恩来：《周恩来外交文选》，北京：中央文献出版社，1990 年版，第 276 页。
② 转引自张敏秋主编：《跨越喜马拉雅障碍：中国寻求了解印度》，重庆：重庆出版社，2006 年版，第 7 页。
③ 邓小平：《邓小平文选》（第三卷），北京：人民出版社，1993 年版，第 19 页。

还可以做很多事情,发展往来,增进了解和友谊,双方合作仍然有广阔的前景。我们希望自己发达,也希望你们发达"。① 邓小平在此次会见中,先清算了所谓"中国威胁论"或"印度威胁论"的谬误,再强调中印在经济、文化等领域合作的重要性,并最大限度地降低边界问题在两国关系中的敏感度,是对新形势下如何改善中印关系的有益探索。另外,邓小平将对印认知与中国自身的形象设计联系在一起,以构建命运共同体意义上的中印一体的政治形象或国际修辞话语。这种中印形象一体化的认知在此后的中国领导人那里不断得到继承与发挥。邓小平这次谈话,为新时期中国如何认识印度、如何处理和改善分歧依旧的复杂的中印关系指明了方向。

1988年12月21日,邓小平在接见来访的印度总理拉吉夫·甘地时指出:"中印两国对人类有一个共同的责任,就是要利用现在有利的和平国际环境来发展自己。为什么这样说呢?因为中印两国共有十八亿人口,占世界总人口三分之一以上。"② 这种说法接续了1982年他将印度和中国定义为"发展中国家"的思路。他还指出:"中印两国不发展起来就不是亚洲世纪。真正的亚太世纪或亚洲世纪,是要等到中国、印度和其他一些邻国发展起来,才算到来"。③ 他还说:"中印两国如果发展起来了,那就可以说我们对人类作出了贡献。也正是在这个伟大的目标下,中国政府提出,所有发展中国家应该改善相互之间的关系,加强相互之间的合作。中印两国尤其应该这样做。"④ 这种在"发展中国家"的框架中对印度国际地位、中印关系未来发展的战略思考,显示了邓小平在新的条件下看待印度和处理中印关系的务实风格。友好与合作成为邓小平印度认知的两大主题词。这也呼应了泰戈尔和梁启超时代以来中印人民的美好心愿。

邓小平的印度观也对后来的中国领导人产生了积极影响。例如,1996年11月28日在印度总统举行的欢迎宴会上致辞时,江泽民指出:"中印两大民族自古以来就是好朋友、好邻居……中印两国都是发展中国家……我深信,中印两国人民团结在一起是一个伟大的力量,是亚洲和世界和平的

---

① 邓小平:《邓小平文选》(第三卷),北京:人民出版社,1993年版,第19—20页。
② 同上书,第281页。
③ 同上书,第282页。
④ 同上。

重要保证。中印都是当今世界的重要国家，我们对人类社会承担的共同责任是，利用现在有利的和平国际环境尽快发展自己。中印两国如果发展起来，强大起来了，就可以说我们对人类作出了贡献。可以肯定地说，我们的共同利益远远大于分歧，相互之间都不构成对对方的威胁。我们应该彼此信任，互利合作。"[①] 江泽民此处提及的一些关键词如"好朋友"、"好邻居"、"发展中国家"、"当今世界的重要国家"、"不构成对对方的威胁"和"彼此信任，互利合作"等，典型地体现了对毛泽东时代和邓小平时期中国领导层印度观的历史承继和适度发挥。江泽民将"信任"作为思考中印关系的一个关键词，提出了"彼此信任，互利合作"的新方针，这说明中国领导人已经开始注意到中印两国民意基础薄弱、文化对话远不理想的现实状况。因此，江泽民建议增加两国人员交流、增进彼此了解和信任。这一思路又将在以后的中印政治家那里得到积极的回应。

1998年，印度核试验和某些领导人的"中国威胁论"使中国看印度出现了负面成分增多的迹象，但是跨过新世纪的中国领导人高瞻远瞩地规划着中印合作的未来，印度高层也适时地调整了自己的策略，坚持了对华友好的方针。例如，2003年6月中印两国领导人签署了《中印关系原则和全面合作宣言》。2005年4月，中印两国总理签署了中印联合声明，宣布中印建立面向和平与繁荣的战略合作伙伴关系。当年4月12日，在印度理工大学演讲时，时任国务院总理的温家宝引用印度经济学家阿玛蒂亚·森倡导中印相互学习而非相互竞争的观点后指出："我非常赞赏阿玛蒂亚·森教授这个见解。中印双方是友好邻邦和合作伙伴，不是对手，更不是敌手。"[②] 温家宝将印度称为"友好邻邦和合作伙伴"，是对中印竞争论的驳斥。

综上所述，自1982年邓小平会见印度客人发表演说起，中国领导层的对印认知开始出现延续至今的"新思维"，即将对印认知与中印双向认知紧密地联系起来加以考量，从而使中国的印度观或印度形象始终带有中印形象一体化的色彩，这也是一种命运共同体式思维。这说明，中国高层政

[①] 转引自张敏秋主编：《跨越喜马拉雅障碍：中国寻求了解印度》，重庆：重庆出版社，2006年版，第17页。

[②] 同上书，第27页。

治精英的对印认知摆脱了以前的单向思维，转为双向互动的思维方式。这种中印形象一体化的结构或国际修辞话语，以我为主但又公平合理，充分体现了对印度迅速崛起的清醒认识，也展示了对印度国际地位不断上升这一事实的积极赞赏。正是因为这种新思维的出现，中国对印认知在最高决策层那里，得到了内容丰富多彩、思路灵活多变的表述。

再看看六十多年来印度高层对华认知演变的大致轨迹。

在当代印度政治家中，尼赫鲁无疑是与中国文化、中国政治现实联系得最紧密的人之一，他不仅有过几次中国体验，还对中国文化、中国社会现实与中印关系有过诸多深入思考。作为印度开国总理和中印关系发展的见证人，尼赫鲁的中国观无疑是变化最大、内涵最丰富的一种，典型地体现了20世纪中期印度高层的中国认知，也代表了当代印度中国观转型的一种潮流。"从个案研究层面来看，尼赫鲁代表了印度对中国的认知。他的中国观体现了西化印度人思想在行动中遇到的两难困境，内部需求和外部现实首先通过其中国认知的变化产生剧烈冲突。"[1] 按照 K. P. 古普塔的观点，尼赫鲁的中国观可以大致分为 1927—1949 年、1949—1959 年和 1959—1963 年这三个时段进行研究："人们可以在尼赫鲁的中国观中确认三个时段。他以狂热崇拜的心态开始认识中国，成熟期则在警觉中寄望于中国，然后在震惊中对中国产生幻灭感。这三个时期各自代表不同的内容：先是精神与政治联合的自由梦想，再是和平共处的审慎理念，再是极不情愿地公开承认中国的敌意重重。"[2] 换句话说，古普塔使用的"崇拜"、"警觉"和"震惊"等词语，可以大致概括出尼赫鲁中国观演变的曲折轨迹。

尼赫鲁中国观变化的一个要素是，他对中国的认识从以往的双焦透视转向单一视角。换句话说，印度独立前，尼赫鲁心目中存在一个亲切美好的文化中国形象和一个在反帝斗争中可以引为援助的政治中国形象。独立以后，尼赫鲁逐渐从文化中国的视域转向对政治中国的关切。视角的变化必然引起认知心态的变化，中国形象也必然会发生变迁。

---

[1] Krishna Prakash Gupta, "Indian Approaches to Modern China-II: A Social-Historical Analysis", *China Report*, Vol. 8, No. 5, September-October, 1972, p. 44.

[2] Ibid.

1949年10月1日，新中国成立。在印度是否承认新中国的问题上，尼赫鲁的立场至关重要。1950年3月17日，尼赫鲁虽然面临反对派的压力，但仍然在人民院的辩论会上主张承认共产党建立的新中国政府。尼赫鲁政府在尽快承认新中国这一点上的作为完全符合历史发展规律。

1954—1958年是中印关系"蜜月期"里的"黄金期"。中印双方在这一段时间内互动频繁，显示了后殖民时期新独立的东方国家独立发展外交关系的积极趋势。1954年4月29日，中印签订了《中华人民共和国和印度共和国关于中国西藏地方和印度之间的通商和交通协定》，倡导了和平共处五项原则，中印关系日益友好。1955年4月举行的万隆会议，尼赫鲁力排众议，主张中国参会。中印在万隆会议上与各国求同存异，大会圆满成功。中印国际合作如此顺利，自然是与尼赫鲁积极、合理的中国观分不开的。例如，尼赫鲁及其政府对中国加入联合国问题的坚定支持，便充分地体现了这一点。这既是尼赫鲁对中国大陆在那一特殊时期奋力争取国际话语权的宝贵支持，也是为印度自身在亚洲及世界事务中谋求更大话语权的一种迂回战略。不过，从中可以看出，尼赫鲁的中国观尽管是积极正面的，但它已基本脱离了文化认知的视野，转入国际关系或国际政治的认知范畴。这一时期，尼赫鲁不再提及Asian Federation（亚洲联盟）的概念，而是更多地谈论Asian sentiment（亚洲情感）。"尽管这种新的情感首先表明一种新的精神灵魂，但它仍然扎根于早期的地缘政治考量。在任何一种均势中，中国仍旧是无比重要的因素。这就导致一个结果：不能从中国的政治体制出发，在理论上将其视为军事威胁。"[1]但是，这种中国认知并不能保证尼赫鲁心目中文化中国形象的必然回归。

1954年10月，尼赫鲁第二次访问中国，这也是他最后一次访问中国。尼赫鲁在离开加尔各答前往中国访问时说："我到中国去没有什么预设目标，主要是对那个伟大的国家进行一次友好的回访，同时和周恩来先生就在德里期间开启的旨在促进相互理解的议题继续交流。"[2] 他在中国受到了热情欢迎。这次访问中，尼赫鲁亲眼见到中国共产党人给新中国带来的许

---

[1] Krishna Prakash Gupta, "Indian Approaches to Modern China-II: A Social-Historical Analysis", *China Report*, Vol. 8, No. 5, September-October, 1972, p. 47.

[2] PV. Rajgopal, ed. *i Was Nehru's Shadow*, New Delhi: Wisdom Tree, 2006, pp. 165-166.

多变化。这些变化都是在短时间内发生的,这使他大为惊异:"这个古老的国家已穿上新衣,到处洋溢着青春的活力,我对此尤其难忘。中国男女青年充满生气,蓬勃向上,孩子们欢歌笑语。这些记忆特别让我难以忘怀。"①

尼赫鲁访华在中印公众和媒体那里掀起一阵热浪。这次访问留给尼赫鲁的基本印象是中国正在稳步发展。当然,尼赫鲁赞赏在中国看到的一切,并不说明他心服口服、甘拜下风。他后来对印度内阁说:"我对中国印象至深。但我也要告诉你们,即使访华时,我也为我自己的印度深受鼓舞。中国没有什么能让我感到印度低人一等。"② 尼赫鲁这里的话大有深意。他明显意识到,中国需要印度,印度的存在和支持对这个时期的中国来说意义重大。他认为,中国不一定会在经济发展方面超过印度,因为印度在起步上有优势,但中国发展的步伐可能比印度更快,因此印度必须保持高度清醒。

关于印度的发展道路,尼赫鲁应该从中国的社会主义发展模式那里得到了某些启发。按照他的设计,印度的最终发展目标是建立社会主义经济。换言之,尼赫鲁为中国版社会主义道路所吸引,而欲引进之,进行印度版民主社会主义试验。当然,尼赫鲁政府引进社会主义的发展模式,自然也有对他们所担忧的共产主义制度"以子之矛攻子之盾"的防御意图。尼赫鲁的这种矛盾心态,似乎是 20 世纪 50 年代印度访华代表团对中国的认识出现"分裂"的情境再现。尼赫鲁对中国经济发展模式的学习姿态,夹杂了诸多的谨慎观望、警惕狐疑,它是尼赫鲁中国观微妙变化的一个例子,也是 20 世纪 50 年代印度政治精英阶层的中国观总体趋变的一个注脚。

尼赫鲁中国观逐渐转型还有许多重要因素,其中之一便是冷战时期美苏两国对印度的拉拢,这种动作从中印关系的"蜜月"时期便已显露端倪。美印领导人之间的"信任感"无疑是其面对共产主义"威胁"的自然反应。这似乎说明,处于冷战语境中的尼赫鲁,虽为不结盟运动的重要领袖之一,但在思考中印关系时,也无法彻底摆脱意识形态和地缘政治的观

---

① 转引自张力:《印度总理尼赫鲁》,成都:四川人民出版社,1997 年版,第 212 页。本书关于尼赫鲁的介绍和论述,多处参考该书相关内容。

② 同上书,第 218 页。

察视角。这自然说明，他在中印关系"蜜月期"里仍对中国保持戒备。[1]

在地缘政治考量占据尼赫鲁对华认知或对华外交决策核心地位的状态下，尼赫鲁第三阶段的中国观呼之欲出。西藏问题和中印边界争端是触发尼赫鲁中国观走向彻底负面、极端消极的诱因。

古普塔认为，1959年左右中印媒体围绕达赖叛逃等问题而展开的"笔战"，标志着"尼赫鲁中国观的第二次重要转变"。[2] 在古普塔看来，中国媒体和官方对尼赫鲁政府的西藏政策进行严厉批评，这使尼赫鲁压力陡增，他对中国的幻想开始破灭。[3] 这自然是促使其中国认知走向极端负面化的主要因素之一。

1962年爆发的中印边境冲突对于尼赫鲁本人而言，的确是一个灾难性事件。1964年，尼赫鲁与世长辞。"对尼赫鲁生命的致命打击来自中国事件。他从未想过中国会进攻我们。他的错误在于，他无法接受或意识不到我们的'前进政策'是怎样被中国方面所解读的……对于一位旨在制定'印中是兄弟'政策以维持印中和平岁月的人来说，这是一种痛苦的打击，那种政策本可为印度和中国都带来诸多利益和福祉。"[4] 事实上，这种说法貌似有理，但它却在很大程度上遮蔽了事实真相。因为尼赫鲁对于西藏问题的恶化以及中印边境冲突的爆发，负有不可推卸的责任。

1914年召开的"西姆拉会议"，是帝国主义对中国主权的蓄意侵犯。"因此，作为一项条约，西姆拉会议的法律文件是有缺陷的，它曾被视为缺乏国际法效力。"[5] 换句话说，《西姆拉协定》和"麦克马洪线"是欧洲殖民者强加给中国的屈辱，历届中国政府从未承认过它们的合法性。尼赫鲁等印度政治精英却继承了英国人的历史遗产，坚持其合法性。正是这种历史认知的不对称和对中国外交政策的误判等因素，导致了尼赫鲁等人对

---

[1] 中国社会科学院的刘建先生和华南师范大学外国语言文化学院的尚劝余教授在接受笔者电话咨询时，也强调了这一点。此处采纳他俩的观点，并向这两位学者致谢！

[2] Krishna Prakash Gupta, "Indian Approaches to Modern China-II: A Social-Historical Analysis", *China Report*, Vol. 8, No. 5, September-October, 1972, p. 49.

[3] Ibid., p. 50.

[4] PV. Rajgopal, ed. *i Was Nehru's Shadow*, New Delhi: Wisdom Tree, 2006, p. 215.

[5] Alastair Lamb, *British India and Tibet: 1766–1910*, London and New York: Routledge & Kegan Paul, 1986, pp. 331–332.

中国的认知产生了重大转折。1963 年,尼赫鲁在议会辩论时认为:"从根本上来说,印度与中国的冲突是印度的生活方式与中共意识形态之间的冲突。"① 这种非同寻常的措辞表明,尼赫鲁为印度中国观的第一次重大转型拉开了序幕。

整个 20 世纪 60 年代,中印双方在政治、经济和文化方面几乎断绝了往来。1967 年 9 月,中印双方还发生了互相驱逐对方外交官的不愉快事件。但是,在这些事件发生不久,时任印度总理亦即尼赫鲁的女儿英迪拉·甘地于 1969 年两次在记者招待会上称,应当设法寻求解决中印边界争端的途径。她说:"印度准备同中国进行有意义的会谈,以便寻求中印争端的解决。"② 这说明,印度政府准备与中国进行无先决条件的谈判。它标志着印度政府在边界问题上开始考虑采取一种比以往灵活的态度。这种态度的转变与中美建交等一系列重大事件不无关联。经过反复,1976 年下半年中印两国终于恢复了大使级外交关系。"尽管中印两国于 1976 年下半年恢复了中断 14 年之久的大使级外交关系,两国间的对抗气氛稍有缓和,但并没有消除。"③ 这种并未完全消除的"对抗气氛"一直延续到 1988 年左右。这就严重影响了印度领导层的对华认知。

20 世纪 80 年代末至 90 年代初,东欧剧变拉开了世界政治格局巨变的序幕。随着苏联解体,美苏为首的两大军事集团的冷战对抗成为历史,这一巨大变化对于中印关系的影响至深至远。在后冷战时代,中印两国领导人顺应民意和时代潮流,开始进一步调整双边关系。1988 年以来,随着中印关系的大幅改善和短期波动,印度看待中国的态度在逐渐发生变化,这使印度中国观呈现出非常微妙而复杂的格局。"20 世纪 90 年代,印度似乎慢慢地治愈了 1962 年对华战争的心理创伤(trauma),尝试双边关系正常化。这十年也暴露了中印关系正常化途中的脆弱和潜在的相互戒备……尽管如此,印度无法绕开中国。"④ 换句话说,1988 年至今的 20 多年也是印

---

① *The Sino-Indian Dispute: Questions and Answers*, New Delhi: Publications Division, Ministry of Information and Broadcasting Government of India, 1963, p. 51.
② 转引自王宏纬:《当代中印关系述评》,北京:中国藏学出版社,2009 年版,第 287 页。
③ 王宏纬:《当代中印关系述评》,北京:中国藏学出版社,2009 年版,第 288 页。
④ C. Raja Mohan, *Crossing the Rubicon: The Shaping of India's New Foreign Policy*, Hampshire: Palgrave Macmillan, 2004, p. 142.

度中国观的混杂与激荡期。

从过去20多年来印度政治高层的对华认知来看，他们也有过很多反复和曲折。在他们中的一些人看来，中国仍旧是一个无时不在、无处不在的巨大"威胁"。印度总理1988年访华的"破冰之旅"是在印度政坛"戴着镣铐的跳舞"，这里的"镣铐"就是1962年边境冲突失败给印度投下的浓重的心理阴影。自那以后，印度高层领导对华认知显示出明显的灵活务实性，这是适应时代发展潮流的政治举措。但好景不长，1998年3月，印度人民党上台执政，部分印度高层领导一再鼓吹"中国威胁论"，说中国对印度有战略包围的意图，是对印度安全的"潜在威胁"和"最大威胁"。当年5月11日和13日，印度进行了五次地下核试验。印度总理瓦杰帕伊在当年5月11日给美国总统克林顿的信中说："我一直对印度过去一些年来所面临的不断恶化的安全环境、特别是不断恶化的核安全环境深感不安。我们有一个公开的核武器国家与我们接壤，这个国家1962年对印度发动了武装侵略。"[1] 这封解释核试验缘由的信代表了部分印度高层政治精英的集体无意识，其核心便是"中国威胁论"。

值得欣慰的是，为了自己国家的长远利益，印度政府总体上仍然愿意与中国维持睦邻友好关系。1999年6月，印度外交部长贾斯万特·辛格访华。他在中国表示，印度不认为中国对印度构成威胁。这显示，印度政府在逐步修复"中国威胁论"带给中国的伤害。瓦杰帕伊和时任印度国防部长费尔南德斯也不失时机地采取了灵活务实的姿态，直接或间接地从此前"中国威胁论"的立场上后撤，转而主张中印友好。印度总统纳拉亚南于1999年1月接见中国代表团时说："一个强大、稳定和繁荣的中国符合印度的利益，也有利于发展中国家。中国不威胁印度，印度也不是中国的威胁。"他还称瓦杰帕伊致信克林顿的行为"不成熟"，是"一种欠考虑的举动"。[2] 中印关系经过一个乍暖还寒、阴晴不定的阶段又回到了比较正常的气候中。

人类历史进入21世纪以来，中印关系虽然有过一些"不和谐"的声

---

[1] 转引自张敏秋主编：《中印关系研究（1947—2003）》，北京：北京大学出版社，2004年版，第25页。

[2] 转引自王宏纬：《当代中印关系述评》，北京：中国藏学出版社，2009年版，第346页。

音存在，但总体趋势仍令人乐观。这与印度高层领导大多能够审时度势，把握全球化时代赋予中印各自的历史机遇不无关联。2003年6月，瓦杰帕伊访华，这显示印度高层领导的对华立场产生了积极的变化。他在发言中说："我是为友谊而来的。我代表印度向中国传递和平、友好、信任、理解和合作的信息。"① 中印两国总理还签署了宣言，为建立新型的中印关系确立了四项指导原则，其中包括发展两国长期建设性合作伙伴关系、两国互不视对方为威胁等等。

综上所述，60多年来的中印高层双向认知除了各自具有复杂的变化轨迹外，还存在一些明显的差异。例如，中国领导人的印度认知在20世纪50年代的双边关系"蜜月期"中没有出现分层或分化的现象，而印度领导层的对华认知则存在尼赫鲁和帕特尔等右翼人士的观点分歧，而且尼赫鲁本人的对华姿态也不如毛泽东对待印度的心态那么纯粹和单一。20世纪80年代至今，中印关系改善以后，中国领导人的对印认知多以中印合作或中印形象一体化为基调，没有出现"印度威胁论"等不和谐的声音，而印度高层则出现过"中国威胁论"的不和谐声音。这些微妙的差异，是观察和研究中印双向认知演变规律，自然也是研究中印关系发展规律的极佳切入点。

近年来，中印两国领导人喜欢强调创造和维护共同发展空间的"双赢"思路，这是当代中印高层领导的双向认知步入新境界的明证，自然也是中印领导层双向认知平衡性的一大表征。

2006年11月，中国国家主席胡锦涛访印，与印度领导人发表了中印联合宣言。宣言称，双方一致认为，中印这两个世界上"最大的发展中国家"，其关系具有"全球和战略意义"。此处使用"最大的"这一形容词显示，两国形象的双向认知进一步精确化。宣言还说："双方一致认为，两国有足够空间实现更大规模的共同发展，在地区和国际事务中发挥各自作用，同时关注彼此的关切和愿望……作为正在形成中的多极化国际秩序中的两个主要国家，中印同时发展将对未来国际体系产生积极影响。"② 此

---

① 转引自王宏纬：《当代中印关系述评》，北京：中国藏学出版社，2009年版，第357页。
② 同上书，第432页。

处"两国有足够空间"的说法显示，前述中国领导人的"合作伙伴"论有了新的更形象的表述，而所谓"正在形成中的多极化国际秩序中的两个主要国家"则对中印的国际地位有了更精确的认识。

2013年5月20日，访问印度的李克强总理与印度总理辛格等政要人物达成广泛共识，并在此基础上发表联合声明，其中的第三条再次强调近年来双方已有的共识："世界有足够空间供中印共同发展，世界也需要中印实现共同发展。作为世界上两个最大的发展中国家，中印关系超越双边范畴，具有地区、全球和战略意义。双方视对方为互利伙伴，而非竞争对手。"① 这种表述与2006年中印联合宣言的主旨基本一致。从这种立场看，印度政府显然已经超越了"非敌即友"的中国观，也超越了意识形态的认知立场，从而在国家利益、地区稳定、世界共赢等层面重新认识中国之于印度的重大意义。很大程度上，这种政府层面的中国观或中印合作观必将对印度朝野形成理性客观的中国观发挥积极影响。

2014年9月17—19日，习近平主席访印。9月19日发表的中印联合声明中称："双方重申将遵守共同确定的原则与共识，愿在和平共处五项原则、相互尊重和照顾彼此关切和愿望的基础上，进一步夯实面向和平与繁荣的战略合作伙伴关系。双方一致认为，作为两大发展中国家和新兴经济体，中印的发展目标相通契合，应通过相互支持的方式加以推动和实现……两国领导人同意，发展伙伴关系应成为两国战略合作伙伴关系的核心内容。"② 该声明将此前中印高层达成共识的"足够空间论"进一步落实到两国关系发展的现实层面，这为进一步夯实中印"战略合作伙伴关系"提供了必要条件和充分依据。这一动向在2015年5月发表的中印联合声明中仍然可见："两国领导人同意，作为地区和世界大国，中印同时复兴为实现亚洲世纪提供了重要机遇。他们注意到，中印关系将在21世纪的亚洲乃至全球发挥决定性作用。两国领导人同意，中印必须在追求各自发展目标和维护安全利益的进程中相互支持，同时尊重和照顾彼此关切、利益和

---

① "中华人民共和国和印度共和国联合声明"，2013年5月20日，http://www.fmprc.gov.cn/ce/cein/chn/zywl/t1041929.htm。

② "中华人民共和国和印度共和国关于构建更加紧密的发展伙伴关系的联合声明"，2014年9月19日，http://www.fmprc.gov.cn/ce/cein/chn/zywl/t1193043.htm。

愿望。作为两个最大发展中国家、最大新兴经济体和国际格局中的重要力量，中印两国之间的建设性关系模式为推进国与国关系、完善国际体系提供了新的基础。"①

当代中印双向认知平衡性的第二个表征是，20世纪50年代中印关系"蜜月期"里，中印双方的学者、作家均对对方国家的形象进行了不同程度的美化。其中，有的形象美化明显带有善意的误读成分。

先看看中国方面的印度认知。

据冰心写于1954年4月的游记《印度之行》透露，1951年起印度各地的印中友好协会已经从28处增加到1953年左右的108处。这显示中印关系的确处于"蜜月期"。正是在这一背景下，印度印中友好协会全国会议向中国方面的中印友好协会发出了邀请。于是，以丁西林为首的六人代表团组成，应邀赴印参加印中友好协会成立大会。冰心成为其中的一员。根据冰心的记载，她所在的代表团于1953年11月27日离开北京，12月8日到达印度首都新德里。在参加了印中友好协会成立大会后，他们六人按照安排的日程，访问了19个重要的、有印中友好协会的城市。

五个星期的印度采风使冰心一行时刻处于印度人民的热情包围中。冰心对印度的第一印象便是，这是一个非常热情好客且对华极为友好的国度，自然，这也是中印关系处于"蜜月"状态的真实写照。兄弟情谊或姊妹情结是中印关系的基调，它在两国人民心灵深处留下了美好的回忆。

一次，冰心等参加当地群众组织的欢迎大会时被挤掉了鞋子，台边群众纷纷帮助她找鞋子。鞋子找到后，冰心又被两位印度老大娘"泪痕满面"地拥抱起来。冰心觉得"被拥抱的不是我一人，而是新中国的妇女群众……印度妇女对于新中国妇女的羡慕和热爱，真是无法形容的"。② 12月22日，冰心等人从巴特那出发，沿着恒河，到佛教圣地那烂陀去参观，沿途的许多村民以各种各样的方式对他们的到来表示欢迎。到达预定访问的一个村子时，似曾相识的场景再次出现："车门一开，这些穿着节日服装的男男女女，一拥而上，拉着我们，在尘土飞扬的土道上，走向村里。

---

① "中华人民共和国和印度共和国联合声明"，2015年5月15日，http://www.fmprc.gov.cn/ce/cein/chn/zygx/zywx/t1264214.htm。

② 冰心：《冰心文集》，第四卷，上海：上海文艺出版社，1986年版，第23页。

他们一面挥着纸旗，喊着口号，毛泽东，周恩来……这些名字，对于喜马拉雅山西边千千万万辛苦的农民，并不是陌生的！我们的行列愈走愈长，在村舍门口站着的妇女老人，都卷进了这热烈的队伍。"①

在印度期间，冰心自然对印度的历史、宗教、文化、艺术等产生了强烈的兴趣。她在观看印度曼妙多姿的民族舞蹈时，还联想到印度神话。"谈到印度的古典舞，一定要提到印度教的神话……从印度教的信仰来讲，破坏并不招致死亡，它只是一个更变，死和生不断地巡回，秋天里隐含着春光的消息。因此祭祀湿婆神的舞蹈，是表现着宇宙间不断地改变的创造力量，轻快矫健，充满着活力和欢愉。"②

20世纪50年代，与冰心一样幸运地踏上印度国土的还有很多作家，如擅长散文创作且作品颇为流行的杨朔便是其中一位。回国后，杨朔创作了一篇散文《印度情思》。③ 它以杨朔特有的语言风格，如诗如画地描述了作者眼中的印度风情，这是有别于其他印度游记的一种人情美、风景美。

由于心中充满了诗情画意，杨朔特别关注芒果、菩提、蝙蝠、孔雀、大象、鸟儿、松鼠等印度风物。且看他对小动物栩栩如生的描述："你到清真寺或者是名胜古迹去游玩，小松鼠会追着你跑，你站住，小松鼠便坐起来，用两只前爪抬着髯子，歪着头，还朝你挤眉弄眼呢。你走在野地里，瞧吧，路两旁常常坐着猴子的家庭……别以为这种种飞禽走兽是养熟的。不是，都是野的，却跟人处得十分相得，你看有意思没有意思？"④ 这样一幅令人神往的风情画，大体上符合印度现实。如果没有细致的观察，没有一颗爱美的心，没有中印关系处于"蜜月期"的时代背景，这样的风情画似乎不太容易产生。

参观闻名世界的阿旃陀石窟后，杨朔写道："传统的宗教主题和真实的印度生活紧密结合着，每幅画都是那么优美，那么和谐，而表现力又是那么强烈。一两千年前的人物，都是神采动人的眼睛，从墙壁上直望着

---

① 冰心：《冰心文集》，第四卷，上海：上海文艺出版社，1986年版，第24页。
② 同上书，第18页。
③ 杨朔："印度情思"，《亚洲日记》，北京：北京出版社，1957年版，第32—41页。该文后来被收入杨朔：《杨朔散文选》，北京：人民文学出版社，1987年版，第262—268页。
④ 同上书，第33页。

你。可是你瞧，怎么那眼神就跟我身旁的活人一样，又急切，又热烈。从古到今，善良的印度人民究竟一直在期待什么呢？"①杨朔在这里将印度古代宗教艺术与生活现实联系起来，读出了阿旃陀石窟在中国作家心目中的另一层涵义，这便是对印度人民疾苦哀乐的关注。换个角度思考，这仍然是杨朔带着中国文化之眼观察印度文明之后的艺术结晶。

综上所述，冰心的印度印象相对模糊一些，她基本上是在被印度人民友好激情"烤晕"的状态下感知印度的魅力和中印友好的历史情谊的。杨朔则对印度的人物风情更为关注，还由此延伸到观察和思考印度宗教与人民大众的生活联系，比较准确地把握了印度文明的宗教特性在当代社会生活中扮演的特殊角色。不仅如此，杨朔的印度印象还有一个引人注目的特色，那便是以当时国内轰轰烈烈的社会主义建设来比附和理解印度社会的变迁，这使他的印度印象带有一些或浓或淡的中国色泽。换句话说，这就是透过中国的"哈哈镜"看印度，虽说有些变形或有趣，但却没有任何的负面色彩。

与杨朔的印度印象相似，时任中国作家协会理事的刘白羽对印度的回忆也充满朦胧而美好的意味，尽管其中不乏积极而浪漫的文化误读色彩。刘白羽在《衷心的喜悦》一文中忆及1955年印度文化代表团访华演出的盛况，同时他还这样写道："作为一个中国的文化工作者，我访问过印度。我亲自看到这个伟大、庄严而又美丽的国家。现在，当我每一次看到印度的舞蹈，或者听到印度的歌声、琴声、鼓声的时候，我立刻想起我所爱的那整个美丽的国家来了。人们形容古代的印度，是遍地黄金和蜂蜜的国土，我们说今天的印度，充满着人民维护和平和正义的热情……我们无法忘记印度。当你面对着这个满地是鲜花的国家……古老的阿旃陀，那样惊美的艺术创作品时，你不能不羡慕创造出这种创作品的印度人民，是多么优秀的人民，有着多么深刻的创造性，多么巨大的魄力。而现在，在我们眼前展现出来的音乐和舞蹈，就正是这个国家、人民，经过多年创造而丰富起来的。"②时任中国戏曲研究院院长的著名戏剧艺术家梅兰芳欣赏了印

---

① 杨朔："印度情思"，《亚洲日记》，北京：北京出版社，1957年版，第36页。
② 佚名主编：《印度文化代表团在中国》，北京：人民美术出版社，1956年版，第83页。此处"惊美"疑为"精美"之误。

度艺术家的表演后认为，印度音乐是诗，印度舞蹈则是"最美丽的花朵……具有东方情调的印度文化艺术，和我国的传统的民族文化又是多么接近"。①

如果说冰心和杨朔等的印度印象代表了中国作家的印度体验，那么某种程度上可以说，季羡林1951年赴印的文化采风则代表了中国学者、尤其是研究印度文化的学者们的集体无意识。季羡林写于1978—1979年间的散文集《天竺心影》，虽然主要是对自己1978年第三次访印的回忆，但里面穿插了大量关于他第一次访印观感的回忆。

与冰心时刻感受到印度人民的火热激情相似，季羡林也是如此。季羡林等人在白天从缅甸起飞，降落到加尔各答机场。他回忆自己快要踏上印度土地的心情时说："我虽然还没有踏上印度土地，但却似乎已经熟悉了印度，印度对于我已经不陌生了。不陌生中毕竟还是有点陌生。"② 这里"不陌生"当然指他研究印度语言文学和宗教文化多年而言。虽说如此，一下飞机，季羡林还是大吃一惊，这是因为："机场上人山人海，红旗如林。我们伸出去的手握的是一双双温暖的手。我们伸长的脖子戴的是一串串红色、黄色、紫色、绿色的鲜艳的花环。我这一生还是第一次戴上这样多的花环……有人又向我的双眉之间、双肩之上，涂上、洒上香油，芬芳扑鼻的香气长时间地在我周围飘拂。花香和油香汇成了一个终生难忘的印象。"③

与冰心关注热情友好的印度人相似，季羡林也对那些友好的普通印度人进行浓墨重彩的刻画。例如，在印度最南端的风景名胜地科摩林海角访问时，季羡林在下榻的旅馆里经历了难忘的一幕。一位十六七岁的印度中学生跋涉十多里路，来拜访中国客人。他递给季羡林一幅画，以表敬意。听说中国客人造访此地，他特意将自己的画作送到客人手里。④ 还有一位中年人，为了了解中国，也为了在孩子心中"埋下印中友好的种子"，在火车上抱着孩子，一次次地补票，为的是可以近距离地看到中国客人的面

---

① 佚名主编：《印度文化代表团在中国》，北京：人民美术出版社，1956年版，第71页。
② 季羡林：《季羡林全集》，第1卷，北京：外语教学与研究出版社，2009年版，第120页。
③ 同上书，第120页。
④ 同上书，第171页。

容。季羡林感慨道:"我眼前的这个印度朋友形象忽然一下子高大起来,而且身上洋溢着光辉。我只觉得满眼金光闪闪……他一下子好像变成了中印友谊的化身。"① 在阿格拉一个旅馆住宿时,一位印度青年猛地跑到季羡林身边,递给他一个很小的玻璃盒子,里边铺的棉花上有一粒大米。季羡林叙述道:"我真有点吃惊了。这一粒大米有什么意义呢? 青年打开小盒,把大米送到我眼底下,大米上写着'印中友谊万岁'几个字,只能用放大镜才能看得清楚。"② 这位印度青年告诉中国客人,他是一个学徒工,非常热爱新中国,但却从没有机会接触一个中国人。听说季羡林一行来到当地后,他便带了这一粒大米来看望他们。季羡林思绪万千,无以言表。27 年后,当他再次回忆起这段往事时,仍是激动不已。

杨朔不是印度文化研究者,他从阿旃陀石窟的壁画上看到的是古代文艺与现代生活的联系。季羡林不同,作为印度文化、特别是佛教研究者,他多发怀古之忧。在瞻仰阿旃陀石窟、那烂陀寺、菩提伽耶等文化遗迹后,季羡林与黄懋材和康有为等人相似,为佛教在印度的衰落感到一丝哀伤,因此他用"西风残照,汉家陵阙"描绘当时的景象和复杂心情。他写道:"同在阿旃陀和那烂陀一样,在这里玄奘的身影又不时浮现到我的眼前。不过在这里,不止是玄奘一个人,还添了法显和义净。我仿佛看到他们穿着黄色的袈裟,跪倒在地上磕头。我仿佛看到他们在这些寺院殿塔之间来往穿行。我仿佛看到他们向那一棵菩提树顶礼膜拜。"③

再看印度方面的中国认知。

在长达 10 年的中印关系"蜜月期"中,印度对华认知继续保持着泰戈尔和师觉月时代的美好色调,"印度中国是兄弟"的声音压过了一切杂音。这一声音成为"蜜月期"里印度中国观的底色。K. M. 潘尼迦在 1955 年出版的中国回忆录中写道:"我的脑海中清晰地浮现出关于新中国的三种印象。第一,新中国成立无疑是亚洲复兴的最重要事件……第二,于我而言,中国的新政府显然是 100 年来一种运动发展的完美实现,这种运动就是晚清时期朝廷官员们主张建立一个强有力的中央政府的运动……使我

---

① 季羡林:《季羡林全集》,第 1 卷,北京:外语教学与研究出版社,2009 年版,第 149 页。
② 同上书,第 134 页。
③ 同上书,第 159 页。

印象很深的第三个特点是，中国希望保持生活与文化的连续发展，但又无情地摧毁了被新思想的领导人视为封建的反动的冗余。"① 潘尼迦对新中国的认识以肯定为主，否定为辅，这也是"蜜月期"里印度中国观的一种典型代表。尼赫鲁时期的一位印度外交官曾经回忆道："所有访华的印度人回国后都对他们的中国见闻印象极深：全中国人民为自己国家的发展而奉献的热情，他们的诚实厚道，他们的简朴生活……与德里、加尔各答和印度其他城市一样，北京和其他城市的街道上回荡着'印度中国是兄弟'的欢呼声。印度的总体印象是，没有什么能够阻挡中印两国友谊的发展。"②

在"蜜月期"的大部分时间里，由于中印双方交往频繁，两国组织的各种友好代表团不断访问对方国家，这使更多的印度政治家、外交家、学者、记者、作家和民间人士实地勘察中国、思考中国。回到印度后，有的人写下了中国观感，这便是印度中国观的重要组成部分。

1951年9月21日，森德拉尔任团长的印度友好代表团应邀启程访华。代表团在中国访问达40日之久，他们感触很深。森德拉尔和卡兰吉亚分别撰写了中国游记，并于次年即1952年在印度出版。卡兰吉亚使用"乌托邦"和"梦幻"等词语描绘自己的中国印象。③ 1956年访华考察农业合作运动的印度代表团在回国后撰写的官方报告中也对中国社会的巨大变化大加赞赏："中国的贫富差异比印度小得多。这里没有种姓差别……事实上，妇女解放和进步是中国革命的一个非常显著的特色。乡村里的农民尽管衣着简朴，但却有足够的粮食可吃。"④ 1952年4月至6月间，印度孟买贸易联合会主席沙哈（Kishore K. Shar）受邀访华六周。回国后，他以富含乐观色彩的标题《新中国前途无量》出版了自己的英文日记亦即中国见闻录。他在6月4日的日记中写道："由于已经取得的成就和目前的努力，

---

① K. M. Panikkar, *In Two Chinas: Memoirs of a Diplomat*, London: George Allen & Unwin Ltd., 1955, pp. 176-178.

② Subimal Dutt, *With Nehru in the Foreign Office*, Calcutta: The Minerva Associates, 1977, p. 107.

③ R. K. Karanjia, *China Stands Up and Wolves of the Wild West*, Bombay: People's Publishing House, 1952, p. 249.

④ R. K. Patil, B. J. Patel and F. N. Rana, *Report of the Indian Delegation to China on Agrarian Co-operatives*, New Delhi: Government of India Planning Commission, 1957, p. 19.

中国会再度步入新生的坦途，生活富裕，繁荣强大，这必将使其高居于世界民族之林。"① 作为长期在华的印度记者，D. 达斯古普塔在1955年出版的中国游记中写道："（西藏等）自治区的所有少数民族都有权运用和发展自己民族的口头语和书面语，利用其发展本民族文化教育……中国的民族政策不仅确保其享有同等权利，而且还有助于他们在各个领域得到发展，以利于逐渐摆脱其落后状况。"② 1954年访华的印度政治家 S. 穆克吉在随团考察时发现，尽管中国奉行共产主义思想，但却并未与印度代表团中的共产党员进行单独接触。他为此写道："这显然表明，中国奉行与印度和平共处，尊重印度人民、印度政府和印度领导人，尽管印度的（政治）体制与中国截然不同。"③

中国历史上是传统的农业大国，而印度同样如此，因此印度来华访问的人士几乎都对中国农村和农民的现状表示关切。卡兰吉亚以自己的耳闻目睹答复一些亲美的印度人对新中国的怀疑。他将新中国成立以来短短三年时间就取得的有目共睹的成就称为"中国的奇迹"（miracle of China）。④ 考察中国农业合作社的印度代表团将中国的成就称为"一个奇迹"。⑤

在森德拉尔等人看来，中国妇女得到了解放，女性地位大大提高，中国城市罕见西方城市妓女在大街上招徕客人的丑恶现象。"在中国的街道上，绝对没有我们很多人在欧美国家见到的那种不道德的迹象，然而，今天的中国妇女比起西方妇女来，享受的自由更多。"⑥ 这种对中国女性地位提高的赞美，无疑是一种自我文化反省。

卡兰吉亚对中国人民的团结一致印象很深，对中国人的集体主义意识

---

① K. T. Shah, *The Promise That is New China*, Bombay: Vora and Co., 1953, p. 311.
② Dhirendranath Dasgupta, *With Nehru in China*, Calcutta: National Book Agency, 1955, pp. 134 – 135.
③ Sailakumar Mukherjee, *A Visit to New China*, Calcutta: A. Mukherjee and Co., 1956, p. 131.
④ Sundarlal, *China Today: An Account of the Indian Goodwill Mission to China, September-October* 1951, Allahabad: Hindustani Culture Society, 1952, p. 406.
⑤ R. K. Patil, B. J. Patel and F. N. Rana, *Report of the Indian Delegation to China on Agrarian Co-operatives*, New Delhi: Government of India Planning Commission, 1957, p. 86.
⑥ Sundarlal, *China Today: An Account of the Indian Goodwill Mission to China, September-October* 1951, Allahabad: Hindustani Culture Society, 1952, p. 25.

十分赞赏。卡兰吉亚还将新中国万众一心、众志成城的集体主义形象进行放大,以回答一些人对社会主义制度下中国群众生活状况的质疑,这自然含有几许亲切的"文化误读"。曾经于20世纪50年代来北京大学东方语言文学系任教的一位印度专家观察到,中国的大学生们热爱祖国,勇于报国,勤奋刻苦,珍惜时间。尽管他们所穿的蓝色制服并不时髦鲜艳,但他们身上体现出一种青春焕发的时代气息和集体主义精神。"有了这样一批学生,中国的未来无疑是光明的。"[①]

在访华代表团的印度人士看来,新中国实行的土地改革使中国亿万农民翻身做了主人。这对同样属于农业大国的印度不无启示。森德拉尔认为:"印度从中国学习的主要经验,与其说是经济政策的内容或方法,不如说是学习确保经济政策实施、大众理解和群众参与的方法。"[②] 换句话说,印度从中可以观察到自己"落后"与"停滞"的一面,发现医治自身"痼疾沉疴"的"中国疗法"。

从上面的例子可以发现,中印双方人员在以积极的心态观察对方时,表现出一丝微妙的差异。一些中国学者以写实的手法或写意的浪漫,积极渲染印度民众对华友好的热忱,而印度学者则注重对中国社会发展美好一面的描摹,这种姿态有时还上升到印度学习中国的高度。相比而言,中国作家和学者对印度普通人等和社会风尚的观察和思考,远不及印度同行的中国观察那么仔细而深入。这些差异自然是中印双向认知平衡性中的一种伴生物。历史地看,印度强调学习中国的姿态,似乎可追溯到殖民时期印度政治精英和知识精英对中国形象的积极利用姿态上。

在中印关系"蜜月期"里,即使发现对方国家存在"不尽如人意"的一面,某些作家和学者似乎也并不介意,这反映了中印友好的时代氛围对两国民意的积极影响。

在感受印度民众火山喷发般的友好热情时,冰心下意识地关注印度种姓制度带给现实社会的弊端,但是她欲言又止的叙述姿态耐人寻味。或许,冰心不愿像后来的某些人那样,刻意放大印度社会的负面弊端,她试

---

① Jagdish Chandra Jain, *Amidst the Chinese People*, Delhi: Atma Ram & Sons, 1955, p. 28.

② Sundarlal, *China Today: An Account of the Indian Goodwill Mission to China*, September-October 1951, Allahabad: Hindustani Culture Society, 1952, p. 507.

图维持脑海中一幅美好的印度形象。1953年12月底,在安得拉邦访问时,冰心等人一如既往地受到热烈欢迎。且看她欲言又止、躲躲闪闪的叙述:"在这座城里的节目都是空前地热烈,人数也是空前地众多,但是最突出的,还是我们访问凡努刻尔村的一段,因为在那里,我们接触了印度的'不可接触'的'贱民'。"① 在对印度贱民的历史起源进行简要说明后,冰心回忆起了那天在村子聚会时遭遇的奇特而又意外的经历:"我们注意到有一群妇女,远远地站在群众的背后,不好意思向前。我们听说她们是'不可接触'的'贱民'的时候,我们便挤到她们前面去,和她们紧紧地握手,热烈地拥抱。她们喜出望外地,迟疑地轻轻地接住我们的手,老大娘们流着泪把头靠在我们的肩上,那种欢喜感激的神情,真是不可以言语形容的!"② 接下来的叙述显得有些令人难以置信:冰心等人请求去参观这些"贱民"们的住处,而这些"不可接触"的印度女性居然"更加高兴地"带着他们进入路边树下土墙草顶的小屋,里边阴暗却"很干净,土台陶罐,位置井井。可惜我们不通语言,也没有时间多坐,匆匆地道了谢,就又出来。在正午的烈日下,和她们一同看了台上和场上的表演,又听了音乐,我们心里情感的沸腾,和天上的骄阳成了个正比例。"③ 与印度"贱民"在"不可接触"语境下的跨文化接触,使得冰心的中国心变得更加纯洁,但这种诗意的叙述潜藏着耐人寻味的复杂内涵。

一些印度人士对中国革命的暴力模式持肯定态度,对中国新民主主义革命表示赞赏。例如,卡兰吉亚以自己的亲身经历驳斥某些西方记者对中国所谓"缺乏民主"的歪曲报道。他说:"我们的'民主'与中国的'专政'之间唯一的区别在于,后者组织有序,积极高效,而前者非常的混乱无序,效率低下。"④ 卡兰吉亚还呼吁从西方寻求治国灵感的尼赫鲁将眼光转向中国。

关于中国的意识形态或政治体制问题,这是绝大多数外国来华者非常

---

① 冰心:《冰心文集》,第四卷,上海:上海文艺出版社,1986年版,第27页。
② 同上书,第27页。
③ 同上书,第28页。
④ R. K. Karanjia, *China Stands Up and Wolves of the Wild West*, Bombay: People's Publishing House, 1952, p. 217.

关注的问题。与此不同,卡兰吉亚将意识形态问题和社会发展模式分开处理。他说:"我们曾经将佛教和自己健康的文化赠予中国,今天,中国正准备将毛主义和一种现代宗教或复兴思想回馈给我们,那种现代宗教有着佛教般的热情,对于当今的社会经济条件来说相当地适用,叫它共产主义或是其他什么主义都可……我们尽管占有卓越的先机,但处于停滞状态,中国却正处于巨大的创造革新阶段。"[1] 前述印度记者达斯古普塔以耐人寻味的这番话为其中国游记画上了句号:"我已经完成了关于新中国的报道。在一个为冲突和痛苦所折磨的世界里,我尝试去发现一个伟大国家的灵魂。我刻意避免涉及任何并不光彩且令人难堪的主题。我在华时并不刻意探讨(中国社会)生活的丑陋一面。"[2]

  1962年中印边境冲突爆发后,当代中印文化心灵对视出现了新的动向,即中印学者、作家之间开始出现互贬对方的趋势,这是其双向认知平衡性的第三种表征。有学者指出,中印边境冲突对印度社会影响深远,至今为止,所谓"中国出卖和侵略"印度的历史记忆难以消除,"受害"的"心理创伤"难以治愈,对印度对华政策造成了负面的影响。[3] 这种负面影响自然是印度对华认知首次出现重大转型的结果。这种"历史创伤"对印度民众的负面影响是长期持久的,它造成了印度对华认知呈现负面消极的"固化特征"。[4] 反过来,中国对印认知也有相似的痕迹。"新中国对印度的总体知觉也经历了一个从非敌非友到善意和友好,再到敌意和冷漠,再回归到非敌非友的过程。"[5] 边境冲突结束到20世纪70年代中期,敌意和冷漠侵蚀着中印人民的文化心灵。从1976年两国复派大使到1988年拉吉夫·甘地总理访华,中印双向认知的主流心态没有发生质变。"印度对中

---

  [1] R. K. Karanjia, *China Stands Up and Wolves of the Wild West*, Bombay: People's Publishing House, 1952, p. 8.
  [2] Dhirendranath Dasgupta, *With Nehru in China*, Calcutta: National Book Agency, 1955, p. 148.
  [3] 随新民:《中印关系研究:社会认知视角》,北京:世界知识出版社,2007年版,第66页。
  [4] 同上书,第67页。
  [5] 同上书,第77页。

国的敌意程度虽然有所降低,但仍然认为中国是印度国家安全的潜在威胁。"① 中印双向认知的这种畸形因素至今尚存"余毒",它使双方的某些学者、作家和普通民众在看待对方时,呈现出贬低对方的趋势。

余秋雨的印度印象基本以灰色调为主。他在游记《千年一叹》中如此思考印度的人口问题:"人口主要在穷人里膨胀。穷人哪里都有,但印度穷人之穷,已经成了世界各国旅行者都为之惊心的一个景观……每个窝棚高半公尺至一公尺,人只能爬进爬出,黑乎乎的像是由垃圾搭建,这便是一个家。"② 余秋雨如实记录了印度教徒在恒河沐浴的"恐怖"场景和尸体焚烧等细节。他认为,这是对恒河的污染、对自身的亵渎。"今后哪怕有千条理由让我来说几句'恒河晨浴'的美丽,我的回答是:眼睛不答应,良知不答应。我在那里看到的不是一个落后的风俗,而是一场人类的悲剧,因此不能不较劲,不能不沉重。"③ 这里的忠实记录反映的是作者与印度文明的文化隔膜。他固守自己的文化模式,只能见到印度的"人口爆炸"、印度贫困的触目惊心、恒河的"恐怖丑陋",而无法描摹印度的自然美和人文美,因而无法洞悉当代印度活力四射的真正原因。这并非"人类的悲剧",而是不愿深究印度文明内涵的"个人悲剧"。

在阿驴(谭斯颖)的游记《呀!印度》中,印度的自然美、人文美得到了体现,但她的某些叙述仍带有灰色。面对恒河岸边的印度教圣城贝纳勒斯,阿驴的感叹是:"面对它,一座有着古老传说和历史的城市,我失语了。因为这个城市体现出来的今世文明有那么一些失敬,还有那么一些失礼……"④ 与阿驴的心态有些相似,袁田在游记中写道:"我只有一个人,而印度是一个充满了混乱的国度,每天的新闻都有印度火车脱轨或者发生爆炸的恐怖消息,我不知道我会遇到什么。"⑤

再看看两位作家(包括一位华裔作家)的印度题材小说是如何描述印度的。

---

① 随新民:《中印关系研究:社会认知视角》,北京:世界知识出版社,2007 年版,第 79—80 页。
② 余秋雨:《千年一叹》,北京:作家出版社,2002 年版,第 402 页。
③ 同上书,第 444 页。
④ 阿驴:《呀!印度》,北京:华夏出版社,2012 年版,第 16 页。
⑤ 袁田:《印度,去十次都不够》,南京:江苏人民出版社,2012 年版,第 3 页。

虹影是著名的华裔女作家，先后创作了多部以中国大陆为背景的小说，但《阿难》是个例外。这部小说以佛教中的传奇人物阿难（Ananda）为题，似乎暗示了印度仍属"佛国"的寓意，也表明了作者试图传达的跨文化体验。

《阿难》以第一人称"我"即一位女作家展开叙述，通过这种纪实性的第一视角和旅行文学似的叙事结构，将读者带入了印度那片充满神奇、神秘色彩的国土。小说的主要情节是"我"帮助一位香港好友苏霏追踪调查其远走印度的男友阿难。阿难是被通缉的逃犯，其真名是黄亚连。他的身世非常悲惨，是一位抗日战争期间败退印度境内的国民党军人和一位印度教女性所生的遗腹子。他远走印度，但却为女友苦苦思恋（其实也是暗中追查）。巧合的是，身为作者的"我"也与阿难存在感情方面的某些纠葛。作者在书中的题记是："没有实现的爱才是最稀罕的爱。我是永远无法爱你，所以我到印度来逃避你——献给A。"作者还写道："我曾跟随这两个阿难的脚迹，走到地之边天之涯，也是那样的不想回过头来。不完美的爱才是最美的爱，没有实现的爱才是最稀罕的爱。我永远无法爱你到完美地步，所以我逃到异国来。"[①] 这似乎表明，印度是现实生活中的精神痛苦者伤心欲绝时的流浪之地，因为这是"地之边天之涯"，这是抚慰人心的现实版"佛国"。这种跨文化书写其实也是殖民主义时期与后殖民时代很多西方作家一以贯之而又层层相依的叙事模式。这的确是作者所谓的多重"不可靠叙述"，说其"不可靠"是因为故事情节是表层，故事人物的所思所行、所描所画才是比较可靠的内核。

与历史记忆中的"佛国"打得火热，就不可避免地会与现实印度拉开情感差距。"我"在观赏印度民族舞蹈和音乐时的感受是："灯光打得巧妙，一台正宗当代印度流行歌舞，歌手马马虎虎……听不懂唱的什么，那调子似乎永远不变：所有的印度歌曲全一样，我已经听了两天满街放的音乐，觉得印度人几千年编不出一首新歌。或许他们听中国歌，也有同感。"[②] 从这种叙述中不难品出，"我"即作者的化身对印度舞蹈、音乐所

---

① 虹影：《阿难》，"修订本说明"，北京：文化艺术出版社，2006年版，第2页。
② 虹影：《阿难》，北京：文化艺术出版社，2006年版，第31页。

代表的印度文化是隔膜很深的,这和当年冰心等人兴趣盎然地欣赏印度民族舞蹈似有天壤之别。冰心认为,舞蹈是印度文化传统中最有活力和丰富想象力的组成部分。"舞蹈是脚步上的音乐,没有声音的语言,它用富于表情的动作来传达人们心中深挚的情感。印度人民又生得好看,眼大眉长,身材矫健。印度的气候,也适合于户外的半裸露的跳舞。因此舞蹈的艺术,在民间极其普遍。"①

或许正因如此,虹影接下来的叙述似乎有些骇人听闻,但仔细想来却又尽在情理之中:"我不是一个种族主义者,或许非要我选择一个人在一起,其他民族,只要钟情就行。单单没有想象过和一个印度人过日子,再漂亮也不会。或许我不知道的原因,就是潜意识中最深层的原因,可能潜意识中,中国人最瞧不起印度人,印度人也最瞧不起中国人。"② 这种叙述典型地体现了作者穿不透跨文化之墙的悲哀,其深层原因自然是作者与印度文明没有主动对话的兴趣和愿望,这是中印文化心灵冷漠对视的真实写照。

与虹影以佛教人物为作品命题不同,郑宸的《罗摩桥》却以印度教大史诗《罗摩衍那》中涉及罗摩王的故事情节为叙事"红线",这似乎预示着小说将要打上一些印度教神话的烙印。事实上,通观全书,作者只是以纪实性的笔法和结构,虚构了一个女主人公即所谓的"大吉岭小姐"、华裔印度人洪念梅陪同"我"在北印度、南印度等地观赏游玩并历经坎坷折磨的"不凡"经历。其中,关涉印度教神话的成分并不多见。

《罗摩桥》虽不乏纪实色彩,但透过作者的描述,读者很难获得对印度自然美、人文美的深刻印象。究其原因,大约与作者执迷于个人细枝末节的描叙有关,而将印度风情多做悬置处理。

就作品中塑造的印度形象而言,《罗摩桥》和《阿难》一样,也是以冷色调的负面为主。例如,"大吉岭小姐"对"我"说:"印度人很少感激别人,我在香港地区、美国遇到的印度人都是如此。"③ 面对恒河边印度教徒们沐浴的神圣场景,作者的叙述却是:"黄昏的余晖洒落在墨绿色的

---

① 冰心:《冰心文集》,第四卷,上海:上海文艺出版社,1986年版,第19页。
② 虹影:《阿难》,北京:文化艺术出版社,2006年版,第32页。
③ 郑宸:《罗摩桥》,北京:(生活・读书・新知)三联书店,2011年版,第84页。

河面上，河水踩躏着已经光滑无比的青石台阶和一些人的心，那些裸着身子泡在墨绿色当中的人们像尸体，很多很多具尸体。"① 再如作者和女伴的对话："印度就是这样，有人的地方就会有贫民窟，很正常。"②

与虹影的小说相比，《罗摩桥》的纪实色彩显得更为浓厚，也更为可信。细看故事情节，这部小说给人非常压抑的感觉，读后不免生厌和反感。或许，这主要是与作者对印度文化的心理认同存在较大差距有关。

与《阿难》一样，《罗摩桥》其实不是搭建了一座通往现实印度人文美、自然美的"跨文化之桥"，而是竖起了一道将两种文明内的人隔离开来的"文化壁垒"。在这样的语境中，印度似乎成了神秘、怪诞、原始、恐怖、贫困乃至色情、性感等的代名词，成了全球化消费主义时代最相宜的"文化符号"亦即消费文化牺牲品，成了负面而遥远的近邻。对此，有的学者认为："这两部小说都有'旅行'这一叙事形式，这种边走边看式的表述，也是中国读者对印度文化的一种态度——好奇而又浅尝辄止。"③ 归根结底，这是部分作家跨文化写作的软肋，也是其跨文化对话的失败。可以说，在如何认识印度文明的问题上，中国作家或旅行文学爱好者们任重道远，中国学者、读者、普通游客又何尝不是如此？

当代印度作家中，有过中国体验并创作以中国为主题的作品者，以维克拉姆·赛特（Vikram Seth，下简称赛特）、印度前驻华大使苏里宁（Nalin Surie）的夫人普兰·苏里女士（Pooram Surie，下简称普兰）和印度记者艾蓓等人最为典型。他们的笔下出现了色彩丰富的中国形象。由于后边将要谈到赛特和普兰等二人，这里仅以艾蓓为例做点说明。

2002年3月28日，中国北京至印度新德里的直航班机开通。当年9月，一位年轻的印度女士艾蓓（Pallavi Aiyar）来到了北京。她以北京广播学院国际传播学院（2004年更名为"中国传媒大学"）所聘外籍教师的身份来华。她的名字即Pallavi意为"蓓蕾"，因此她结合自己姓的谐音取名为"艾蓓"。艾蓓除了中国的外教一重身份外，还有印度驻华记者的一重

---

① 郑宸：《罗摩桥》，北京：（生活、读书、新知）三联书店，2011年版，第93—94页。
② 同上书，第180页。
③ 张玮："20世纪后半期以来的中国—印度文学交流"，《东南亚南亚研究》2013年第2期，第94页。

身份。2007年即艾蓓来华五年后，她根据自己的耳闻目睹写成了中国游记《雾里看花的中国体验》，该书于2008年在印度出版。2008年离开北京后，艾蓓与丈夫去欧洲定居。

艾蓓的游记书名取自英国谚语"烟雾与镜子"亦即"雾里看花"。她想借此说明，中国实际上是个很丰富的国家，如果你真想了解她，就必须深入到她不同的层面去了解她。发人深思的是，艾蓓在游记的最后部分写道："过去五年来，很多时候，我都忍不住要妖魔化或美化我所目睹的一切。但是，接下来的其他一些时刻，我突然会失去信心，我怀疑自己早先作出的公正结论是否具有道德基础。"[1] 其实，艾蓓的不自信恰好说明，她的中国游记具有丰富的思想和艺术张力。

艾蓓的中国游记中罕见对中国社会的溢美之辞。艾蓓认为："在21世纪，中国本非一个非常时髦的词语。这是一个红色资本主义社会，是雾里看花的社会。"[2] 之所以如此断言中国的社会面貌，与她根深蒂固的西方价值观联系紧密。因此她对自己所教的中国学生也深表失望，因为学生们对她的很多偏激而片面的观点难以认同。

艾蓓的中国观察在很多场合打上了灰色的标记。她在书中刻意描述中国社会的阴暗面。在她看来，当代中国人追求财富的风气已经盛行开来，这便造成了腐败等道德沦丧的恶果。由于意识形态偏见很深，艾蓓还将佛教、道教等称为中共"蛊惑人心"的"大众鸦片"，以讽刺中国的宗教政策。在她看来，中国仿效西方长期流行的模式，在研究上集中于印度宗教。"我在这个国家常常见到聚焦印度宗教特性的情况，因此很感惊讶，因为中国本身明显缺乏精神或宗教信仰……在我到达中国时，信仰结构再次发生改变，新的神灵活在银行和自动取款机上。"[3] 艾蓓认为，中国领导人提倡的"八荣八耻"包含了孔子的思想智慧，这种旨在建立和谐社会的正确主张却被她视为"稳定局势、平息民怨"的政治行为。这种对中国的讽刺和抨击，自然出于她对中国的偏见。正是因为这种偏见，再加上她浓

---

[1] Pallavi Aiyar, *Smoke and Mirrors: An Experience of China*, New Delhi: Harper Collins India, 2008, p. 262.
[2] Ibid., p. 27.
[3] Ibid., p. 171.

厚复杂的"西藏情结",艾蓓对中国的西藏政策进行抨击。艾蓓在书中声称,自己没有什么宗教信仰,但她的书随处可见对宗教问题的敏感。

艾蓓在书中始终纠结于中印比较。虽然纠缠于意识形态的痛苦思考,但她对中国的经济发展和社会进步印象深刻。自称无信仰的她声称,果有来世,且为富人,她愿再次降生于印度。倘若身为穷人,她宁愿选择在中国出生。从这些叙述来看,艾蓓的中印比较带有一丝不为常人觉察的痛苦味道。她对谭中等人所提出的 Chindia(中印大同)理念嗤之以鼻,并在书中多处进行讽刺。由此看来,艾蓓从地缘政治和意识形态、政治体制等各个角度颠覆或解构了"中印大同"的历史文化内涵,这体现了她与中国的"文化疏离"。进一步看,艾蓓的中国观察也是名副其实的"雾里看花",成为一种纯粹的政治观察,她的中国体验也成为一场艰辛无比的跨文明"阵痛"。与余秋雨、虹影等人相似,艾蓓的思维体现了她穿不透跨文化之墙的悲哀,她缺乏与中国文明主动对话的兴趣,这自然还是文化心灵冷漠对视的真实写照。

第二节 中印双向认知的错位性

人类历史进入 20 世纪下半叶后,中印双向认知除了前述某些平衡性的表征外,还出现了诸多的错位色彩或曰不对称现象。当代中印双向认知的诸多错位特征,以"蜜月期"中印政治精英、知识精英关注对方的重点不同,中印关系冷淡期双方关注点仍然有异,当代中印学者、作家、游客等对对方国家文化、社会风俗等的认识各不相同等项内容最具代表性。

印度独立和新中国成立以后的 20 世纪 50 年代,中印双向认知开始出现第一种错位现象。其中,以印度关注中国的政治体制和发展道路、背负强烈的"西藏情结",而中国方面几无相应姿态为典型。

按照谭中的观点,早在尼赫鲁和毛泽东等人各自领导民族独立斗争的时期,中印双向认知的不对称现象已经显露端倪。这在中印现代政治精英的著述中已有表现。"几十年来，我一直想从中国领导人和其他政治家的言论中寻找有关印度的话，那真是凤毛麟角，好像印度对中国领袖们来说，就像金星那么遥远。唯一的例外是孙中山。可是，我发现光是尼赫鲁《印度的发现》一本书中所提到中国的地方，就比孙中山毕生言论中提到印度还多。"① 造成某些中国领导人与印度领导人关注对方出现失衡的原因很多，其中中国领导人在很长一段时期与苏联主导的共产国际关系密切、沦为殖民地的印度作为现代中国的反面样板等历史因素和心理情结，无疑是值得注意的几点。

有的学者指出："建国之初，相似的反殖经历和诉求将中印两国联合在一起。然而，中印两国的合作基础十分薄弱，在由英国殖民遗产导致的主权纷争和领土矛盾激化后，尼赫鲁政府对华政策走向强硬乃至敌对。"② 这种说法有一定的道理，但却在无意中屏蔽了中印关系"蜜月期"的印度对华认知复杂性。事实上，虽然森德拉尔和卡兰吉亚等亲华人士在观察和论述中国时，忽略中印之间的意识形态差异，但这并不能屏蔽掉另外一些印度人士观察新中国的意识形态视角。

就20世纪50年代印度对华认知的三派支流而言，第一派即反共色彩浓厚的右翼人士引人注目。该派人士受西方所谓"民主"、"自由"思想的影响很深，他们以意识形态在中印政治制度之间划界，很自然地把中国归入"自由世界"或"民主国家"之外的另类"邪恶"势力，这种力量对资本主义世界是一种无形的"威胁"。例如，一位印度右翼人士指出："中国农民必须为'红色中国'（Red China）的帝国主义行径（imperialist ventures）买单，因为共产主义的自我防卫思想几乎就等于世界霸权（world domination）……中国在这一方面的强烈诉求（aspirations），已经在西藏、朝鲜和印度支那体现出来。"③ 该人士还全盘否定中国建国初期的各项农业社会主义改造政策，污其为"沾满农民鲜血之举"。

---

① 张敏秋主编：《跨越喜马拉雅障碍：中国寻求了解印度》，重庆：重庆出版社，2006年版，第136页。

② 邓红英："反殖主义与尼赫鲁政府对华政策的转变"，《南亚研究》2013年第2期，第68页。

③ Sita Ram Goel, *China is Red with Peasnt's Blood*, Calcutta: Society for Defence of Freedom in Asia, 1953, p. 67.

在印度，持"中国威胁论"的人往往借中印边界问题、西藏问题来考量中国的"邪恶"一面，并喜欢鼓吹、散布中国对印度国家安全的"潜在威胁"或"严重威胁"。在此基础上，中国便成为印度安全的"潜在敌人"。① 在这方面，时任印度副总理、内政部长帕特尔（Sardar Vallabha Patel，以下简称帕特尔）是一位"先驱"，他也是最早对中国进行妖魔化处理的典型代表，是印度版"中国威胁论"的始作俑者。事实上，帕特尔等人的中国认知没有脱离当时的地缘政治现实，这就是至今悬而未决的中印边界问题，而这又与西藏问题息息相关。对中国友好，一直是尼赫鲁政府外交政策的中心思想。尼赫鲁政府对西藏的政策，引起了以帕特尔为首的印度右翼政客的猛烈攻击。由此可见，即使在"印度中国是兄弟"的"蜜月期"里，中印关系也是暗潮汹涌，这自然会影响到一些人的对华认知。这也是中印双向认知出现错位的主要因素之一。

帕特尔的思想、特别是其"中国威胁论"对当代一些印度"鹰派"学者仍有影响。不过，20 世纪 50 年代，中国政治家和学者中并没有人将印度视为"安全威胁"。这是一种明显的认知错位现象。

1956 年访华考察农业合作运动的印度代表团在回国后撰写的官方报告中对中国社会的变化大加赞赏，但同时也在书中加进了一节文字即"异议备忘录"（Minute of Dissent），其中写道："我们觉得有责任呈交这份备忘录，因为在如何评估中国的农业合作化方面，我们和自己的同僚们存在分歧……我们认为，外国的发展应该在理解的基础上加以审视，但是，我们不能忽略他们自己的政治制度背景和藉以达到目的的方法。"② 这体现了一种意识形态的观察视角。右翼人士戈尔（Sita Ram Goel）干脆将自己的出版物命名为《关于中国的论战：我们应相信谁》，他在书中质疑是否存在比印度和其他国家更为紧密的"中（印）文化特殊联系"（special cultural ties with China），并称其为"大可争论"（highly debatable）的问题。③ 这

---

① Krishna Prakash Gupta, "Indian Approaches to Modern China-II: A Social-Historical Analysis", *China Report*, Vol. 8, No. 5, September-October, 1972, p. 38.

② R. K. Patil, B. J. Patel and F. N. Rana, *Report of the Indian Delegation to China on Agrarian Co-operatives*, New Delhi: Government of India Planning Commission, 1957, p. 193.

③ Sita Ram Goel, *The China Debate: Whom Shall We Believe*? Calcutta: Society for Defence of Freedom in Asia, 1953, p. 6.

似乎与当时印度存在对华立场辩论的背景有关。当时的一些记者在《印度斯坦时报》、《印度时报》和《民族标准报》等英文媒体上撰文称，中国的文学艺术家正在接受"重新教育"。例如，A. N. 恰（Amar Nath Jha）指出："如不涉及农民、工人和战士，没有哪位艺术家敢动笔作画。同样的道理，如不涉及这三类人物的描述，没有哪位作家或诗人可以进行题材的创作。"① S. N. 本德尔（S. N. Bendre）则称："因此可以说，（中国当代艺术）缺乏心灵的自由（the freedom of the soul），我个人只欣赏印度艺术家所享受的自由（liberty）。"② 戈尔认为，苏联现代史上存在"思想谋杀"（mind-murder）的先例，而中国当局也"效法苏联"（aping the Soviet Union），要求中国知识分子、艺术家和科学家"步其俄国兄弟的后尘"。③ 戈尔将中国与苏联的友好关系歪曲为"对俄国的狂热崇拜"（this cult of worshipping Russia）。④ 他说："中国的红色统治者（China's Red rulers）不仅信奉苏俄模式，还邀请所有领域的苏联顾问和专家，将中国变为苏俄的翻版（carbon copy）。"⑤ 如此心态的背后，不难瞥见其建构中国形象时意识形态的深层考量。

在某些印度学者和政治家以意识形态的眼光打量新中国时，中国政治家、作家和学者却以激情洋溢的语言或玫瑰色的笔调尽情抒发对于印度及印度人民的热爱和敬意。例如，1954 年 10 月 18—30 日尼赫鲁总理访问中国，这是新中国接待的第一位外国元首，也是尼赫鲁第二次和最后一次访华。与后来印度百万人上街欢迎周恩来总理一样，北京以百万人的欢迎浪潮迎接印度总理的到来。尼赫鲁终于见到了他在 1939 年中国之行中未能谋面的毛泽东。毛泽东在送别尼赫鲁时，令人意外地吟诵了屈原的诗："悲莫悲兮生别离，乐莫乐兮新相知。"按照谭中的看法，这充分显示了毛泽

---

① Sita Ram Goel, *The China Debate: Whom Shall We Believe?* Calcutta: Society for Defence of Freedom in Asia, 1953, p. 35.

② Ibid., p. 36.

③ Sita Ram Goel, *Mind-murder in Mao Land*, Calcutta: Society for Defence of Freedom in Asia, 1953, p. 47.

④ Sita Ram Goel, *Red Brother or Yellow Slave*, Calcutta: Society for Defence of Freedom in Asia, 1953, p. 48.

⑤ Ibid., p. 25.

东对印度领导人尼赫鲁"相见恨晚"的感觉。①

毛泽东在与人谈话时认为,中印之间不需要互相防备,中国没有感觉到来自印度方面的损害。他也承认,朋友之间有时也有分歧和吵架的时候,但中印间和中美间的分歧有本质的区别。他诚恳地说:"印度是一个有希望的民族,是一个伟大的民族……印度的每一个好消息都使我们高兴。印度好了,对世界是有利的。"② 1957 年 9 月 19 日,在欢迎印度副总统拉达克里希南访华时,毛泽东发表演讲时说:"中印两大民族自古以来就是好朋友,好邻居……中国人民历来对勤劳、智慧的印度人民怀着极大的敬意。我们庆贺印度人民在和平建设中的每一个成就。我们敬佩印度人民对于国际和平事业的出色贡献。我们特别感谢印度在国际事务中对中国的正义支持。我们毫不怀疑,印度将在世界上起着越来越重要的作用。"③

20 世纪 50 年代访印的中国作家杨朔在面对印度文化风情或自然景观时,不自觉地联系起印度人民的命运、理想和前途进行思考。印度总理尼赫鲁看到北部正在修建的南格尔大水库时说过:"这就是我所崇拜的庙堂。"杨朔获悉这一趣闻后有感而发道:"这也就是印度人民正在建造的新的理想,这种理想是寄托在最现实的生活创造上。"④ 南格尔水库于 1948 年动工,计划于 1959 年完工。这是一项宏大的工程。恰恰是这种宏伟的规划和气度,触动了那一时期同样充满理想和朝气的中国人的心。20 世纪 50 年代,中国的社会主义建设热火朝天,这使每一个中国作家感到无比自豪和骄傲。因此,不难理解杨朔的自然引申:"我到阿格拉去瞻仰过泰姬陵,这座古建筑通体是大理石造的,又辉煌,又匀称,给人一种无比的美感。说真的,乍一站到南格尔大水库前,一种同样雄壮的美感一下子征服住我。我还感到另一种更强大的力量——这就是人类战胜自然的胜利感。"⑤ 看得出,杨朔表面上是在赞美印度的大水库和印度人民的力量,其实也是对中国社会主义建设事业的一种自我肯定。正是抱着这样一种心态,他写

---

① 张敏秋主编:《跨越喜马拉雅障碍:中国寻求了解印度》,重庆:重庆出版社,2006 年版,第 125 页。
② 同上书,第 5 页。
③ 同上书,第 6 页。
④ 杨朔:"印度情思",《亚洲日记》,北京:北京出版社,1957 年版,第 38—39 页。
⑤ 同上书,第 39 页。

道："从爱楼拉，我们看到这个民族辉煌的过去；从南格尔，我们可以看见这个民族更辉煌的将来。印度就是这样一个民族，永远抱着美好的理想，不惜为这种理想而献身。站在这样民族的前面，我不能不好好想一想：作为整个人类的这一代，我们应该为人类美好的未来多做点什么呢？……"[①]不能不说杨朔的叙述中带有一丝"文化误读"的心态，但他显然未将印度所实行的资本主义民主制度作为观察和思考印度的基点，而是以中国的社会主义发展模式去"比附"印度。这自然是对印度形象的美化和拔高，而不是对印度进行贬低和丑化。这和帕特尔等人观察中国的意识形态视角有天壤之别，从而体现了那一时期中印双向认知中某些耐人寻味的不对称性。

中国学者在这一时期也绝少以意识形态视角贬低印度，相反，他们对印度充满热爱。例如，饱含对印度文化的热爱和对中印友好未来的憧憬，金克木在1956年完稿的《中印人民友谊史话》结尾处写道："喜马拉雅山在古代没有隔断中印两国人民的友好往来，现代的帝国主义也没有能割开这条心心相印的友谊纽带……我们的面前还有许多工作要做。我们对于伟大邻邦印度的古代文化和现代情况还介绍得很不够，了解得很差。要不辜负这个伟大的时代，要配得上我们的致力人民友谊和文化交流的前辈，我们必须做更大的努力。中印两国人民友谊是牢不可破的，文化交流的前途是广阔无垠的。"[②]

1956年出版的一本书即《印度》全面介绍了印度的基本国情。通观全书，其对于印度文明历史与现状的评价是积极的、高度认同的。例如，该书第一章第一句便写道："印度是一个有着五千年历史的伟大的文明古国。当世界其他许多民族的文化还处在萌芽阶段的时候，印度的古代文化就已经达到相当高的水准了。早在几千年以前，印度就已经在医学、农学、数学、哲学和文学艺术等方面有了相当高的成就，已经出现了不少文化灿烂的城市。"[③] 作者还写道："印度是在18世纪中叶沦为英国殖民地的。但是，殖民主义永远压服不了伟大的印度人民。勤劳朴实、酷爱自由的印度

---

① 杨朔："印度情思"，《亚洲日记》，北京：北京出版社，1957年版，第41页。
② 金克木：《梵竺庐集》（乙），南昌：江西教育出版社，1999年版，第453页。
③ 刘芬：《印度》，北京：世界知识社，1956年版，第1页。

人民，为了摆脱帝国主义的羁绊，为了获得民族独立，一百多年来曾经进行了许多可歌可泣的英勇斗争。"① 这里的叙述值得注意，因为作者称印度人民是"伟大的"，是"勤劳朴实、酷爱自由的"，这虽然说是一种积极的褒奖，但却无法避免刻板印象之嫌，它说明当时的中国知识界还未完全走出辜鸿铭等人对印度文明一知半解、甚或一无所知的状态。因此，该书第二章开头仍然是相似的表述："印度人民是勤劳、朴实而且爱好自由的人民。"② 这种机械而刻板地理解印度的学术姿态，即使在今天的一些中国学者那里仍然常见。尽管如此，该书所体现的印度认知是积极的、正面的，这与那一时期印度部分人士对华认知中的消极色彩形成对照。

中印关系自 1959 年起，结束了"蜜月期"而进入了冷淡期，随之便是双方长久的冷漠。这对此后的中印双向认知影响深远，但其中仍然可以发现一些引人注目的认知失衡，这也是当代中印双向认知错位的第二种表征。中印聚焦对方的领域显然不同。例如，中国关注印度当时的农民起义即"纳萨尔巴里运动"，其实质是中国开始以意识形态视角观察印度，印度则在继续借用西方视角观察中国的同时，着力关注中国对印度所谓的"安全威胁"问题。印度的"中国威胁论"就此埋下深远的"伏笔"，而中国则开始感受到来自印度的"敌意"。

早在 1962 年边境冲突爆发前夕，中国与印度媒体便开始角力，核心议题是边界争议。边境冲突爆发后，中国媒体对印报道的语言激烈自不待言。例如，1962 年 10 月 14 日的《人民日报》发表"社论"说："令人痛心的是，中国以中印友谊为重的一片真心诚意，却被以尼赫鲁为代表的印度反动统治集团看作是进行扩张冒险的好机会。"社论呼吁道："尼赫鲁先生，悬崖勒马吧，不要拿印度军队的生命作你的赌注了。"③《人民日报》的这一"社论"可以视为中国媒体建构尼赫鲁形象或印度形象的一次调整。

边境冲突结束后，中国媒体仍然没有放弃对印度问题的关注，有时还

---

① 刘芬:《印度》，北京：世界知识社，1956 年版，第 1 页。
② 同上书，第 8 页。
③ 佚名:"尼赫鲁先生，是悬崖勒马的时候了！",《人民日报》"社论"，1962 年 10 月 14 日。

以一种十分特殊的方式表现出来。例如，20世纪60年代印度西孟加拉邦某些地方发生了农民武装暴动事件，《人民日报》于1967年7月5日发表社论说："印度革命必须走依靠农民，建立农村根据地，坚持长期的武装斗争，以农村包围城市，最后夺取城市的道路。这是毛泽东的道路，是中国革命所走过的胜利的道路，是一切被压迫人民和被压迫民族的革命胜利的必由之路。"社论还认为："只有依靠暴力革命，走武装斗争的道路，才能拯救印度，才能取得印度人民的彻底解放。"[①] 这里的潜台词是，印度人民仍然处于被本国"反动统治者"压迫和剥削的黑暗境地，印度还没有获得"彻底解放"，因此需要一场急风暴雨似的暴力革命改天换地。同日的《人民日报》还发表《印度人民打响武装革命第一炮》和《大吉岭革命烈火使印度反动派胆颤心惊》两篇报道，对印度西孟加拉邦北部大吉岭地区农民武装运动进行追踪。

不可否认的是，上述这种关于印度的负面认知受到了中印关系大倒退的影响，也可发现极"左"思潮对中国媒体对外报道的消极影响。这也说明，边境冲突结束的很长一段时期内，中国媒体对印度的形象建构仍然不可避免地受到中印关系恶化的影响，印度的资本主义道路成了中国社会主义道路的"对立面"或"反面样板"。例如，1962年10月27日，《人民日报》发表题为《从中印边界问题再论尼赫鲁的哲学》的文章。文中指出："印度大资产阶级大地主的这种扩张主义的反动思想，正是尼赫鲁哲学的重要组成部分。"[②] 这说明，中印边境冲突使得在中印关系"蜜月期"里中方绝迹已久的不妥当做法再次"浮出水面"。早在1949年中印建交前，一家在上海的杂志批评尼赫鲁，说他是印度"民族独立运动的叛徒，是破坏人民解放运动进展的恶棍，是帝国主义的忠实奴仆"。[③] 这些言论曾经引起了印度领导人的不满。边境冲突后，中国官方媒体对尼赫鲁进行了激烈的批评。

正是中方这种带有特殊意识形态色彩的观察视角，使印度学者得出一

---

① 佚名："印度的春雷"，《人民日报》"社论"，1967年7月5日。
② 转引自随新民：《中印关系研究：社会认知视角》，北京：世界知识出版社，2007年版，第400页。
③ 转引自王宏纬：《当代中印关系述评》，北京：中国藏学出版社，2009年版，第68页。

个似乎奇怪的结论：印度从未成为中国眼中一个独立而合法的政治实体，因为印度的政治体制不为中国认可："印度仍然认可中国政治体制的有效性，有时甚至还建议与之展开竞赛……相反，中国依然否定印度政治体制的道德合法性……中国人普遍认为，印度仍然是一个半殖民社会，被封建资产阶级和地主所统治和压迫，必然受到各种冲突和矛盾的撕扯，它最后会无情地走向崩溃和革命的危机状态。"[1] 由此可见，与当时西方、印度部分反华人士将社会主义新中国视为资本主义民主制度的"反面样板"相映成趣的是，中国官方媒体却将独立后实行资本主义制度的印度视为历史上中国"半封建、半殖民"状态的现实版，这自然便是社会主义新中国的"反面样板"。

中印边境冲突后，中国方面虽然不把印度视为双边关系层面上的"安全威胁"，但却认为印度对中国"充满敌意"。[2] 与此相反，印度不仅认为中国对印度充满敌意，还是无时不在的"安全威胁"。"敌意"与"威胁"这两个词语，无论从汉语或英语语境看，其涵义都存在明显的差异。这充分地体现了中印在一个特定时期内的认知失衡，它其实也在某种程度上涉及意识形态和地缘政治两种视角的交锋。这是其双向认知错位的第三种表征。

20世纪60年代到80年代，印度对中国虽不乏意识形态的观察，但其关注的重点在国防安全领域，这便是印度版"中国威胁论"一时间甚嚣尘上的主要动因。它反映出边境冲突溃败后的印度对自身国际地位急剧下滑的焦虑和担忧。

在制造印度版"中国威胁论"的道路上，尼赫鲁是始作俑者之一。1962年12月10日，尼赫鲁在人民院讲话时说："中国对印度来说是一个长期的威胁。"[3] 1963年3月26日，尼赫鲁在对印度的全国广播讲话中说：

---

[1] Krishna Prakash Gupta, "Indian Approaches to Modern China-II: A Social-Historical Analysis", *China Report*, Vol. 8, No. 5, September-October, 1972, p. 56.

[2] 随新民：《中印关系研究：社会认知视角》，北京：世界知识出版社，2007年版，第79页。

[3] Jawaharlal Nehru, *Prime Minister on Sino-Indian Relations*, Vol. 1: Indian Parliament: Part 2, New Delhi: External Publicity Division: Minister of External Affairs Government of India, 1963, p. 204.

"我们正面临来自中国的威胁。"① "中国威胁论"仿佛成为那个时代印度人的口头禅。曼克卡尔在1968年出版的书中判断,中国是"对世界和平的长期威胁"。② 1987年,T. S. 穆尔提在书中将中国视为"潜在的威胁"(potential threat)。③ 印度学者指出:"在那封送给国际领导人以解释印度核试验缘由的信中(指1998年印度总理瓦杰帕伊致美国总统克林顿的私人信——译者按),印度提到1962年战争这件事表明,印度的政治心理中留下了多么深的精神创伤。"④ 由此可见,"中国威胁论"对于印度核战略发展产生了巨大的影响。

迄今为止,"中国威胁论"在印度尚未销声匿迹,这表明边境冲突失利对印度人士持久的负面影响,而中国则没有这一心理负担,某些分析人士的下述思维逻辑自然也不难理解:"中国希望在自己的南边有一个稳定而不闹事的邻居,这一点是完全理性的。说到底,印度并不处在中国的主要战略方向上。在未来很长一段时间,基于实力差距,印度也不可能成为中国的主要战略威胁。"⑤ 因此,"印度威胁论"在中国并无多少市场可言,中国方面至多只是感到来自印度的敌意而已,它的强度随中印关系变化而变化。这自然也是中印当代双向认知失衡的一种基本内容。

近年来,"中印大同"说在印度和中国的不同反响,也体现了中印双向认知的非对称性。这似乎可视为上述第三种认知错位的特殊表现之一。某种程度上,这是地缘文明视角与地缘政治、意识形态视角无法顺利对接而产生的负面效应。

印度经济学家兰密施(Jairam Ramesh)是Chindia(中印大同)一词的英文创造者,可对它进行文化阐释的人是谭中。因为中国通和印度通的

---

① Jawaharlal Nehru, *Jawaharlal Nehru's Speeches*, Vol. 5, New Delhi: Publications Division, Ministry of Information and Broadcasting Government of India, 1983, p. 10.

② D. R. Mankekar, *The Guilty Men of 1962*, Bombay: The Tulsi Shan Enterprises, 1968, p. 163.

③ T. S. Murty, *India-China Boundary: India's Options*, New Delhi: ABC Publishing House, 1987, p. 23.

④ C. Raja Mohan, *Crossing the Rubicon: The Shaping of India's New Foreign Policy*, Hampshire: Palgrave Macmillan, 2004, p. 142.

⑤ 叶海林:"不对称需求对中印关系的影响",《印度洋经济体研究》2014年第1期,第13页。

双重优势，再加上深受泰戈尔、谭云山、尼赫鲁等人倡导中印文明联合的思想熏陶，谭中对中印大同内涵的理解更深一层。他对 Chindia 这口"文化深井"的开掘更见功力。

作为 Chindia 一词的缔造者，2010 年 5 月兰密施因批评印度内政部和安全部对中国"过度防御"而遭受印度舆论的"政治围攻"，不得不道歉了事。尽管谭中此后接着倡导构建中印地缘文明新范式的理念，但除了极少数人外，印度学者几无回应。印度主流英文媒体近期也基本不再引述或运用 Chindia 一词。不过也有少数的例外，例如《印度时报》2012 年 1 月 12 日的一篇发自迪拜的短讯以该词为标题：Chindia Drives 50% of Global Growth。① 兰密施现在关注印度农村发展，基本不再就中印关系在印度主流英文媒体发表言论。

印度学者国多马（Gautam Das）认为，中印比较毫无必要。他说："Chindia 这个概念只是用来比较两个领域：中印各自经济发展速度的比较，中印人口规模、人口增速和人口结构的比较。显而易见，在中印经济规模、军事实力和其他什么具体的方面进行比较是可笑的。中国和印度之间的比较毫无用处。当那些追求轰动效果的媒体对中印两国进行例行公事般的比较时，它们伤害了印度大众的感情。媒体的文章需要诱人的标题或迷人的音节，以达到'抓人眼球'，从而提升其广告价值的目的。"② 印度女记者艾蓓虽然看到了"印中兄弟"（Hindi-Chini Bhai Bhai）转向了经济贸易的"印中买卖"（Hindi-Chini Buy Buy）的现实，但仍以冷冰冰的数据告诉读者，"中印大同"是不切实际的一种幻觉。她说："那种认为中印力量的联合将会出现一个团结一致的经济巨人的想法即中印大同，充其量是一个幻想而已。"③ 艾蓓从地缘政治和意识形态等角度解构了"中印大同"的历史文化内涵。

与此相反，中印大同理念在中国却得到了很多学者，特别是中印关系

---

① "Chindia Drives 50% of Global Growth: Report", *The Times of India*, January 12, 2012.
② Gautam Das, *China-Tibet-India: The 1962 War and the Strategic Military Future*, New Delhi: Har-Anand Publications, 2009, p. 222.
③ Pallavi Aiyar, *Smoke and Mirrors: An Experience of China*, New Delhi: Harper Collins India, 2008, p. 81.

研究者、印度文学和文化研究者的偏爱和赞赏。2007年，谭中等人主编并出版了专门讨论中印大同理念的论文集，收录了王邦维、薛克翘、郁龙余、王德华、邱永辉、孙士海、尚劝余、张文玲、刘朝华等中国学者论及中印大同或相关概念的论文，表达了对中印大同思想的赞赏与支持。印度学者玛妲玉、狄伯杰和谈玉妮等三人也分别撰文以示支持。[①] 值得注意的是，这三位印度中国问题研究专家或是谭中本人以前的学生，或是与谭中非常熟悉。近年来，中印大同这一术语虽然同样不再在中国的印度研究者笔下常常出现，但其经谭中所转化的地缘文明范式等概念却再次得到一些中国学者的青睐。这说明，作为一个学术群体，中国学者对中印大同等理念的赞赏和认同要远远高于印度同行。[②]

考察当代中国学者、作家、留学生、游客与印度作家、学者、记者对对方国家的不同记叙和认识，人们也可发现当代中印双向认知存在的某些不对称现象。这可视为当代中印双向认知错位的第四种表征。特别值得注意的是，很多中国学者对于印度文化的热爱非常纯净，并不掺杂意识形态的考量，而印度学者即便是热爱中国文化，其中国游记却难以摆脱意识形态的干扰。此外，中国赴印留学或观光者的某些游记的确不乏贬低印度的书写姿态，但更多的时候却是对印度文明的赞美和崇敬，对现实印度的深刻思考和理想憧憬。与之相反，印度作家、学者或留学生来华者也有赞赏文化中国、认同现实中国者，但作为跨文化的书写群体，他们难与中国同行印度书写的积极色彩相媲美。这似乎与当代中印政治互动的曲折多变在双方心灵中刻下的不同烙印有关。

1962年10月即中印边境冲突发生的当月，季羡林完成了《古代印度的文化》一文，文章对印度古代自然科学成就、文学艺术作品、语言学、哲学和文艺理论进行了简要介绍。他在文章结尾写道："古代印度人民在漫长的岁月中所创造的文化是多方面的、丰富多彩的，而且是自成体系

---

① 上述中印学者的文章，分别参见［印］谭中主编：《中印大同：理想与实现》，银川：宁夏人民出版社，2007年版。

② 笔者2011年12月初在加尔各答拜访印度著名学者阿米亚·德武，他坦率地告诉笔者，所谓Chindia只是一个政治话语而已。德武本人多次到访中国，参加了多次学术研讨会。他还和谭中等人联合主编了《泰戈尔与中国》等著作。

的……这对于我们自己的文化史的研究和社会主义文化的建设会有很大的好处。"在1988年7月16日完成的《西域在文化交流中的地位》一文中，季羡林正式提出了世界四大文化体系说："据我自己多年观察和探讨的结果，真正能独立成为体系、影响比较大又比较久远的、特点比较鲜明的文化体系，世界上只有四个：1. 中国文化体系；2. 印度文化体系；3. 闪族伊斯兰文化体系；4. 希腊、罗马西方文化体系。"[①] 至此，印度文化体系这一概念的确立，使得印度的文化形象在中国学者心目中更加显赫。此后，季羡林还对四大文化体系说进行了必要的补充阐释。[②] 可以说，印度文化是季羡林提出四大文化体系说的重要支柱。

反观印度汉学界，由于各种复杂因素，20世纪后半期出现了严重的人才短缺现象。自然，华裔学者谭中等极少数人是个例外。这就不难理解，为何罕见印度本土学者在同一时期提出包括中国文化、印度文化在内的世界三大或四大文化体系说。

由于1962年中印边境冲突的缘故，中印公共外交在很长一段时间内陷入停滞，去印的中国人大幅减少，这使中国人的印度体验无从发生，他们对印度的认识大多停留在过去，或借助于佛教之眼看印度，或借助于西方的报道看印度，难免会有模糊或错误的地方。随着中印关系逐渐回暖，人员交流开始增多，越来越多的中国学者、学生选择到印度留学，普通中国游客甚或一些作家也开始以印度为旅游目的地或创作源泉。他们对印度这个遥远的近邻进行亲身体验，使自己对以往印象中的"佛国"印度有了全新的认识。一些学者、外交官、学生、作家、普通游客回国后，通过游记或虚构的印度题材小说，将其耳闻目睹、所思所虑或隐或明地透露给中国读者。这便是他们心目中的印度印象。它在中国政治高层、学术研究和新闻媒体之外，构筑了感知印度文明的"第四度空间"。接下来看看近30年来部分中国学者、作家和普通游客等的印度印象。

20世纪80年代初，中国出现了一些印度游记，其中一本是詹得雄的《印度散记》，另一本是李兆乾的《佛国都城——德里》。前者当时的印数

[①] 季羡林：《季羡林全集》，第14卷，北京：外语教学与研究出版社，2009年版，第297页。

[②] 同上书，第496页。

是10100册，后者的印数是10700册。詹得雄在游记中既描绘了泰姬陵、阿格拉、新老德里、贝纳勒斯、加尔各答泰戈尔故居和南印度等各处的风景名胜，也描述了点灯节、洒红节（霍利节）和十胜节等最具印度教特色的民族节日，还对嫁妆制、种姓制、印度的绿色革命、白色革命和印度舞蹈等各方面进行介绍。1979—1983年，该书作者在印工作四年。他对印度的了解比较深入，因此其所述内容较为全面、真实可信，有助于人们了解真实的印度。

詹得雄在书的开头写道："印度，对中国人来说似乎又熟悉又有点陌生。说熟悉，谁不知道佛教是从印度传来的呢？……说陌生，二十多年来两国交往少了些，对印度这一段时间的变化了解得不太真切。"① 印度历来以"宗教博物馆"闻名世界，詹得雄自然没有忽视对印度宗教、尤其是印度教风景的观察和描摹。例如，他笔下的恒河景观具有耐人寻味的宗教神话色彩。詹得雄的描写恰到好处："小船缓缓浮动，沿岸绚丽的色彩和浓重的宗教气息令人目不暇接。身穿黄色袈裟的僧侣盘腿闭目，端坐在石头上静修；光身的教徒正在做瑜伽（类似我国的气功）——有静的，也有动的；男香客在齐腰深的河水里合十祈祷，脸朝着太阳升起的地方；妇女洗浴完毕，在河里飘放花灯。"② 作者还对恒河边焚尸场的宗教来历做了介绍，并适时地引用《大唐西域记》里的相关介绍来阐述恒河边的宗教气息。

李兆乾的《佛国都城——德里》虽然只集中描摹德里风情，但它与詹得雄的《印度散记》一样，笔触客观而现实。《佛国都城》这一书名耐人寻味，象征着大部分中国人的印度形象，但作者并未刻意搜寻德里的佛教气息，而是全面描述新旧德里的各个场景。例如："旧德里好像一面镜子，映照出印度平民的真实生活。在旧德里的大街上，白色的'神牛'到处可见，有的在穿梭来往的车辆中漫步，有的躺卧在街心闭目养神，从它们身旁经过的小汽车，都得放慢速度小心翼翼地避让而行……在印度宗教中还有牛头神。难怪人们对奶牛十分尊敬。"③ 叙述语言自然平和，没有一丝鄙

---

① 詹得雄：《印度散记》，北京：新华出版社，1984年版，第169页。
② 同上书，第31—32页。
③ 李兆乾：《佛国都城——德里》，上海：上海人民出版社，1982年版，第5—6页。

夷，这和后来某些国人的印度游记形成鲜明反差。

有人认为："印度无疑是世界上最迷人的国度，它的迷人之处在于变化万千，富有大自然的馈赠。它的迷人之处更在于人文的色彩斑斓。"① 此语可谓中的之言。因为该学者将印度之美归纳为自然美和人文美或曰文化美两大主流，这符合事实。但是，对于中国人而言，要真正同时心旷神怡地领略这两种印度美，极不容易。或许，一些从事印度研究、特别是熟悉和热爱印度文化、文学的学者，对于印度之美更有心得。

1990年，胡仕胜被中国派往印度德里大学进修印地语一年。回国后，他在游记中写道："印度那独特深厚的文化底蕴、异彩纷呈的民族风情及印度人的友善随和给我留下了难以磨灭的印象，但尤令我激动不已、流连忘返的还是这片土地上所流淌的人与自然那种纯朴自然、和谐融洽、彼此信赖的亲情。"② 他还写道："在印度，象、蛇、孔雀也受到印度人的礼拜，被尊为神灵之物，虐待不得……的确，对于鸟类，乃至其他动物来说，印度就是它们的天堂，他国鸟类或其他动物若能到这方乐土一游，恐怕会有很多乐不思归的。"③ 这种诗情画意般的描摹，使得印度形象变得魅力十足。这自然也是来自作者对印度风物发自内心的喜爱，正所谓心中有美处处美。

几年后，翻译和研究泰戈尔且熟知印度文化三昧的学者刘建开始了印度采风之旅。通过对新德里和老德里的文化考察，他得出结论："老德里这座拥有三千余年历史的故都和新德里这座只有几十年历史的新都，让人看到了印度辉煌的过去，也让人看到了印度在二十世纪的伟大复兴。同所有的发展中国家一样，印度现在依然存在着这样或那样的问题，但这样一个极具天赋的民族，既然曾经创造过举世无双的文明，现在又开始了大刀阔斧的改革，重振雄风的日子当为期不远。"④ 如果说胡仕胜记录的是印度自然美，刘建则更加关注印度文明博大雄浑的人文美。他这样记录自己

---

① 周利群、沈逸鸣：《菩提树下，恒河水上——一次与印度的神奇邂逅》，"序"（段晴），北京：人民邮电出版社，2012年版。
② 胡仕胜："印度——动物的天堂"，《南亚研究》1996年第3—4期，第89页。
③ 同上书，第91页。
④ 刘建："访印追记"，《南亚研究》2000年第2期，第93页。

2010年加尔各答学术之旅的印象："加尔各答别名'欢乐之城'（city of joy）。它拥有广阔的土地、大量的人口，也拥有丰富的文化和教育资源。许多一流的学者生活在这里，不断创造着具有世界影响的精神和文化产品。这个人才辈出的地方，曾是英属印度的文化中心和现代世界的摇篮，它蕴藏着改变自身面貌的巨大力量。"①

2011年2月5日，郁龙余和孟昭毅一道，踏上了赴印采风的旅程。在他们的笔下，印度人文美占据着主要的位置。例如，郁龙余在游记中写道："来到印度，一直为色彩所感动。印度人特别是女子对色彩的运用，达到了出神入化的境界。不论是繁华的大都市，还是偏僻的小山村，所有女子都将纱丽的色彩搭配得美妙无比。这是一个数亿人的庞大女性群体，以自己的纱丽集体抵抗现代化带来的单一与似是而非，怎么不令人感动！"② 这种描写颠覆了人们对印度的某些刻板印象。

袁南生曾任中国驻孟买总领事，他在印度游记《感受印度》中分七个方面，对印度的人民、宗教、思想、文化、社会风物等进行了积极的刻画，塑造了一幅令人羡慕和神往的印度形象。例如，在面对印度教圣城瓦拉纳西的虔诚沐浴者时，作者的思考是："在印度这些沐浴者、膜拜者的身上，我看到了印度人追求神佑的巨大活力和忘我精神，印度人靠这种精神力量，使古老而伟大的文化得以延续。看到人们虔诚地将混浊的河水浇在胸前、额头甚至喝下，看到他们在圣河沐浴时脸上荡漾着的幸福感，谁都会为这种行为背后的精神所震撼，我常常情不自禁地反思：究竟什么才是幸福呢？我们是否太注重物质上的享受而忽视了精神上的追求？"③

近年来，随着中国留学生和普通游客、作家访印的频率增加，一系列的印度游记陆续出版。例如，张金鹏的《莲花之上——印度行游书》于2012年第三次印刷，袁田的《印度，去十次都不够》于2013年第三次印刷。这说明，他们的印度游记受到了中国读者或游客的青睐。这些游记的

---

① 刘建："加尔各答纪行——学术访问笔记"，《东方文学研究通讯》2011年第2期，第48页。
② 孟昭毅、郁龙余、朱璇：《天竺纪行：郁龙余、孟昭毅学术之旅》，北京：北京大学出版社，2013年版，第73页。
③ 袁南生：《感受印度》，北京：中国社会科学出版社，2007年版，第174页。

书名或以浓烈的诗情画意引导读者体验印度之美，或以极度夸张的语气吸引读者品味印度魅力。这些由青年学者或普通游客所写的印度游记大多图文并茂，文字鲜活，能向中国读者迅速传达印度形象的正能量。

周利群和沈逸鸣是留学印度的两位青年学子。由于二人长期研究印度文化，他们在图文并茂的印度游记中尽情展示了印度东西南北的自然美和人文风情美。例如，他们由印度女性多彩多姿的服装世界出发，将印度联想为一个"好色"的国度。他们写道："在印度，我比较喜欢锡克大叔。这些讲求诚信的生意人，在过于精明的印度人之中，显得卓尔不群。他们总是喜欢戴着各种颜色的头巾，是城市中一道亮丽的风景。"① 这种对印度锡克教徒的亲切描述，彻底消除了不同文明间的心灵距离。

张金鹏在他的游记中，对于印度风情人物的描述比较客观且富于情味。例如："最后一次走在恒河岸边，看到印度人沐浴之后会从背包中取出一个容器，往里面灌着从恒河舀上来的圣水。他们要把这一壶恒河之水带回千里之外的家乡，用它点洒沐浴，祭天拜地。无论那水中有多少唾液，多少骨灰，多少细菌，在印度人看来，那圣洁河水都是信仰，会给他们带来无穷力量。"② 如果以梵语诗学来解析的话，可以将之称为满含"虔诚味"的句子。正是因为作者心中沾染了印度宗教的"虔诚味"，这些句子渲染的恒河之美才跃然纸上。

吴志伟在书中写道："古城的某个地方已经响起了传统的印度风格打击乐，我朝着音源的方向前进，我相信，在能歌善舞的印度，有音乐的地方就一定有惊喜等着我……"③ 关于恒河火葬，吴志伟的描述是写实的，但也充满人文气息。"恒河，在许多人的眼里，它是'污染严重、极度肮脏'的代名词……然而，当看到人们在恒河里圣浴的一脸虔诚时……我已经忘记了恒河物理以及化学性的污染，只看到它那清洗灵魂的纯洁……人类辨别是非真理的标准，是来自内心。"④ 由此来看，吴志伟的恒河描述称

---

① 周利群、沈逸鸣：《菩提树下，恒河水上——一次与印度的神奇邂逅》，北京：人民邮电出版社，2012年版，第31页。
② 张金鹏：《莲花之上——印度行游书》，北京：中国青年出版社，2007年版，第104页。
③ 吴志伟：《印度：绝望与惊喜》，青岛：中国海洋大学出版社，2010年版，第74页。
④ 同上书，第188页。

得上近年来最为客观而合理的一种。

综上所述,中国学者、作家和各类游客的印度书写所积淀的印度形象较为复杂,但是总体来看,他们对于印度人文风情的描述以积极肯定为主,以否定或贬低为辅。

反观印度,部分来华人士不乏记录中国印象者,他们的中国体验没有达到高度认同现实中国的地步。即使有的学者认同和欣赏中国文化,但他们对现实中国的冷漠或反感又在很大程度上自动抵消了其对文化中国的赞赏。这与上述中国学者倾心文化印度与认同现实印度的描述姿态形成鲜明对照,也是当代中印双向认知出现错位的一种症候。

先看一位印度青年留学生的中国印象。

留学中国大连的印度青年尤迪·古普塔在其日记中,讲述了他第一次踏上中国土地时的各种臆想和恐慌。他发现大连路上什么动物都没有,甚至没有行人,只有汽车,这让习惯于新德里嘈杂场景的古普塔十分不适。他在日记中详细记录了面对中国现实的"文化休克"。例如:"从维基百科得知,大连曾经受苏联人控制过……战争后,中国人重新控制了大连,因此大连留下很浓的共产主义味道。苏联人有伏特加,而这里的人有一种叫作白酒的东西。他们甚至一边吃饭,一边喝这种酒,喝得大醉后被抬走,真奇怪……我们正在经过的地方看起来很恐怖,都是灰色的建筑物。下午两点,路上居然一个人都没有。在新德里的这一时间里,你甚至还能看到马车呢……谢天谢地,还好,印度不是这样。我希望整个中国并不是这样的,这样的没有色彩……"[①]

作为一位典型的后殖民作家,当代印度流散作家维克拉姆·赛特(Vikram Seth,以下简称赛特)曾于20世纪80年代初留学南京大学,其中国书写既体现了他对中国文化的热爱,也反映了他以西方之眼观察和思考中国的一面。[②] 他的中国游记是体现当代印度作家认识中国的最佳标本

---

① 吴顺煌译:"印度学生看中国:街上没动物、没人闯红灯",2013年9月10日,http://finance.sina.com.cn/zl/international/20130910/100816716911.shtml。此处引用时对少数地方的文字有改动。

② 关于赛特的中国题材创作,参阅拙著:《印度的中国形象》,北京:人民出版社,2010年版,第145—160页。

之一。

赛特于1952年出生于印度加尔各答。他曾经在英国牛津大学、美国斯坦福大学学习。1980年到1982年，赛特在南京大学学习中国乡村经济统计，攻读经济学博士学位。他在南京学习中文，并开始钻研中国古代诗歌。短短两年的中国之行，他不仅写出了后来在西方和印度脍炙人口的中国游记，还为其中国题材诗歌及译诗集《三大中国诗人》打下了语言和文化基础。

对于赛特的中国题材创作来说，最引人注目的应该是他结束中国之旅后于次年即1983年出版的游记《自天池出发：穿越新疆西藏旅游记》（以下简称《自天池出发》）。该书出版当年即获西方的托马斯·库克国际旅游图书奖。事实上，赛特穿越了中国四个省（自治区），即新疆、甘肃、青海和西藏。《自天池出发》记叙了中国民间风土人情、山川景观和少数民族宗教生活。本书配有大量的照片，全是作者自己沿途所摄，生动反映了20世纪80年代初期中国的民间生活场景。该书详细地记录了作家的所见所闻，写活了中国内陆地区的风土人情。赛特由感受普通中国人的人性美，再到关注和思考中国民间习俗和文化差异，一步步地走进中国文化的深处。作为一个在华学习中文的留学生，赛特在游记中除了对中国的秀丽山川如天池的美丽神奇不惜笔墨地进行描绘外，还到处展示他对中国文化的理解和运用。赛特对中国文化表示出一如既往的尊敬、一种天然的亲切感。书中常常出现汉语拼音和中国谚语乃至标语口号的翻译，如"关系"、"走后门"和"老外"等，这显示赛特对中国语言的熟练掌握，读来让人感到别有风味。赛特在记叙中不断穿插他对中国的文化体验、社会现实的评价，形成一幅比较完整的正反交织的中国印象。换句话来说，赛特的游记中浮现出令人亲切的"文化中国"形象和"神秘恐怖"的"政治中国"形象。

有学者认为，一些受过西方教育的旅游者在后殖民时代，也会带着一种救世主的使命，带着一种重新"发现"的意识开始他们的跨国旅游。赛特的中国游记并不完全具有这种"拯救和发现"使命的意识，更多地属于西方那种经典的为旅游而旅游的作品。但问题是，假如考虑到20世纪80年代中国特别是中国西藏地区是西方世界一直关注的地方，那么可以说：

"赛特的中国报道不可能'清白无辜'。尽管是受过西方教育的世界公民，一个印度人在东方色彩浓烈的地方所看到的东西，实在是出于强烈的政治动机。"① 赛特的问题还可以向深处追问，那就是："既然赛特的旅行动机是试图揭示普通中国人的心灵脉动，具有讽刺意味的是，他的旅行是一次顽固偏执的行为。这是因为，身兼作家、诗人和学者的赛特正在从事西方旅行者在精神方面的探索。他也在意识形态的面纱掩盖下企图发现真正的中国。他高高在上地告诉我们，这些中国人是幸福、悲哀还是无动于衷。中国普通人与家庭均为他的这一创作姿态提供素材。"②

的确如此。赛特尽管在游记中描绘了20世纪80年代的现实中国，但在他心中一直存在一个朦胧模糊的"政治中国"，他的西北之行其实就是揭开西藏神秘面纱之旅。赛特将政治触角伸向西藏地区，欲"发现"西藏的神秘和恐怖，"发现"西藏的原始蒙昧和艰辛痛苦。有了这样一种东方主义的思维习惯和时代背景，赛特在游记中对西藏和西藏百姓的"同情性"描绘就显得非常"自然"了。

赛特的中国游记在西方英语世界出版并不断再版，这至少说明了赛特游记中的西藏元素在帮助他占领西方阅读市场上"功不可没"。西方对于这本游记的文学奖励，更说明了赛特带着政治偏见"发现"中国落后一面，揭开中国西藏地区的"神秘"面纱，对于西方有多么重要。西方媒体因此称赛特为"他那个时代最优秀的作家"，还有人称这本书探索了"世界上最不为人所知的地区"，是"精彩的旅游作品"，因此让人"不忍释卷"。③

赛特的中国观察和思考浮现出"文化中国"与"政治中国"并存的双重形象，而其中又包含着赛特对现实中国的认知和他对自己文化身份的思考、对印度现实困境的反思等复杂内容。中国作为西方的"社会总体想象物"，在赛特的英语游记里平添了几多神秘、恐怖的色彩。在妖魔化的

---

① GJV Prasad, ed. *Vikram Seth*: *An Anthology of Recent Criticism*. Delhi: Pencraft International, 2003, p. 22.

② Ibid., p. 27.

③ Vikram Seth, *From Heaven Lake*: *Travels through Sinkiang and Tibet*, Backcover, Penguin Books India, 1990.

"政治中国"形象面前,赛特作品中美好亲切的"文化中国"形象相形见绌。这是赛特及其作品的悲哀,也是后殖民作家的东方主义书写姿态在中国题材作品上的拙劣表演。赛特的中国书写姿态与某些西方作家妖魔化中国的姿态形成照应。

总之,从泰戈尔的"文化中国"形象出发,走向赛特的"文化中国"与"政治中国"并存的双重形象,人们仿佛阅读了一遍中印当代文化交流史,经历了一次彼此对视、但却没有成功跨越喜马拉雅障碍的"文化心理苦旅"。①

前面说过,普兰·苏里女士是印度前驻华大使苏里宁的夫人。她曾经随夫在华生活多年,回到印度后创作了中国游记《寻找中国的灵魂》。该书于2009年出版。在"引言"中,普兰首先回顾了中印历史友谊,但也没有回避当代现状。普兰给自己的中国之旅定下了文化追寻的基调。这是一项艰巨的重任,因为文化之旅与现实之旅或曰文化追问与现实叩问的合二为一,将是每个外国作家或学者均须面对的严峻挑战。②

普兰敏锐地察觉到,婚姻和家庭这些中国社会最重要的单元细胞正在悄然而迅速地发生着裂变或变异。她发现,以前不为中国社会所认同的未婚同居,现在已经大体上为社会所认可,因此中国社会的离婚率居高不下,且有逐年攀升的趋势。很多"与时俱进"的变化让普兰看不懂。例如,有的人不按照传统婚礼成亲,而是寻求新的刺激,采取奇异的方式举行婚礼。还有更多的年轻人干脆抛弃中国传统婚礼,按照西式婚礼完成人生最重要的一个仪式:"许多婚礼在教堂里举办,这并非因为夫妻二人是信徒,而是因为在教堂举行婚礼显得与众不同,显得'很酷'。"③ 这便造成一种相当尴尬但却不为人注意或根本无人理会的现象:"尽管红色在中国象征幸福吉祥,而白色则代表着死亡,但时下的结婚礼服大多是白色的

---

① 拙著:《印度的中国形象》,北京:人民出版社,2010年版,第160页。
② 关于普兰笔下的中国形象,参阅拙文:"印度学者普兰·苏里的中国观",《世界文学评论》第16辑,2013年。
③ Pooram Surie, *China: A Search for Its Soul, Leaves from a Beijing Diary*, New Delhi: Konark Publishers, 2009, p. 296.

花边装饰和面纱,这和西方新人们的穿着完全一样。"①

在普兰看来,中国当下社会咄咄逼人、诱人无穷的消费主义思潮来势汹涌。她还以北京为例进一步说明:"放眼北京,购物中心和百货商店吸引着来自各国的游客们。但是,在这种咄咄逼人的本性(aggressive nature)背后,潜藏着的却是当今中国真正的销售欲,是大赚一笔的想法。如果说还存在一种人们一直信任的东西,那么它便是人们的艰辛劳作和节俭的本性,以及成功的欲望。"② 在这种带有一定倾向性的叙述中,不难读出作者对当代中国社会某些问题的隐忧,这是值得中国人警惕的东西。物质的进步不能以牺牲精神信仰的失落为代价,这或许是普兰的话给人的启发。

通观普兰的中国游记,她比赛特、艾蓓等人作品中所体现出来的中国观更为客观和理性。例如,普兰根本没去表现某些印度人士偏爱且可借机抨击中国的西藏主题。相对而言,普兰所感受和刻画的文化中国形象似乎更加令人欣赏,她的文化追问是圆满的,而她所体验的现实中国却少有这般乐观和惬意。她的现实叩问也是真诚的,正因如此,也更显得虚幻和令人失望。究其原因,这种文化之魂的美好和现实之魂的灰色并非完全来自普兰眼中所见、心中所想的文化中国和现实中国,而是来自她的印度之眼。某种程度上,她笔下浮现的中国形象也带有西方民主之眼或自由之眼所透视或扫描过的痕迹。

第三节 中印双向认知的历史规律

近代至当代中印双向认知的基本概况已如上述。那么,这种跨文明双向认知的发展演变具有哪些基本的历史规律呢?

---

① Pooram Surie, *China: A Search for Its Soul, Leaves from a Beijing Diary*, New Delhi: Konark Publishers, 2009, p. 297.

② Ibid., p. 311.

首先，可以西方中国观为参照，考察几个世纪来中印双向认知的发展演变。通观近代以来印度中国观的历史演变可以发现，印度独立前受西方中国观影响较小，对西方中国观负面成分吸收不多，而当代印度受西方中国观影响较大，个中缘由不难理解。对于尼赫鲁、辩喜和奥罗宾多等知识精英而言，中国形象的意义是正面的，博大精深的印度传统文化和源远流长的中印文化交流是其对中国产生文化认同的心理基础。后殖民时期、特别是20世纪50年代末中印关系"变冷"以来的很长一段时期，印度中国观开始丧失文化自觉，无形中为借用西方之眼看中国打开了"潘多拉盒子"。印度学者认为，中印关系恶化前，存在一种"认识中国的印度中心观"（Indocentric view on China）。"然而，1959年以后，印度出现了一种强烈的趋势，即日益依赖美国的中国观察家们对中国的评价。"① 这种带有偏见的美国中国观不利于印度形成正确的中国观，它不仅使人们"受害于保守歪曲的中国观，也在基本的中国认知上存在着重要误解"。② 因此，该学者指出："印度的中国观必须以我们自己的世界观和原则为基础……我认为，在我们（指印度——译者按）独立的早期岁月里，一种独特的印度中国观已经存在。"③ 具体地说，20世纪50年代的中印关系"蜜月期"里，印度对华认知的主流姿态是忽略中印政治体制差异。边境冲突爆发前后，这种立场彻底转向蓄意放大政治体制差异。这鲜明地体现了印度中国观演变中的意识形态偏见，实质上是借用西方之眼看中国的必然结果。20世纪后半期，在印度或隐或现、时断时续的"中国威胁论"，也无法排除其与西方"中国威胁论"遥相呼应的嫌疑。中国方面的情形似乎略有不同，中国近代以来的印度认知既存在梁启超和孙中山等人的积极姿态，也存在徐继畬、黄懋材、陈独秀等人的消极姿态。比较而言，这种消极姿态似乎更为显著，这与中国当时所面临的救亡图存的严峻局面不无关系，也与某些人开始借用西方之眼看中国且自然过渡到看印度的姿态关系密切。

---

① S. K. Ghosh & Sreedhar, eds. *China's Nuclear and Political Strategy*, New Delhi: Young Asia Publications, 1975, p. 8.
② Ibid., p. 11.
③ Mira Sinha Bhattacharjea, *China, the World and India*, New Delhi: Samskriti, 2001, p. 249.

当代中国人的印度认知虽然没有完全摆脱借用西方之眼的痕迹，但却更趋独立而客观，这从中国领导人对印度的认识和论述中便可见一斑。前面说过，自1982年邓小平会见印度客人发表演说起，中国领导层的对印认知开始出现一个延续至今的新思维，即将对印认知与中印双向认知紧密地联系起来加以考量，从而使中国的印度观带有形象一体化的色彩。这说明，中国领导人的对印认知带有双向互动的思维方式。这种中印形象一体化的新思维，为印度领导人的中国观与之顺利对接打下了良好的基础。

中印双向认知在很多时候都存在复杂的格局或面貌，这也是一种构建对方形象的散点透视或多维视角。中印争取民族独立的近现代时期，部分中国人眼中的印度是具有无限的文化亲和力的历史伴侣，或可以引为政治同盟的"难兄难弟"；另一部分人则视其为无可救药的"失败者"的代名词，是中国救亡图存必须时刻警惕且绕道而行的"反面样板"。当代中国部分人眼中的印度仍旧是具有文化亲切感的东方近邻，是中国可以与之同呼吸、共命运的东方伙伴，是中国在国际政治舞台、国际贸易等各个领域加强合作的潜力无限的亚洲大国；也有部分人视其为对华敌意重重且可能会加入日美同盟，试图遏制中国的一分子，或视其为经济发展落后、社会习俗难以理解、文化精神非理性且具有宗教狂热情感的国家。就当代印度而言，其中国观在每一阶段并非处于铁板一块的静止状态，而是动态地塑造着正负两面的中国形象，两面形象中各自的色彩强弱也在不停地发生变化，这以20世纪中后期印度认识中国的主流和支流心态的轮番出现为基本表征和规律。这和鸦片战争至新中国成立前夕的100多年的情形形成鲜明对照。究其实，民族国家身份的建构、地缘政治的现实考量、冷战和冷战后国际局势的变化万千、西方中国观的负面影响等复杂因素，使得当代印度中国观难以重现殖民主义时期那种纯粹而单一的美好形象。当然，仔细审视近代印度人士的中国观仍会发现，他们中有的人即使对中国文化充满亲切的崇拜感、对中国受西方列强压迫充满同情，但偶尔也会暴露一下中国形象的"阴暗面"。例如，泰戈尔对于中国文明并不是一味地唱赞歌。1924年访华时，他在演讲中抨击中国存在所谓的"物质主义崇拜"，这是极不符合当时中国知识界"胃口"的逆耳之音。他还批判中国的"国粹"即残害女性的缠足现象，认为其童年时代接受的刻板的学校教育"犹如中国妇女所穿的小鞋",无时无处都在"挫伤我的性格。值得庆幸的是,在我尚未变得麻木时,我便及时解脱了"。① 1934 年,泰戈尔在加尔各答发表演说时说:"把自己束缚在一个以民族理想命名的那个遥远时代的往昔理想的桎梏中,这对心灵来说是不自然的,正如中国妇女缠的小脚那样不自然。"② 尽管如此,泰戈尔对中国的友好和对中国文化的热爱有目共睹,他对中国的负面印象只是其以积极正面为底色的中国观中比例甚微且可忽略不计的一小部分。泰戈尔对中国的认识,似乎可以视为殖民主义时期印度中国观的极佳标本。总之,中印双向认知在近代以来的每个时期都存在这种"多声部"的格局,区别只在于某个时期某一种调式为主流,另一时期另一种调式为主流罢了。这种双向认知的复杂格局提示我们,应重视某一阶段内中印对对方的负面认识,但又不必为此"只见树木不见森林",因为双向认知是有一定历史规律可循的,双向认知的复杂多维决定了这一点。只有如此,我们方能在研究中印关系的过程中既具备历史纵向的思考深度,也坚持辩证合理的思维方式。

此外,如对近现代印度中国观和当代印度中国观进行历史比较,还可发现一些复杂而微妙的历史规律。先看印度。近现代印度认为中国是一大文明古国,能够引领亚洲复兴,其关于中国的浪漫想象是一种文化利用,而将中国设计为印度民族独立斗争中的学习榜样,则是对中国形象的政治升华。与此相对,当代中印关系的"蜜月期"里,印度将中国的文化利用和形象认同化作了在社会、经济发展方面学习中国的具体行动,并在具体评价过程中,将中国的经济发展、社会进步与中国的政治体制脱钩。中印边境冲突爆发后,印度中国观有过很长一段时期的妖魔化逆流,但在 21 世纪初又出现了一种理性回归的态势,这从印度高层在一段时间的徘徊犹豫后回归理性的对华认知中可以看出。印度领导人近年来赞赏或强调当代中印携手发展的"足够空间"论便是一例。在此背景下,一些学者呼吁,在社会发展和经济建设上学习中国,但却不将经济发展与政治体制脱钩。这

---

① [印] 泰戈尔著,李南译:《在中国的演讲集》,刘安武、倪培耕、白开元主编:《泰戈尔全集》,第 20 卷,石家庄:河北教育出版社,2000 年版,第 97 页。
② [印] 泰戈尔著,倪培耕译:《孟加拉文学的发展》,刘安武、倪培耕、白开元主编:《泰戈尔全集》,第 22 卷,石家庄:河北教育出版社,2000 年版,第 176 页。

种似曾相识的姿态耐人寻味,它体现了中印关系的历史纠葛对部分人的心理"重压",也体现了他们借用西方之眼看中国的偏见。谭中等人提出的"中印大同"说因缺乏适宜的气候,遭到一些人的冷嘲热讽。这与当初泰戈尔联合中印、复兴东方文明的理想设计在中国遭到部分人冷漠比较相似。再看中国,情况类似,但又明显有别。近现代大多数中国人将印度视为友好的历史伴侣和可以同甘共苦、携手争取各自民族独立的"难兄难弟",这是文化想象和形象认同的一种表现。即便是陈独秀和辜鸿铭等人消极的印度认知,也未阻挡中印携手抗击外侮的历史大潮。经历中印边境冲突等一系列不幸事件后,很长一段时期内,中国的印度形象是负面甚至模糊的,印度似乎成了中国的一位"遥远的邻居"。时至今日,也不难发现国人以西方视角看印度的痕迹。例如,一位学者以西方作家马克·吐温、保罗·索鲁和拉什迪等的印度观察为前提,并结合自己蜻蜓点水式的印度体验写道:"印度是复数的'Indias',一个交错并存的多面体。甚至说,印度只是个地理概念或文化符号,很难套用现成的民族国家概念。"[①]近年来,国内虽有丑化印度形象的某些媒体报道,或有关于印度社会的某些误读、曲解,但中国政治家和越来越多的学者认识到,印度仍旧是中国在国际政治舞台上施展身手时可以合作的好伙伴,是具有独立外交判断力的智慧国度。《中印文化交流百科全书》在近期的问世,标志着中印两国正在强化印度智慧、文明的一面与中国包容、博大的一面,从历史视角描述几千年中印文化交流的友好和亲切。印度中国观演变和中国印度观演变的这种渐进式反复或潜在规律恰好说明,近代以来的100多年里,中印关系的文化基础仍未夯实,民意基础急需强化,中国形象与印度形象亟待优化。尽管如此,全球化时代中印经贸关系的深化、中印人文交流的逐步增强等因素,必将慢慢改变中印双向认知过程中的负面因素。"近年来,比起传统的地缘政治和安全关切来,地缘经济变得更加重要。因此,印度和中国必须学会和平相处,相互合作。这就正如有人所说的那样:'你可换朋友,但你不可换邻居'。"[②] 在这种超越"非敌即友"认知模式而强调合

[①] 王炎:"印度之行",《读书》2015年第6期,第58页。
[②] Bhawna Pokharna, *India-China Relations: Dimensions and Perspectives*, New Delhi: New Century Publications, 2009, pp. 304–305.

作共赢的时代潮流面前，未来的印度中国观和中国印度观必将展现新的风貌，中国形象和印度形象也将逐渐得以优化，从而在很大程度上回归历史长河中的某些积极色彩和乐观调式。这可视为印度中国观和中国印度观未来的发展趋势或潜在色调。

双向认知失衡是中印关系史曲折发展的特殊规律，也是考察当代中印互动交流的一面"文化之镜"，自然还是中国政治家和学者反观自身的"心灵之镜"。殖民主义时期，泰戈尔和奥罗宾多等人联合中印的热情遭到除孙中山、梁启超等少数人外的很多中国政治和知识精英的冷遇，这与双向认知错位密切相关。康有为和辩喜对对方国家认识的无法对接也是一种典型的认知失衡。20 世纪 50 年代以来，中国政治家和作家、学者们有时习惯以"勤劳"、"善良"或"伟大"等褒义词来描述、恭维或定义印度人，而印度政治家、作家或学者几乎很少以对等或近义的国家修辞话语描述、定义中国人，有时甚至还反感这种善意的恭维。略举一例，T. K. 穆力克（T. K. Moulik）是 20 世纪 80 年代初访华的印度专家，是位于印度西部古吉拉特邦首府艾哈迈达巴德的印度管理学院教授。1980 年，他随团访问中国，回国后于 1982 年出版了《毛泽东中国的困境》。他在书中写道："对我们印度人而言，中国的确是一个热情友好的、宾至如归的地方。"[1] 但是，在热情友好的中国人面前，穆立克遇到了始料不及的尴尬："我对中国人常常对印度人所说的话感到好笑。任何时候，只要我一介绍自己是印度人，他们就会说：'印度人民勇敢而勤劳。'一开头，我感到他们是在恶作剧，讥笑我们在中印边境冲突中的拙劣表演。这或者是大家熟悉的中国人的礼貌客气?"[2] 可见，这种认知错位或曰认知不对称的现象值得探讨。进一步看，当代印度自 20 世纪 70 年代便开始探索和关注中国与印度的相互认知问题，而印度中国观受中国学者的关注则是近年来的事，且其焦点还集中于当代印度如何认识中国崛起的近期事件上，这恰好揭示了中印相互认知不对称的历史规律，也恰好印证了一个事实：前述印度汉学家 K. P. 古普塔虽屡有论述偏颇失实之处，但却开辟了当代学者研究中印关

---

[1] T. K. Moulik, *Mao's China: The Dilemma*, Bombay: Somaiya Publications, 1982, p. 14.
[2] Ibid., p. 7.

系的崭新领域,提供了一把揭秘近代至当代中印关系为何如此跌宕起伏、蜿蜒曲折的"心理钥匙"。从这个角度说,考察印度中国观的某些负面因素,似乎还应思考是否存在其相应的中国因素。这便是反求诸己的题中应有之义,也是总结和运用历史规律的题中应有之义。

综上所述,近代以来中印双向认知存在很多平衡对称的特点,但也存在许多不对称的错位现象。无论是平衡对称还是错位失衡,中印文化心灵对视的考察或历史探索都会给人诸多启示。例如,从当代中印双向认知来看,毋庸置疑,印度对华认知的积极因素极大地促进了中印关系的健康发展,但其消极因素却给中印关系发展带来了很多不容忽视的复杂问题。中国对印认知的积极因素和消极因素也存在相似的国际关系效应。在新的一个世纪里,中印如何看待对方的崛起,如何构建客观合理的印度观与中国观,应成为当前中印关系研究的一个重点。

从印度方面来说,首先,其朝野各界人士应该弱化中印竞争意识,强化中印合作意识,并藉此弱化乃至最终理性地消除"中国威胁论"对中印关系的负面影响。其次,增强公共外交力度,加强中印文化交流,培育印度对中国文化的亲和力,这些都是印度培育理性而成熟的中国观的必要前提和充分条件。此外,加强对中国国情的了解,摒弃意识形态或情绪化的中国认知,学会换位思考,这也是印度培育成熟理性的中国观的重要一环。由于边境冲突、意识形态等复杂历史因素,印度中国观存在很多偏激的色彩或情绪化痕迹,这方面的例子在印度学界不胜枚举。只有超越政治制度的差异,超越思想信仰的差异,认真了解中国文明的悠久历史和中国社会的发展现状,倾听来自中国而非西方的声音,在不同思想和观点的自由对话中找寻中印学术界的兴趣点和共同着力点,这样才能形成理性而成熟的中国观。

从中国方面来说,各界人士应该培育成熟的印度观,这是非常重要的一环。中国学者和政治家首先必须高度重视印度,重视印度研究,引导中国民众正确地认识印度历史文化和国情现状。提倡中印跨国学术合作,如合作研究中印关系史或其中双方感兴趣的重大问题,合作翻译文化经典,这样有利于促进中国印度观和印度中国观的良性互动,为双方正确、客观、理性地看待对方创造更多的学术前提和有利条件。早在20世纪初,陈天华便以下述文字呈现了部分中国人对印度乃至整个亚洲文明的文化误读:"亚洲的国,除了印度的人(印度人也是欧洲的白色种,但年数好久了,所以面上变为黑色),皆是黄种人。"① 这番话写于中印文化交流基础薄弱的近代,其误读之因不难理解。1918年8月15日,陈独秀在一篇短文中,以印度人虔诚信神为例,对印度当时的积贫积弱进行分析。他说:"印度人信神之愚如此……诚如其言,则一民族之思想,永应恪守生民之典型,绝无革新之理,此印度人笃旧之念之至深,而其国所以日益削弱也。"② 陈独秀虽有以印度之镜反照自身之意,但其论据的力度和精度却值得商榷。上述两人观察印度的缺陷,至今在很多中国人那里还能发现相似的痕迹。他们对印度的历史文化和现实国情不太了解或疏于了解,甚或无心了解。在这种情况下,如果通过学术层面的人文交流及思想互动,就能培育对印度和印度文化的兴趣,为很好地认识对方创造条件。进一步说,通过文化对话、学术合作,淡化双方对某些历史问题的敏感,理性而成熟的中国观与印度观方可形成。

这里以一位学者的反思作为本章的结尾。邱紫华是《印度古典美学》和《东方美学史》的作者,他曾在近年首访印度。他在游记中指出:"总之,在中国老百姓看来,印度的现状非常贫苦和落后……这些更加使人把印度看成遍布火药桶的危险之地而不敢走近它……奇怪的是,中国人往往因为不了解邻居而深深地误解邻居……甚至在国门开放三十年之后,有的人还觉得印度连一点旅游的价值都没有,居然对'世界十大旅游目的地'之一的印度表现出群体性的冷淡!面对这种莫名其妙的自负无知,我只能感叹,21世纪了,中国的阿Q还这么多!"③ 在对印度的积极面和消极面进行比较后,他归纳道:"总之,在印度,传统与现代交织,富裕与贫穷并存,发达与落后并存。这些对立的现象给人的感受特别鲜明,非常刺目。这些特点似乎又是东方的发展中国家共有的特点,而以印度最鲜明,

---

① 陈天华:《警世钟》,任访秋主编:《中国近代文学大系:1840—1919》(卷十三),"散文集·4",上海:上海书店出版社,1993年版,第434页。
② 陈独秀:《信神与保存国粹》,任访秋主编:《中国近代文学大系:1840—1919》(卷十三),"散文集·4",上海:上海书店出版社,1993年版,第597页。
③ 邱紫华:《触摸印度的千手千眼:一个中国美学家的印度文化之旅》,"前言",武汉:华中师范大学出版社,2014年版,第3页。

最有代表性……要想准确地对别人清楚地说明什么是印度的本相和实相，恐怕只有用你敏锐的目光、真挚的情感和不带偏见的态度，去具体地触摸这个神秘古国的千手千眼，去具体地感触、体验、观察和探索印度生活的方方面面才行。只有这样，你才能真正触摸到印度。"[1]

---

[1] 邱紫华：《触摸印度的千手千眼：一个中国美学家的印度文化之旅》，"前言"，武汉：华中师范大学出版社，2014年版，第8页。

第四章

人文交流与中印关系发展：媒体报道

前面已对近代至当代的中印双向认知问题进行了初步探讨。通过这种探讨，中印关系发展中以往不太为人关注的某些现象逐渐"浮出水面"，这对我们观察和思考中印关系发展不无启示。接下来拟从媒体报道、公共外交和文化软实力双向传播等三个角度，集中探讨人文交流如何促进中印关系发展的问题。这里所说的人文交流其实也是一种广义的提法，因其涵盖了文化交流与心灵对话的范畴。本章拟对近十年来中印媒体关于对方国家报道的基本动向进行简略考察，以探索影响中印关系民意基础的一种重要因素。[①]

第一节 中印媒体报道对方的积极一面

客观地看，由于中印关系正常化的步伐在20世纪80年代后期加快了速度，进入21世纪后，中印媒体的相关报道都能在某种程度上反映对方国家真实的一面。换句话说，这与中印高层政治互动越来越密切、经贸往来和人文交流越来越频繁等诸多积极因素密切相关。中印关系得以与时俱进地发展，常驻对方国家的记者开始增多，媒体相互报道对方的心态和内容都出现了此前很长一段时期、特别是中印边境冲突后时期不曾见过的积极趋势。具体说来，便表现为报道对方的心态更趋客观、中性、合理，内容

---

① 本章相关介绍和论述，参阅拙著：《印度的中国形象》，北京：人民出版社，2010年版，第135—142页；拙文："2011年来印度英文媒体对华报道的基本动向"，《南亚研究季刊》2012年第3期；拙文："近年来中国媒体对印报道及相关问题简析"，《东南亚南亚研究》2014年第1期。

更加丰富多彩。由于研究素材极其丰富，此处介绍只截取部分中国与印度报纸报道对方的"标本"，辅以少量的网站新闻或述评。下面先看看中国媒体对印报道的积极一面。

进入21世纪以来，作为新兴经济体的印度崛起态势令人瞩目，中国媒体对印度的兴趣日益浓厚。如今，涉印报道已成为中国媒体吸引读者的重要题材。有的学者注意到，21世纪初的头几年，在新闻门户网站新浪网，每当有涉及印度的文章出现在显著位置，该文总会取得很高的点击率并有不少的信息反馈。新浪网是中国媒体中对印度全方位报道时效最快和最全面的。除了网络媒体，一些传统媒体更是当仁不让地充当报道印度的急先锋。[1] 这些报纸包括《参考消息》、《人民日报》、《文汇报》、《中国青年报》、《环球时报》、《国际先驱导报》及地方性报纸如上海的《新民晚报》、北京的《北京青年报》和四川的《四川日报》、《成都商报》、《华西都市报》等。中央电视台等也担负了报道印度的部分任务。

近十年来，中国媒体的印度报道存在客观真实、积极美好的一面。例如，2006年3月《中国青年报》关于印度医疗体制改革的一则报道，显示了记者对印度积极面的赞赏："与世界上很多国家相比，印度政府年度用于农村公共健康事业的总投入并不算多，但印度政府把有限的投入公平地配置到最需要医疗服务的地方，尽量做到公平公正……与我们有太多相近的印度，走出一条全民免费医疗的成功之路，却给我们以启示：财富不是衡量医疗制度的绝对标准，重要的是社会公平和兼顾利益平衡。"[2] 《人民日报》发表过主题相似的报道，其中写道："提起全民免费医疗，通常会认为这是一种目前只在部分西方国家实行的社会福利，因为那些国家大多人口较少，经济发达。但如果说印度这个人口众多的发展中国家也在实行同样的政策，就颇有些不同寻常了……印度独立以来，尽管人均收入在世界上排名仍不靠前，但全国人口预期寿命已增长了一倍，婴儿死亡率也下

---

[1] 唐璐："中国媒体对印度报道的偏好及其对公众的影响"，《南亚研究季刊》2004年第1期。本章介绍多参考该文。

[2] 李北陵："印度比我们落后，却一直是全民免费医疗"，转自"天涯论坛"网，http://bbs.tianya.cn/post-develop-76112-1.shtml。

降了70个百分点。"① 该文同样为"天涯论坛"所转载，引起了很多人的跟帖。

2007年8月15日即印度国庆日，《成都商报》组织了印度专栏，全为转载文章，主标题是《印度60岁，依然年轻，渴望伟大》；次级标题是《世界惊看大象起舞》、《印度是什么？头脑、瑜伽、宝莱坞》和《印度努力着……三年回收火箭，五年卫星翻番》。特别值得一提的是，该期报纸还在"旅游版"以《果阿：印度洋的欧洲遗梦》为题，对印度旅游圣地、前葡萄牙殖民地果阿的美丽风光进行图文并茂的详细介绍，并称果阿是"印度的夏威夷"。这说明，印度国家形象真实、美好的一面，逐渐被包括消费类媒体在内的中国媒体所认同。中国媒体在以客观理性的眼光看待印度的同时，开始寻找印度的闪光点，为国内媒体受众形成积极美好的印度观铺路搭桥。

在前述学者看来，21世纪初的头几年，在媒体对印报道过程中，官方媒体基本上本着实事求是的态度，全面客观地评价印度的内政外交。例如，《人民日报》对印度社会的全方位报道是客观的，对于其他媒体对印报道具有很强的示范性，而《国际先驱导报》虽然走的是市场化路子，但该报强调印度报道必须具有客观和权威性。该报特别推崇"印度新闻的中国视角及大众视角"，并试图用理性的、严肃的视角介绍印度，展示印度的真实一面。② 2010年是中印建交60周年，《国际先驱导报》发表题为《学习印度好榜样》的印度述评，列举了印度社会的几大优点，如印度人欣赏民族文艺演出的全免费、印度火车和地铁设立女性专座、大学不准盲目扩张和穷人看病不犯愁等。③ 该文被当年4月2日发行的《成都商报》所转载。《成都商报》为这篇转载文章配了两幅插图，它们分别表达的是，一群印度人挤在行驶的火车中并露出身体、无家可归的穷人靠着非政府组织发放的毛毯御寒过冬的情景。这两幅插图似乎有煞风景，部分抵消了印

---

① 任彦："贫富各有所依，印度百姓看病不难"，《人民日报》2006年2月27日，http://world.people.com.cn/GB/14549/4144306.html。
② 唐璐："中国媒体对印度报道的偏好及其对公众的影响"，《南亚研究季刊》2004年第1期。
③ 唐璐："学习印度好榜样"，《国际先驱导报》2010年4月1日，http://news.xinhuanet.com/herald/2010-04-01/content_13281039.htm。

度"好榜样"的形象价值。《成都商报》为该文所加的按语似乎弥补了这一人为的缺憾:"作为世界两大文明古国,中国和印度很久以前就有相互学习的历史。如今,虽然印度英文媒体上不乏对中国充满敌意的报道和评论,不过在涉及中国的文章中,其实也经常出现'学习中国'的字眼。相反,中国该如何发现并学习印度的优点,在中国媒体上却并不多见。"① 这说明,包括都市消闲类报纸在内的中国媒体对印报道出现了某些积极的变化。不过,值得注意的是,这些都市类报纸在这一方面往往存在很多遗憾,因为它们不可能将此种姿态贯彻到底,吸引受众的眼球以赚取销售利润不可避免地左右着一些编辑的思维。上述两幅插图分明暗示了这一点。

2011年11月,《文汇报》在对印度新城市建设的相关报道中写道:"包括托莱拉在内,未来几十年,24座工业城市将在印度西北部拔地而起,分布在连接'政治首都'新德里和'经济首都'孟买的1483公里铁路沿线,土地总面积超过日本。据报道,首批7座城市预计将于明年初开工……工业走廊项目区域将跨越6个邦,包括1.8亿人口。印度希望借鉴日本拉动二战后经济发展的'东京大阪工业带'成功模式,规划中的24座新城将建成印度工业发展重镇,目标在建成后5年内拉动就业、工业产出和出口成倍增长。印度是个电力缺乏的国家,这些新城市还将引入日本的节能技术,优化电力供应,此外,还将建造完备的供水和垃圾、废水处理设施。"② 这则报道客观地展示了印度社会经济发展的宏伟蓝图,是对印度形象的正面刻画。

对于缩小中印之间心灵距离的政府行为,中国媒体也给予充分的关注。例如,2013年5月,中印两国签署《关于促进中印省(邦)、市合作联系的协议》。当年9月,中国外交部、全国友协正式通知,北京与德里、昆明与加尔各答、成都与班加罗尔被列为中印首批三对友好城市。为此,《成都商报》的相关报道是:"这是中印建交后两国地方城市间首次缔结友

---

① 该按语见《成都商报》,2010年4月2日。
② 陈慧稚:"印度大规模推进'新城市运动'",《文汇报》2011年11月7日,http://whb.news365.com.cn/gj/201111/t20111107_3174016.htm。

好城市关系,被视为两国民间友好交流的重要突破。"① 对于中印高层互访,特别是1954年以来中印总理间第一次实现年内互访的历史突破,各媒体更是给予高度关注。例如,《国际先驱导报》发表记者的专文认为,如果说五年前即2008年印度总理辛格访华的重点是改善中印经济关系,那么,2013年的辛格访华"不仅将突出经济议题,还将会在建立军事互信方面有所突破,可谓是辛格的一次中国'信任之旅'"。② 关于增进中印互信、加强双方合作的问题,还有学者在报纸上撰文分析说:"和目前一些急于向美国表现自己的亚洲国家不同,印度没有迎合美国。但印度的传统是不倒向某一集团,追求政治独立。印度不加入美国阵营对中国有利,中印理应成为朋友……印度不是军事主义主导历史的国家,不想做超级大国。国际上一般认为印度在亚洲的野心比韩日都低……在地缘政治互动中,双方应努力增加互信并有意识地照顾彼此的顾虑。"③ 这种较有深度的分析对于广大读者客观认识印度不无益处。

很多印度政治家长期关注国内困扰已久的卫生问题,如甘地、尼赫鲁和现任总理莫迪均是如此。近年来,莫迪启动了全国性的"清洁印度运动",号召全国人民重视卫生问题,改善印度国家形象。为此,曾经留学德里大学的吴顺煌在其新浪网专栏中撰文指出:"如今,为了解决印度每年上千万新劳动力的就业问题,印度政府还要大力推动印度制造业,这不得不令人担心空气污染的进一步恶化。还好,莫迪的第一步还是对头的。假如他的'清洁印度'能够如愿以偿,那么印度城市的管理能力就能得到提升,印度人的环保意识会得到提升。这样或许还能给制造业的进入挪腾出一些空间。"④ 此外,《环球时报》发表了特约记者张笑竹的相关报道,文章对于长期困扰印度的卫生问题进行了深入的剖析。该文指出:"纵使历任领导人都高度重视卫生问题,各级政府也努力倡导清洁意识,但印度

---

① 黄颖:"成都市与印度班加罗尔市签署协议建立友好城市关系,两市将在城市发展各领域开展合作",《成都商报》2013年10月25日。
② 唐璐:"辛格访华开启信任之旅",《国际先驱导报》2013年10月25—31日,第3版。
③ 孙培松:"应有明确的对印度战略目标",《环球时报》2012年6月4日。
④ 吴顺煌:"污染最重城市在印度不在中国",2014年11月3日,http://finance.sina.com.cn/zl/international/20141103/090020713432.shtml。

的卫生状况并没有根本改观,这与印度社会的传统观念有关。"① 其中,种姓意识和宗教文化习惯等复杂因素是主要诱因。这种从印度历史文化与社会习俗思考印度卫生问题复杂起因的报道姿态,说明曾备受部分印度政治家、学者关注的该报近来对印度有了新的认识。该报当日还在第七版"深度报道"栏中刊发李博雅和邹松的"美国印裔炼成'移民优等生'"一文,对美籍印度人在美国的卓越表现进行了深入报道和分析。该报当日第12版即"体育娱乐版"以"中印合拍《功夫瑜伽》"为题,报道了中印两国将联合拍摄电影以庆祝次年中印建交65周年的消息。《环球时报》2014年10月24日第13版"文化教育"栏介绍国外"晒书单"时,在介绍德国、英国和加拿大的相关情况时,也介绍了莫迪等印度政要助推"冰书挑战"的读书热。作者张笑竹在该文中还介绍了印度白领读书的具体情况。②

2013年10月22—24日,应国务院总理李克强邀请,印度总理曼莫汉·辛格对中国进行正式访问。如何在当前形势下看待中印关系？如何比较中印发展？印度在现代转型中有何发展诉求？带着这些问题,环球网特邀中国前驻印度大使孙玉玺进行深入对话。这些对话以"真实印度"系列访谈的形式在网络集中推出。关于中印发展的比较,孙玉玺指出："现在中国和印度在新兴市场大国中几乎同时跻身于领军行业。按目前来讲,人口是中国最多,印度第二；中国的发展速度也是第一,印度第二。印度同中国有些差别,但同时也要看到它们各有所长。我原来有这样的比喻：中国的经济犹如'飞龙在天',印度的经济像大象一样脚踏实地,一步一步前进。它慢一些,但它稳。"③ 这些观点形象地肯定了印度经济发展的成就,对于国人正确认识印度不无益处。再举一例,2014年5月印度新总理莫迪宣誓就职,新浪网财经特约观察员吴顺煌为此撰文指出："莫迪强势地成为印度新总理,一个印度世纪可能将会来临。如果一切如人们所期望的那样,印度将会迎来新的建设高潮,并开始发展其薄弱的制造业,并在

---

① 张笑竹："甘地尼赫鲁都曾致力于'卫生运动'",《环球时报》2014年10月23日。
② 张笑竹："印度政要助推'冰书挑战'",《环球时报》2014年10月24日。
③ 王京涛整理："真实印度·专访孙玉玺系列一：印提议设'中国特区'的背后",2013年10月22日,环球网,http://opinion.huanqiu.com/opinion_world/2013-10/4473465.html。此处对原文不合语法的此句有所加工。

不远的将来夺走中国的光芒。如果莫迪车开得不好,印度人也会随时把他解雇,再换个司机。"① 这说明,在如何引导中国广大受众正确认识印度方面,网络新媒体潜力无限,大有用武之地。

  近年来,某些中国媒体还刊载印度学者或政治家的文章或观点,以显示中印心灵对话的旨趣。例如,2007年2月15日《成都商报》以《中俄印联手,打造"战略三角"》为题,对中印俄三国外长的新德里会晤进行深度报道,并援引了中国问题专家拉贾·莫汉关于中印俄战略三角将深刻影响世界的战略预言。该报当日在此报道旁还转载了《环球时报》所载华裔印度学者谭中的述评。谭中对中国和西方不同的印度社会发展观进行了比较。② 这种刊载对方学者观点的举措,近年来在印度媒体那里也出现了值得赞赏的回应。

  再看印度媒体近年来对华报道的积极一面。

  由于中国迅速崛起,印度媒体对华报道近年来逐渐增多,这成为分析印度对华认知一个极佳的学术平台。根据有的学者观察,在印度,受教育者和政治人物、外交精英都讲英语,因此印度英文媒体对外交决策具有很重要的舆论影响力。虽然大量存在印地语、孟加拉语、泰米尔语等各种印度语言报刊或网站,且英文日报的读者不足3200万,但英文媒体对印度政治精英的影响绝对不可小觑。印度政治精英非常重视英文媒体的作用,他们的思维常常为为数不多的几家主流英文媒体(包括英文新闻频道和英文报刊)所左右。"关于中国的最有代表性的观点均出自英文主流报刊和新闻门户网站的言论版以及电视台的辩论节目。"③ 因此,了解印度媒体的对华报道及其折射的对华认知(无论是积极还是消极一面),必须注意观察和剖析有代表性的印度英文主流媒体、特别是几家发行量较大的英文报纸及其相应的门户网站。此处主要截取英文报纸《印度时报》(The Times of

---

  ① 吴顺煌:"莫迪登基,印度迎来经济新世纪?",2014年5月26日,http://finance.sina.com.cn/zl/international/20140526/093219224179.shtml。
  ② "印度崛起,世界怎么看",《成都商报》2007年2月15日。原文见谭中:"印度崛起不是'看'出来的",《环球时报》2007年1月5日,http://world.people.com.cn/GB/1030/5259231.html。《成都商报》的转载似乎对谭中的原文进行了加工。
  ③ 唐璐:"印度主流英文媒体报道与公众舆论对华认知",《南亚研究》2010年第1期,第2页。本章相关介绍多参考该文,特此说明。

India)和《印度教徒报》（The Hindu）的相关"标本"，兼容《印度快报》（The Indian Express）等其他英文报纸，对近年来印度媒体对华报道的积极一面略做介绍。

2003 年，印度总理瓦杰帕伊访华掀开了中印关系的崭新一页。随着中印政治、经济等层面的互动增强和中印迅速崛起，印度媒体对华报道日渐增多，报道的主题和内容也不断发生着变化。

2004—2005 年间，印度主流英文媒体在对华报道上呈现出多色调的特点。印度媒体以很高的热情对发生在中国的新闻给予及时报道。除了对中国发生的新闻事件进行平面报道外，印度媒体有时还对中国崛起和中印关系进行分析。有的媒体倾心于中印比较以发现中印各自的优劣，强调学习中国以追赶中国的发展速度。印度学者还在媒体上提出"Chindia"即中印大同的口号。这些动向体现了对华报道的真实性、客观性与乐观性。

在印度英文媒体那里，有关中国的新闻一般都会得到及时的报道。例如，《印度时报》2005 年 8 月 21 日在头版刊登了参加在中国举行的"亚洲小姐"选美赛的各国美女合影图。《印度时报》和其他印度报纸还对中国的计划生育、洪水泛滥等进行全方位报道。2005 年夏季，古吉拉特语报纸还登载了中国围绕 2008 年奥运会而展开的宣传活动、中国乐山大佛及游人如织的情景等。加尔各答《电讯报》2005 年 2 月 19 日发表沙米塔·巴迪亚的文章《中国的伟大召唤》，该文配以中国拔地而起的高楼大厦、民族风情、万里长城等精美图片，营造了中国良好的旅游形象。巴迪亚呼吁印度人到美丽的北京和上海去旅游，认识地道而丰富的中国文化遗产。

中国经济崛起是当代世界瞩目的现象，也是印度媒体近年来大力关注的重要主题，这一关切很多时候被纳入中印比较的范畴，以探讨或定位印度在世界经济发展轨道中的确切坐标。例如，印度《经济时报》2005 年 3 月 5 日发表文章《观察家说，中国走在印度前边》，以一系列详细的统计数据显示中国经济在哪些地方、在什么程度上领先于印度。《印度时报》2005 年 3 月 1 日使用图表和数字结合的方式进行中印比较。其标题是"名次排在北京之后"，文字说明是："印度和中国在国际论坛上被不断地进行比较。那么我们与邻居相比，究竟站在什么位置上？因为这些数字表示得非常清楚，最保险的说法是中印之间没有什么比较可言。"这些数字对比不一定全部准确，但它们的确显示出部分印度学者对于中印发展差距的清醒认识。《商业时报》2005 年 6 月 13 日发表题为《印度能否赶上中国》的文章说："可能需要巨大的努力，印度才能赶上它的亚洲邻居（中国）。更重要的是，印度需要顽强的政治意志。"[1] 部分印度人士对印度在中印比较中所处的位置有着清醒的认识，他们对某些印度媒体或西方媒体的中国观察具有鉴别能力，这些人多半到过中国或对中国问题有过深入思考，这使他们的中国认知或中印比较显得更为客观。

由于中印关系的快速发展，中国和印度经济的不断增长，一些印度媒体在倡导中印经济合作方面，进行了舆论准备和鼓吹宣传，这为中印大同的英文名字即 Chindia 的诞生充当了催化剂的作用。《经济时报》2005 年 5 月 12 日发表文章《中国还是印度？是中国与印度》说："现在，即使各自一方市场都继续强调经营服务业或制造业，也没有必要再争论中国还是印度（China or India）。实实在在只有中国与印度（China and India）。"[2]《印度时报》于 2005 年 4 月 6 日、9 日、12 日分别发表《中国弹珠》、《崛起，Chindia 的崛起》和《亚洲世纪：西方人拭目以待》等三篇文章论述 Chindia。4 月 9 日的报纸除了在第 13 版登载《崛起，Chindia 的崛起》外，还在该版刊登了 S. 拉古拉曼的文章《为什么中印自由贸易区使我们处于不利地位》和 C. 拉加卡塔的文章《亚洲时代，印度的优势？》。该版配有几幅插图，如翻腾飞升的巨龙、中国电影明星成龙与印度女星的合影及一只可爱的熊猫（代表中国）恬静地伏在健壮的大象（代表印度）的背上共同前进，它们无疑都寄托了编辑很深的寓意。在最有代表性的文章《崛起，Chindia 的崛起》中，作者维卡斯·辛格认为，中印两大文明古国必须要忘记不幸的过去，进行商贸往来，联合缔造一个伟大的新世界。他说，在印度，与以往着眼于讨论中印竞争不同，人们现在对中印合作的潜在利益产生了更多的兴趣。中国可以学习印度的服务业、工程管理知识和发展

---

[1] Srikala Bhashyam, "Can India Catch up with China?", *Business Times*, June 13, 2005.
[2] Tony Nash, "China or India? It's China & India", *The Economic Times*, May 12, 2005.

世界级的私营企业。印度可以向中国学习有关基础设施建设、制造业和发展基础教育等方面的经验。辛格在文章最后说:"那么,现在时机是否已经成熟到中印两国进行战略联合,Chindia 的创造是否会震惊世界?这还有很长的路需要跋涉,特别是当印度对于中印自由贸易区还心有提防的时候。但正如中国最恰当不过的一句谚语所云:'千里之行,始于足下。'"[1]辛格在这里已经引用了印度学者所创造的新英文词 Chindia。在中文媒体中,较早引荐 Chindia 的是《国际先驱导报》。该报 2005 年 4 月 19 日 刊文介绍了 Chindia 这一新词。

  2006—2009 年前后,印度媒体对华报道有过一段负面色彩浓厚的经历。进入 2011 年后,印度英文媒体对华报道开始回归 2005 年左右的某些积极姿态。首先,它们对于中国的风土人情、社会生活等给予了某些客观而全面的报道,展现了中国客观而真实的一面,为印度媒体受众了解中国搭建了一座必不可少的桥梁。例如,《印度教徒报》2011 年 12 月 5 日刊发记者 M. 塞蒂的中国纪行即《少有人走过的中国》,标题说明是:"新鲜而壮观的世界自然遗产所在,石刻和古老的城镇,重庆远不止是一个消磨时间的城市。"[2] 作者在文中生动地描写了大足石刻、担担面等重庆风物,还配发了一幅大足石刻的彩照。《印度教徒报》2011 年 12 月 27 日报道中国推出的第一台时速高达 500 公里的高速列车,并配以列车照片。《印度教徒报》1 月 6 日第 20 版刊登了特约记者的短文:《印度在科研论文质量上领先于中国》。文章说,虽然印度在科研论文的生产数量上不及中国,但在质量方面却要好于中国。克里希纳在 2012 年 1 月 11 日的《印度教徒报》第 22 版还以《将印度婆罗多舞引入中国的演员仙逝》为题,对中国擅长印度古典舞蹈的女艺术表演家张君的生平事迹进行了介绍,并配以张君身着印度舞蹈服装翩翩起舞的彩照。《印度教徒报》2012 年 1 月 20 日发表 D. S. 巴杰里的文章《来自中国的心灵愉悦》,记叙了作者观看经过现代改编的英文版京剧的难忘经历,并配以中国京剧演员的彩色剧照,向印度受众展示了中国京剧艺术的现代活力与魅力。《印度教徒报》1 月 28 日刊登

---

[1] Vikas Singh, "The Rise & Rise of Chindia", *The Times of India*, April 10, 2005.
[2] Madhu Shetty, "The China Less Trodden", *The Hindu*, December 5, 2011.

了S.迈赫杜迪亚题为《遵循中国模式，给太阳能电池增加动力》的文章，作者引用了一位官员K.苏巴拉马尼亚的观点："'印度太阳能'必须多学习中国的政府银行和政策制定者，在支持本地制造业、基础设施建设以及关乎国家安全的重要事项方面达到可与中国媲美的地步。"[①]

再看印度发行量最大的英文报纸《印度时报》。《印度时报》2011年11月30日发表N.赛迪题为《印度、巴西和中国组成坚固的绿色轴心》的文章，对三国在国际气候论坛协调各自立场的问题做了正面分析。《印度时报》同年12月3日以《中国从太空传递信件》为题，对中国邮局利用天宫一号等设施在太空传递邮件的设想进行报道，报道旁边还配以一幅憨态可掬的熊猫的照片。12月30日，《印度时报》以《太空的边界：中国公布空间计划》为题，报道了中国载人航天的计划。该报在中国农历新年第一天即2012年1月23日的第16版即国际新闻版左下角以中国老百姓舞狮等三幅彩照，解说中国龙年。1月13日，《印度时报》和《印度教徒报》同时报道了中国网球运动员李娜在悉尼网球赛上打败著名选手科维托娃的抢眼战绩，前者的标题是《李击退科维托娃的挑战》，后者的标题是《李娜让皮特拉·科维托娃的希望化为泡影》。S.达斯古普塔在《印度时报》1月29日第22版以《龙年导致中国出现婴儿出生高潮》为题，对中国新年习俗等做了简要说明。

有的学者在"世界各国报纸全文库"的《印度时报》数据库中输入"Chinese culture"进行检索后发现，2003年到2013年，该报关于中国文化的报道有117篇。"通过综合整理与分类，有关中国文化大致涉及中国儒家文化、佛教文化、具有中国元素的文化与习俗等方面。"[②] 事实上，同一时间段，该报关于中国军事和中印关系等方面的报道，在数量和篇幅上

[①] Sujay Mehdudia, "Follow China Model and Give Fillip to Solar Units", *The Hindu*, January 28, 2012.

[②] 张占顺："印度'象'眼中的中国'龙'——《印度时报》对中国文化软实力的认知"，《南亚研究季刊》2014年第2期，第42页。值得注意的是，该文还认为，2003—2013年间的117篇报道显示，《印度时报》对中国文化的"报道篇幅也很多，从这些报道可以看出印度人对中国文化表现出很大的热情，有的甚至是依赖，如孔子的思想既成为印度人做事的准则"。——这里的分析既有正确的一面，也有过度诠释或认识偏颇的一面，因为该文似乎没有辩证地分析某些印度记者借佛教文化对华进行歪曲报道的事实。此外，孔子思想是否已成为"印度人做事的准则"，这似乎值得商榷。事实上，印度人对老子的思想更为熟悉，这方面的信息可参阅薛克翘的相关著述。

明显占优。这似乎说明，带有积极因素的中国文化报道并未成为印度媒体对华报道的重点。这也是印度媒体对华报道积极姿态的耐人寻味之处。

另需注意的是，依据笔者在印期间有限的阅历，《印度教徒报》和《印度时报》在报道中国时，基本上是在各版的不显眼位置发表或短或长的文章。这说明，关于中国的正面报道虽然也能吸引受众，但也只是其国际报道的一个组成部分而已。与此相反，后文将要谈到的某些对华负面报道与评述，有时却在显著位置刊出。近年来，这一状况似乎有所改变。

与中国媒体刊载部分印度学者、政治家的文章相似，印度媒体近年来也开始刊载中国政治家、外交官或学者的文章，这显示了中印媒体报道对方的一个积极动向。例如，《印度教徒报》2012年1月16日第6版头条发表了中印边界问题特别代表戴秉国的英文文章《中国与印度并肩创造辉煌的未来》，阐述中印关系与中国和平发展理念。① 2013年5月20日，李克强总理在《印度教徒报》和《觉醒日报》发表题为《跨越喜马拉雅山的握手》的署名文章。② 印度《外交官》杂志2013年5月刊发表了中国时任驻印度大使魏苇题为《站在新起点的中印关系》的署名文章。③ 2015年5月2日，中国驻印度大使乐玉成在《印度快报》发表文章《从奇迹到新常态的中国经济》。该文结尾处写道："中印同为发展中大国，合作潜力巨大，前景广阔……我相信，只要中印携手，加强合作，中印作为亚洲经济'双引擎'一定会相辅相成，相得益彰，共同推动亚洲经济持续发展，共同促进'亚洲世纪'尽快到来。"④ 2015年5月17日，乐玉成大使在《印度教徒报》发表文章《一次不同凡响的访问》，介绍印度总理莫迪访华的成果。他以超高规格接待、超多合作成果和超级友好氛围等三个超级（super）印象来形容和总结印度总理访华的盛况。他写道："正如中印高铁合

---

① Dai Bingguo, "A Brighter Future When China and India Work Hand in Hand", *The Hindu*, January 16, 2012.

② 参见中国驻印度大使馆网站2013年5月22日的消息，http://www.fmprc.gov.cn/ce/cein/chn/sgxw/t1042584.htm。

③ 参见中国驻印度大使馆网站2013年5月27日的消息，http://www.fmprc.gov.cn/ce/cein/chn/sgxw/t1044291.htm。

④ "乐玉成大使在《印度快报》发表署名文章《从奇迹到新常态的中国经济》"，2015年5月2日，http://www.fmprc.gov.cn/ce/cein/chn/sgxw/t1260190.htm。

作一样，中印关系这趟列车也正在进入加速发展的高铁时代。作为驻印大使，我深受鼓舞，将加紧落实访问成果，进一步促进两国各领域友好交流合作，更好造福两国和两国人民，开启中印'龙象共舞'新篇章。"①

综上所述，近年来中印媒体报道对方均出现了一些值得赞赏的地方，其中最重要的便是开始以客观的心态报道对方的真实一面。不过，两相比较，中国媒体对印报道的积极因素，并未出现如印度媒体对华报道过程中的积极因素断裂或起伏的现象，因为印度媒体有时受国内舆论生态或政治环境的影响更大，也因为中国在印度对外关系或对外认知中所占的比重更大。此外，与印度媒体某些时段刻意突出中印比较甚或讨论印度何时赶超中国的姿态相比，中国媒体的相应报道并不多见，这或许与迄今中国经济发展领先于印度、国际地位似乎略高于印度等因素有关。

第二节　中印媒体报道对方的消极一面

正如中印作家、学者笔下描绘的对方形象存在正负两面一样，中印媒体关于对方国家的各种报道也存在积极与消极的两种色彩。此处先对中国媒体对印报道的负面色彩进行简介。

21世纪初，中国媒体在印度的常驻记者很少。至2004年为止，在印度有常驻记者的大致情况是：《人民日报》两人，《文汇报》一人。中央电视台在新德里设有一个记者站，而《中国青年报》和《成都商报》等均无派往印度的常驻记者。这使得部分中国媒体报道印度时，难免会出现一些想当然的成分，其失实之处在所难免。

唐璐通过研究发现，21世纪初头几年，中国媒体主要围绕下面一些兴趣点报道印度：核与导弹、卫星发射、软件、大国梦、印度崛起的影响、

---

① "乐玉成大使在《印度教徒报》发表署名文章《一次不同凡响的访问》"，2015年5月17日，http://www.fmprc.gov.cn/ce/cein/chn/sgxw/t1264454.htm。

印度追赶中国、印度宗教和种姓冲突、中印边界问题、美印伙伴关系、印俄战略关系、印巴冲突与缓和、中印高层互访、经济贸易和民间交往、印度天灾人祸等。受市场化运作影响,许多媒体对印报道的题材不够广泛,大多显出很强的随意性或程度不同的民族情绪。一些媒体喜欢渲染、挖苦甚至矮化印度。一些网络媒体对印报道侧重于宣泄民族情感的"硬新闻",对文章标题的重视甚于内容,经常有意拔高或者贬低印度,稿件内容失实时有发生。[1] 尽管中国官方媒体对印报道比较客观,但对读者产生强烈影响的往往是那些都市类报刊及网络媒体。久而久之,那些仅仅是根据公众兴趣登载的印度报道便构成了中国人眼中的印度形象,而下述刻板印象显然缺乏客观的色彩:"一个不断追求大国梦想但又总是力不从心的国家,一个除软件外在其他方面比中国落后许多年的国家,一个在任何事情上都喜欢和中国较劲的国家,一个要与美国联手遏制中国的国家,一个肮脏和充满社会动荡的国家,一个穷兵黩武的核国家,一个种族骚乱不断和天灾人祸频仍的国家……显然,这些都并非一个真实的印度。"[2]

客观地看,近年来中国媒体报道的基调比以前有了很多积极的变化,但一些媒体的报道还存在不少问题,其中对印报道的刻板化趋势非常明显。

21世纪初,部分媒体对印度大国梦非常关注,其报道心态不一。从语言来看,有的报道显然别有"深意"。例如,《中国新闻周刊》2001年第1期发表长文分析印度的大国战略及其与中国的关联,该文发表后,被《作家文摘》所转载。该文的大标题具有强烈的视觉冲击力:"印度:中国身边的一只醒狮"。文中的几个小标题分别是:"靠软件征服世界"、"印度洋以外的抱负"、"谁在威胁新德里"、"太平洋的棋子"等等。文章前编者所加的"按语"暗示了印度的强硬一面:"和中国一样拥有庞大的人口、古老的文明,同是发展中国家的印度,在本世纪末,以经济与军事上日趋强硬的姿态,给近邻中国乃至整个世界,都带来了某种变动因素。在美国

---

[1] 唐璐:"中国媒体对印度报道的偏好及其对公众的影响",《南亚研究季刊》2004年第1期,第71—72页。

[2] 同上,第72页。

和俄罗斯越来越重视印度的今天，中国也应当有所思考。"① 该文对印度版"中国威胁论"和核战略在内的印度军事发展战略给予了充分的关注。2004年的一期《参考消息》发文解析印度海洋战略时指出："印度早已经加入了核大国俱乐部，但如何可靠地运载和投放这些核武器，却让印度将军们犯了愁……为实现海洋大国梦，印度不惜血本。"② 这种对印度军事发展战略和大国梦想别有深意的报道姿态，在最近几年的一些对印报道中仍然时有所见。

2012年4月19日，印度发射"烈火"5型洲际导弹，对此中国媒体积极地予以报道。当年4月发行的一期《国防时报》在该型导弹发射之前发表文章，对印度的军购和腐败、印军的中国情结等进行报道。耐人寻味的是，编辑为此文所加的按语中写道："'我们要么成为有声有色的大国，要么销声匿迹。'这是印度首任总理尼赫鲁在其《印度的发现》中写下的话。如今，为'有声有色的大国梦'忙碌的印度把更多精力放在了'整军经武'上……人们不禁要问，是全球武器的大买家，还是装备落后的'土军队'，究竟哪一副才是印度'大象军团'的真实面孔？"③ 当年4月13日，《环球时报》发表一组报道，对印度经济发展进行评析。文中的小标题包括耸人听闻的"'危机四伏'的印度"；"成也民主，败也民主"；"什么摘走印度经济的光环"和"印度转型难度大"等。④ 印度发射洲际导弹的当天，《环球时报》头版头条为此发表专题报道，几个小标题包括"印度憧憬加入洲际导弹俱乐部"和"中国没有真正地把印度作为威胁或对手"等。该文中央配有示意图，说明印度导弹所覆盖的射程范围。文中说："令人吃惊的是，印度舆论在兴奋中丝毫不掩饰对其他国家的敌意。'印度发射可以打到北京的导弹'成了印度媒体的公开报道标题……印度的大国雄心一直很强烈，它已经成为世界头号军购国，不过，只凭洲际导弹就能成全球大国吗？澳大利亚媒体打趣说，在印度家庭都有厕所之前，

---

① 靳丽萍："印度：中国身边的一只醒狮"，《作家文摘》2001年3月30日。
② 江亚平："解析印度海洋大国梦"，《参考消息》2004年1月29日。
③ 高雷："'雄心'背后是贪心：伤不起的印度军队"，《国防时报》2012年4月16日。
④ 廖政军等："称其经济刹车危机四伏，怨它封闭市场赚钱太难：西方称印度'金砖'光芒暗淡"，《环球时报》2012年4月13日。

不要谈论什么世界'超级大国'。"① 随后,《国际先驱导报》发表特稿认为,印度导弹是借"浮夸风"试射成功的。该文认为,尽管"烈火"5型导弹试射成功,但其实际战斗力"远不能与印度的炫耀成正比"。② 2013年8月12日,《成都商报》以《印度航母"裸身"下水,卡在梦想与现实之间》为题,对印度首艘国产航母"维克兰特号"下水进行报道。8月13日,《成都商报》又以语带双关的《印度航母"拼"了》为标题,继续报道。该文对印度的"自主建造"说表示质疑:"'维克兰特号'航母下水,标志着印度成为美国、俄罗斯、法国和英国之后,世界上第五个自主建造航母的国家。不过事实上,该航母是个'混血儿':它依靠的是法国的设计图,搭载的是俄罗斯的战斗机,使用的是美国生产的发动机。"2013年11月5日,印度发射首个火星探测器"曼加里安号"。《环球时报》当天在头版头条以《印度今日雄心勃勃探火星》为题进行报道;在第15版"国际论坛"发表匿名社评认为,印度的航天计划雄心勃勃,该国科学界有志于在火星探测领域领跑亚洲。西方对中国"穷但是肯向航天花钱"的印象,同我们看印度"这么穷还有钱探测火星"的感受差不太多。印度的追赶目标就是中国。"看看印度在中国身后气喘吁吁地追赶,我们就应清楚,除了继续做好,我们别无选择。"③《成都商报》当日则以《印度今发射火星探测器,比飞机便宜》为题,组织几则短讯进行专题报道,其中一个小标题是《超3.5亿人每天生活费不到1.25美元,要面包还是枪》。2014年9月24日,"曼加里安号"火星探测器成功进入火星轨道。《环球时报》9月25日头版头条标题使人印象深刻:"总理盛赞'今天创造历史',媒体兴奋'这次战胜中国':印度欢呼加入'火星俱乐部'。"其"社评"将印度描述为一半人用不上厕所却勒紧裤带去火星拍几张照片的"穷国"和"已将自己看成大国"的国家,但同时认为中国人不该嘲笑"贫穷的印度"在火星那里"摆阔"。"通过印度艰难的航天探索,我们可

---

① 郭芳等:"射程达5000公里以上,被贴上'中国杀手'标签:印度'烈火'惊扰全亚洲",《环球时报》2012年4月19日。
② 吕正韬:"印度新型导弹借'浮夸风'上天",《国际先驱导报》2012年4月27日—5月3日,第6版。
③ 佚名:"印度探火星,大国谁能漠视战略竞争",《环球时报》2013年11月5日,http://mil.huanqiu.com/observation/2013-11/4529674.html。

以看到自己的某种影子……因此，为印度的'曼加里安号'进入火星轨道鼓掌，既是我们的风度，也是我们的态度。"① 语气中不乏将印度视为中国昔日影子的痕迹。这种看似前后矛盾却又暗含等级划分的暧昧心态耐人寻味。

从以上相关报道和述评不难发现，部分中国媒体对印度军事发展战略所持的基本是一种戒备、妒忌再加轻视、藐视的思维。在它们看来，印度的确还是一个"不断追求大国梦想但又总是力不从心的国家"和"一个穷兵黩武的核国家"。② 显然，这种报道只能满足部分媒体受众浅薄的阅读兴趣，孕育一点肤浅而狭隘的民族主义情绪，并不能构建一种真实的印度形象。这说明，近期媒体对印报道仍然存在某种不健康思维。

针对部分印度媒体对华报道中的负面色彩，部分中国媒体近年来的对印报道，还将印度设定为一个喜欢和中国较劲的国家，甚至是一个要与美国联手遏制中国的国家，有时则将印度塑造为一个始终警惕或不信任中国的国家，其中印度媒体的"中国威胁论"自然成为这一报道姿态的催化剂之一。这似乎表明了中印媒体报道对方时的消极互动趋势。《印度时报》2006年11月8日透露，就中国一家航空公司拟在印度重要城市扩建机场货运设施的问题，印度国家安全委员会在一份报告中警告称，不能让中国公司靠近"国家安全重地"，因为这将对印度的安全构成威胁。《环球时报》为此刊登特派记者的一篇报道称："印度对中国的不信任一直存在，总是对中国在其国内以及周边国家的一些正常活动过于敏感。近两年，中印双方贸易额持续增长，领导人互访也日趋频繁……在这样的大背景下，印度国家安全委员会还守着'老眼光'不放，显然有些不合时宜。"③ 该报道被2006年11月13日发行的《成都商报》以《印度拟对华设禁飞区》为题进行了转载，副标题是"以敏感设施被监视为由，印度国家安全委员会阻挠中国民航公司在印开展业务"。《成都商报》2006年11月22日载文

---

① 佚名："赞印度火星探测器，是风度也是态度"，《环球时报》2014年9月25日。
② 唐璐："中国媒体对印度报道的偏好及其对公众的影响"，《南亚研究季刊》2004年第1期，第72页。
③ 陈继辉："印度拟对中国民航设禁飞区，称敏感设施被监视"，《环球时报》2006年11月12日，http://news.sohu.com/20061112/n246329437.shtml。

称："有意与上海一较高下的不止孟买。"① 《环球时报》2012年2月2日的头版头条，以《印度再炒中国大坝威胁论》为题的综合报道，对印媒的相关言论进行回应："印外交部的声明把一个媒体炒作的话题变成两国官方间的交涉。'中国大坝威胁论'只是在印度很有市场的各种'中国威胁论'中的一个，它的间歇性爆发让印度舆论对中国的抱怨不断地积聚能量。"② 2013年2月19日发行的《环球时报》，在报道中国公司接手巴基斯坦瓜达尔港时，提到了印度媒体"渲染威胁酸溜溜"的感觉。

仍然借用前述学者即唐璐的说法，近年来中国媒体对印报道有时仍将其塑造为一个"除软件外在其他方面比中国落后许多年的国家"和一个"肮脏和充满社会动荡的国家"，而这仍然是一个虚假的印度形象。例如，《成都商报》2012年11月18日转载余小葵描述在印度考驾照的一篇随笔时，将其大标题设定为《我能想到最危险的事，就是在印度考个驾照》，文中还配有两幅印度街头各式车辆挤作一团、人车混杂的"乱相"的照片。这鲜明传达了印度社会"一片混乱"的印象。关于印度社会"落后"、"混乱"或"肮脏"的"登峰造极"的描述，以2012年底至2013年初关于印度轮奸案的集中报道最为典型。

2012年12月16日晚上，德里大学医学系一位23岁的女大学生，在与男友看完电影回家时，误上了一辆不在当班的公交车，车上七名男子将其男友围殴后关押在驾驶室，然后将其拉到车厢后轮奸。该轮奸案震惊印度全国，并引发了印度国内各界的强烈愤慨。12月18日，印度妇女儿童在新德里举行抗议，呼吁保障妇女安全。12月29日，受害人在新加坡因伤势过重而不治身亡。2013年1月3日，新德里一家法院开始审理该案件，印度警方建议以强奸、谋杀等罪名判处6名嫌疑犯中的5人死刑。③《环球时报》等中国报纸与网站进行了大量报道，并对印度后来出现的几起轮奸案和强奸案继续予以报道。此外，《广州日报》和上海的《东方早报》等均有相关报道。在这次针对印度轮奸案的持续报道中，很多都市消费报多采取转载他人新闻的方式进行报道，这体现了某些媒体人捕风捉影

---

① "孟买、德里都盯着上海"，《成都商报》2006年11月22日。
② 张笑竹等："印度再炒中国大坝威胁论"，《环球时报》2013年2月2日。
③ "印度公交轮奸案"，http://baike.soso.com/v59334202.htm。

以吸引受众注意力，从而使自己的市场利润最大化的动机。[1]

至此可以看出，近年来，包括期刊报纸和网络资源在内的中国传统媒体和新媒体对印报道的内容越来越丰富，并呈现出非常复杂的色彩。这些对印报道不仅体现了 21 世纪初中国对印认知的复杂局面，也为中印关系研究提供了极其丰富的现实文本和观察视角。

再看看印度媒体近年来对华报道的一些负面色彩。

由于中印边境冲突、西藏问题等复杂的历史纠葛，印度媒体对华报道的负面因素历来以"中国威胁论"为重点。即使是 21 世纪初，这种趋势也未见减弱，有时还以特殊的面貌或极端的姿态出现。中印媒体相互报道的姿态差异，在此也得以充分地体现，因为中国媒体的某些对印负面报道是以戒备加轻视的心态为底色，而印度媒体的某些对华负面报道则是以忧虑加敌视的心态为底色的。

由于存在领土争端和其他历史遗留问题，印度媒体表达了印度军方和政府对于中国在中印边界地区的军力投放的疑虑，并且对中国在西藏等地进行基础设施建设表示担忧。这可视为长期以来存在于印度朝野和军方的"中国威胁论"的具体表现之一。例如，2009 年左右印度媒体和部分军界人士不断制造所谓的"中国军队入侵印度领土"等话题，炒作"中国威胁论"。《印度时报》2011 年 12 月 28 日报道中国的题目相当吸引印度的媒体受众：China to Build World's Highest Airport in 2012（中国将在 2012 年建造世界最高的机场），文章中间还打上了三个英文单词即 6th in Tibet（在西藏的第六个）。就连对华报道立场温和的印度记者阿南塔·克里希纳也在 2012 年 1 月 19 日的《印度教徒报》上撰文探讨中印边界地区基础设施建设的不平衡现象。他的文章标题是 China's Rail Network to Touch India's Border（中国铁路网触及印度边界），这一标题无疑带给印度受众一种无比紧张的急迫感。印度媒体的这种心态表明，它们仍会持续关注中国在中印

---

[1] "印度连发多起轮奸案，引国际社会关注"，华夏经纬网，http://www.huaxia.com/xw/rmdj/2012/12/27/3145573.html。客观地说，中国各类媒体关于印度轮奸案的集中报道，在中国受众心目中形成了对印度社会的某些刻板印象。例如，笔者于 2013 年 3 月底赴上海参加一次小型学术研讨会时，一些学者在茶歇时聊到了印度轮奸案，并向到过印度的笔者咨询，印度社会是否真的如此混乱不堪、令人不安？这让笔者非常尴尬。

边境地区的动向。

2012年下半年，以1962年中印边境冲突50周年为契机，《印度时报》和《印度教徒报》等各大英文媒体纷纷对印度各界的历史反应展开相关报道，这些报道呈现出斑驳陆离的色彩。2013年来，中印两国军队在喜马拉雅一带的边境线进行的"帐篷对峙"事件，在印度国内各大英文媒体上也赚足了媒体受众的眼球。这些报道的背后，或多或少潜藏着"中国威胁论"的影子。

印度版"中国威胁论"不仅表现在军事领域，还表现在经济领域。印度学者指出，在报道中国方面，印度和西方媒体有时在"中国威胁论"上表现出惊人的一致。"黄祸"等歧视性的种族主义称呼原先在美国用来代指中国移民，现在则用来指中国商品的"泛滥"。"在印度，对中国移民的恐惧并不存在，但取而代之的却是对中国入侵的恐惧，特别是1962年以后。通过挪用这些西方的刻板印象，印度媒体报道也参与了一味反映本民族能力不足的大合唱，这些言辞也反映了承认两国经济差别的困难。"[1]《印度时报》2005年5月21日发表文章认为，中国纺织品出口大大增加，这就涉及出口到世界各地的印度产品。印度面对中国出口的强大优势表现得非常无奈，这似乎可视为对中国商品"倾销"印度市场的恐惧。"这显然是对不平等的承认，表明中国是一个威胁对象……在验明此种观点的过程中，印度媒体模仿的是由西方媒体建立的模式。《华尔街日报》、《经济学家》和《华盛顿邮报》就是这些广为人知的媒体名称，这些媒体在过去的几年里，增强了西方害怕被中国商品淹没的恐惧。"[2]

在某些特殊的时期，"中国威胁论"催生出印度媒体对华报道的一个重要议题：中国是敌是友？换句话说，媒体充当了辩论中国的"主战场"。例如，《印度时报》2005年4月17日以《贸易伙伴：我们能否信任中国？》为题，发表了A.维马尼和S.杜塔的两篇观点相似的短文。维马尼认为，中国的某些贸易规则对印度的出口商来说是极不透明的，而且中国向印度的敌对国家提供核技术不能导致中印互信。杜塔通过对中印贸易的分析后

---

[1] [印] 苏巴尔诺·查塔尔吉著，万雪梅译："'印度中国亲如兄弟'：印度传媒中的中国形象"，《跨文化对话》第19辑，南京：江苏人民出版社，2006年版，第179页。

[2] 同上书，第178页。

得出结论：印度不应该相信中国，印度应该与在世界上范围宽广的中国市场进行竞争。①《印度时报》2005年8月21日以《印度应该将中国视为朋友还是对手？》为题，刊登两位学者针锋相对的辩论短文。查兰尼（Brahma Chellaney）认为，经济和军事发达且渴望成为世界大国的中国，仿佛是一个"正在崛起的法西斯国家，它上升的实力将不断挑战亚洲和全球的安全"。而巴拉（Madhu Bhalla）则认为，中国倾向于国际合作，中国还是一个发展中国家，它不会以经济发展为代价冒险扩张。巴拉的结论是："有用的做法是，将中国视为力量和资源上的对手而非敌人，我们可以通过合作解决一些重要问题。"② 这种对于一个国家形象的公开论辩，在中国媒体对印报道史上是从来没有过的。

有时，印度媒体还以意识形态为依据唱衰中国。例如，《印度时报》2005年6月9日发表题为《中国面临不稳定的未来》的文章。在作者A.瓦斯尼看来，中印之间最显著的区别在于："世界级公司已经在印度而非在中国涌现，印度的资本市场发展得更好，这一点意义重大。"瓦斯尼说，中国未来最大的制度性障碍是政治方面。他总结道："印度吵闹的民主常常迷惑住经济学家，但长远来看，它却又是印度最好的一笔投资。它可以防止印度的动乱走向不可收拾的地步。中国的非民主政体使它目前经济闪亮，但却会使中国的未来变得非常地不稳定。"③ 这种似曾相识的论调在印度与西方政界、学术界并不鲜见。不过，中国媒体近年来罕见以意识形态为依据，对印度形象进行负面刻画的举措。自然，关于印度式的民主资本主义是否阻碍印度现代化发展的问题在学界有过争议，但在媒体对印报道中较少出现。

近年来，《印度教徒报》和《印度时报》对于此前印度英文媒体所关注的领域如领土争端、西藏问题（达赖问题）等均显示出持续的关注热情，其报道所蕴含的负面色彩自不待言。

---

① Arvind Virmani & Sujit Dutta, "Partners in Trade: Can We Trust China?", *Sunday Times of India*, April 17, 2005.

② Brahma Chellaney & Madhu Bhalla, "Should India consider China a friend or rival?", *Sunday Times of India*, August 21, 2005.

③ Ashutosh Varshney, "China Faces Uncertain Future", *The Times of India*, June 9, 2005.

关于领土争端，印度主流英文媒体的态度一般是毫不含糊的。例如，《印度时报》2011年11月3日语言犀利地报道了中国时任驻印度大使张炎与印度记者在中印商业会议上就一家中国公司所持的将"阿鲁纳恰尔邦"（即中国的藏南地区）和拉达克绘入中国版图的地图进行交锋的情境。① 关于特别签证或曰"另纸签证"的问题，也是印度媒体关注的焦点之一。《印度时报》2012年1月7日报道，由于中国方面拒绝给一位来自"阿鲁纳恰尔邦"的官员发放签证，印度方面取消了一个30人组成的代表团的访华计划。这说明，印度媒体涉华报道也是对印度政界对华声调的一种呼应。正如印度《经济时报》2012年1月13日报道中所说的那样，签证问题归根结底还是领土问题。

西藏问题历来是印度政府、民众和媒体最为关注的问题，近年来他们还加入了关于所谓新疆问题的思考。2011年以来的印度英文主流媒体不断报道藏人（主要是佛教信徒）自焚的事件，并以此为契机，攻击中国的宗教政策和少数民族政策，以向中国政府的西藏政策施压。2011年11月至12月，围绕印度政府是否允许达赖喇嘛参加在新德里举行的世界佛教大会并发表主旨演讲，中印两国政府进行了外交"博弈"。结果是，印度政府拒绝了中国方面阻止达赖参会并发表演说的请求，允许达赖参会。为此，中印边界谈判被推迟。围绕这一事件，印度主流英文媒体纷纷发表文章或报道，使Dala（达赖）和Tibet（西藏）两个英文词汇成为当时出现频率很高的政治术语。例如，《印度时报》2012年2月3日刊登了萨迦里·查布拉对达赖喇嘛的访谈录，内容不乏达赖对中国的攻击。类似报道在印度媒体受众心理上强化了中国形象的负面程度。

2011年底至2012年初，印度媒体对华报道的热点除了达赖风波之外，非"义乌商人事件"莫属。所谓"义乌商人事件"是指围绕两名印度商人发生的、涉及两国关系的民事行为，但却牵动了中印关系的外交神经。这自然给人们观察印度主流英文媒体的对华报道提供了极佳的平台和契机。

《印度时报》2012年1月3日头版头条的标题是：Denied Medicine,

---

① Sameer Arshad, "Distorted Map: Chinese Ambassador Tells Indian Journalist to Shut Up", *The Times of India*, November 3, 2011.

Indian Official in China Collapses（印度官员在中国因拒绝给药而昏厥）。副标题是："卑劣无耻的商业争议，外交部表示抗议"。这篇报道利用这一事件作为噱头的版面安排耐人寻味。S. 达斯古普塔在1月6日的《印度时报》头版发表两篇署名报道，其中一篇的标题带有强烈的感情色彩：Yiwu: A Rogue City Run by Profit, Trades Face Legal Hurdles in China（义乌是被利益所驱动的无赖城市，商人们在中国面临法律障碍）。

整体来看，近年来印度主流英文媒体的对华报道开始呈现多元化色彩，但是如全面考察印度的主流英文媒体如报纸、期刊、电视节目等，便会发现其对华报道的主流仍以负面为主。印度主流英文媒体对华负面报道的起因究竟有哪些呢？[①]

中印两国历史宿怨和现实竞争相互交织，这使印度英文媒体对华报道难以显出积极色调。这些宿怨（主要是1962年边境冲突）和当代竞争使某些印度媒体人看待中国时带有一种警惕妒忌、忌恨愤懑和猜疑忧虑的情绪，这势必影响其对华报道的立场和心态。就印度媒体的某些对华报道来说，之所以存在一些负面的新闻或事实的歪曲，也与中印两国正常渠道的文化交流、民间往来或公共外交尚未达到理想水平有很大关系，这难免会影响到双方媒体报道的心态和立场（中国媒体的印度报道也存在某些不容忽视的问题）。印度媒体为了招徕读者以追求经济利益，不得不在惨淡激烈的市场竞争中使出浑身解数，而打"中国牌"无疑是其中重要而有效的一招。"中国"这个蕴含政治色彩和意识形态的字眼，无疑是很多媒体受众愿意"品尝"的"精神快餐"。

由上述简介来看，借用数学语言来说，中印媒体近年来对对方的报道既存在某种特征相似的"交集"，但也出现了某种令人关切的"差集"。这种"交集"主要是指中印媒体报道对方均存在积极、客观、合理的成分或消极、偏激、错误的因素，而其"差集"则指双方报道的心态有异、报道的重点有别等。例如，部分中国媒体有时以戒备加轻视的心态报道印度，聚焦于印度"贫穷"、"落后"的一面，部分印度媒体以忧虑加敌视的心态

[①] 此处相关论述参阅拙文："近期印度媒体对华负面报道评析"，《东南亚南亚研究》2012年第4期；唐璐："印度主流英文媒体报道与公众舆论对华认知"，《南亚研究》2010年第1期。

报道中国，关注西藏问题，突出"中国威胁论"，这便是中印媒体相互报道的"差集"。①

第三节　媒体报道相关问题的思考

当代主权国家之间的互动早已突破政治互动、经贸往来的二维结构，转向人文交流的第三维空间，媒体的国际传播必然成为考察国际关系的有利平台或窗口。人文交流不仅包括教育、科技、学术等层面的交流，还涵盖国与国之间文化心灵的沟通即跨文化对话。中印媒体对对方国家的报道，其实也是两国人民双向认知的特殊表现。因此，中印媒体相互报道过程中出现的一些负面现象，值得学界探讨。

中印媒体关于对方国家的负面报道，引起了两国学者、政治家的重视。② 例如，印度学者认为："说实话，中国的政策制定者、顾问、军事人员和官员们也有一种相似的夸张的印度形象……每当双边关系恶化时，中国对印度的负面认知便会出现。"③ 该学者指出中印双方有彼此认知误差的历史迹象，这其实表明，双方必须尽快商讨如何共同解决包括媒体在内的双向认知问题。还有印度学者引用中国学者于2009年6月发表在《中国日报》和《环球时报》上的印度述评后说："近来，中国媒体发表了一些针对印度及其相关事务的挑衅性文章。下边就是一些例文。"④

---

① 需要说明的是，笔者不谙印地语、马拉提语和孟加拉语等印度现代语言，对于印度方言区的媒体的中国报道缺乏必要的分析，期望懂得这些语言的专家在此领域有所贡献、有所突破。

② 例如，2011年11月初，笔者参加了在印度海德拉巴大学举行的第四届全印中国问题研讨会。会上，印度前驻华大使任嘉德提出，中印两国应该劝告或引导各自媒体，避免其发表对中印关系不利的聒噪声。笔者趁会议休息间隙，与另一位印度前驻华大使康维诺就任嘉德大使的观点进行交流。笔者认为，比较而言，印度媒体近期对华报道的负面色彩更加浓厚。

③ S. Singh, ed. *India and China: Mutual Reflections*, New Delhi: Anmol Publications Pvt. Ltd., 2006, p. 372.

④ Jagannath P. Panda, *China's Path to Power: Power, Military and the Politics of State Transition*, New Delhi: Pentagon Security International, 2010, p. 213.

就印度媒体对华报道而言，一些中国学者先后从学理层面予以探讨。新华通讯社高级编辑、新华社世界问题研究中心研究员唐璐于 2004 年发表文章，对中国媒体在 21 世纪初对印报道的基本概况、特征和影响其对印报道出现失误的因素等进行了分析。这或许是国内外学界第一篇系统分析中国媒体对印报道的论文。[①] 2010 年，唐璐在《南亚研究》发表长文，主要探讨了 2003 年以后印度英文媒体的对华报道，她以 2009 年 8 月至 9 月间印度媒体集体"对华宣战"（借用印度资深记者布山的话）为例，剖析了印度英文媒体运作特点、其所构建的中国形象以及如何影响印度民众对华认识等议题。[②] 这篇文章对中国南亚学界认识印度媒体对华报道具有重要的参考价值，也开拓了中国印度研究的新领域。此后，唐璐还发表文章，探讨中印媒体如何消除报道对方时的误读现象。[③] 黄迎虹则以金砖合作机制为支点，切入中印媒体报道的深度分析。他指出："中印两国媒体对金砖合作的态度和观点也相应地在多个侧面出现分化；两国对金砖议题的关注有集合，也有差异……整体而言，两国对于金砖合作有一定的分歧，也有相对的共识。"[④] 杨值珍和严怡宁等人也曾撰文讨论印媒对华报道的问题。[⑤]

为了营造健康友好的周边安全环境，中国必须高度重视印度媒体对华报道的负面色彩对中印关系良性发展的潜在影响，也必须重视如何解决中国媒体对印报道中出现的一些负面因素，从而为两国政治家、学者和民众正确认识对方，培育对对方国家的美好印象打下舆论基础。

中印媒体相互报道对方虽然属于新闻活动，但却与中印双向认知密切相关，因此这种媒体实践显然超越了新闻活动的范畴，已经不知不觉地上升到跨文化形象传播的高度。有的学者认为，中国对外宣传需要革新传统

[①] 唐璐："中国媒体对印度报道的偏好及其对公众的影响"，《南亚研究季刊》2004 年第 1 期。
[②] 参阅唐璐："印度主流英文媒体报道与公众舆论对华认知"，《南亚研究》2010 年第 1 期。
[③] 唐璐："中印媒体在消除彼此误读中的责任"，《对外传播》2010 年第 5 期。
[④] 黄迎虹："金砖合作的两面：基于中印两国媒体评论的实证分析"，《南亚研究》2014 年第 3 期，第 14 页。
[⑤] 参阅杨值珍："印度制造中印关系不和谐音原因探析"，《南亚研究》2010 年第 3 期，第 30—40 页；严怡宁："印度的'大国梦'与中国形象的媒体呈现——以《印度斯坦时报》涉华报道为例"，《南亚研究季刊》2012 年第 2 期，第 33—37 页。

的话语体系和传播观念，及时调整中国国家形象的传播策略，根据变化的时代主题和国际传播环境推动中国对外传播事业的改革和发展。① 这一观点对于我们思考中印媒体相互报道的问题不无启示。

近年来，中印采取了统一行动，为两国媒体工作者直面交流、深入了解对方创造了机会。2013 年 8 月 21 日，外交部副部长翟隽会见了来华出席首届"中印媒体对话"的印度主流媒体资深记者、专栏作家和专家，双方就中印关系、媒体对两国人民相互认知的作用等进行了交流。8 月 22 日，首届"中印媒体对话"论坛在北京开幕。中印双方媒体代表就"中印媒体人如何看对方国家发展现状及形势、中印两国共同面临的机遇与挑战"、"媒体在中印关系中的作用与影响"等问题做了讨论。② 2013 年 9 月 16 日，首届"中印媒体论坛"在印度首都新德里举行。论坛由中国国务院新闻办公室（以下简称国新办）和印度外交部共同举办，国新办、外文局以及中国媒体代表团出席。③ 2014 年 1 月 30 日，中国驻印度大使魏苇在使馆会见了正在印度访问的《环球时报》执行副总编李剑一行，双方就中印关系、中印媒体合作等议题交换了看法。④ 2014 年 10 月 22 日，新任驻印度大使乐玉成在新德里会见印度报业托拉斯总编兼首席执行官拉兹丹，双方就习近平主席访问印度、中印关系等深入交换看法。印报托高级编辑约瑟夫、外事主编蒂库、使馆程广中公参、谢立艳参赞等出席。乐大使表示，当前中印关系处于历史最好时期，希望印报托作为印第一大通讯社，能带头积极、客观、全面地报道中印关系和中国发展，增进两国人民相互理解和信任，为两国各领域务实合作营造良好舆论氛围。中方重视媒体对中印关系发展的重要促进作用，使馆愿继续推动中印媒体开展互访、交流与合作，拉近彼此感情距离。拉兹丹表示，习主席访印非常成功，两国领导人的密切互动给他留下深刻印象，印报托对访问进行了全方位深入报

---

① 张昆：《国家形象传播》，上海：复旦大学出版社，2005 年版，第 258 页。
② 参见李嘉瑞："2013 中印媒体对话论坛开幕"，《新民晚报》2013 年 8 月 22 日，http://news.xinmin.cn/world/2013/08/22/21631910.html。
③ "首届'中印媒体论坛'在印度成功举行"，2013 年 9 月 18 日，http://www.fmprc.gov.cn/ce/cein/chn/zywl/t1078013.htm。
④ "驻印度大使魏苇会见《环球时报》代表团"，2014 年 1 月 30 日，http://www.fmprc.gov.cn/ce/cein/chn/sgxw/t1125261.htm。

道。他期待看到印中关系越走越近、越走越实,印报托将不断加强对印中关系和中国发展的报道,让更多印度民众了解印中合作给双方带来的实实在在的好处和实惠。① 2015年3月30日,乐玉成大使走访《印度教徒报》总部,会见该报总裁拉姆和副总裁拉维,接受该报专访并与该报30余名记者座谈。乐大使指出,媒体是中印关系发展的重要推手,对于引导舆论走向、加强相互认知、增进互信与合作有着重要影响力。他希望媒体发挥好促进两国人民相互沟通与了解的桥梁作用,为中印关系持续稳定发展营造良好舆论氛围。拉姆热烈欢迎乐大使到访《印度教徒报》总部,称此举充分体现了乐大使和中国使馆对印度媒体和该报的重视。他表示,《印度教徒报》今后将继续发挥报业龙头作用,更加全面客观报道中国,引导民众积极看待两国关系,为促进中印关系健康快速发展作出积极贡献。②

综上所述,中印媒体间的良性互动和政府主导的媒体间公共外交,必将对中印媒体报道对方发挥积极的影响,从而为中印双向认知呈现更加积极的色彩打下坚实的民意基础。

某些印度主流英文媒体对华报道持负面立场,这也与中国学者的中国话语在印度难觅蛛丝马迹有关。由于没有中国话语的引导和互动交流,印度媒体和公众自然倾向于采纳西方关于中国的观点话语。长期以来,印度主流英文媒体有时喜欢发表或转载包括华裔学者在内的西方学者撰写的中国述评,但却罕见刊载由中国政治家、外交官或学者撰写的英文文章或发表的观点。不过,这种畸形局面在近年出现了一些积极的变化。例如,2014年7月15日中国驻印度大使魏苇在印度英文报纸《经济时报》发表《金砖国家合作:期待中印建设更紧密的发展伙伴关系》一文,介绍中印在金砖国家合作机制下的合作前景。③ 当年10月1日,《印度时报》在评论版及其网站刊登了对中国新任驻印度大使乐玉成的专访,乐大使着重就习近平主席访印成果、中印经贸务实合作、地区合作、中印边界问题等回

---

① "乐玉成大使会见印度报业托拉斯总编",2014年10月23日,http://www.fmprc.gov.cn/ce/cein/chn/sgxw/t1203234.htm。
② "乐玉成大使走访《印度教徒报》总部开展交流互动",2015年3月30日,http://www.fmprc.gov.cn/ce/cein/chn/sgxw/t1250356.htm。
③ 魏苇:"金砖国家合作:期待中印建设更紧密的发展伙伴关系",2014年7月15日,http://www.fmprc.gov.cn/ce/cein/chn/sgxw/t1174646.htm。

答了记者提问。① 11月4日，中国驻印度使馆与印度中国研究所共同举办APEC主题圆桌论坛讨论会，乐玉成大使出席并做主旨演讲，印度中国研究所主席M.莫汉蒂（Manoranjan Mohanty）主持。印报业托拉斯、印《经济时报》、印联邦院电视台、撒哈拉电视台等印主流媒体及新华社、中央电视台、《人民日报》、中国国际广播电台等驻印媒体进行了采访报道。乐大使发表了题为"做大合作蛋糕，促进亚太繁荣"的演讲，介绍了由中国承办的第22次APEC领导人非正式会议的背景和议题，并用四个"C"阐述了中国关于自身发展与共同发展的理念：勇于创新（creative）、鼓励创业（conducive）、拉动贡献（contributive）、携手合作（cooperative）。② 11月11日，《印度快报》在评论版及其网站刊登了中国驻印度大使乐玉成在印度APEC圆桌论坛上的英文主旨演讲。③ 2015年5月8日，印度英文杂志《今日印度》（India Today）刊登对李克强总理的书面采访。④ 当年6月11日，印度报业托拉斯、亚洲新闻社、《印度时报》、《印度快报》、《商业标准报》、《铸币报》等主流媒体纷纷载文，报道中国驻印度大使馆与印度工商联合会共同举办的中印产能合作研讨会。⑤ 总之，中国政治家、外交家和学者必须尽可能在印度媒体或出版机构发表英文论文或出版著作，主动提出富有创意且可促进中印关系良性互动的话语体系（类似于谭中等人的"中印大同"说），让印度与中国话语而非西方话语进行积极互动，为印度主流英文媒体对华报道创造友好的思想氛围。

有的学者指出，当前国际话语的基本叙事结构仍然是以西方为中心，全球仍习惯于用西方话语诠释国际议题，国际话语体系仍处于不平衡、不

---

① Rudroneel Ghosh, "Xi, Modi reached consensus on handling border issue, Le Yucheng", *The Times of India*, http：//blogs.timesofindia.indiatimes.com/the-interviews-blog/xi-modi-reached-consensus-on-handling-border-issue-le-yucheng/? utm_source = TOInewHP_TILwidget&utm_campaign = TOInewHP&utm_medium = NavLi_Stry.
② "驻印度使馆与印度中国研究所共同举办APEC主题圆桌论坛"，2014年11月5日，http：//www.fmprc.gov.cn/ce/cein/chn/sgxw/t1207388.htm。
③ "乐玉成大使在《印度快报》发表印度APEC圆桌论坛主旨演讲稿"，2014年11月11日，http：//www.fmprc.gov.cn/ce/cein/chn/sgxw/t1209640.htm。
④ "《今日印度》刊登对李克强总理的书面采访"，2015年5月12日，http：//www.fmprc.gov.cn/ce/cein/chn/sgxw/t1263270.htm。
⑤ "印度媒体关注报道'中印产能合作研讨会'"，2015年6月13日，http：//www.fmprc.gov.cn/ce/cein/chn/sgxw/t1272894.htm。

公平的格局。中国话语权构建存在着三大问题：国际话语设置的统领性不强；媒体的议题设置力不强，在国际强势媒体前显得被动；叙事方式或传播模式创新不够，对新媒体重视不够。"鉴于此，我们亟须强化顶层设计，主动设置议题，提炼中国核心价值，发挥多元主体积极性、能动性和联动功能，创新传播模式，以便更好地构建中国话语权。"[①] 由此逻辑出发，中国对印媒体报道的叙事方式或传播模式也亟需改进和完善，乐玉成以四个"C"阐述中国发展观与国际合作理念且在印媒发表的举措，值得高度赞赏，并值得进一步推广或效仿。

同样的道理，由于中国学者、广大民众对印度的总体了解并不好于对西方的了解，很有必要鼓励或支持印度学者在中国媒体上发表一些有建设性的观点，以利于中国各阶层人士在形成正确、客观、合理、务实的印度观的过程中有所参考、有所助益。迄今为止，我们已能看到这方面的积极信号。例如，2006年的一期《成都商报》转载了印度著名中国问题专家拉贾·莫汉文章的译文。文中写道："中印关系不仅仅作用于这两个国家，同样会对维护地区和平和安全、调整南亚次大陆与亚洲关系结构产生影响……只要北京、新德里和伊斯兰堡同意，南亚与中国西部的天然优势互补将得到充分体现。"[②] 2010年，狄伯杰在接受《中国社会科学报》访谈时，提出改善中印关系的如下建议：中印双方、特别是印度方面要进一步放宽签证政策，增加留学生数量，建立并加强非官方机构的交流，促进两国民间之间的了解，建立双方媒体之间的友好合作关系，播放对方的电视节目。[③] 2013年，狄伯杰在备受部分印度学者关注的《环球时报》上发表文章认为，尽管印度和中国之间存在政治不信任以及其他消极因素，但两国关系却显露出成熟的迹象。他说，尼赫鲁的"亚洲复兴"梦想和邓小平的"亚洲世纪"构想正在梦想成真，但其未来的真正实现"有赖于印中关系，因为两国关系不仅将定义亚洲的新国际政治秩序，同时也将定义世界的

---

① 胡正荣、李继东："如何构建中国话语权"，2014年11月17日，http://www.npopss-cn.gov.cn/n/2014/1117/c352106-26041285.html。

② [印] 拉贾·莫汉："中国和南亚：好戏还在后头"，译者不详，《成都商报》2006年11月22日。

③ 褚国飞："龙象共舞：中印建交60周年——访印度尼赫鲁大学中印问题研究专家狄伯杰"，《中国社会科学报》2010年10月21日。

(新政治秩序)"。① 印度学者、特别是印度的中国问题专家在中国报纸上发表关于中印关系发展的建设性观点，这对中国媒体工作者矫正自己某些不正确的印度认知显然是有意义的。毕竟，中印两国政治家、学者的建设性观点，有助于包括媒体工作者在内的两国人民形成关于对方国家的正确认知和理性判断。

解决中印媒体相互报道中出现的一些问题，也与大力促进中印公共外交、文化交流等密切相关。后文将不同程度地涉及这些问题，此处不再赘述。

综上所述，中印媒体如何正确地报道对方，以促进中印关系健康发展，中印两国政府如何引导两国媒体对对方国家的正确报道，中印两国学者如何正确认识中印媒体报道对方时出现的某些问题，这些都是非常现实的命题，也是非常重要的国际关系议题，应该引起政界和学界的足够重视。

---

① [印] 狄伯杰著，伊文译："中印关系将定义国际新秩序"，《环球时报》2013年10月15日。原译文似对狄伯杰的英文有误解，因此此处引文添加括号中的文字以示补充。

第五章

人文交流与中印关系发展：
公共外交

通过前述对近年来中印媒体报道对方国家的分析可以看出，二者都存在贬低对方的迹象。从扭转中印媒体相互报道的某些不健康趋势来看，加强两国间公共外交势在必行；进一步说，对发展健康友好的双边关系而言，加强公共外交更是成为中印官方、民间的当务之急。①

第一节　中印公共外交历史回顾

"公共外交"（public diplomacy）是1965年由西方学者率先提出的一个描述当代国际关系实践的新话语。它在英国又被称为"文化外交"（cultural diplomacy），主要是指一国政府所从事的对外宣传和文化交流。有的学者认为，公共外交的概念晚于公共外交的实践，各国公共外交的具体实践均可追溯到20世纪前，但接受此概念的时间却要晚得多。② 中国与印度的情况均是如此。"当今世界正在步入公共外交的时代，任何一个参与全球化的国家要想回避公共外交都已经不可能了。中国公共外交的兴起，是世界范围内公共外交发展潮流的一部分，是全球化和信息化时代外交转型的一个重要方面。"③ 中国官方接受公共外交的概念大致以2004年外交部新闻司成立公共外交处为标志。2009年，该处升格为公共外交办公室。

---

① 本章论述参阅拙文："公共外交与国家形象：中印关系新视野"，《南亚研究季刊》2013年第2期。
② 韩方明主编：《公共外交概论》，北京：北京大学出版社，2011年版，第6页。
③ 韩方明主编：《中国人的国际新形象》，北京：新华出版社，2012年版，第1页。

有的学者认为，公共外交绝非某个国家的政府为了自己的利益而采取的权宜之计，它有更加深厚的理论基础，是全球化和信息化时代外交公开化、社会化和民主化的自然产物。"从更广泛的意义上说，公共外交所反映出来的是一国政府着眼于沟通不同思想文化，促进彼此的理解和交流的外交努力；或者说从根本上昭示了一国政府增进不同文化实体之间的相互理解和认知的社会责任。"[1] 这便体现了当代国际关系研究突破军事安全、政治互动和经济贸易等各个传统层面而转向构建"全球心灵空间"的大趋势。这是一种新型的"国际民心工程"，它使"心灵政治"（noopolitik）正日益成为"一种新的国际关系理论研究路径"。[2] 以探索和实践"心灵政治"为导向的公共外交一般以政府主导为前提，其外交对象大体为外国公众而非外国政府，其外交手段是媒体公关、文化传播、人文交流和援助等，其目标是形成外国公众对本国形象的正面认知。一国与别国的民间交流上升到政府主导层面时，自然便成为公共外交。[3] 这对那些长期存在文化隔阂、彼此理解度极低的国家而言，不啻于相互沟通而促进两国关系健康发展的一剂良方。从这一角度看，目前日趋成熟但仍存在许多脆弱或不稳定因素的中印关系非常值得从公共外交的视角加以思考。

对于中国和印度而言，公共外交的必要性和紧迫性不言而喻。其中一个原因是，中印广大人民对于对方国家的认知存在诸多误区，诸如"龙象之争"或"龟兔赛跑"模式的中印关系认知存在某些弊端，因为它将国际关系经典理论中的实力论带入中印关系研究中，使其成为考察中印关系的唯一理论模式。一般而言，国家形象就是着眼于人们认知领域的一个核心概念，它突出的是一国民众对他国政治、经济、社会、文化等方面的观察和评价，是一种强调主体价值标准的判断。"特别是对于正在崛起中的国家，谋求国家利益增长的同时，还必须优化自己的国家形象，争取国际公众对本国实力增长后的信任和理解，这是正在崛起的国家必须进行的重要工作。"[4] 究其实质，开展对于别国民众的公共外交也有提升本国软实力的

---

[1] 韩方明主编：《公共外交概论》，北京：北京大学出版社，2011年版，第7页。
[2] 同上书，第15页。
[3] 同上书，第7—9页。
[4] 同上书，第93页。

战略考量。软实力论"始作俑者"约瑟夫·奈曾经认为:"在这样一个多样化的世界里,所有这三种力量——军事实力、经济实力和软实力,都是必不可少的,尽管在不同场合具有不同的作用。然而,只要目前的经济和社会发展趋势继续下去,信息革命的领导作用和软实力就会变得更加重要。"① 奈还认为,未来的中国和印度将成为亚洲的巨人,这两个国家的软实力日益显露出"上升趋势"。"中国和印度的真正希望还在更长远的未来。经济的快速增长很可能同时提升中印两国的硬实力与软实力。"② 如何"润物无声"地影响他国对于本国的观察和认知即国际形象的塑造便成为本国培育文化外交软实力的关键过程。加强自身软实力的建设,塑造良好的国家形象,在"心灵政治"层面上沟通不同国家民众的文化心灵,进而达成心灵和谐,促进两国关系健康和谐地可持续发展,这是从公共外交视角对当代中印关系发展进行战略思考的基本原因。因此,探讨公共外交与中印关系发展的辩证关系,成为时代赋予学者们的要务。

大体来看,公共外交的实践要普遍早于公共外交这一概念的出现,这对中印两国来说尤其如此。1939年,印度民族独立运动领袖尼赫鲁在宏大的历史背景中考察了中印关系。他说:"印度同情中国在任何时候都是必须的,因为两国有紧密的文化和历史联系。"③ 正是在这种"同情中国"的心理前提下,现代印度与中国之间的民间交流不仅逐渐恢复,而且还上升到了公共外交的地步。

自1937年7月7日实行全面抗战后,中国的抗日战争得到了世界各国的同情和支持。"在亚洲,最有力的支持来自印度国大党和印度人民。"④ 由于蒋介石被迫接受了建立抗日统一战线的主张,停止内战,开始抗日,印度国大党改变了对他的看法,与他领导的国民党和国民政府建立了联系。国大党对中国抗战的支持,主要表现为对他领导的抗战的支持。国大党与一直在敌后积极抗战的中国共产党也建立了直接的联系。国大党采取

---

① [美]约瑟夫·奈著,郑志国等译:《美国霸权的困惑:为什么美国不能独断专行》,北京:世界知识出版社,2002年版,第12—13页。
② [美]约瑟夫·奈著,马娟娟译:《软实力》,北京:中信出版社,2013年版,第117页。
③ 转引自林承节:《中印人民友好关系史(1851—1949)》,北京:北京大学出版社,1993年版,第269页。
④ 同上书,第257页。

一切可能的措施支持中国抗战。印度共产党、其他民族主义组织和各群众团体对中国抗战都抱同情和支持态度。泰戈尔、甘地等著名人士以各种方式强烈谴责日本侵华的野蛮行径。这显示了印度人民的国际主义精神。在印度人民给予中国抗日战争的诸多帮助中，最突出的要算是国大党派遣以柯棣华（Dwarkanath Shantaram Kotnis）大夫等五人组成的医疗队援华。这也是印度对华公共外交早期的典范之作。尼赫鲁是组织援华医疗队的主要策划人。1938年9月17日，柯棣华大夫等五人到达广州，他们为中国抗日战争作出了杰出的贡献。1942年12月9日，已经成为中国女婿的柯棣华大夫在中国逝世。毛泽东和朱德亲自为柯棣华大夫追悼会题写挽词。印度人民一直以各种方式纪念在中国逝世的柯棣华大夫。1944年，印度出版英文版的《还有一个没回来》，纪念柯棣华大夫。次年，影片《柯棣华大夫不朽的一生》在印度公映。20世纪末，印度学者萨都（Suvarna Sadhu）和拉提菲（Danial Latifi）仍在撰文回忆中印友好的使者之一柯棣华。[1]

2002年1月16日，中国总理朱镕基在孟买会见了柯棣华大夫的亲属，亲属们向中国客人展示了他们一直珍藏的毛泽东为悼念柯棣华而亲笔写的一帧条幅。2006年，中国国家主席胡锦涛访问孟买期间，也特意接见了柯棣华大夫的亲属。2013年5月21日，应邀访印的国务院总理李克强在孟买会见柯棣华大夫的妹妹马诺拉玛等亲属。李克强与马诺拉玛一家进行了亲切交谈，关切询问他们的近况，并一起观看了柯棣华大夫当年在中国工作的珍贵照片。李克强对马诺拉玛长期致力于增进中印友好表示了赞赏，并勉励在座的柯棣华后代继续关心、支持中印关系发展。马诺拉玛等感谢李克强总理的专门接见，表示柯棣华是印中友谊的象征，作为柯棣华的亲属，他们将继承和发扬柯棣华大夫的精神，当好新时期印中友好的使者。[2] 2013年10月17日，包括柯棣华92岁的三妹马诺拉玛在内的七名柯棣华亲属拜访石家庄华北军区烈士陵园，他们首先双手合十在柯棣华墓前默

---

[1] Tan Chung, ed. *Indian Horizons*, New Delhi: Indian Council for Cultural Relations, 1994, pp. 201–219.

[2] "李克强会见柯棣华大夫亲属时强调，让中印传统友谊薪火相传、生生不息"，具体详情参见中国驻印度大使馆网站2013年5月22日相关报道，http://www.fmprc.gov.cn/ce/cein/chn/zywl/t1042502.htm。

哀，接着参观了印度援华医疗队纪念馆，并细细观看了柯棣华当年与其家人和同事的老照片。马诺拉玛曾经先后五次造访华北军区烈士陵园。柯棣华亲属此行是应中国国务院总理李克强的邀请。① 总之，柯棣华的名字已经成为中印人民友好往来的象征。这也是公共外交促进中印关系良性发展的最佳实例之一。

中国政府和人民在接受印度政府和人民援助的同时，对印度争取独立的民族斗争也给予了力所能及的支持。在互相同情和支持的背景下，中印民间交流自然极易上升为政治高层主导的公共外交。

1934 年 5 月，印度的中印学会成立。1935 年 5 月，中国的中印学会在南京正式成立。1937 年 4 月 14 日，印度国际大学的中国学院举行成立典礼，得到甘地、尼赫鲁等人的高度重视。戴季陶和蒋介石、宋美龄等国民党要人先后访问国际大学。尼赫鲁后来长期担任该校校长。中印学会和国际大学中国学院也可视为中印公共外交的典范之作。中国学院成立至今，在促进中印学者互访和文化交流方面作出了杰出的贡献。1943 年，中印两国政府决定互派留学生。1947 年，印度临时政府决定派遣印度著名汉学家师觉月教授和 10 名留学生来华。这些教育和文化交流活动也是中印公共外交的重要组成部分。

1949 年 10 月 1 日，新中国诞生。1950 年，中印正式建交。这同样显示了中印公共外交的良好效应，因为此前印度官方和民间人士的对华认识或中国体验奠定了他们承认新中国的心理基础。根据印度学者的研究，当时的印度对新中国的承认出于彼此理解的缘故。她说："印度强烈批评美国不承认毛泽东政权的政策……印度对新中国采取的立场既不是英国式的实用主义，也不是缅甸式的绝望和权宜之计。印度必须以容易明白的人类理解方针和亚洲式爱国精神（Asian patriotism）凸显自己的外交路线。"②

20 世纪 50 年代中期被称为中印关系的"蜜月期"。在中印共同倡导和平共处五项原则、共同促成万隆会议成功召开和高层互访成功举行的基础

---

① "柯棣华亲属访华传递中印友谊"，具体详情参见中国驻印度大使馆网站 2013 年 10 月 22 日相关报道，http://www.fmprc.gov.cn/ce/cein/chn/zywl/t1091824.htm。

② Shalini Saksena, *India, China and the Revolution*, New Delhi: Anmol Publications, 1992, p. 185.

上，两国间的公共外交也随之顺利展开。例如，由政府组织的两国友好代表团不断访问对方国家。20世纪50年代来华访问的有印度友好代表团、文化代表团、艺术代表团、舞蹈团等。中国出访印度的包括文化代表团、艺术代表团、作家代表团和大学代表团。中印两国的和平运动团体和友好协会之间也开展了积极协作。这些活动增进了两国人民的相互了解，促进了中印关系的健康发展。

20世纪50年代后半期，西藏问题与边界问题的阴影开始笼罩中印关系。1961年7月，印度驻华大使回国；1962年7月，中国驻印度大使回国。此后，直到1976年，两国虽保持着外交关系，但均未向对方派出大使，外交活动几乎陷入停顿。不过，1976年中印之间重新互派大使，结束了十多年的"代办级"状况，中印关系逐步得到修复。此后，中印之间政治、经济、教育、新闻、文艺、体育、医药卫生等方面的交流和民间往来逐渐得到恢复，自然，公共外交也开始重新提上中印高层的议事日程。1988年12月，印度总理拉·甘地访华，这次"破冰之旅"是自尼赫鲁总理1954年访华后时隔34年第一位印度政府首脑对中国进行的正式访问。这是"中印关系史上的重大事件，具有突出的现实意义和深远的历史意义"。[①] 拉·甘地访华期间，中印两国政府签订了文化合作协定交流执行计划。这为开展新时期的中印公共外交提供了新的平台，并为两国关系的发展注入了新的活力。1991年12月，李鹏总理对印度进行正式友好访问，这也是1960年周恩来总理访印后31年来中国总理首访印度。两国政府领导人同意将在卫生和教育等领域开展合作，还同意双方在对方国家互办文化节，进一步夯实了双方的公共外交基础。

2003年6月，印度总理瓦杰帕伊访问中国，接待印度领导人访问的温家宝总理提议，开展中印在教育、科学、文化和卫生等领域的交流，互设文化中心。瓦杰帕伊表示，印度方面愿与中方共同努力，加强上述领域的合作交流。这为21世纪初的中印公共外交定下了新的基调。中印两国总理共同出席了两国政府九个合作文件的签字仪式，其中包括：《中国教育部

[①] 张敏秋主编：《中印关系研究（1947—2003）》，北京：北京大学出版社，2004年版，第42页。

与印度政府人力资源开发部教育交流与合作的执行计划》、《两国政府关于在两国首都互设文化中心的谅解备忘录》和《两国政府文化合作协定2003年至2005年执行计划》等。此后,由中国国家留学基金管理委员会和印度文化关系委员会(ICCR)等单位牵头的"中印互换奖学金项目"启动,两国的学者、研究生等多了一条了解对方文化、体验对方民族风情的捷径。2011年初,深圳大学郁龙余和天津师范大学孟昭毅等两位学者便受印度ICCR的邀请,访问德里大学和尼赫鲁大学等印度高校,并发表多次学术演讲,拜访了多位印度著名学者,增进了中印学者间的彼此了解。[①] 印度驻华大使馆继续向中国广大读者免费赠送自己主办的中文期刊《今日印度》,中国驻印度大使馆也向印度知识精英赠送介绍中国风情的多种英文杂志。近年来,两国在对方国家多次举办文化节。2010年以来,由印度驻华大使馆牵头,在北京大学等地多次举办纪念泰戈尔诞辰100周年国际学术研讨会,宣传泰戈尔所代表的印度文化软实力。2012年11月,印度德里的中国研究所在该所举办鲁迅国际学术研讨会,中国驻印度大使馆也派员参会并发表演讲。此次研讨会旨在宣传以鲁迅为代表的中国现代文化,促进印度学界对中国作家的深入了解。2011年被中印两国定为"中印交流年",2012年被两国领导人宣布为"中印友好合作年"。中印于2005年建立青年交流机制,至2013年已开展七轮青年代表互访交流活动,增进了两国青年之间的了解和友谊。温家宝总理在2011年出席"中印青年传统文化交流大舞台"活动时曾向两国青年提出希望:"中印关系的发展前途掌握在青年人的手里。我相信,当中印两国青年携起手来,并肩前行,亚洲的天空将更加璀璨,世界的未来会更加光明!"[②] 2012年2月,500名中国青年组成的代表团对印度的德里、孟买、加尔各答、班加罗尔、斋普尔等城市进行了为期10天的友好访问,此前数百名印度青年代表用10天时间成功地访问了北京、上海、广州、洛阳、南京、西安、武汉等地。2013年

[①] 具体详情参见孟昭毅、郁龙余、朱璇:《天竺纪行:郁龙余、孟昭毅学术之旅》,北京:北京大学出版社,2013年版。

[②] "中印关系的未来掌握在青年手中:驻印度使馆欢迎中国青年代表团招待会侧记",具体详情参见中国驻印度大使馆网站2013年3月8日相关报道,http://www.fmprc.gov.cn/ce/cein/chn/focus/t912229.htm。

5月15日下午，国务院总理李克强在中南海紫光阁会见中印两国青年代表。李克强欢迎印度百名青年代表团访华，并同在场的中印青年代表亲切握手交谈。在听取印方代表团团长介绍此次访华的感受和体会后，李克强说，中印两国有理想、有抱负的青年人要深刻认识中印关系的重要现实意义和长远战略意义，从两国丰富的历史传统文化中汲取智慧和勇气，做中印友好合作的积极参与者、推动者。两国青年人要抓住一切机会开展交流与互动，为中印友好播下种子。①

2013年8月22日，首届"中印媒体对话"论坛在北京开幕。中印双方媒体代表就"媒体在中印关系中的作用与影响"等问题进行了讨论。2013年9月16日，首届"中印媒体论坛"在印度首都新德里举行。2015年5月15日发表的中印联合声明中指出，两国政府同意将中印媒体高峰论坛机制化，由中国国务院新闻办公室和印度外交部负责，每年一次，两国轮流举办。以此为契机，中印公共外交将逐渐步入更加成熟的时期。

第二节 公共外交优化国家形象

公共外交既然是培育别国公众对本国的亲和力，进而优化本国形象的重要一环，那么它在中印近距离互相认识对方的过程中自然会留下许多真实的印迹。此处略举几例加以说明。

1951年9月1日，中国和平理事会、中国劳工协会、中国青年民主联合会、中国妇女民主联合会和中国文艺界联合会等五个中国机构联合向位于孟买的印中友好协会等机构发出访华并参加中国国庆大典的邀请。印方迅速作出热烈回应，派出了由森德拉尔为团长的印度友好代表团。回到印

---

① "李克强会见中印青年代表"，具体详情参见中国驻印度大使馆网站2013年5月15日相关报道，http://www.fmprc.gov.cn/ce/cein/chn/zywl/t1040663.htm。

度后，森德拉尔和卡兰吉亚分别撰写了中国游记，并于次年即1952年同时出版。他们的中国游记在印度公众中激起了热烈反响。

卡兰吉亚在书的开头即引用了毛泽东向全世界发出"中国人民从此站起来了"的宣言。他还提到这样一件耐人寻味的事：一位同胞在收到他的中国游记书稿后，对该书宣扬红色的"共产主义中国"大惑不解。但是，当这位印度教授连夜读完书中的一些重要章节后，便为书中记叙的新中国印象激动不已，遂要求卡兰吉亚帮助他联系去中国访问一事，以实地考察和体验新中国的激动人心之处。卡兰吉亚接下来叙述道："我的朋友不能离开岗位访华，但他期盼不久就能成行。同时，他忙于阅读我所提供的关于中国的所有文献，他充满热情、兴味无穷地追问，中国是如何'站起来'的，而包括印度在内的亚洲其他各国仍在酣眠之中。"[①] 这位教授同时还读完了刘少奇《论共产党员的修养》的英译文，并让儿子也阅读此文，以接受教益，修身养性。

森德拉尔和卡兰吉亚等人通过在华40日的耳闻目睹，加深了对中国政治、经济、社会现实与民俗文化等各方面的了解，并对中印历史友谊有了更为直观的感受。他们在自己的书中分别详细描述了中国印象。尽管他们的中国观察和中印比较存在某些不实之处或美化之处，但其在书中描述的中国形象对印度公众从正面认识中国不无益处。

虽然1962年边境冲突导致中印间公共外交长期处于不理想状态，但随着两国关系解冻，公共外交又以各种形式得到不同程度的恢复。例如，近年来百名印度青年代表团定期访问中国，这使他们得以近距离了解中国，孕育心中最真实的中国形象。一些印度学者、作家常常访问中国，他们回到印度后，常常以诗歌、游记等文学体裁记载他们的中国体验。近年来，印度记者开始常驻中国，不断地向印度的媒体发回关于中国的报道。虽然某些报道存在这样那样的问题，但与借用西方之眼看中国相比，却又是一大进步，因为这是通过印度之眼看中国。下边举例说明。

普兰·苏里是印度前驻华大使苏里宁（Nalin Surie）的夫人。她的中

---

① R. K. Karanjia, *China Stands Up and Wolves of the Wild West*, Bombay: People's Publishing House, 1952, p. 1.

国游记向印度读者生动地传达了中国文化的魅力。在成都旅游时,来自四川大学南亚研究所的一位女学生临时充当她的导游。这位姑娘将她带进一家火锅店。普兰爱上了成都的辣子与火锅。为她充当导游的姑娘一路上对她非常照顾。普兰在书中写道:"这位姑娘喜欢上了我,我也喜欢她。她开始叫我印度妈妈,我叫她中国女儿。临近点灯节时,她还特意披上莎丽,用电子邮件发来她和未婚夫的一幅合影。"[1] 普兰与中国青年结下的跨文化友谊是中印民间交流的自然产物,自然也是中印公共外交的有益证明。

2007年即印度记者艾蓓来华五年后,她根据自己的中国体验写成了游记。该书于2008年在印度出版,颇受读者欢迎。在该书的开头,艾蓓对中国的社会性质进行了探讨。虽然艾蓓一方面以意识形态的有色眼镜看中国,但另一方面又不能不置中国经济发展和社会进步于不顾。作为长期生活在中国的印度记者,艾蓓无法刻意回避中国社会日新月异的盛唐气象。因此,她的中印比较自然将她导向另外一个维度,即印度必须学习中国,这与20世纪50年代访华的森德拉尔等人的中国观察基本达成了一致。艾蓓在中印比较的基础上承认了中国政府领导人民取得的伟大成就。她写道:"印度的各个政党真正可以向北京的官员们学习的是,超越选举的合法有效,转而聚焦于实现发展和公共利益,并将此作为其最终目标或倒数第二个目标。敦促印度政客们为国家利益而无私行事,这是一种无可救药的幼稚行为。但这是我们从中国共产党那里所获得的宝贵教训。"[2] 这显示,中印公共外交即使在对华态度敏感的印度记者身上,也可因其足够的中国体验发挥某种积极效应,这对传递中国形象的正能量起到了不可替代的重要作用。

与前述印度学者、记者等的中国观察类似,对于有过足够印度体验的中国学者、学生、作家、记者及其他普通民众而言,他们心中的印度形象也会出现很多积极的成分。

---

[1] Pooram Surie, *China: A Search for Its Soul, Leaves from a Beijing Diary*, New Delhi: Konark Publishers, 2009, p. 55.

[2] Pallavi Aiyar, *Smoke and Mirrors: An Experience of China*, New Delhi: Harper Collins India, 2008, p. 258.

20世纪50年代，在卡兰吉亚等人访问中国前后，几乎中国所有的知名作家都访问过印度。中印互访代表团均受到对象国群众的热烈欢迎，也大多受到国家领导人的接见。曾经随团访问过印度的季羡林回忆道："我曾多次访问印度。印度人民对中国人民代表的欢迎，简直达到了狂热的程度。"①他认为，印度群众的欢迎有多种原因，其中玄奘的《大唐西域记》在印度的广泛影响扮演了重要角色。但如果联系古代中印友好交往历史，再联系殖民主义时期中印两国同甘共苦、心心相印的兄弟情谊，印度民众对中国客人的欢迎便能得到很好的解释。

1953年底至1954年初，中国友好代表团访问印度，著名作家冰心是其成员之一。她对这段达五周之久的印度采风的亲切回忆，可以视为中印公共外交的美好象征。冰心还注意到，在印中友好协会全国大会上，会长森德拉尔先生用印地语发言，他"痛陈印巴之不可分裂，中印之必须团结……说到慷慨激昂处，声泪俱下。台下万余群众在频频拭泪之后，爆发了暴风雨般的掌声。大会在中印友人合唱的中印友好歌和两国国歌声中，圆满结束"。②

20世纪50年代，与冰心一样幸运地踏上印度国土的还有杨朔等中国作家。在夜航中抵达印度的杨朔格外兴奋。他在飞机下降时看到，天空的星星和地面密密麻麻的灯火仿佛是天地间撒满的珍珠。他写道："穿过这种幻景，我从云头里飘然落到地面上。这就是印度。好一个新奇的去处：到处是诗意，是哲理，是神话，最能引起人的美妙的幻想。"③应该说，杨朔的这几句话将印度文明的一些文化特色做了很好的概括。从上面几位中国学者、作家的访印体验和相关记载来看，他们心目中的印度形象是美好的、正面的。

同样的道理，由于1962年中印边境冲突的缘故，中印公共外交在很长一段时间内陷入停滞，去印的中国人大幅减少，这使中国人的印度体验无从发生，他们对印度的认识大多停留在过去的阶段，或借助于佛教之眼看印度，或借助于西方的报道对之进行思考，难免会有模糊或错误之处。随

---

① 季羡林：《中印文化交流史》，北京：新华出版社，1991年版，第78—79页。
② 冰心：《冰心文集》，第四卷，上海：上海文艺出版社，1986年版，第15页。
③ 杨朔："印度情思"，《亚洲日记》，北京：北京出版社，1957年版，第32页。

着1988年拉·甘地访华的"破冰之旅"顺利进行,特别是随着中印政府自觉主动地开展大规模的公共外交,越来越多的中国学者、学生到印度留学,越来越多的中国游客到印度旅游,对于印度文明的近距离接触使中国人认识了一个全新的印度,从而在心中建构起更加真实的、正面的印度形象。

张金鹏在他的游记"序言"中写道:"2007年1月到2月间,我一个人在印度旅行。这是一个被背包客视作地狱的国度。她的炎热,她的污染,她的喧嚣,让很多人望而却步。这也是一个被背包客视作天堂的国度。她的神秘,她的色彩,她的丰富,让更多人趋之若鹜。"[①] 这种夸张而又不失客观的叙述,自然吸引读者,使其对印度产生丰富想象。作者还认为,中国人不必自惭形秽于自己对印度的无知,其实印度人对中国的了解也非常有限,因为他们有的人知道日本、韩国和美国,却从未听说过中国。"是这样比邻而居几千年的老邻居,怎么同时得了健忘症,迎面相逢,一脸陌生。希望能有更多中国人去印度旅行,毕竟去印度比去马尔代夫便宜。希望当中国旅行者慢慢多起来后,那些貌似有学问的印度人能够知道这个世界除了日本、韩国、美国之外,还有一个国家叫作中国。"[②] 从这些艺术化的语言中,不难读出年轻一代对于中印交流的美好愿望。

随着中印间人文交流增多、经贸往来和旅游往来日趋频繁、学术对话渠道不断拓宽,中国精英人士和普通大众对印度的认识将更趋真实而理性。这足以抵消很多复杂因素加诸于印度形象的不实一面,并为发展健康友好的中印关系打下坚实基础。

---

① 张金鹏:《莲花之上——印度行游书》,"自序",北京:中国青年出版社,2007年版,第1页。
② 同上书,第3页。

第三节 如何加强对印公共外交

对于中国方面而言，加强对印公共外交是刻不容缓的时代要务，这几乎是无需论证的一大现实命题。这是中印关系波澜曲折的现实反映，也是全球化和信息化时代的必然要求。因为要想在国际和地区层面进行全方位合作，要想在政治互动和经济贸易乃至军事安全等诸多领域进行合作，缺乏必要的互信是难以遂愿的。目前，中印两国已经以不断崛起的新形象步入21世纪，高层互访正常化、经济贸易额逐年攀升、旅游往来和人文交流日趋频繁，更重要的是，两国在国际事务中留下了越来越多的合作记录，这为中印开展新时期公共外交创造了条件。

公共外交是全球化时代自然产生的新型外交，但其实践或雏形却由来已久。"从本质上来说，公共外交是对传统外交的补充和发展，是全球化和信息化时代塑造国际合法性和认同度的一项重要战略。"[①] 此处所谓的"塑造国际合法性和认同度"其实便是塑造积极正面的国家形象的另一种说法而已。迄今为止，"中国威胁论"在印度仍旧占有"份额可观"的市场。随着近年来中国崛起的步伐加快，印度部分鹰派人士的"中国威胁论"持续存在。他们的舆论一时间似乎成了对华报道的主流声音，这对发展健康友好的中印关系是一种无形的制约。如果说培育本国的良好形象是一种构建文化软实力的巨大工程，那么如何优化中国在印度的国际形象便是摆在我们面前的一项重任。在此背景下，公共外交在中印关系发展中的重要战略地位得以凸显。公共外交"润物无声"的独特魅力，在消除印度精英和普通大众对中国的误解或曲解方面，可以发挥柔性政治的独特功能。

开展对印公共外交存在一些不容忽视的阻力或不利因素。首先，印度

[①] 韩方明主编：《公共外交概论》，北京：北京大学出版社，2011年版，第7页。

国内的对华认知存在分裂的局面,这是开展对印公共外交时必须认真加以思考的一点。中印之间存在的诸多历史遗留问题,特别是边界争端问题、西藏问题和巴基斯坦问题,成为横亘在印度精英分子和普通大众心灵上难以逾越的"障碍"。印度学者近期指出:"除了政治外,中印关系自然还包含了战略、文化和意识形态等因素。印度的中国观察家们容易分成两派:一方是所谓的'恒久敌对派'(Eternal Enemy School),他们认为,由于固有的意识形态、人口、经济和地理等因素,中印必然保持敌对甚至是冲突的关系;可以称为'中印大同派'(Chindia School)的另一派认为,尽管我们之间存在诸多差异,全球化的原动力要求两位亚洲巨人进行合作,这是抗衡、甚或是超越历史上西方在亚洲长期存在的霸权优势的唯一道路。"① 所谓"恒久敌对派"其实是受中印历史遗留问题的"包袱"所累,也受到了西方中国观的负面影响。这派人对于中国开展对印公共外交自然会心存疑惧。

公共外交的一大前提是人员交流的正常进行,如果对象国具有一定的本国人口或本民族人口,那就更为理想。这些侨民可以不同程度地宣传母国的文化理念和价值观,在当地人心目中培育本国的文化亲和力。在这方面,中国和印度均存在一些天然缺憾,那就是两国常驻对方的侨民或互通婚姻的人非常少。这对开展中印间公共外交是一大劣势。1962年中印边境冲突爆发以后,在印华侨处境异常艰难。1963年,中国政府开展了大规模的撤侨行动,很多华侨选择远走西方。这便是至今在印华侨人数很少的基本原因,这对开展对印公共外交而言是一种制约,也是短期内难以克服的不利因素。1949年前后,在华的印度侨民选择大规模地离开中国,这对中印关系的长远发展带来了雪上加霜的负面效应。印度学者玛姐玉说:"对大多数印度人而言,尽管他们承认中国是一个伟大邻邦,但她却是大众意识里非常遥远的国度。"② 根据她的研究,在华印度人曾经规模可观,人数众多,分别居住在新疆、上海和香港等地。随着日本战败,部分印度人被

---

① Ira Pande, ed. *India China:Neighbours, Strangers*, "Preface", New Delhi:HarperCollins Publishers, 2010.
② Madhavi Thampi, *Indians in China:1800-1949*, New Delhi:Manohar Publishers, 2005, p. 19.

指控和日本人合谋而遭到拘禁。于是，在华印度人感到前景黯淡，成百上千地蜂拥回国。英属印度政府为避免中国内乱殃及印度人，从1945年底开始，帮助在华印度人有组织地、大规模地撤离中国大陆。"在印度人散居世界的历史上，这种完全彻底地离开定居国的行为是非常独特的。"① 少数印侨滞留香港，大部分人则选择回到印度。1949年新中国成立后实行的经济政策，也不利于印度人回到中国再度进行贸易。因此，上述在印华侨和在华印侨大规模离开对方国家带来的直接恶果就是，当代中印人员往来和文化交流的基础非常薄弱。相比于中国对日、对美、对英等的公共外交，中国对印公共外交的难度之大可想而知。

虽然存在一些不利因素，但开展对印公共外交仍然势在必行。当务之急是要有针对性地、系统地制定一套切实可行的对印公共外交政策，并将其提升至发展中印关系的国家战略高度。这种带有国家战略性质的公共外交政策，应该具有历史透视的维度，也应该观照当代中印关系的各种难题和制约因素。只有如此，方可将历史的经验教训与当代中印关系的实践有机地结合起来，对目前的公共外交进行准确定位。制定这种切实可行的公共外交战略，需要真正懂得印度国情和中国国情异同、印度文化和中国文化异同的学者和专家们群策群力、精诚合作。这样的一套公共外交策略，必将为中国的对印政治外交、经济外交和安全合作等指引正确的方向，免除诸多盲目及无谓的人力、物力浪费。

中印关系中的很多问题在很大程度上是一种由历史解读出现歧义而产生的复杂心理问题，因此提倡历史再探讨，倡导中印两国的历史学者频繁对话，召开殖民主义时期的中印关系史研讨会，便是势在必行的系列举措，这必须得到政府的大力支持。它的目的是，淡化印度精英和普通民众关于1962年的强烈记忆，强化其关于中印历史悠久的传统友谊的记忆，强化其关于中印曾经同遭西方殖民势力摆布和劫掠的历史记忆，以达成中印具有历史维度和深度的文化认同或地缘记忆。不可忽视的是，当一些印度的中国问题专家考察中印关系时，很多人不由自主地涉及到几十年前的中

---

① Madhavi Thampi, *Indians in China: 1800–1949*, New Delhi: Manohar Publishers, 2005, p. 215.

国研究成果，而这些成果的作者大多是生活在特定时期的人，他们的中国观无法避免历史语境的制约。例如，常为印度学者所引的观点之一是，尼赫鲁为首的印度高层曾经犯下大错，1962 年是一个时代的分水岭。"这是大幻灭（Great Illusion）的时代。这是罪恶的年代。就那些罪人们即整个国家的政治领袖和军事领导人而言，他们应该不同程度地分担这一罪责。"① 这种观点的依据是，1962 年中印边境冲突的起因便是尼赫鲁等人处理中印关系的理想和浪漫姿态，而这种理想必将在"中国人背信弃义"的残酷现实面前大打折扣："因此，1962 年，当中国人向印度发起军事进攻时，他们不但在印度和尼赫鲁的背上捅了一刀，还对尼赫鲁亲自制定的外交政策进行釜底抽薪。这是使尼赫鲁再也不能恢复元气的真正'打击'。"② 按照这一荒唐的思想逻辑，"中国威胁论"便成为长期萦绕印度精英和民众的一种"梦魇"，"中国背信弃义"也成为一个特定时期内中国形象的代名词。例如，1971 年，曾任尼赫鲁政府情报局长的马力克出版了"揭秘"中印边境冲突的著作，标题便是"中国的背信弃义"。该书先围绕西藏问题大做文章，作者否定西藏自古属于中国领土的历史事实，宣称 20 世纪 50 年代的西藏是一个"国家"。③ 目前，一些对华态度强硬的印度鹰派学者或军方人士在很大程度上继承或接受的便是上述历史记忆。印度学者分析了这一现象及其原因："但是，经过了 10 年冷战之后，在与中国开展认真对话的道路上存在着某些重大障碍。长期以来，印度公众听到的一直是官方或非官方宣传中所说的中国背叛了印度的真正友谊，在 1962 年对我国进行了'无端侵略'。"这就是说，在就中印边境冲突的起源对印度公众进行"再教育"前，任何关于中印边界争端的复杂问题都"不可能得到满意的解决"。④ 曾有学者指出，认为中国历来是"侵略者"的观念在印度根深蒂固，这在印度军界和官僚中尤其如此。"没有中国这样一个潜在敌

---

① D. R. Mankekar, *The Guilty Men of 1962*, Bombay: The Tulsi Shan Enterprises, 1968, p. 3.

② Ibid., p. 116.

③ B. N. Mullik, *The Chinese Betrayal: My Years with Nehru*, Bombay: Allied Publishers, 1971, p. 3.

④ [印] 卡·古普塔著，王宏纬、王至亭译：《中印边界秘史》，北京：中国藏学出版社，1990 年版，第 81 页。

人，军队的重要使命便毫无理由可言。"① 但是，通观印度学者的中印关系研究、特别是1962年以后的相关研究，不难发现他们大多从重视历史文化的中国研究转向了关注现实的"中国观察"，这便是"1962综合征"的重要表征之一。1962年后，印度学界除了谭中、玛姐玉、哈拉普拉萨德·雷等少数人进行了富有成效和启迪的历史探索外，大部分学者都被中印关系的现实问题所吸引。这既是印度学界的悲哀，也是当今开展对印公共外交的一大契机。如何把握这一机遇，将更多的印度学者吸引到中印历史对话与学术交流的轨道上来，这是必须思考的公共外交议题。

提倡相互理解，增进对话交流，这是对印公共外交的一个重要指导原则。近年来，华裔学者谭中在印度发起中印双方"跨越喜马拉雅障碍"而理解对方的公共外交性运动，这对中国政府和学术界不无启示。近年来，中印百人以上的青年代表团定期互访对方国家，实地感受对方的文明魅力，这是面向未来建构中印文化亲和力的智慧之举。客观地说，这种公共外交仍属浅层次的国家行为，只有将之提升到学术层面，并扩展至经济贸易领域与学术、翻译、旅游、教育和科技等诸多人文领域，公共外交才会发挥应有的效力。如此一来，设立面向印度的教育奖学金，制定各项中印交流的计划和政策，筹措中印各种学术研讨会的资金，便成为一种急务。鉴于媒体互动是优化国家形象的重要一环，开展媒体对话势在必行，中国政府应委托适当的机构或组织，邀请两国媒体的负责人和相关记者定期在两国各地进行对话和互访，并鼓励印度记者到范围更广的中国大陆进行报道和实地考察，引导他们报道中国的西部大开发、反腐倡廉、精准扶贫等突出事迹或成就，以矫正印度媒体报道中国的一些不实或歪曲姿态，向印度人民展现真实的、正面的中国形象。同时，中国政府也应该约束国内媒体，要求他们尽量以客观而理性的姿态报道印度，并尽可能展现印度积极而真实的一面，为中印媒体对话乃至长远合作打下坚实的心理基础。这方面，中印两国已有相关动作。

回溯近年来的中印高层互访，两国领导人常常喜欢引用甘地、泰戈尔

---

① Waheguru Pal Singh Sidhu and Jing-dong Yuan, *China and India: Cooperation or Conflict?* Boulder and London: Lynne Rienner Publishers, 2003, p. 145.

或老子的话为"见面礼",这对对印公共外交是一种启发。由于语言的障碍,印度对于中国某些方面如文学文化的了解大多来自西方文献。中国应该采取积极主动的战略,实施合理可行的"文化送去主义"策略,将我们近年来最新的翻译版文学或其他类别的著作刊物送到印度去,或把我们的优秀戏剧、电影、绘画或音乐等送到印度去,不让西方关于中国的二道货充斥印度文化市场。先举一较为遥远的反例:1924年5月24日,在美国哥伦比亚大学读书的李蒸写信给胡适。李在信中说,自己有一位获得加尔各答大学硕士学位的印度同学 R. 查克拉巴蒂(R. Chakraberty)正在筹办题为《东方评论》(The Oriental Review)的英文杂志,向西方传播东方的声音。其实,此举也似乎含有中印学者对话的意图。该印度同学请他代为举荐几位中国学者投稿。李遂恳请英文表达能力极佳的胡适:"所以我举出先生,正是请代觅稿件的意思,虽然先生如能在百忙中自己有所著述或评论,更为欢迎。"[1] 作为当时国内英文能力最为合格的人选之一,胡适是否答应此一请求,是否与访华后的泰戈尔和觅稿的印度学者保持联系,是否为印度学界撰写过英文论文,迄今不得而知。再看一近期正例:2004年冬,新德里拉里塔艺术学院(Lalit Kala Akademi)举行了为期一周的20世纪中国画展,这让印度民众大饱眼福。这些优秀绘画包括李桦的《怒潮》(1935)和古元的《烧地契》(1947)等解放前的作品,也包括很多解放后甚至是改革开放后的绘画作品,如《长江以南的春天》(1980)、《和谐》(1983)、《雷声》(1993)和《钢铁的精神》(1998)等。一位印度记者在《前线》杂志上以"Surprises from China"为题撰文发表观后感。他认为,印度绘画爱好者在这些中国绘画前很快就会产生亲切的联想,因为这些作品表达了中印两国社会相似的历史。这位记者的结论是:"重要的是,必须注意,社会主义国家的绘画作品也能接受和表现工业社会,甚至比资本主义世界通常的异化作品做得更好。中国社会中的工业为人民服务,减轻他们的负担。它的目的不是剥削……艺术如同生活,我们从这场中国绘画展中获益良多。"[2] 这位印度记者的话令人感慨。他的话表明,通

---

[1] 中国社会科学院近代史研究所中华民国史研究室编:《胡适来往书信选》(上册),北京:社会科学文献出版社,2013年版,第182页。
[2] Suneet Chopra, "Surprise from China," in *Frontline*, December 17, 2004.

过恰当的输出方式和叙事手法，印度民众能够认识真正的中国和中国文化。2006年时，印度大使馆在中国出版的中文版杂志《今日印度》已经达到每期两万份的发行量。至今，这种免费发行仍在进行。这对中国读者了解印度帮助极大。中国驻印大使馆也采取了相应措施，向部分印度高校和知识精英免费发行介绍中国的英文杂志如"China Today"等，宣传中国国情和文化。中印双方的这一公共外交举措是非常必要的措施。

为培育中印人民之间的文化亲和力，我们还须采取"文化拿来主义"策略，翻译印度对华友好人士或外交官的中国游记，让中国民众了解印度的中国观；翻译并出版当代印度作家的优秀作品，特别是其中国题材作品，在国人心目中培育除印度佛教和泰戈尔作品等品牌之外的印度文化新魅力。建议在印度工作过的中国外交官或留学印度的学者撰写自己的印度游记，且有计划成系列地由人民出版社与时事出版社等国家权威出版机构出版发行，并择其要者译为英语或印地语，向印度的相关中国问题研究机构或高校等免费赠送。中国方面应该采取政府行为，遵循文化"送去主义"的规律，以恰当的语言载体和合适的叙述方式对这些作品进行包装，以利于对方读者的理解和接受。通过这种方式，印度读者可以感受到中国对印度和印度文化的亲和力，从而为中国的对印公共外交创造更好的心理前提和文化基础。

第六章

人文交流与中印关系发展：文化软实力传播

有的学者认为，在全球化时代，公共外交越来越与经济、社会、文化、军事等因素联系在一起，日益成为与国家"硬战略"相配套的"软战略"："在西方国家的大战略文化中，战略不仅仅包括军事、安全、威慑等'硬战略'，也包括政治、经济、社会、科技、心理等'软战略'。软战略包含着十分丰富的内容，公共外交是软战略中的重要一环，'软战略'要比'硬战略'更具杀伤力。"① 进一步说，如果不重视软实力建设，不探讨软实力在对外传播中的特点和规律，要想取得公共外交的理想结果，是相当困难的。因此，下边对文化软实力的跨国传播如何促进中印关系发展这一问题进行简略分析。

第一节 何谓中印文化软实力

在探讨文化软实力如何促进中印关系发展之前，很有必要厘清几个概念，即何谓软实力？何谓文化软实力？何谓中国文化软实力和印度文化软实力？

何谓软实力？著名学者、美国前助理国防部长约瑟夫·奈最早提出"软实力"（soft power）的概念。1990年，奈出版《注定领导世界：美国权力性质的变化》一书，首次提出"软实力"的概念，以反驳当时一度流行的美国衰败论。后来，软实力这一概念进入了大众话语圈，美国国务

---

① 韩方明主编：《中国人的国际新形象》，北京：新华出版社，2012年版，第4页。

卿、英国外交大臣等各国政要及媒体人、学者纷纷采纳之。软实力论随之在国际关系研究中得到广泛运用。2004年前后，奈又提出所谓"巧实力"的概念。他说："巧实力既非硬实力，也非软实力。它是二者的巧妙结合。"①

在2001年出版的著作中，约瑟夫·奈指出："在这样一个多样化的世界里，所有这三种力量——军事实力、经济实力和软实力，都是必不可少的，尽管在不同场合具有不同的作用。然而，只要目前的经济和社会发展趋势继续下去，信息革命的领导作用和软实力就会变得更加重要。"② 这一观点明显地将国家必需的实力一分为三，即军事、经济和软实力。奈认为，软实力是一种依靠吸引力，而非通过威逼利诱的手段来达到目标的能力，这种吸引力源于"一个国家的文化、政治理念和政策"。③ 奈一再强调软实力的三大组成部分："国家软实力主要来自三方面：文化（在其能发挥魅力的地方）、政治价值观（无论在国内外都能付诸实践）、外交政策（当其被视为合法，并具有道德权威时）。"④ 由此可以断言，软实力与一国的文化传统、政治制度和外交策略紧密相关。考虑到奈的政治背景和美国外交战略的演变轨迹，这种理论话语的西方中心色彩或霸权意识显而易见。且看约瑟夫·奈对美国软实力战略"辉煌成果"的自述："硬实力和软实力共同促成了冷战胜利。硬实力制造了军事遏制，软实力从内部瓦解了苏联体系……但在论及冷战中的软性斗争时，不能忽略美国流行文化的作用。"⑤ 这是对软实力内涵最好的补充说明。

有的学者指出："当今世界，以英美为首的西方国家借助英语这种语言优势主导着世界的主流价值观，从而在事实上造成了所谓的英语语言帝国主义。所以，这个世界的主流思想是西方思想，承载这种主流思想的载体是英语，英美主导的英语及其西方思想主导着这个世界的话语权。语言

---

① ［美］约瑟夫·奈著，马娟娟译：《软实力》，"前言"，北京：中信出版社，2013年版。
② ［美］约瑟夫·奈著，郑志国等译：《美国霸权的困惑：为什么美国不能独断专行》，北京：世界知识出版社，2002年版，第12—13页。
③ ［美］约瑟夫·奈著，马娟娟译：《软实力》，"前言"，北京：中信出版社，2013年版。
④ ［美］约瑟夫·奈著，马娟娟译：《软实力》，北京：中信出版社，2013年版，第15—16页。
⑤ 同上书，第69页。

的英美化导致思想的西方化。"① 为了避免"思想的西方化",在借用约瑟夫·奈的软实力理论时,必须注意它产生的时代气候和话语土壤。奈将软实力的内涵一分为三,显然是将美国为代表的资本主义民主体制(政治价值观)和包含着基督教"救世主"色彩的全球领导角色(外交政策)作为战略考量的重要参数。如果完全不加批判地采纳奈的软实力理论解释当今国际关系、特别是东西方国际关系或不同政治体制的国家间关系,必然会导致削足适履的效果。正因如此,此处并不重点涉及奈的软实力论的另外两大支柱即政治价值观或政治理念(政治软实力)与外交政策(政策软实力或外交软实力),而主要以其中的文化因素即文化软实力来考察如何促进中印关系健康发展的问题。这其实也是对西方话语体系进行批判性扬弃的学术视角。

值得注意的是,正如有的学者所言,约瑟夫·奈虽然看到了文化资源可以形成软实力,但他并未直接提出"文化软实力"的概念。"所以,约瑟夫·奈的软实力概念只是为我国提出文化软实力提供了一种渊源和借鉴,而'文化软实力'的提出则是中国共产党在中国特色社会主义建设特别是文化建设中的创造性贡献。那么,什么是文化软实力呢?文化软实力是一个国家的文化体现出来的凝聚力、吸引力、影响力……我国所讲的文化软实力,既是讲文化的国际吸引力,更是讲文化的内部凝聚力,是文化的内部凝聚力和外部吸引力的统一。"② 还有一位学者指出,软实力就是"国家影响力"。这种影响力由文化、制度安排、政治价值观、外交政策等因素整合而成,它大致可以分为文化影响力、意识形态影响力、制度影响力和外交影响力等四个方面。但是,这些影响力都要"通过大众传媒而得以实现。在这四个方面的影响力中,文化影响力是国家软实力最重要的组成部分"。③ 毋庸置疑,这种对文化软实力的定义是中国特色的话语界定,是西方学术话语中国化的自然产物。美国著名学者布热津斯基曾经认为,美国之所以在冷战后成为唯一一个真正的全球性大国,与它的多方面优势

---

① 杨卫东:"全球化时代的语言文化帝国主义",《国际论坛》2013 年第 4 期,第 37 页。
② 骆郁廷等著:《文化软实力战略、结构与路径》,"序",北京:中国社会科学出版社,2012 年版,第 3 页。
③ 同上书,第 9 页。

分不开。"美国'帝国'力量的发挥在很大程度上来自占优势的组织程度，来自为军事目的而迅速动员巨大的经济和技术资源的能力，来自美国生活方式的那种说不清道不明但又很重要的文化上的吸引力，来自美国的社会和政治精英十足的活力和固有的竞争力。"[1] 布热津斯基的话也说明和印证了文化软实力在美国外交战略中的重要地位。因此，张国祚的话是正确的："约瑟夫·奈提出这个概念的初衷是为冷战结束后美国如何'领导世界'献策，把这个概念发展成'巧实力'也是为当前美国的外交战略谋划……如果对软实力概念的理解全面深刻，紧密联系当代中国和当代世界的实际，以我为主，为我所用，必然会提升自己的国际话语权。"[2]

约瑟夫·奈认为，亚洲各国也拥有可观的软实力资源。就中印两国而言，他认为，未来的中国和印度将成为亚洲的巨人，这两个国家的软实力日益显露出"上升趋势"。"中国和印度的真正希望还在更长远的未来。经济的快速增长很可能同时提升中印两国的硬实力与软实力。只是当前与美国、欧洲和日本相比，这两个国家在许多潜在软实力资源指标上的排名还比较落后。文化固然能提供软实力，但国内政策和价值观会制约软实力。"[3] 就中印文化软实力的实际地位而言，中国学者的观点与奈的思路接近："在文化全球化时代，中印两国文化的处境有某些相似之处……与欧美相比，中国和印度在综合国力对比上将长期处于相对弱势，从'好莱坞大片'到'肯德基'、'麦当娜'充斥中印市场，我们断难否定在'文化产品'项目上，与美国相比，中印两国处于'逆差'状态。因此，从东西文化冲撞和交流的角度说，中印文化之间的交流和合作十分重要。"[4]

就中国具有一定或持久的"国际吸引力"（借用前述学者的概念）的文化软实力而言，大致可以分为如下几个方面的内容：通过长期历史积淀形成的传统文化资源，如儒家思想、道家思想、中国佛教（包括藏传佛

---

[1] [美] 兹比格纽·布热津斯基著，中国国际问题研究所译：《大棋局：美国的首要地位及其地缘战略》，上海：上海人民出版社，2012年版，第9页。

[2] 郑飞："软实力研究中的若干重大问题——访中国文化软实力研究中心主任张国祚"，《中国社会科学报》2010年3月12日，http://sspress.cass.cn/paper/8388.htm。

[3] [美] 约瑟夫·奈著，马娟娟译：《软实力》，北京：中信出版社，2013年版，第117—118页。

[4] 邱永辉："全球化背景下的中印文化交流"，《四川大学学报》2006年第4期，第113页。

教)、孙子兵法、先秦诸子思想、《史记》、《资治通鉴》、《大唐西域记》，以及《诗经》、楚辞、唐诗、宋词、四大古典小说等；中国古代的代表性建筑、历史古迹、旅游胜地，如长城、兵马俑、少林寺、大雁塔、故宫、峨眉山、青城山、武当山、泰山等；中国特有的非物质文化遗产，如书法、中医、藏医、少林拳、太极拳、京剧、川剧、昆曲和各种少数民族舞蹈等；中国特有的物质产品和动植物，如川菜和扬州菜等中国食物，大熊猫、滇金丝猴、东北虎等；代表中国人美好精神风貌的文化名人、体育明星、文艺明星，如屈原、李白、鲁迅、莫言、郎朗、巩俐、章子怡、姚明等；中国政府意在向海外传播中华文化精粹而建立的孔子学院等海外教学机构。自然，这种粗略而肤浅的分类只是笔者的一种尝试而已，但它大致可以概括中国文化软实力或曰中国"国际吸引力"的重要元素。

就中国传统文化来说，其所具有的世界影响力或国际吸引力有目共睹。例如，印度前总统卡拉姆认为："中国的军事学家孙子在2000多年前就总结过，说战争并不是大规模地在肉体上消灭敌人，而是在精神上摧毁他的意志。他似乎已经看到了20世纪战争舞台上的技术控制局面。"[1] 无论回顾过去，还是着眼未来，中国古代传统资源都是我国最核心、最有无限生命力、最值得以各种方式进行开发和向世界传播的文化软实力。

就文化遗产而言，中国拥有的数量之多、种类之丰富令人骄傲。1987年，长城、明清故宫、周口店北京人遗址、秦始皇陵兵马俑和敦煌莫高窟首次被列为世界文化遗产。当年，泰山风景区被推选为中国第一个世界文化和自然双遗产。1992年，九寨沟、武陵源和黄龙名胜风景区被列为世界自然遗产。2001年，昆曲被联合国定为人类非物质文化遗产。2004年，第28届世界遗产大会在中国苏州举行，当时中国拥有30处世界遗产，在西班牙、意大利之后，成为世界文化遗产最多的前三名国家。[2] 从1985年加入《保护世界文化和自然遗产公约》至2013年6月，中国已有45处世界遗产。其中世界文化遗产31处（含文化景观4处），世界自然遗产10处，

---

[1] [印] A. P. J. 阿卜杜尔·卡拉姆、阿隆·狄瓦里著，季平、廖红等译：《火之翼：A. P. J. 阿卜杜尔·卡拉姆自传》，北京：当代世界出版社，2003年版，第247页。
[2] 参见骆郁廷等著：《文化软实力战略、结构与路径》，北京：中国社会科学出版社，2012年版，第253—254页。

文化和自然混合遗产 4 处。① 近年来，中国继续积极地向联合国教科文组织提交世界非物质文化遗产项目的申请。2013 年 10 月，中国的珠算和日本的和食、韩国的泡菜等一起，被列入"建议列入"名单。值得关注的是，韩国以去中国化的手法，先后于 2005、2006 年申报江陵"端午祭"和"活字印刷术"为世界非物质文化遗产并获得成功，而这些遗产均带有浓厚的中国特色。2013 年，韩国申请的"泡菜"也是如此。这种起源中国，在韩国发扬光大，并以文化易容术的手段申遗成功的做法近年来引起了中国学界、媒体和大众舆论的持续关注。② 这说明，中国的文化软实力建设亟需进一步加强。

孔子学院是目前中国最重要的分布最广的海外文化设施之一。"'孔子学院'已成为当代中国'走出去'的符号，成为体现中国'文化软实力'的最亮品牌之一。"③ 进入 21 世纪后，中国综合国力与国际地位日益提高，这为汉语的国际推广提供了难得的战略机遇，也对海外汉语教学提出了更高要求。2004 年 3 月，国务委员陈至立将中国设在海外的语言推广机构正式定名为"孔子学院"。2005 年 7 月，首届世界汉语大会在北京举行。此后，孔子学院项目得到许多国家的热烈响应和支持，发展迅速。孔子学院（Confucius Institute）最重要的一项工作就是给世界各地的汉语学习者提供规范、权威的现代汉语教材；提供最正规、最主要的汉语教学渠道。全球首家孔子学院 2004 年 11 月 21 日在韩国首尔成立，截至 2006 年 3 月，已有 54 所孔子学院在 30 个国家和地区启动建设，其中亚洲 17 所、欧洲 17 所、北美洲 9 所、大洋洲 3 所、非洲 3 所、拉美 5 所。中国领导人对孔子学院的发展给予了高度重视和大力支持。④ 截至 2010 年 10 月，全球已建立 322 所孔子学院和 369 个孔子课堂，共计 691 所，分布在 96 个国家（地

---

① 中国进入世界文化遗产的详细情况，参见 http://baike.baidu.com/subview/9018/10124018.htm?toSubview=1&fromId=9018&from=rdtself。
② 佚名："文化也整容，泡菜成韩遗产"，《成都商报》2013 年 10 月 27 日。
③ 骆郁廷等著：《文化软实力战略、结构与路径》，北京：中国社会科学出版社，2012 年版，第 257 页。
④ 吴晶："海外孔子学院概况"，2006 年 4 月 29 日，http://news.xinhuanet.com/newscenter/2006-04/29/content_4491339.htm。

区)。① 目前孔子学院已在106个国家的350多个教育机构落户，中小学孔子课堂达500多个，成为推广汉语教学、传播中国文化及汉学的全球品牌和平台。迄今为止，南亚国家中的巴基斯坦、尼泊尔、孟加拉国、斯里兰卡和印度已经先后接纳了中国的孔子学院。这为中国开展与南亚国家间的文化交流与教育合作等打下了基础。

印度具有一定或特有的国际影响的文化软实力，大致可以分为如下几个方面的内容。自然，这种粗略而肤浅的分类也只是笔者的一种尝试而已。

中国学者认为："大约公元前2500年起，印度河流域进入金石并用时代，创造了印度历史上第一个灿烂辉煌的文明——印度河流域文明。它也是世界史上值得骄傲的最古老的文明之一，在时间上仅晚于古埃及文明、两河流域文明，早于华夏文明。"② 印度的文化资源异常丰富，如以四大吠陀、《摩诃婆罗多》和《罗摩衍那》等两大史诗、迦梨陀娑等为代表的梵语文学，以婆罗多和欢增、新护等为代表的梵语诗学，佛教、印度教、耆那教、锡克教等各派宗教，多姿多彩的印度宗教神话、哲学、语言学、科学等。

印度古代的代表性建筑、历史古迹、旅游胜地，包括泰姬陵、菩提迦耶、那烂陀寺、桑奇大塔、鹿野苑佛寺、胡马雍陵、顾特卜塔、阿旃陀石窟、印度中央邦的卡朱拉霍性庙、新德里印度门、孟买印度门，以及遍布各地的印度教、耆那教寺庙、锡克教寺庙等。

印度特有的非物质文化遗产，尤以婆罗多舞、卡塔卡利舞和卡塔克舞等印度古典舞等值得关注。印度瑜伽不仅在中国，而且在世界范围也拥有众多的"粉丝"。风格独特的印度音乐和以莫卧儿细密画为代表的印度绘画也享誉世界。印度也有许多引人注目的物质产品如纱丽、印度茶和咖喱等。

代表印度美好形象和健康风貌的文化名人、体育、文艺明星，包括佛陀、阿育王、商羯罗、辩喜、泰戈尔、甘地、特雷萨修女、阿玛蒂亚·

---

① "孔子学院"，百度百科，http：//baike.baidu.com/link? url＝pbz1eQLA-cgJJwvWRoB6JqgWkJzqY0IbvJNoerZZQ-5rMibik7 MNNNVY_ kD jok8J。

② 林承节：《印度史》，北京：人民出版社，2006年版，第11页。

森、拥有印度血统并获得2001年诺贝尔文学奖的V. S. 奈保尔、网球明显阿姆内特拉吉、羽毛球明星内瓦尔·米尔扎、电影明星阿米尔·汗、普丽扬卡·乔普拉、艾西瓦娅·雷、拉贾·卡布尔等。

以宝莱坞电影为代表的印度电影可谓印度文化软实力的重要载体之一。"印度电影的年产量排名世界第一，平均每年生产800多部电影……印度电影每年都能吸引十多亿的国内外观众。电影与观众的热烈互动场面是印度的一道文化风景……开放的电影政策和具有民主特征的电影审查制度造就了发达的印度电影业。"① 宝莱坞是世界上最大的电影生产基地之一，拥有数十亿观众。对全世界来说，宝莱坞就像印度的一张名片，展现了印度人独特的魅力。大多数巴基斯坦人都观看宝莱坞电影，因为印地语和乌尔都语以及他们的文化都很相近。孟加拉国和尼泊尔的观众也在观看宝莱坞电影。阿富汗人欣赏宝莱坞电影。许多涉及阿富汗的宝莱坞电影是在阿富汗境内拍摄的。印度电影在一些阿拉伯国家也很流行，尤其是在海湾国家。这些国家通常以阿拉伯语配音发行印度影片。印度电影在某些欧美国家、大洋洲国家也受到欢迎。② 中国观众也非常欣赏《大篷车》、《流浪者》和《土地税》等印度电影。

对于印度人来说，他们不可小觑的文化软实力还与其实行资本主义民主体制，采纳西方教育制度，使用英语为官方辅助语及会议语言、教学语言、学术语言之一等重要举措密切相关。前者使他们与英美等国在意识形态上保持一致，印度也时常为自己是世界上最大的民主国家感到自豪。这种民主体制使印度在国际交流舞台上如鱼得水，西方很少出现"印度威胁论"不能不说与印度实行资本主义制度有很大关系。印度与日本等亚洲国家的交往有时也带有意识形态的正面考量。采用英式教育体制和接纳英语为辅助官方语，必然加大印度与西方国家文化交往的力度和频率。印度每年以英语发行的报纸、期刊或出版的英语小说、论文、学术著作不计其数，这使他们在西方舆论界、学术圈拥有一定的话语权。

作为全球第二大发展中国家，印度近年来重视本国文化软实力的

---

① 张讴：《印度文化产业》，北京：外语教学与研究出版社，2007年版，第50页。
② 参见"宝莱坞"，百度百科，http://baike.baidu.com/link?url=fwx05zdjjIkM6uhM3k0GydEqW1JodjGFM5rXwsRX1vhvc6c77xAaGO 0Fat3yjFFc。

发展和推广，逐渐形成一套印度式的传播体系。通过吸引留学生到印度学习，培育其对印度的文化亲和力，从而传播印度文化及印度的价值观。

印度还将佛教作为提升其文化软实力的重要手段，并以此加强与东亚和东南亚国家的联系。印度通过举办世界佛教大会等方式，向外部世界传达一些重要信息。印度还通过在国内外举办各种形式的印度文化节推销印度文化。印度政府还制定通过了双重国籍政策，吸引海外印度人回国投资；定期召开海外印度人大会，并向其杰出代表如奈保尔等人颁发奖励，拉近海外印度人与母国的联系，增强海外印度人的民族文化认同感，以借助这些海外精英分子获得一定程度的国际话语权。

印度的文化软实力也有一些短期内无法克服的局限。如果说某些国家的"中国威胁论"常使中国向外传播文化软实力遭遇障碍的话，印度的政治腐败、教派冲突、恐怖主义问题等也使其招致世界诟病，这在某种程度上削弱了印度文化软实力的正能量。例如，在论述中印文化软实力时，约瑟夫·奈说："文化固然能提供软实力，但国内政策和价值观会制约软实力。印度虽然受益于民主政治，但也在一定程度上受制于过度官僚的政府。近年来，印度教极端主义死灰复燃，发生在古吉拉特邦的屠杀伊斯兰教徒事件损害了印度的民主声誉……在美国，中国的吸引力是有限的，因为美国人担心中国迟早会对美国形成威胁。"[①] 有的印度学者认为，和中国相比，印度软实力尚有差距。"虽然最近几年印度软实力增长加速，但各项重要参数均落后于中国……事实上，大多数分析人员认为，印度的软实力政策大体上是失败的。经济学家称，印度缺少发展软实力的战略文化。"[②]

---

① ［美］约瑟夫·奈著，马娟娟译：《软实力》，北京：中信出版社，2013年版，第118页。
② ［印］阿班娣·巴塔查尔亚著，罗屹霖译："印度在东南亚的'软实力'"，《南亚资料与研究》，四川省国际和平与发展研究中心主办，2013年版，第5期，第20页。

第二节　印度文化软实力传播对中国的启示

有的学者认为，从世界范围来看，全球化时代的"文化竞争"有两个显著的特征，即在信息的自由传播状态下进行竞争和通过市场机制进行竞争。"如果从总体上说，与西方国家相比，由于综合国力的长期弱势，中印文化的优势在短期内很难得到充分的发挥，那么至少在'信息的自由传播'方面，印度与中国相比，却具备明显的优势。"[1] 印度相对于中国文化软实力传播的优势主要在于印度的话语优势和信息自由传播优势。印度拥有数量巨大的使用英语的中产阶级，其西式教育体制培养了一大批熟悉西方的知识精英，这使他们"远比数量少得可怜的中国精英代表更具说服力"。[2]

该学者还认为，如与印度相比较，不难理解西方国家为何责难中国多于印度。西方一般不介意印度某些政教不分的行为，但对中国维持社会稳定的许多措施，却以宗教自由和人权的名义施加压力。"印度政治民主制度下的宗教信仰自由、实践自由甚至宗教竞争自由，的确为印度提供了巨大的伸缩空间；而印度精英的解释能力，也往往让西方人更能对印度的国情给予同情的理解。因此，今天的印度在大多数西方人眼里既是'一个杂乱无章、凌乱不堪的民主国家，被民族和宗教分歧弄得四分五裂'，更是一个充满无限潜力和未来希望的新兴大国……印度良好的国际环境并不全靠硬实力，在'文化扩张'中以柔韧的生命力作支撑，这点正是最值得中国学习的。"[3] 印度之所以值得中国学习，在于它的文化精英或英语媒体孜孜不倦、锲而不舍地向英美世界传播印度声音，塑造自己国家的美好形象，传递印度之于当代世界的正能量。

---

[1]　邱永辉："全球化背景下的中印文化交流"，《四川大学学报》2006年第4期，第114页。
[2]　同上。
[3]　同上。

目前，一些中国学者开始关注中国的国际话语权或战略性外交话语建构问题。有人认为，经过几十年的发展，中国外交话语体系亟待"向国际话语体系升级"。国际话语权很重要，但是中国却遭遇了有效塑造和快速传达国际话语权的困境。"我们对中国国际话语权不满意，主要是因为跟我国国力不匹配，也跟14亿人口数量不匹配。"①该学者还认为，一些中国特色的话语无法赢得国际社会的认同和理解，这是我国国际话语权缺失的重要原因。"中国赢得国际话语权始终面临重大悖论：自我表达，太中国化；以人家语言表达，又他者化。"②另有学者认为，目前中国处在一个由西方国家主导的话语霸权体系中，自己的意见得不到正确表达或被遮蔽、被忽略，处于一种"失声"或扭曲的状态，这非常不利于中国国家利益的实现。中国目前仍缺乏真正具备战略性要素的外交话语。在几个蕴含着战略因子的中国外交话语中，冷战以来提出的"韬光养晦"、"和平发展"与"和谐世界"值得关注。其中，"和谐世界"体现了中国国际战略的"最新思维"，并在一定程度上得到了国际社会的认可，同时"和谐世界"的话语中也包含了极易引起世界普遍关注和共鸣的"新安全观"和"国际关系民主化"等外交理念。③"和谐世界"一经提出，很快就得到了国际媒体的关注，如《印度教徒报》、美国《新闻周刊》和英国《经济学家》等媒体均予以积极评价。这也说明，中国国际战略界和外交工作者需要努力加强与西方学者的对话，以在思想互动的基础上提供更具普遍意义、更易说服对方的中国话语。"总体上，中国战略性外交话语的建构还处于被动状态中，容易陷入西方理论与逻辑的'陷阱'之中。"④应该说，在设置国际议题和提出中国战略性外交话语方面，中国还处于起步阶段。近年来，中国提出"文化强国"，倡导"文化走出去"，并构想实现中华民族伟大复兴的"中国梦"，这一切都必将为中国官方和学术界贡献更多的战略性外交话语提供文化支撑。有的学者认为，构建中国外交话语体系，

---

① 王义桅："中国外交如何争取国际话语权"，《学术前沿》2012年第10期，中国人民大学复印报刊资料《中国外交》全文转载，2013年第1期，第42页。
② 同上，第43页。
③ 叶淑兰："中国战略性外交话语建构刍议"，《外交评论》2012年第5期，中国人民大学复印报刊资料《中国外交》全文转载，2013年第1期，第34页。
④ 同上，第39页。

不能盲目与西方话语体系接轨，必须用中国话讲述中国外交的价值理念和世界观体系。美国式软实力很大程度上依赖于对外输出美式民主自由制度，而中国式软实力则依赖于"交心、相互尊重、相互欣赏，寓义理于故事和事实之中"。① 这似乎可以作为中国对印传播话语体系、培育文化亲和力的一种思想原则。

在此背景下，探讨印度如何提出具有自身特色的战略话语或文化理念、学术理论，并进而有效地传播到世界，便十分具有现实意义。

根据有的学者研究，自21世纪以来，随着发展研究、城市研究和性别研究等三个新领域的出现，印度的跨学科意识得到了加强，并诞生了两个富有特色的跨学科研究领域：一个是关于贱民的文化研究，这也是拜获得国际声誉的庶民学派所赐；另一个是中产阶级研究。② 事实上，当代印度学者在后殖民理论方面作出了为世界学界所瞩目的成就。但是，这些成就的取得，一定程度上与印度本土学者和海外印度学者30年来联合进行的"庶民研究"（Subaltern Studies，也称"属下研究"或"底层人研究"）有很大关系。印度"庶民学派"的思想可视为印度后殖民理论的重要组成部分。庶民学派从20世纪70年代后期开始在印度酝酿，到1982年正式形成，至今已有差不多30年历史。庶民学派起源于南亚历史研究，但现在它早已超出了历史学范畴，影响了诸多学科领域的研究。庶民学派促使后殖民理论家关注第三世界的民族主义、教派主义与殖民主义的关系，并冲击了西方女性主义忽略第三世界女性命运的畸形研究模式。"庶民学派是第一个对西方学术界产生深刻影响的第三世界的思想流派，在一定程度上改写了世界既有的学术版图。"③

当代印度学者在后殖民理论方面的著述为世界学界所瞩目。印度的后殖民理论对中国和世界比较文学研究影响巨大。这方面的代表性人物包括斯皮瓦克、霍米·巴巴、拉什迪等侨居英美的印度作家和文论家，但阿西斯·南迪（Ashis Nandy）、艾贾兹·阿赫默德（Aijaz Ahmad）等印度本土

---

① 苏长和："气势磅礴的2013年中国外交"，《中国社会科学报》2014年1月3日。
② 张淑兰："印度社会科学的研究特征"，《国外社会科学》2013年第1期，第113页。
③ 陈义华：《后殖民知识界的起义：庶民学派研究》，北京：中央编译出版社，2009年版，第1页。此处对庶民学派的介绍多处参考该书。

学者关于后殖民理论的著述也不可忽视。斯皮瓦克在西方语境中接受了严格的学术训练，但印度文化、印度现实生活体验和印度学界的反殖民思想也影响着她的研究。就像其他许多侨居海外的印度学者一样，斯皮瓦克的学术研究包含了西方和印度的双重元素。"当今时代，斯皮瓦克是获得国际声望的最著名的女性主义批评家，也是少有的堪称为真正影响全球范围知识生产的人。"[1] 抛开印度文化和印度现实政治的背景来观察和探索斯皮瓦克，只能得出非常肤浅的结论。斯皮瓦克对于后殖民理论的最大贡献是将第三世界妇女视角引入这一研究领域。她对西方女性主义者代表所有女性发言的合法性提出了严肃的质疑，以建树自己的女性视角和印度视角。庶民研究对她关注第三世界妇女、特别是生活在底层的印度妇女命运帮助极大。她在论文中以大量印度文学作品及现实生活个案为例，对底层妇女命运进行追问。她写道："底层人不能说话……作为知识分子的女性知识分子肩负一项受限制的使命，对此，她绝不能挥手否认。"[2] 这里的话似乎相当于她的第三世界女性主义宣言。斯皮瓦克此处既是彻底贯彻女性主义的政治理想和普世关怀，又恰到好处地传播了印度声音，从而受到包括文学、历史、哲学、国际关系、社会学等领域的极大关注。在这一过程中，印度社会疾苦经由学术声音传至欧美学术圈，形成了一种隐蔽而独特的文化软实力。印度便自然成为透明的自由世界和民主社会，成为第一世界政治家、学者和广大民众同情和牵挂的对象，也成为第三世界发展中国家无法绕开的参照系。

总之，考察斯皮瓦克等印度学者的成功范例可以发现，他们均有优异的英语表达能力和极深的西方学术素养，却时刻不忘印度本土语境，在学术著述中将理论思考与印度历史、现实紧密地结合起来，从而在西方学术圈打开了一个"突破口"，让西方乃至东方国家不同程度地聆听到印度的悲哀与欢喜、沉思与随想。斯皮瓦克等印度学者主动定义印度受人同情的国家形象，以庶民学派和后殖民理论等重要学术体系，帮助印度学界在世

---

[1] Donna Landry & Gerald Maclean, eds., *Selected Works of Gayatri Chakravorty Spivak*, New York and London: Routledge, 1996, p. 2.

[2] 陈永国等主编：《从解构到全球化批判：斯皮瓦克读本》，北京：北京大学出版社，2007年版，第128页。

界学术圈赢得了话语主动权,构筑了别具一格的文化软实力。这无疑创造了印度与西方思想互动的前提。从这个意义上讲,印度学术界的成功案例对于中国确有启示。中国战略性外交话语的建构是一个复杂的过程。在此过程中,我们不但需要"借鉴西方的概念与理论,更需要建立与发展自己的概念、自己的理论……总之,中国需要跳出西方的话语框定,主动定义中国的国际定位,设置国际议题,赢得话语主动权。这是一个长期的对外战略目标,同样也需要长期的不懈努力"。①

不过,问题也有另外的一面。根据有的学者研究,从学术出版物来看,印度只有少量的研究机构能够达到国际水平,享有世界知名度。在世界上被引用的社会科学杂志中,就被引用的学术期刊而言,中国在世界排名第九,在亚洲排名第三,印度排名第一;但如果拓展到一般的学术杂志,中国在世界排名第五,在亚洲排名第一。"自 20 世纪 90 年代中后期以来,印度的社会科学处于相对停滞状态,与中国相比处于下降趋势。"② 但是,考虑到印度在学术研究方面的历史积淀和印度与西方学术接轨的自然便捷,中国学界仍需以学习的姿态为宜。

值得注意的是,一些印度名人基于其长久以来的世界影响,也是印度传播文化软实力的不二选择。第 61 届联合国决议规定将每年的 10 月 2 日即圣雄甘地的诞辰定为"国际非暴力日"。很多印度学者建议政府效仿中国的"孔子学院"设立"甘地学院"。在这种时代背景下,同样具有世界影响力或曰"国际吸引力",其作品和思想更能"润物无声"地深入人心的泰戈尔,自然成为印度传播文化软实力的首选人物。

由于印度在世界各地、特别是在欧美各国拥有大量的侨胞,而这些海外印度人的民族文化认同感异常强烈,这便为印度文化向世界传播找到了一个极佳的中介力量或支撑点,他们甚至在某种程度上超过了华裔对中国文化海外传播所能真诚奉献的力量。20 世纪 80 年代以来,印度海外作家带有浓厚印度气息的英语文学在世界屡获大奖,其成就往往为印度国内认可。鲜为人知的是,在大英帝国殖民印度时期,印度海外力量即印度当时

---

① 叶淑兰:"中国战略性外交话语建构刍议",《外交评论》2012 年第 5 期,中国人民大学复印报刊资料《中国外交》全文转载,2013 年第 1 期,第 39 页。
② 张淑兰:"印度社会科学的研究特征",《国外社会科学》2013 年第 1 期,第 116 页。

在伦敦的侨民团体便以各种方式协助泰戈尔翻译作品和出版诗集,这对泰戈尔获得诺贝尔文学奖也是一个不小的贡献。

罗宾德拉纳特·泰戈尔是印度著名的文学家和艺术家。1913年,泰戈尔为亚洲第一次赢得诺贝尔奖。2009—2012年,印度、美国、中国、新加坡等国举办了多次泰戈尔国际学术研讨会,纪念这位杰出的作家、思想家与社会活动家。2011年是泰戈尔诞辰150周年,印度多地举行活动纪念这位世界文坛泰斗。当年5月7日,印度总理曼莫汉·辛格与印度国大党主席索尼娅·甘地等政要在新德里出席了为纪念泰戈尔诞辰而举行的盛会。辛格在致辞中说:"泰戈尔与世界各国的广泛交往是印度开展对外文化传播的最佳平台。"[1] 2012年12月19日,经谭中等印度学者的提议,印度国际大学中国学院与德里中国研究所等单位、机构联合举办了纪念泰戈尔获得诺贝尔文学奖100周年启动仪式,印度总统等政府高官和一批著名学者出席此次盛大的启动仪式。2013年,印度和中国分别举办了纪念泰戈尔获诺贝尔文学奖100周年的学术研讨会。这说明,印度已经将泰戈尔视为文化外交的国家修辞话语,以展现印度文化的国际亲和力,构建和优化印度的国家形象,为印度崛起营造良好的外部环境。在当今世界各国普遍重视软实力、尤其是文化软实力建设的背景下,在我国开始实施"文化强国"战略的前提下,探讨泰戈尔之于印度文化软实力传播的关系,无疑具有重要的现实意义和参考价值。

当代印度发展和传播自己的文化软实力,有着自己的一些先天优势。这种优势也同样反映在以传播泰戈尔而发展印度文化软实力的软性战略上。从泰戈尔的思想体系来看,虽然说他也曾抨击过西方殖民主义时期的某些政治经济策略及文化侵略思想,但仔细分析,他的某些主张仍然存在近似于资本主义制度所推崇的民主、自由思想,这不能不引起西方自由知识分子的心理认同。泰戈尔生前的大部分国外旅行和演讲均在欧美各国进行,这种历史足迹也证明了他对西方文明精华的认同,同时也必然会引起当代部分西方学者的探索兴趣,这恰恰为以泰戈尔思想为代表的印度文化

---

[1] 郭西山、金丰:"印度借泰戈尔推广软实力",《环球时报》2011年5月9日。本文多处参考该文,特此说明。

向西方再次进行深度传播提供了难得的机遇。

笔者于2010年5月参加的新加坡泰戈尔国际学术研讨会的主持者即为印裔美国学者、新加坡东南亚研究所那烂陀—室利佛逝（Nalanda Srivijaya）研究中心主任沈丹森（Tansen Sen），而笔者于2011年10月参加的芝加哥大学泰戈尔国际学术研讨会则由该校南亚语言与文明系教授、印裔美国学者迪佩西·查克拉巴蒂（Dipesh Chakrabarty）召集并主持。哈佛大学历史系的印裔美国学者苏迦塔·鲍斯（Sugata Bose）主持了2009年底在哈佛大学召开的泰戈尔国际学术研讨会。根据中国学者刘建的记载，2010年12月在加尔各答举行的泰戈尔国际学术研讨会期间，主持过2009年底哈佛大学泰戈尔国际学术研讨会的印裔美国学者苏伽塔·鲍斯和先在芝加哥大学、后到新加坡国立大学任教的印裔学者、著名中国问题研究专家杜赞奇（Prasenjit Duara）等人也应邀参加。杜赞奇发表了题为《泰戈尔与目前的可持续危机》的演讲，而获得诺贝尔经济学奖的印裔学者阿玛蒂亚·森（Amartya Sen）受大会特邀致开幕词。森在致辞中说，泰戈尔的世界主义思想至今依然对全世界具有巨大的吸引力。[①] 根据中国学者葛维钧的考察，森在1971年离开印度，辗转于欧美各著名学府，但始终与印度本土的大学，特别是德里大学保持着紧密的联系，并一直担任该校的荣誉教授。"剑桥毕业以后，他便常回印度，从来没有半年不归的情况。他也一直保持着印度国籍。这样的好处之一是保证了他对印度国内公众事务的发言权。"[②] 这充分说明，印裔学者在促进印度文化世界传播方面扮演着越来越重要的角色。

有的学者认为："diaspora强调了一种移民对祖国或家乡（包括祖先家乡）的强烈依恋和归属感，体现了一种终极的情感乃至身份的皈依和认同。这一点在犹太人身上表现得最为典型，在海外华人和海外印度人身上体现得也比较充分。"[③] 根据学者们的考察发现，目前海外华人和海外印度

[①] 刘建："加尔各答纪行——学术访问笔记"，《东方文学研究通讯》2011年第2期，第39页。

[②] 葛维钧："中译本序言"，[印] 阿马蒂亚·森著，刘建译：《惯于争鸣的印度人》，上海：上海三联书店，2007年版，第3页。

[③] 贾海涛、石沧金：《海外印度人与海外华人国际影响力比较研究》，济南：山东人民出版社，2007年版，第30—31页。

人在3000万人和2500万人左右。海外印度人被认为是世界第三大海外移民群体，仅次于分布于全世界的英国后裔和海外华人群体。目前，海外印度人分布较多的是美国、英国、加拿大等西方国家和缅甸、马来西亚、新加坡等东南亚国家。"海外印度人和印裔人口也是印度文化产品的重要消费群体。"① 海外印度人的国际影响力不可忽视，这对印度政府近年来采取双重国籍政策产生了积极的影响。明眼人一看便知，双重国籍政策对印度发展文化软实力，在世界各地塑造良好的国家形象将发挥独特的作用。以阿玛蒂亚·森等人为代表的海外印度人的确在维护印度形象，传播印度文化声音等方面发挥了某些印度国内学者无法企及的作用。

事实上，印度以纪念泰戈尔诞辰150周年为契机，大力开展世界范围的文化推销，这其中的很多经验值得中国借鉴。他们通过海外印度人的影响力，在世界重要国家举行形式多样的泰戈尔纪念活动，既展现了印度现代文学的魅力和积极美好的印度形象，也密切了海外侨胞与母国的文化联系，可谓一举多得。中国古代文化和现代文学经典的跨文化传播，成为中国文化"走出去"战略的重要组成部分。因此，是否可以在一定程度上借助海外华人的力量，开展类似的多种多样的学术活动，研究和传播屈原、李白、王维、鲁迅和莫言等中国古代文学和现当代文学的代表性人物，以利于中国文化软实力的世界传播，这是值得我们认真思考的重要问题。②

第三节　中印文化软实力双向传播的背景

开展对于别国民众的公共外交也有提升本国软实力的战略考量，而软实力的提升又反过来增加或强化了一国的公共外交资源，这是一种外交资源的良性循环。随着信息时代的来临，软实力、特别是其中的文化软实力

---

① 张讴：《印度文化产业》，北京：外语教学与研究出版社，2007年版，第1页。
② 上述相关论述，参阅拙文："泰戈尔与印度文化软实力传播"，《南亚研究季刊》2013年第1期。

的作用在国际交流中日益显著,它对中国与美国、中国与印度等大国之间的良性互动至关重要。"在中国崛起的大背景下,为了树立中国作为新型大国的外交范式,引领新的世界秩序,需要建构中国外交的'和力'。'和力'就是基于'和合'的理念,通过正向运用一国的综合实力,以促进国际社会'和平'、'和谐'、'合作'的能力。"[①] 当今世界,要想真正实现国际文化交流的理想目标,在国际社会建构中国外交的"和力",达到"和谐世界"理念的预期效果,不能只有文化软实力的单向传播(如美国好莱坞大片在某些时期对某个国家或地区观众的"疲劳轰炸"),而应该是基于平等互利、相互尊重基础上的文化软实力双向传播。这种双向传播能使两种文明或两个国家相互受益,从而为开展更为深入的政治互动、经贸往来和人文交流或公共外交打下坚实的基础。这便是 21 世纪中印文化软实力双向传播必须大力进行的基本缘由。因此,本节对中印之间进行文化软实力的双向传播问题进行简略探讨。

  首先来看中印文化软实力双向传播的迫切性亦即双向传播的时代背景。这里所谓的文化软实力传播在某种程度上接近于文化传播,因为文化软实力的核心要素是一国的文化吸引力(包括文学作品、宗教和哲学思想、电影、电视、戏剧、音乐、绘画、舞蹈等)。中印之间的文化交流源远流长,但正如学术界几成共识的那样,历史上存在印度文化对中国文化的"贸易出超"现象,即中国文化受惠于印度文化远远多于前者赐福于后者。长期以来,这种单向度的传播形成了印度文化软实力对中国的绝对优势,而中国文化软实力难以建立对印度的传播均势,更遑论对其建立传播优势。除了泰戈尔访华后中印文化交流频繁的一段时期,整个 20 世纪的大部分时间里,由于殖民主义势力的干扰和其他复杂的历史、政治因素,印度文化软实力(包含一般意义上的印度文化)向中国的单向传播也遭遇了很多阻力,而中国文化软实力(包含一般意义上的中国文化)向印度的单向传播更是如此。20 世纪末至 21 世纪初,随着中印关系大幅改善和逐渐步入成熟期,这种文化软实力双向传播不顺畅的局面开始引起两国政治家、学者的高度重视。在 21 世纪,建立中印文化软实力之间的传播均势

---

① 吴心伯:"建构中国外交的'和力'",《国际问题研究》2013 年第 2 期,第 114 页。

(balance),必须尽快纳入两国政治家和学术界思考的范畴。

1949年新中国成立、特别是1988年以来,中印文化软实力双向传播不力的原因主要包括:印度与西方一直保持着紧密的政治、经济与文化联系,中国也存在某种程度上的西方中心思潮,中印边境冲突给两国的互动交流带来了长期的负面影响等等。在这方面,谭云山几十年前说过的话很有参考意义,因为他从民族性格等方面思考了中印交流的某些局限和难点。他在论及印度对中国占压倒优势的文化影响力时说:"就印度文化影响中国文明而言,几乎难以言尽。从哲学角度来看,从魏晋时期(220—419年)起,孔子儒家思想和道家思想就与印度思想紧密结合在一起。"① 为此,他举出不少实例进行说明。谭云山还提出一个非常重要且有趣的问题,既然印度文化影响中国宗教和哲学如此深厚,为什么中国文化对印度的影响如此稀少?为什么那么多印度经典译成中文,而中国的巨著却没有译为梵文?谭云山给出了三个解释:首先,印度可能在一个时候曾经受到中国文化的影响,但事过境迁,便不了了之。其次,印度人民宗教感情非常强烈,他们只是向其他民族传播宗教福音,而不愿接受其他地方的真理。第三,中国人积极接受和吸收其他优秀文明成果,却不愿向其他文明传播自己的文化。"总之,我觉得中国从印度获益良多却回报甚少。因此,她应该心存感激,有义务酬答印度。"② 谭云山的观点虽有以偏概全的嫌疑,但也多少揭示了中印文化间建立双向传播均势必然遭遇阻力的一些微妙因素。

事实上,近代以来,印度与西方的全方位互动从未因政治版图变迁等因素而中断,这便在无形中造成了印度与西方全方位互动连绵不断的历史格局,印度的政治与文化精英基本认同西方的学术规范和政治话语体系。根据印度宪法的规定,英语成为印度的辅助官方语,印度许多重要的学术文献、文学作品等皆以英语为印刷载体,有的甚至在印度与西方国家同时刊登或出版,这种集体无意识的"文化走出去"策略是印度面向西方进行文化交流的一大优势。不过,由于印度精英和大众对于本国文化的自豪和

---

① Tan Yun-Shan, *Cultural Interchange between India and China*, Santiniketan: Visva-Bharati, 1940, p. 9.

② Ibid., p. 12.

对西方文化的亲切感，再加上1962年中印边境冲突对中印文化交流造成的长期障碍，印度严重缺乏译介和传播中国文化的合格人才，所以他们在接受中国文化时自然存在某些心理障碍。

与印度一样，中国学术界的西方中心思潮由来已久。20世纪以来，虽有不少的学者译介和传播印度文化，但和译介、传播西方文化甚或日本文化的规模相比，比例失衡。中国欲融入世界话语圈，除了适当借用西方话语外，还得以英语来表达自己的声音。在某些方面如学术领域，中国对印文化传播的难度之大也不例外。对中国政府和学者来说，挑战很多，因为中国在既深谙印度语言文化和基本国情，又通晓西方文化和话语规范的人才储备方面，存在严重短缺的不利局面。和印度相似，中国目前也缺乏足够的译介、传播印度文化的合格人才。这是因为中国与印度的全方位互动因1962年边境冲突等因素而停滞了几十年，中国学者对印度的全方位了解还远远不够。虽然很多中国学者、民众对印度佛教文化、泰戈尔等感兴趣，但对印度教文化的了解非常有限，对宝莱坞电影、印度传统舞蹈、音乐和绘画等的了解也很有限。这与印度学者、民众对中国文化的了解有限非常近似。印度前总统卡拉姆说过："印度和中国有共同的文化背景和思想渊源，一个信奉甘地主义，另一个是佛教国家，所以两个民族都是渴望自由和热爱和平的。印度人喜欢中国，中国人也喜欢印度。但印中关系发展时有曲折，其中的主要原因就是缺乏相互了解。我们两国人民应该加强交流和接触，进一步增进两国人民之间的友谊。让中国人了解印度，让印度人理解中国。"[①] 因此，如何破解彼此理解不畅的僵局，加强彼此间全方位文化互动和正常的人文交流，进而建立中印文化软实力的传播均势，这既是当务之急，也是一大挑战。

虽然存在这样那样的问题或障碍，但中印两国在21世纪构想的"中国梦"和"印度梦"必然要求，他们之间需要建立健康正常的政治互动和经贸交流，更需要人文交流和文化互动为此充当铺路搭桥的先锋角色。从两国的政治和文化精英来看，他们也具有这种高瞻远瞩的战略意识，更具

[①] [印] A. P. J. 阿卜杜尔·卡拉姆、阿隆·狄瓦里著，季平、廖红等译：《火之翼：A. P. J. 阿卜杜尔·卡拉姆自传》，北京：当代世界出版社，2003年版，第281页。

有符合时代发展的民族文化自尊意识。这便使中印未来建立文化软实力的均势传播成为可能。

就印度而言,其"印度梦"所赖以生存的大国战略必然使其高度重视文化软实力的世界传播,而高度的民族自豪感也是他们不遗余力地向外部世界传播自己文化的精神动力。在有的学者看来,追溯历史文化根源不难发现,印度具有高度的民族自豪感。印度部分精英分子的民族主义情结比较浓厚:"印度的社会精英完全有理由相信他们的国家与俄罗斯、中国和美国同属大国之列。印度拥有高度发达的文明,也许是最先进的文明,因为它融合了诸多其他文化。与中国不同的是,它的文化更具有包容性……从多样化角度来说,印度与欧洲和美国十分类似,但在印度民粹主义者看来,它的精神遗产比这些国家要先进得多。"① 近年来,泰戈尔成为印度选择并向世界推广其文化软实力的最佳符号即是一例。其实,这也与泰戈尔本人在20世纪初的文化自觉和自我选择密不可分,甚至这种文化自觉还可追溯到阿育王时代派僧团向外界传播佛法的典范之作。

泰戈尔认为:"世界今天仍然需要印度,在这日新月异、五彩缤纷的现代世界,印度式的修行能够很好地解决一切复杂问题。"他认为,全世界的人们"正以不同的声音表达对印度的这一期待。"② 正是怀抱这种强烈的文化自信和民族自尊,泰戈尔首先翻译了带有浓厚宗教气息的诗集《吉檀迦利》,将之推向英语世界,而在获得诺贝尔文学奖后,他继续辗转欧亚美三大洲,到处发表演讲,旗帜鲜明地宣扬以印度为代表的东方文明,批判自私自利的民族主义和殖民主义思想,以期拯救西方文明于水火之中。在一战废墟上惶惶不可终日的部分欧洲人及部分心有灵犀的东方知识分子,遂很快对其思想产生了强烈的共鸣。这和同一时期辜鸿铭在西方宣传孔子思想并获得较为理想的效果有异曲同工且互为犄角之妙。从这个角度来看,泰戈尔在20世纪上半叶向东西方世界传播印度文化声音,确实在很大程度上达到了预期的目标。

---

① [美]斯蒂芬·科亨著,刘满贵等译:《大象和孔雀——解读印度大战略》,北京:新华出版社,2002年版,第50页。
② [印]泰戈尔著,李缘山译:《梵社的成功》,刘安武、倪培耕、白开元主编:《泰戈尔全集》,第23卷,石家庄:河北教育出版社,2000年版,第459页。

就正在构想以"中国梦"开启民族复兴之路的中国而言，博大精深的中华文化，蒸蒸日上的强大国力与走向世界、接轨世界的决心和毅力，必然要求中国在文化软实力的世界传播方面作出自己应有的努力。2012年10月，中国作家莫言获得诺贝尔文学奖，这为中国文化"走出去"带来了一个新的契机，也为中国向世界传播自己的文化软实力提供了更多的自信。目前，世界范围的"汉语热"必将对中国文化软实力的传播产生积极的作用。

中印两国在21世纪不约而同地意识到文化软实力向外传播的重要性，均以不同方式着手规划文化软实力的世界传播，并开始以政治最高层发表联合声明的方式，设计中印文化软实力双向传播的未来蓝图。这一切，无疑为中印文化软实力双向传播搭建了极佳的时代舞台。

第四节　中印文化软实力双向传播的措施

中印文化软实力的双向传播不仅涉及中国，也涉及印度，其中存在很多复杂的问题，需要一一进行分析，以厘清思路，为具体的实践操作规范步骤。自然，类似的探讨在中国与印度似无先例，只能视为一种抛砖引玉的初步探索。

一、中国如何向印度传播文化软实力

具体来说，中印文化软实力的双向传播，首先应解决双方政治和学术精英的思想共识问题。

首先，与开展中印公共外交存在一些不容忽视的阻力相似，中印文化软实力双向传播也面临一些机制或心理障碍，双方在这一点上又有微妙区别。一方面，对于中国来说，彻底清除西方中心主义思潮非常必要，将眼光转向历史近邻印度乃是明智之举。另一方面，中印之间存在的诸多历史

遗留问题，似乎成为横亘在印度精英和大众心灵上难以逾越的"障碍"。受中印历史遗留问题的"包袱"所累，部分印度人士不仅对开展中印公共外交心存疑虑和抵触，也对中国向印度传播文化软实力心存芥蒂。

其次，中印双方的文化合作、人文交流必须以两国政府联合声明的形式进行规范，使其得以机制化运行，从而为两国创造未来的文化软实力传播均势奠定基础。在这方面，两国政府近年来已有不俗的作为。

2013年5月，李克强总理访问印度时，中印两国发表联合声明，其中几条与中印文化软实力双向传播密切相关。2013年10月，印度总理曼莫汉·辛格访华，两国再次发表联合声明，其中第8条涉及中印文化交流："双方应便利两国人员往来，以实现扩大交往的共同目标。双方还签署了文化合作协定2013—2015年执行计划，内容包括文化艺术、文化遗产、青年、教育及体育事务、新闻出版与大众传媒等。"① 这些最新的政府声明，为中印双方进行文化合作、人文交流，为未来建立文化软实力传播均势构建了保障性机制的雏形。假以时日，这种文化交流机制一旦正式成型，中印文化软实力的传播均势必然会逐步建立起来。

第三，中印文化软实力双向传播应有具体的规划，双方应辨识传播内容的主次，再结合对方的心理兼容度，按照轻重缓急的原则有序进行。

有的学者认为："今天世界热衷于谈论中国成为世界霸主的可能性，但唯一可以让中国软着陆，可以被世界认同的关键恰恰是文化。文化可以帮助中国说服世界，告诉人们中国文化是和谐的、内敛的、非侵略性的、主张和平共处的文化。"② 就中国向印度方面主动积极地传播自己的文化软实力而言，代表中国传统文化精华的儒家思想、道家思想、孙子兵法及以《诗经》、楚辞、唐诗、宋词、元曲和四大古典小说为代表的中国古代文学应该列入优先传播的范畴，鲁迅、莫言等现当代作家作品也可择优译介，而涉及中印文化交流且对当代印度学术研究价值不菲的一些著述则应最先得到译介和传播，这包括玄奘的《大唐西域记》、徐继畬的《瀛环志略》第3卷《亚细亚五印度》、黄懋材的《游历刍言》和《印度札记》以及马

---

① "中印战略合作伙伴关系未来发展愿景的联合声明"，2013年10月23日，http://www.fmprc.gov.cn/ce/cein/chn/zywl/t1092254.htm。

② 王岳川编著：《文化输出：王岳川访谈录》，北京：北京大学出版社，2011年版，第7页。

建忠、吴广霈和康有为等的印度游记等。具体的传播方式包括英译、印地语、孟加拉语、泰米尔语等印度语翻译和合译（如《大唐西域记》等已有英译的著述，则考虑以印度语言翻译出版），举办有两国相关学者参加的国际学术研讨会，以上述语言出版或合作出版相关学术著作或论文集，并将此类成果赠送印方相关学者、高校与研究机构。

王岳川曾经做过调查，他发现整个20世纪西方译介的中国图书只有1000多册，而中国翻译的西方著作数量却高达10万多册，相差100倍。他说："我们翻译的西方著作品种多不胜数，而输出西方的中国文化的品种却少得可怜，中西文化对话阵营极不成比例，出现了惊人的'文化赤字'……可以说，文化软实力的问题已经关系到国家安全。在我看来，决定一个国家的形象，决定这个国家是否在全世界人民心目中成为一个真实的形象的是文化，文化形象最终将决定一个国家的尊严，没有文化后果是很危险的。"① 毋庸置疑，由于诸多复杂因素，印度翻译中国文化经典的数量远远不能与中国翻译印度经典的数量相匹配。这种情况与中国和西方的经典互译数量失衡非常相似。

令人欣喜的是，部分印度学者开始接续此前印度优秀的汉学传统，主动地译介中国古代文学作品。例如，身为中国女婿的狄伯杰（B. R. Deepak）获得中国政府图书奖的中国古诗印地语选译本《中国诗歌》（Cini Kavita）②和《中国文学史概要及其代表作赏析》（2001年，该书成为印度本科生与研究生的教材）便是明显的例子。《中国诗歌》正文计231页，选译了《诗经》到《西厢记》时期的中国诗歌，屈原、李白、杜甫、韩愈和李清照等人的诗词皆被选译。此外，他还编写了《汉印词典》（2003年）。狄伯杰对中国文学的译介在其他一些印度学者如马尼克、邵葆丽等人那里也能见到。根据郁龙余2011年初访印度归来后的记载来看，一些印度学者对

---

① 王岳川编著：《文化输出：王岳川访谈录》，北京：北京大学出版社，2011年版，第205页。

② B. R. Deepak, Trans. *Cini Kavita*, New Delhi: Prakashan Sansthan, 2009. 2011年11月24日，笔者受到狄伯杰的邀请，前往他当时任教的印度都安大学（Doon University）访问并举办题为"印度的中国形象"的学术讲座时，惊喜地获得他赠送的一册该译本。

翻译中国文化经典非常热情。① 印度学者、译者积极友好的"拿来主义"和中国译者、学者的"送去主义"交相辉映，对于中国对印文化软实力的传播意义重大。再举一例。根据中国驻印度大使馆网站的报道，2012年2月25日印度从中文直接翻译成泰米尔语的中国第一部诗歌总集《诗经》节选译本首发仪式在首都新德里泰米尔中心举行，印度国家安全顾问梅农和中国驻印度使馆公使王雪峰等应邀出席发行仪式，印各界人士200余人参加。梅农致辞说，《诗经》不仅是中国文化的经典，也是人类共同的文化经典。印度与中国的文学作品需要更多的直接翻译和交流。《诗经》泰米尔文版由印度外交部现任资深外交官史达仁（Sridharan Madhusudhanana）历经数年主笔翻译而成。史曾在印驻华使领馆工作多年，他曾用泰米尔文出版介绍中国语言文字的专著，目前已着手编写中泰（米尔）词典。②

应该优先列入跨文明传播的还包括某些非物质文化遗产，如中医、藏医和少林拳、太极拳等中国功夫，优秀的中国当代电影、电视剧等也属于优先传播的对象，因为它们对印度人，特别是对人口众多的印度青少年来说很有吸引力。③ 书法、中国画、京剧、川剧、昆曲和各种少数民族舞蹈等因为跨文明传播的难度很大，最佳传播方法是培育在华印度留学生对这些中国文化遗产的浓厚兴趣，待其熟悉后，再由他们以各种方式传播到印度青年人中。中国还可以各种方式培养印度青少年对乒乓球等中国青少年擅长的体育项目的兴趣，以此为两国青少年创造更多的互动交流契机。

印度食物很有特色，但川菜等中国食物也备受印度人欢迎。目前，印度各大小城市已经开设了数量不一的中餐馆。如何使其经营形成体制化，

---

① 参见孟昭毅、郁龙余、朱璇：《天竺纪行：郁龙余、孟昭毅学术之旅》，北京：北京大学出版社，2013年版，第186页。
② "驻印度使馆公使王雪峰出席《诗经》印度泰米尔语版首发仪式"，2012年2月28日，http://in.china-embassy.org/chn/sgxw/t909298.htm。
③ 2011年12月24日，笔者在印度北方邦访问勒克瑙大学英语系一位学者。早上，笔者来到附近一处河岸散步，看见姐弟三人正在草地上煞有介事地练武。经询问，他们是通过电视节目自学或模仿中国拳术。而稍早时，笔者造访瓦纳拉西时，瞥见该城开设了泰拳馆，而该城并无中国武术馆，为笔者服务的三轮车夫便在闲暇时随该馆拳师练习泰拳。笔者留学印度期间发现，印度青年学生对成龙等人主演的中国功夫片兴趣浓厚。这些事例说明，中国武术走向印度，大有潜力可挖。

如何使更多的中国美食进入印度市场，如何使更多的中国厨师去印度传艺或主厨，这是下一步需要考虑的问题。例如，可以考虑在成都和重庆培训川菜厨师，并向印度输送。

中国的旅游资源丰富。长城、兵马俑、少林寺、大雁塔、故宫、峨眉山、青城山、武当山、泰山等旅游胜地蕴含着丰富的中国文化元素，通过这些象征中国的文化符号，印度大众可在一定程度上感知中国的亲切和魅力。中国的旅游机构应该加大对印度的宣传和推荐力度，争取更多的印度人来华旅游，感知中国的美好形象，提高其对华文化亲切度和认同度。

当代中国精神风貌的代表性人物，如莫言、郎朗、巩俐、章子怡、宋祖英、姚明、丁俊晖等文化名人、体育明星、文艺明星，可以各种方式赴印度进行文化采风或表演，以增强中印文化交流的力度和频率。这些活动应该纳入中国对印公共外交的范畴，重要的是，必须有专门的中央级机构或部门如文化部、外交部等进行领导和协调，并以机制化的方式运作，保证其有序、有规律地进行。

以政府和学界、民间通力合作为基础，在印度开设中国文化中心或类似机构，也是未来中国对印传播文化软实力的努力方向之一。这方面，中国方面近期已有所动作。例如，据新华网印度加尔各答2013年5月16日专电，印度文豪泰戈尔故居中国展厅落成仪式于当月15日在其故乡加尔各答举行。作为中印两国间文化交流的重要项目，泰戈尔故居中国展厅从一开始就备受两国重视。该展厅由中国文化部出资筹建，历时两年多完成。展厅设计风格充满中国传统元素，八间展室分别用中英文介绍并回顾了泰戈尔与中国的渊源。以《泰戈尔与中国》为主题的展区，用大量图片详尽介绍了泰戈尔1924年游历中国时与中国文人的交流情况。在作品陈列区，展出了数百部泰戈尔作品的中文译著以及中国学者的相关研究成果。泰戈尔故居是加尔各答的著名人文景点，每年吸引大量印度民众和外国游客参观。泰戈尔故居中国展厅里的展品将在这里长期展出。[1]

---

[1] 此处介绍，参见赵旭、吴强的相关报道："泰戈尔故居中国展厅落成仪式在加尔各答举行"，2013年5月17日，http://news.xinhuanet.com/collection/2013-05/17/c_124724166.htm。同时，感谢北京大学外国语学院亚非系主任魏丽明教授向笔者提供和介绍相关信息。

作为中国文化软实力海外传播重要象征的孔子学院虽然已经在印度安家落户,但其继续发展尚需中国政府和学术界、民间人士的共同努力,也需要印度方面的大力支持和友好合作。

印度某些人士对于中国政治体制、社会发展道路和基本国情还存在误解,这无形中会损害中国的正面形象,削弱中国对印度文化软实力传播的效果。鉴于此,中国方面应该继续加大对印公共外交力度,增加对印文化宣传和国情介绍,使印度对中国的误解降至最低,为中国建立对印文化软实力传播均势创造必要而适宜的精神氛围。

二、印度如何向中国传播文化软实力

同样的道理,印度文化精华也是沟通中印人民心灵的重要工具。就印度向中国传播其文化软实力而言,既有很多便利,也有一些局限。这首先表现在印度传统文化精华的对华传播上。

迄今为止,中国出现了很多译介和传播印度文化典籍与现代文学的著名学者,他们的成果为印度向中国传播文化软实力作出了贡献。在继承梁启超、陈寅恪等前辈的印度学研究成果的基础上,以季羡林、金克木、刘安武、黄宝生等为代表的当代学者,推陈出新或锐意补白,或翻译介绍《梨俱吠陀》、《摩诃婆罗多》和《罗摩衍那》等史诗,以迦梨陀娑等为代表的梵语文学,以婆罗多和欢增、新护等为代表的梵语诗学,以泰戈尔和普列姆昌德等为代表的印度现代文学,《罗摩功行之湖》等印度教文学经典,以及丰富多彩的印度古代宗教神话、哲学、语言学、医学著述等;或对其进行程度不一的各种研究,这使中国的印度学研究成果斐然,为印度文化软实力对华传播打下了坚实基础。季羡林和王邦维等学者对《大唐西域记》、《大唐西域求法高僧传》和《南海寄归内法传》等涉及古代中印文化交流的名著的校注或翻译,也在某种程度上培育了当代学者对印度的文化亲和感。中国学者对于印度佛教的研究也出现了一些可圈可点的成就,但与中国佛教的研究相比,还存在很多的不足和空白。姜景奎等学者翻译的印地语史诗《苏尔诗海》即将出版,这也是为印度文化软实力对华传播扫清障碍的重要举措之一。同时,印度政府和学术界在对华传播自己的传统文化精华方面也不遗余力,印度驻华大使馆主办的中文版《今日印度》便是一例。不过,由于各种复杂原因,就笔者极为有限的阅历看,印度学者将自己的古代经典和现代作品翻译为中文,迄今为止仍比较少见。

虽然中国学者在印度学各个领域作出了令人瞩目的贡献,但正如有的学者分析的那样,对于印度多元宗教文化的研究,却没有在中国语境中得以真正地开展。"理解印度的宗教文化,中国必须关注和理解印度宗教文化的真正内核。其中重要的一点就是,要认识到在印度社会占主流地位的自始至终都是印度教文化。从圣雄甘地、《薄伽梵歌》、《爱经》、瑜伽等印度宗教文化名牌,我们可以看到,它们都是属于印度教文化范畴内的东西……因此,印度教及其文化才是我们理解当今印度社会的关键。迄今为止,我们在学习和研究印度教及其文化方面是十分不够的。"[①] 由于这个原因,中国广大读者和印度研究领域以外的一般学者,对于印度文化魅力的领略在很多时候都遇到过不同程度的障碍,而印度文化的魅力多半集中在与印度教密切相关的上述一些经典作品中。虽然说佛教思想在中国一直流行,但部分印度人士并未将其视为印度文化软实力的核心,这种传播者和外部受众的心态差异对其对华传播文化软实力形成了某种制约,这也是印度文化软实力对外传播的短板。印度学界和政府必须找到一些切实可行的解决措施,确保对外文化软实力传播不打太大折扣。

既然因宗教性强而存在中国读者理解方面的障碍,所以将印度传统文化经典作为优先传播的对象固然不错,但其传播的主体和策略需要视情况而定。这是一个需要双方学者多加探讨的重要问题。

如此一来,同时列为优先对华传播对象的印度文化软实力资源或许是印度电影,其中宝莱坞电影更是首选。只要翻译得当,电影的叙事语言能够很快为中国观众所理解,从而积极有效地传达印度文化的真实信息。鉴于佛教文化是绝大多数中国民众熟悉或比较熟悉的印度软实力资源,印度和中国的相关旅游机构应该多打"佛教文化旅游牌",引导中国游客游览

[①] 邱永辉:"全球化背景下的中印文化交流",《四川大学学报》2006年第4期,第115页。

菩提迦耶、那烂陀寺、桑奇大塔、鹿野苑佛寺、阿旃陀石窟等带有或浓或淡佛教色彩的旅游胜地。在此过程中，在尊重游客自主选择的基础上，印方可以有序推销其他带有印度教或伊斯兰教、锡克教、耆那教色彩的古代建筑、历史古迹或旅游胜地，包括泰姬陵、胡马雍陵、顾特卜塔、斋浦尔王宫、贾米清真寺、旁遮普邦的金庙等，以及新德里印度门、甘地像、孟买印度门、南印度海滩等。当然，借助于中国学者、游客等撰写并在中国出版的图文并茂的印度游记，以及在中国举办的有关印度风土人情的摄影展，印度风情的优美迷人也能得到中国人的认同。希望更多的印度同行也能主动加入这一行列。

同时可以列入优先传播对象的还应包括瑜伽。印度学者发现，印度的瑜伽在中国很多城市流行。她将之视为印度文化软实力在中国的又一次成功登陆。她说："这场静悄悄的革命正横扫中国的城市。人们都认为，瑜伽来到中国是因为它先在西方成为一种时髦，然而瑜伽运动也是印度软实力披荆斩棘进入喜马拉雅邻国的一种方式。"[1] 印度记者艾蓓发现，2005年前后来华的印度人中，最多的两类是"中国造印度医生"（Made in China Indian doctors）和瑜伽师。艾蓓认为："褐色人可能成了米兰和巴黎时装表演台上的新黑人，但在北京，瑜伽却成了新的太极拳。"[2] 印度瑜伽如今在中国赢得了众多的"粉丝"。2015年5月发表的中印联合声明指出，双方同意当年6月21日共同组织国际瑜伽日活动。

一些印度特有的非物质文化遗产如婆罗多舞、卡塔卡利舞和卡塔克舞等印度古典舞，各种风格独特的印度音乐、印度绘画、印度戏剧，限于中国读者、观众、听众的欣赏习惯和审美距离，如何有效地将其向中国传播和介绍，这是需要思考的问题。通过国际贸易展览会等多种形式，纱丽、印度茶和以咖喱为代表的印度食物也可走进广大中国人的日常生活。

至于代表印度美好形象和健康风貌的当代著名学者、文化名人、体

---

[1] Pooram Surie, *China: A Search for Its Soul, Leaves from a Beijing Diary*, New Delhi: Konark Publishers, 2009, p. 204.

[2] Pallavi Aiyar, *Smoke and Mirrors: An Experience of China*, New Delhi: Harper Collins India, 2008, p. 90.

育、文艺明星,如阿玛蒂亚·森、阿拉温德·阿迪加、内瓦尔·米尔扎、阿米尔·汗、普丽扬卡·乔普拉、艾西瓦娅·雷、拉贾·卡布尔等,可由印方以各种方式组织他们来华进行文化采风,或进行各种方式的表演,以增强中印文化交流的力度和频率,维持印度文化软实力的对华传播均势。中国方面也可主动邀请他们来华访问或演出。

对于印度来说,它的文化软实力资源还体现在其所采纳的西方教育制度上。因此,吸引中国留学生赴印攻读尼赫鲁大学、德里大学、加尔各答大学、国际大学等大学的学位,也不失为传播其文化软实力的有效方式之一。因为通过长期在印学习,中国留学生一般都会培育对印度风土人情和民族文化的热爱之情。这种感情也是中印人文交流可持续发展的重要保证。

三、文化软实力双向传播的不利因素

对于中印两国来说,向对方传播自己的文化软实力都不同程度地存在一些不容忽视的不利因素或阻力。首先,对印度来说,西方文化的主流地位及其在东方各国的巨大影响,是印度文化世界传播必须面对并加以研究的现实问题。在世界电影市场上,与美国好莱坞电影相比,印度宝莱坞电影的竞争力自然要大打折扣。如近20年来中国电影院上映的西方电影很多,但印度电影上映的概率相对很低。再如文学作品的传播,古代印度两大史诗和一些梵语文学作品已先后被译为中文出版,但其受中国读者欢迎的程度自然不如西方文学经典。这增加了印度文化软实力对华传播的难度。

印度文化具有很强的民族特色或宗教特性。对一些东西方读者、观众、听众和学者来说,要准确地理解富含民族色彩或宗教色彩的印度文化会遇到很多障碍,这便是其跨文化传播的另一大难题。例如,很多印度电影充满着大段的歌舞情节,不熟悉印度文艺的表演规律或传统,便不能很好地理解这种带有强烈民族色彩的印度歌舞,也就不可能真正欣赏印度电影华丽炫目的风格与热情洋溢的叙事语言。在奥斯卡历史上,印度电影只有三次获得了奥斯卡外语片提名,那就是1957年的《母亲印度》、1988年的《祝福孟买》和2002年的《土地税——印度往事》，但没有一次拿到奥斯卡最佳外语片奖。"对于印度电影人来说，能获得奥斯卡奖固然值得庆贺，但这不是拍摄电影的主要目的。赚钱才是制作电影的第一目标。"[1] 由于语言障碍和文化差异，以马拉提语和泰米尔语等印度方言拍摄的电影主要在印度国内放映。这些电影有的如《季风婚礼》等还获得了第58届威尼斯电影节的金狮奖。这些方言电影的制作质量高，贴近当地民众生活，更注重反映社会现实，却很难向包括中国在内的世界各国观众传播，这自然制约了印度文化"走出去"的战略步伐。《摩诃婆罗多》和《罗摩衍那》这两部古代史诗更是因为篇幅巨大和宗教性强等缘故，无法向更多的普通读者进行传播。这对在中国培育更丰富的印度文化亲和力无疑是一种制约。

国家形象的跨文化传播自然要以强大的经济实力为后盾，当今印度经济发展迅速，但其国内建设和军事发展等方面开支巨大，这无疑制约了印度政府对提升文化软实力的经费投入。尽管印度政府和民间人士近年来坚持不懈地努力，但其培育、提升和传播文化软实力的道路相当漫长。只有站在国家文化战略的高度看问题，在兼顾国内发展和国际交流的基础上寻求平衡，问题的解决才会迎来转机。

中国向印度传播文化软实力，同样存在一些不容忽视的问题。

首先，政治因素与历史遗留问题给中国对印传播文化软实力带来了一些难题。例如，孔子学院在印度安家落户的艰难过程已经充分地体现了这一点。印度学者对中国政治和中印关系感兴趣者的数量远远超过对中国文学、历史、哲学和宗教感兴趣者。提到中国，部分印度人想到的便是中国文化以外的东西，这种情况既与中国文化在印度的传播渠道不畅有关，也与中印之间复杂的历史纠葛和现实竞争有关。对于错综复杂的中印关系来说，如有文化交流这枚宝贵的"棋子"进行斡旋，很多问题是可以逐渐找到解决办法的，但如缺少文化层面的双向互动而只是一味地单向传播，这绝非正常的跨文化对话。这一问题应引起印度学者和中国学者的高度重视。总而言之，中印文化交流必须维持一种良好的生

---

[1] 张讴：《印度文化产业》，北京：外语教学与研究出版社，2007年版，第67页。

态平衡，此即笔者所谓必须建立 21 世纪中印文化软实力传播均势的真实内涵。

其次，印度学界和部分民众的西方中心思潮或倾向，较中国而言，有过之而无不及。对中国来说，西方文化对于印度的巨大影响，是中国文化向印度传播时必须面对的最大"竞争对手"。莎士比亚等西方作家在印度高校是教学和研究的重点对象，李白、杜甫和鲁迅等中国文学的代表则难以与之匹敌。值得注意的是，印度对中国举办多次泰戈尔学术研讨会和举办各种形式的泰戈尔纪念活动保有浓厚的兴趣。泰戈尔在中国的译介研究经历了几轮高潮，泰戈尔作品深受中国读者喜爱。2010 年以来，泰戈尔国际学术研讨会在北京大学召开了两次。但是，中国现代文学的代表人物鲁迅虽曾受到印度读者和学者的喜爱和研究，近 20 年来的鲁迅研究却在印度明显地陷入低谷。这种比较必将导致中国读者和学者心理上出现巨大落差，也将在某种程度上抵消泰戈尔为代表的印度文化向中国传播所产生的积极效应。这种一冷一热的畸形状况如长期存在，必将对印度文化在中国的健康传播造成某种心理障碍甚或伤害，必将危及中印文化软实力传播均势的建立。

上述中印文化软实力双向传播中已经或必将遭遇的一些不利因素，必然会引起两国政府、学界的重视。如何消除这些不利因素的影响，积极有效且有序地开展中印文化合作、学术互动和各种形式的人文交流，为未来建立健康友好的中印文化软实力传播均势奠定基础，这是需要认真加以思考的问题。

目前，中印文化交流出现了很多积极互动的迹象。例如，2011 年底中国著名作家毕飞宇受邀赴加尔各答，参加当地学者为其作品举行的专题研讨会，这表明印度学界、读者对中国当代文学具有一定的兴趣。2012 年 11 月 15—17 日，印度中国问题研究所主办了鲁迅文化周暨鲁迅文化研究国际研讨会，印度、中国、韩国、日本、俄罗斯等国研究鲁迅问题的学者 60 余人受邀参加。鲁迅文化周通过举办鲁迅图片展、鲁迅电影展播、鲁迅作品舞台剧表演、鲁迅文化研究会议等形式纪念鲁迅诞辰 130 周年。在三天的时间中，学者们就鲁迅的世界、鲁迅在亚洲文学中的地位、现代中国小说和文化现代化、亚洲文化的现实意义、鲁迅在世界的影响等议题展开讨论。① 2013年11月8—9日，印度中国研究所、国际大学和印度外交部公共外交处（Public Diplomacy Division）在新德里的印度国际中心联合主办了题为"泰戈尔跨文化互动的遗产：印度、中国与文明国"（Tagore's Legacy of Inter-cultural Interaction: India, China & Civilization States）的国际学术研讨会。该次研讨会的目的是纪念泰戈尔获得诺贝尔文学奖100周年。印度国家安全顾问梅农致开幕词，谭中发表主题演讲，狄伯杰和邵葆丽等印度学者及郁龙余、王义桅、甘丽娟、郝岚、朱璇、黄蓉、李丽和郭穗彦等中国学者到会并发表演讲。② 2014年2月11日，中国驻印使馆在新德里举行"中印友好交流年"启动仪式，正在印度访问的中国国务委员杨洁篪、印度副总统安萨里出席。杨洁篪在致辞时表示，中印友好交往源远流长。进入新世纪，中印成为世界上最具活力的新兴市场国家。习近平主席和辛格总理一致指出，中国梦和印度梦息息相通，相互契合，中印两国携手合作，共谋发展，一定能实现各自民族复兴梦。安萨里在致辞时表示，当今印中的复兴梦又使双方走到了一起。印中要打开大门，扩大人员往来，相互学习，增进理解，加强团结合作，促进印中关系的大发展。③ 2014年9月，习近平主席访问印度。9月19日，《中华人民共和国和印度共和国关于构建更加紧密的发展伙伴关系的联合声明》在新德里发表，其中第十一条指出，鉴于中印之间深厚的文明联系，双方同意启动"中国—印度文化交流计划"，进一步推动两国文化及人员交往。其主要内容包括：

（一）两国领导人决定，2015年在中国举办"印度旅游年"，2016年在印度举办"中国旅游年"。其间，双方将开展一系列推广活动，促进双向游客往来，加强民间纽带。中方同意协助印方在华宣传

---

① 关于此次鲁迅研讨会的详细情况，参见中国驻印度大使馆网站相关新闻，http://www.fmprc.gov.cn/ce/cein/chn/sgxw/t989897.htm。

② 感谢印度朋友Sunthar Visuvalingam（笔者于2011年10月赴芝加哥大学参加泰戈尔国际学术研讨会时认识）于2013年11月4日致信笔者并提供该次会议议程和相关信息。同时参阅印度中国研究所网站相关信息，http://www.icsin.org/Events.aspx? BId=65。

③ "中印友好交流年启动仪式在新德里举行"，2014年2月12日，http://www.fmprc.gov.cn/ce/cein/chn/sgxw/t1127679.htm。

与公元 7 世纪中国僧人玄奘相关的印度旅游产品和线路。

（二）鉴于青年交流对增进相互了解的重要意义，两国领导人决定继续开展青年互访，2015 年至 2019 年每年各派 200 名青年互访。

（三）双方签署了相关谅解备忘录，为两国博物馆和其他文化机构交流搭建了框架。印度将于 2014 年至 2015 年在中国举办印度佛教艺术展和当代印度艺术展。中国也将在印度举办类似展览。中国将作为伙伴国出席 2016 年德里国际书展。

（四）双方同意成立文化部部级磋商机制，以加强文化领域的合作。

（五）两国将加速推进中印经典及当代作品互译工程。

（六）双方将在电影、广播和电视领域加强交流合作。两国签署了视听合拍协议，为联合拍摄视听作品提供便利。中国将作为主宾国出席 2014 年印度国际电影节。

（七）双方将互相支持中国的印地语教学和印度的汉语教学。①

近年来，多个印度文化艺术团在北京、上海等地演出，一些中国演艺团体也赴印度各大城市进行表演，这无疑增强了两国民众对彼此文化的认识和亲切感。例如，根据印度驻华大使馆网站报道，2014 年 8 月 21 日为期一周的印度电影节在北京开幕，印度驻华大使康特（Ashok K. Kantha）和中国国家新闻出版广播电影电视总局局长张宏森参加了开幕仪式。作为"印度掠影"文化活动的一部分，该盛事是中印友好交流年的一个标志性活动。除了北京，电影节还将在广州、杭州、青岛、西安和香港等其他五座城市举办。康特大使在讲话中强调，在中印两国文化交流中，电影的地位举足轻重。他希望，中国的广大观众能够欣赏到更多的印度电影。同时，他还强调，中国和印度这两个世界上最大的电影制造国之间存在着巨大的合作潜能。2014 年晚些时候，中国将以"主宾国"的身份参加在果阿召开的印度国际电影节。本次电影节播映了八部广受好评的印地文和非印

---

① "中华人民共和国和印度共和国关于构建更加紧密的发展伙伴关系的联合声明"，http://www.fmprc.gov.cn/ce/cein/chn/sgxw/t1193043.htm。

地文印度电影。这些影片向中国观众讲述了一个又一个反映当代印度文化、社会及印度历史的精彩故事。① 2014年9月2日，作为"印度掠影"文化活动的一部分，一场由印度文化部部长拉温德拉·辛格（Ravindara Singh）先生等人发起的超级宝莱坞舞蹈演出在乌鲁木齐新疆艺术剧院拉开帷幕。这场活动为期两天，由12名成员组成的印度剧团以他们精湛的舞蹈表演深深吸引了观众。剧团表演了由拉兹·卡布尔（Raj Kapoor）和沙鲁克·汗（Shahrukh Khan）演唱的宝莱坞歌曲。活动获得了观众的热烈掌声，在整个活动中他们也跟随着宝莱坞歌曲的曲调一同起舞。为期一年的"印度掠影"文化活动是印度大使馆为纪念2014中印友好交流年举办的一场文化盛会，它展示了多种多样的文化，包括印度的表演艺术、视觉和摄影展览、现代艺术、美食节、电影节，以及由印度和中国著名学者和作家参与的活动。这些活动旨在为中华人民呈现印度丰富文化遗产的吉光片羽。② 根据中国驻印度大使馆网站报道，2014年9月23日由中国驻印度使馆主办、印中经济文化促进会协办的"庆祝中华人民共和国成立65周年"中国武术演出在新德里举办，来自嵩山少林寺的武僧团为印度观众献上了一台精彩的中国功夫表演。在历时近两个小时的演出中，观众们被武僧们的精湛武艺所折服，惊叹中华武术的博大精深，叫好声、掌声此起彼伏。在互动环节，上百名喜爱中国武术的印度青少年纷纷跑上舞台，在武僧的指点下，学习招数。虽然时间不长，而且都是最基本的一两个动作，但是大家的兴趣都相当浓厚，一招一式学得十分认真。演出结束时，很多印度观众纷纷上台与武僧们合影并交流，同时表示，他们对中国功夫心驰神往，希望有朝一日到中国学习少林武术。③

据媒体报道，2015年5月中国国家新闻出版广播电影电视总局宣布启动三部表现中国与印度友好交流题材的电影——《大唐玄奘》、《功夫瑜伽》和《大闹天竺》的拍摄。《京华时报》记者从国家新闻出版广播电影

---

① 佚名："2014印度电影节在京开幕"，2014年8月22日，http://www.indianembassy.org.cn/Chinese/newsDetails.aspx? NewsId =530。
② 佚名："印度掠影节在乌鲁木齐举行"，2014年9月3日，http://www.indianembassy.org.cn/Chinese/newsDetails.aspx? NewsId =532。
③ 佚名："少林武僧团在印度展示中国功夫"，2014年9月25日，http://www.fmprc.gov.cn/ce/cein/chn/ssygd/yhjln/t1194447.htm。

电视总局与印度驻华大使馆主办的"中印电影合作交流新闻通气会"上获悉,《大唐玄奘》由香港著名导演王家卫担任监制,黄晓明主演;《功夫瑜伽》由唐季礼执导,成龙主演;《大闹天竺》由束焕担任编剧,王宝强身兼导演与主演。上述影片的出品方和主创代表表示将竭尽全力拍好影片,为增进中印电影交流作出更大贡献。《天将雄师》、《一代宗师》、《狼图腾》、《夜莺》等中国电影都已经或即将在印度发行。自 2014 年以来,中国已引进四部印度影片在影院放映,14 部影片在电影频道播放。此外,2012 年至今,全国地方电视台共引进印度电视剧 15 部 230 集,题材以家庭伦理剧为主,其中《长女的婚事》、《一生的承诺》、《娘家情深》和《发际红》等印度电视剧引起较好反响。[①]

另据媒体报道,2015 年 6 月 21 日为期四天的首届中国(成都)—印度国际瑜伽节在都江堰市顺利落幕。印度驻华大使康特亲临现场,他在接受记者采访时说:"本次国际瑜伽节举办,就是在投资印度和中国的未来,希望中印继续加强这样的文化纽带,促进中印双方在未来各方面的关系。"[②]

某种程度上,上述活动与举措、规划给未来建立中印文化软实力传播均势带来了绿色的希望,自然也为发展健康友好的中印关系打下了坚实的文化基础。前述的《中华人民共和国和印度共和国关于构建更加紧密的发展伙伴关系的联合声明》明确表示,中印双方同意启动内容丰富、规模庞大的"中国印度文化交流计划",这为未来的中印文化交流走向深入指明了方向,也为中印文化软实力双向传播创造了契机。

[①] 佚名:"中印将合拍《大唐玄奘》等三部电影",《京华时报》2015 年 5 月 15 日,http://china.zjol.com.cn/system/2015/05/15/020653157.shtml。

[②] 转引自王楠:"首届中国(成都)—印度国际瑜伽节昨闭幕",《成都商报》2015 年 6 月 22 日,第 2 版。

第七章

印度的中国研究概况

按照学界对汉学、中国学及中国研究等术语的一般界定，所谓印度的中国研究，主要包含印度的汉学研究和中国现实问题研究两大部分。就印度而言，现代意义上的中国研究主要发端于 20 世纪初。关于 20 世纪以来印度的中国研究，2000 年逝世的印度著名中国问题专家迪香卡说过："就印度的中国研究而言，它有两个不同的动因：首先是古代印度佛教与中国的联系。这导致关于佛教在中国传播史的研究……第二个动力应该说来自于中印边境冲突和随后这两个邻国间紧张的政治和军事关系。"① 历史上，中印文化联系紧密。近代以来，由于殖民主义者的干扰，中印联系一度基本中断。近代以前印度的汉学研究，由于印度方面不好历史记载而难觅踪迹。泰戈尔 1924 年访华以后，中印文化交流得以恢复。印度的中国研究也在这一时期开始萌芽，并迅速步入正轨。泰戈尔和谭云山等是印度汉学研究草创期的设计师。由于西方中心论影响、中印互动不理想等复杂因素，中国学术界对于 20 世纪以来印度的中国研究基本没有系统的研究。这对我们全面深入地了解印度，促进中国的印度研究和发展健康友好的中印关系显然是不利的。中印两国学者如薛克翘、林承节、邓兵、谭中、哈拉普拉萨德·雷、迪香卡、B. 坦克哈和狄伯杰等人曾经撰文介绍印度的中国研究概况。笔者拟在前述学者研究的基础上，对 20 世纪以来印度中国研究的大致脉络和一些基本情况进行简介。②

---

① Giri Deshingkar, *Security and Science in China and India (Selected Essays)*, New Delhi: Samskriti, 2005, p. 453.
② 本章介绍主要参阅拙著：《印度的中国形象》，北京：人民出版社，2010 年版，第 175—205 页；尹锡南、陈小萍："20 世纪以来印度中国研究的脉络和基本特征"，《南亚研究季刊》2011 年第 1 期；谭中："现代印度的中国研究"，《南亚研究季刊》2011 年第 1 期。同时参阅中印联合编审委员会：《中印文化交流百科全书》，北京：中国大百科全书出版社，2014 年版，第 272—273、471—472、496—505 页。

第一节　独立以前印度的汉学研究

1947年独立以前,印度汉学研究的中心在泰戈尔创办的国际大学和普纳的费尔古森学院。国际大学的汉学家主要以师觉月等人为代表,旅印学者谭云山也是主将之一。费尔古森学院的汉学家主要是P. V. 巴帕特和戈克雷二人。他们早年在欧美国家学习中文,主要从事梵文、巴利文、汉文和藏文佛教典籍的比较研究。20世纪30年代,著名学者拉古·维拉(Raghu Vira, 1902—1963)在新德里设立了印度国际文化研究院。印度汉学家嘉玛希指出:"维拉的重要贡献之一是对印度与东亚、东南亚之间文化联系的研究,尤其是印度与中国之间文化联系的研究。他将印度教与佛教传法僧视作这一广阔区域内的文化使者。"[①] 他于1938年写成《〈罗摩衍那〉在中国》一书,此后还写成关于中国诗歌和绘画艺术的著作。有学者据此认为:"总之,到印度独立、中国解放前,中国学、印度学已作为一门学科在两国开始创立,有了专门的机构、专门的人员,并开始取得研究成果。虽然这还只是很小的迈步,但总算从荒野中初辟蹊径,以后的前进已有路可循。"[②] 拉维·古拉对其子罗凯什·钱德拉(Lokesh Chandra, 1927—)颇有影响,后者也在汉学领域颇有建树。[③]

独立以前,印度的中国研究主要集中在汉学领域,基本上不涉及中国的现实问题研究。汉学概念主要有两种含义,一是指中国人研究经、史、

[①] 转引自中印联合编审委员会著:《中印文化交流百科全书》,北京:中国大百科全书出版社,2014年版,第500页。

[②] 林承节:《中印人民友好关系史(1851—1949)》,北京:北京大学出版社,1993年版,第421—422页。

[③] 关于罗凯什·钱德拉及其父亲的信息,参阅中印联合编审委员会著:《中印文化交流百科全书》,北京:中国大百科全书出版社,2014年版,第500—502页;同时参阅孟昭毅、郁龙余、朱璇:《天竺纪行:郁龙余、孟昭毅学术之旅》,北京:北京大学出版社,2013年版,第15—21页。

名物、训诂、考据之学,二是指外国人研究中国文化、历史、语言和文学等方面的学问。① 就印度独立以前的汉学研究而言,它主要围绕中国历史和宗教哲学思想而展开。部分汉学家从历史角度入手,着力挖掘中印文化交流的蛛丝马迹。一些学者对中国儒佛道三家思想及汉译、藏译佛教典籍产生了兴趣,并进行比较研究。一部分学者由于语言的限制,依赖英译的中国文化典籍进行研究,这不能不影响他们的研究质量。

可以说,20世纪以来,印度汉学研究的最大亮点之一是它对中国古代文化、中印古代文化交流史的研究。印度独立以前,师觉月等人在这方面作出了突出贡献。

与泰戈尔、谭云山一道,师觉月是对国际大学中国学院贡献最大的三杰之一。他早年曾到法国跟随著名汉学家列维、伯希和、马伯乐等人学习中文和中国佛教,打下坚实的中文基础,后回到国际大学中国学院任教。中国学者称他为"印度第一个专门研究中国学的学者"。② 师觉月的研究重点之一是中国佛教。1923—1926年,师觉月在法国攻读博士学位期间,撰写了博士论文《中国佛教圣典》。该论文自1927年出版至今,一直为中国佛教研究者所青睐。他为国际学术界所推崇的著述包括《印度—中国丛书》、《印度与中国的千年文化关系》(下称《印度与中国》)等。就《印度与中国》这部被当作印度学生教科书的著作而言,的确称得上"近代中印交流史上的标志性著作"。③ 该书已由姜景奎等学者译为中文并于2014年出版。从内容看,该书主要涉及以佛教为沟通媒介的中印古代文化交流史,属于典型的史学著作。《印度与中国》全书分为八章,具体涉及到中印古代物质交流、人员往来概况,佛教在中国传播和影响概况,印度接受中国文化影响和中印文明的共同点和差异处等重要方面。师觉月利用丰富的中文和梵文资料,围绕佛教这条文化"红线",对中印古代文化交流进行了仔细梳理。该书是印度汉学研究发轫期里的巅峰之作,使印度对于中

---

① 中国社会科学院语言研究所词典编辑室编:《现代汉语词典》(2002年增补本),北京:商务印书馆,2004年版,第496页。
② 邓兵:《20世纪印度的中国研究》,北京大学东方文学研究中心编:《东方研究》,北京:国际文化出版公司,2002年版,第544页。
③ 郁龙余等著:《梵典与华章:印度作家与中国文化》,银川:宁夏人民出版社,2004年版,第486页。

印文化交流史的研究站在一个理想的起点上。例如，师觉月通过对佛教文献在中国的传播得出一个正确的结论："不借助中国如此热心保存给后代的文献，不仅是佛教历史，就连印度文明史的各个方面都不能恰当地进行研究。"① 师觉月认为，中印文化交流看起来完全是单向度的，因此没有谁试图去发现中国文化对印度的影响痕迹，但他深信："即使稍微留意一下，我们也能发现中国对印度生活思想的影响痕迹。"② 1982 年，师觉月的一些汉学研究论文被结集出版。③

1944 年，尼赫鲁在监狱中写下了《印度的发现》。他认为，世界上还没有任何两个国家像中国、印度这样有如此悠久的文化联系。为此，他在《印度的发现》中撰写了一节"印度与中国"，考察了中印文化交流史。他认为，在千年中印文化交往中，彼此受益匪浅。中国受到印度的影响也许比印度受到中国的影响更多。

值得一提的是，曾于 1924 年陪同著名作家泰戈尔访华的印度学者 K. 纳格于 1945 年出版了颇具历史价值的资料汇编《泰戈尔与中国》。纳格在书中对国民党人与泰戈尔之间的文化交流记录详细，如印度民间文艺团体制作泰戈尔画像并于 1944 年送抵重庆的史实便是一例。纳格在书中写道："诗人（指泰戈尔）的部分演说和讲话发表在他的《中国演讲集》中，但是要对他这次重要旅行获得一个全面的印象，人们必须多少研究一下当时的中国报刊，还得研究论述泰戈尔其人其作的中文书籍……1940 年，戴季陶非常愉快地亲自造访了泰戈尔博士的国际大学。"④

此外，曾经于 1927 年短暂来华指导国共合作的共产国际代表、印度革命家和思想家 M. N. 罗易出版过多种与中国相关的研究著作和回忆录，对于研究中国现代史、中共党史、国际共运史和中印关系史的学者来说，它

---

① Prabodh Chandra Bagchi, *India and China: A Thousand Years of Cultural Relations*, New York: Philosophical Library, 1951, p. 145.
② Ibid., p. 197.
③ Prabodh Chandra Bagchi, *Indological Studies: A Collection of Essays*, Santiniketan: Visva Bharati, 1982.
④ Kalidas Nag, ed. *Tagore and China*, Calcutta: Federation of Indian Music and Dancing and Calcutta Art Society, 1945, p. 58.

们具有非常重要的价值。①

因为自古以来中印宗教哲学之间交流紧密的缘故,很多学者对中国宗教（主要是中国佛教）、中国古代哲学思想产生了浓厚兴趣,继而进行研究,出现了一些值得称道的研究成果。这些学者包括师觉月、拉达克里希南、P. V. 巴帕特、V. V. 戈克雷、白乐天（P. V. Pradhan）、N. A. 夏斯特里、N. C. 森等人。由于一些学者依据英文资料进行研究,这影响了他们的研究质量。② 独立以前,对中国宗教哲学进行研究的印度学者非拉达克里希南莫属。他的著作是《印度与中国》。该书是以他首次访华讲学内容为基础写成的。

1947 年独立以前,除了极少数学者外,印度汉学界关于中国文学的研究几乎是一片空白。泰戈尔虽然有时就李白的诗歌发些议论,但不是真正的学术探讨。他们对中国的关注主要在于中国的历史和宗教哲学方面,而这一时期中国已经出现了两部接近于印度文学史性质的著作即许地山的《印度文学》（上海商务印书馆 1930 年初版,1931 年、1945 年再版）、柳无忌的《印度文学》（重庆中国文化服务社 1945 年出版）。中国这一时期关于泰戈尔作品的译介和论述更是丰富。造成印度汉学界对中国文学研究乏力的原因很多,如部分学者的中文水平不理想、有的学者根本不懂中文而求助于英文翻译资料、研究人员很少等。这种状况对于独立后印度的中国文学研究产生了不可忽视的负面影响。

回顾独立以前的印度汉学研究会发现,一些学者如师觉月、巴帕特和戈克雷等与中国学者过往甚密,有的学者如师觉月和拉达克里希南等则到中国进行文化采风。这对他们的研究起到了积极的作用。由于各种复杂的原因,更由于印度缺乏汉学研究的前期积累,学者们的汉学研究在各个领域的发展严重失衡。这对当代印度汉学研究产生了消极影响。

---

① M. N. Roy, *My Experiences in China*, Calcutta: Renaissance Publishers, first edition, 1938, second edition, 1945; M. N. Roy, *Revolution and Counter-revolution in China*, Calcutta: Renaissance Publishers, 1946; M. N. Roy, *M. N. Roy's Memoirs*, Bombay: Allied Publishers Pvt. Ltd., 1964; M. N. Roy, *Men I Met*, Delhi: Ajanta Publications, 1968.

② 例如,P. V. 巴帕特涉及中国佛教的研究著作包括：P. V. Bapat, 2500 *Years of Buddhism*, New Delhi: Publications Division, Ministry of Information and Broadcasting, Government of India, 1971 (1956)。

第二节 当代印度的汉学研究

印度独立以后，汉学研究走过了一段蜿蜒曲折的路径，这是当代中印关系发展的必然结果。可以说，当代印度汉学研究就是当代中印关系的一张"晴雨表"。

印度独立以来的60多年，汉学研究比之独立以前呈现出很多新的特征。首先，以国际大学、尼赫鲁大学、德里大学和贝纳勒斯印度大学（或称贝拿勒斯印度教大学）等四所大学为核心，先后建立起体制化的中文教育机构。这使汉学研究人才有可能脱颖而出。20世纪80年代以来，随着中印关系逐步正常化，中印文化交流开始解冻，部分印度学者来华学习汉语或访学，这对提高其汉学研究水平起到了积极的作用。其次，印度汉学研究的中心逐渐转向德里大学和尼赫鲁大学等处于首都地区的高校或科研机构。泰戈尔时代起步的国际大学汉学研究，已经难以在汉学研究领域继续"执牛耳"。另外，以前备受汉学家们关注的中国宗教哲学思想，由于各种因素而渐渐淡出学者们的视野，难以成为研究者们的首选。1956年，尼赫鲁决定在德里大学设立佛学系，该系由巴帕特和戈克雷等著名宗教学者领衔，但这也未能挽救汉学界对中国宗教哲学研究的整体下滑趋势。因为研究中国宗教哲学需要扎实的中国古文功底，而具体到研究中国佛教则需要一些梵文、巴利语知识，再加上独立以后对于中国现实问题的关注分散了部分学者的精力，因此印度独立以后进行这方面研究的学者很少。另外，由于谭云山和谭中坚持不懈的努力，印度汉学研究在某些方面的优势一直延续至今。他们父子俩对当代印度汉学研究作出了不朽的贡献。这体现了中印文化合作的优势所在。不过，60年来当代印度汉学研究发展最大的问题是，一段时期内中印关系的逆转和政治方面的敌视冷漠，以及西方中心主义思潮的巨大惯性，使汉学研究的传统产生了破裂。这种来自政治层面的消极因素，使得汉学研究的一些方面无法保持独立以前的优势，其结果是，很长一段时期内，汉学研究发育不良，发展生态严重失衡。

尽管存在上述不利因素，独立以来的汉学研究还是取得了很多可圈可点的成就。① 例如，在中国历史研究领域，学者们多有建树。印度独立前后一个时期，他们主要围绕古代中印文化交流史展开研究或论述。随着时间推移，待到中印边境冲突爆发，印度学界出现了两个变化：一是开始撰写通史或断代史性质的中国历史教材或著作，二是意识形态话语开始渗透到学术研究中，这使得印度的中国历史书呈现出或多或少的妖魔化痕迹。再到后来，特别是到了谭中和玛妲玉那里，印度学界对于中国近代史、现代史研究产生了日益浓厚的兴趣，成果比较丰富。

K. M. 潘尼迦、K. P. 古普塔、哈拉普拉萨德·雷、嘉玛希（Kamal Sheel）、谭中、玛妲玉、狄伯杰、S. 查克拉巴蒂和印度海外学者沈丹森等学者是当代印度研究中国历史和中印关系史的热心者。这里略举几例。

曾经先后担任印度驻中国国民党政府大使及中华人民共和国首任大使的 K. M. 潘尼迦于 1957 年出版了《印度与中国的文化关系研究》。该书总体上继承了巴克齐的研究思路，关于西藏部分属例外。潘尼迦论及敦煌文化、联接中国云南、缅甸和印度的南方丝绸之路、中印交通的陆路和水路、郑和下西洋、佛教中国化等涉及中印文化交流的重大问题。他承认："中文里保存的印度文献内容广泛，要不是印度学者的翻译和中国学者的悉心保护，这些文献可能已经完全不存于世。"② 潘尼迦总体上与师觉月成功地进行了思想对接。他认为，中印文化绝对不是单向交流："中印文化交流充满活力，延伸了如此漫长的时期，否认中国文明影响印度是荒唐无稽的。"③

谭中的历史著述范围广阔，具有相当的深度，并时有创见。1978 年，谭中出版了基于博士论文的《中国与美好新世界：鸦片战争起源研究（1840—1842）》一书。八年以后，他出版论文集《人鱼海神和龙：十九世

---

① 关于当代印度的中国学研究实绩及其存在的相关问题，详见［印］哈拉普拉萨德·雷易著，蔡晶译："印度的中国学研究概览"，参阅蔡枫、黄蓉主编：《跬步集：深圳大学印度学研究文选》，北京：北京大学出版社，2011 年版，第 231—237 页。

② K. M. Panikkar, *India and China: A Study of Cultural Relations*, Bombay: Asia Publishing House, 1957, p. 46.

③ Ibid., p. 64.

纪中国与帝国主义》。在《中国与美好新世界》一书中，谭中批驳了美国汉学家费正清的论调。在《人鱼海神和龙》里，谭中断言："费正清学派的最大缺陷是将中国装进一个与世界发展相隔绝的密封舱里……中国同样受到影响其他国家发展的内外动力的影响。将中国视为完全的异类是反历史的。"① 他认为，应该与"费正清模式"决裂。谭中带着中国之眼，在中国内部发现历史，从而挑战了阐释中国历史的西方模式，实际上也就还原了中国历史的本貌。谭中关于中国历史文化的研究成果还有很多发表在印度中国研究重要刊物《中国述评》上。21世纪来，谭中的兴趣明显转向中印关系的现实研究领域，积极倡导中印文化交流，倡导"中印大同"、中印地缘文明范式和"恕道"等新的国际关系理念。

现为加尔各答亚洲学会资深研究员的著名汉学家哈拉普拉萨德·雷（Haraprasad Ray，或译哈拉普拉萨德·罗易、哈拉普拉萨德·雷易）于1993年出版《印中关系中的商贸和外交：15世纪的孟加拉研究》一书，把研究触角伸向中印古代贸易史。② 雷还系统地翻译了中国古代史料中的南亚文献，迄今为止出版了四册。③ 笔者于2011年12月7日在加尔各答拜访他时，他透露说，自己正在翻译第五卷即中国宋代记载南亚方面的有关文献。雷还编著了论述师觉月藏学研究的著作一种。④

1999年，德里大学的玛妲玉发表了《19和20世纪初期在华印度士

---

① Tan Chung, *Triton and Dragon: Studies on Nineteenth-Century China and Imperialism*, "Introduction", Delhi: Gian Publishing House, 1986.

② Haraprasad Ray, *Trade and Diplomacy in India-China Relations: A Study of Bengal during the Fifteenth Century*, New Delhi: Radiant Publishers, 1993.

③ Harprasad Ray, Chinese Sources of South Asian History in Translation: Data for Study of India-China Relations through Ages, Vol. 1, Kolkata: The Asiatic Society, 2004; Harprasad Ray, Chinese Sources of South Asian History in Translation: Data for Study of India-China Relations through Ages, Vol. 2, Chinese Sources on Ancient Indian Geography, Kolkata: The Asiatic Society, 2006; Harprasad Ray, Chinese Sources of South Asian History in Translation: Data for Study of India-China Relations through Ages, Vol. 3, Kolkata: The Asiatic Society, 2009; Harprasad Ray, Chinese Sources of South Asian History in Translation: Data for Study of India-China Relations through Ages, Vol. 4, Kolkata: The Asiatic Society, 2011.

④ Haraprasad Ray, ed., *Contribution of P. C. Bagchi on Sino-Indo Tibetology*, Kolkata: The Asiatic Society, 2002.

兵、警察和卫兵》一文，开始对在华印侨群体进行系统研究。① 在此基础上，玛姐玉还于 2005 年出版《在华印度人：1800—1949》一书，探讨殖民主义时期在华印侨所作所为及其复杂命运，也探讨他们在中印近现代关系史上的地位及其对当代中印关系的影响，并探讨当代中印关系曲折发展的重要原因。该书是玛姐玉在自己的博士学位论文基础上修改而成的。2005 年，她主编的考察殖民时期中印关系史的论文集《殖民主义世界的印度与中国》在新德里出版。此后，她与一位学者投入到另外一个别具新意的项目研究中，该项目最终成果即书稿《中国与孟买的建设》已经出版。玛姐玉是曾经担任过印度驻中华民国专员和大使的 K. P. S. 梅农的外孙女，属于对中国感情深厚的印度学者之一。中国学者林承节研究过殖民主义时期中印友好往来的历史，但玛姐玉却比中国同行缩小了探索范围，她的研究成果具有独特的学术创新价值。此后，她还先后出版了其他一些颇有深度和分量的中印近代交流史著作（包括与人合著或主编的著作）。这些成果使她成为当今印度研究中印关系史的代表人物之一。② 根据笔者在印留学期间的了解，玛姐玉现正组织一些学者翻译和研究最早造访印度的晚清官员黄懋材的印度游记。

住在孟买的学者 S. 萨克塞纳出版了自己颇具学术含金量的历史研究著作，书中别开生面地研究印度各界对新中国成立前后国共两党的各种反应。萨克塞纳在书中指出："尼赫鲁自己的对华认知受到他从 K. P. S. 梅农与 K. M. 潘尼迦等两位印度驻华大使处接收的信息的影响。"③ 她提到的这两位印度外交家也分别出版过自己的中国游记或中国研究著作。④

---

① Madhavi Thampi, "Indian Soldiers, Policemen and Watchmen in China in the Nineteenth and Early Twentieth Centuries", *China Report*, No. 35, Vol. 4, 1999.

② Madhavi Thampi, ed. *India and China in the Colonial World*, New Delhi: Social Science Press. 2005; Brij Tankha and Madhavi Thampi, *Narratives of Asia from India*, Japan and China, Calcutta and New Delhi: Sampark, 2006; Madhavi Thampi and Shalini Saksena, *China and the Making of Bombay*, Bombay: The K. R. Cama Oriental Institute. 2009.

③ Shalini Saksena, *India*, *China and the Revolution*, "Introduction", New Delhi: Anmol Publications, 1992.

④ K. P. S. Menon, *Delhi-Chungking: A Travel Diary*, London: Oxford University Press, 1947; K. P. S. Menon, *China: Past & Present*, Bombay: Asian Publishing House, 1968; K. P. S. Menon, *Twilight in China*, Bombay: Bharatiya Vidya Bhavan, 1972; K. M. Panikkar, *In Two Chinas: Memoirs of a Diplomat*, London: George Allen & Unwin Ltd., 1955.

现为印度贝纳勒斯印度大学人文学院院长的中文教授嘉玛希曾经出版在美国藉以获得博士学位的中国现代史研究著作。[1] 根据笔者2012年12月中旬在该校对他的访谈得知，他正在英译20世纪初来华的印度士兵即前述辛格的印地语中国纪行《在华十三月》。

2001年和2005年，尼赫鲁大学的狄伯杰先后出版《20世纪前半叶的中印关系》和《1904年至2004年的印度与中国：一个世纪的和平与冲突》，显示了强劲的研究实力。2011年11月下旬，狄伯杰曾在印度都安大学当面告诉笔者，他翻译了当年来华支援中国抗战的印度医生柯棣华夫人郭书兰的回忆录，接下来将翻译和研究季羡林的印度学著述。

美国纽约大学的印度海外学者沈丹森曾经在北京完成了自己的本科和硕士学业，后在美国宾夕法尼亚大学获得博士学位。2012年，他和美国汉学家梅维恒（Victor H. Mair）合著的《亚洲与世界史语境中的传统中国》出版。目前，他正在从事涉及中印古代交流的课题研究。他于2003年出版的中印古代关系史著作，是其在中国、日本和印度等三地进行学术调研和考察的基础上完成的。它主要研究唐代至明代时期以佛教为纽带的中印关系，属于典型的佛教史和中印古代关系史著作，具有很高的学术价值。作者精通中文、日文和梵文等涉及佛教研究的重要语言，并掌握了大量第一手资料，这些都充分保证了该著作的学术质量。如作者在书的开头便说："古代印中跨文化关系非常独特，涉及到很多方面……佛教原理从一个复杂的社会向另一个社会进行传播，这是一个艰巨的过程，其中的错综复杂体现了中印交流的独特性。"[2] 关于中印关系或中印文化交流研究，沈丹森在频繁的实地考察和大量的文献收集基础上，有了许多新的心得体会，这些都凝结于其2014年在复旦大学发表的演讲中。在长篇演讲中，他将近代以来中印学界的中印关系史研究（即沈所谓"中印研究"）分为萌芽阶段（19

---

[1] Kamal Sheel, *Peasant Society and Marxist Intellectuals in China: Fang Zhimin and the Origin of a Revolutionary Movement in the Xinjiang Region*, New Jersey: Princeton University Press, 1989.

[2] Tansen Sen, *Buddhism, Diplomacy, and Trade: The Realignment of Sino-Indian Relations*, 600-1400, Honolulu: University of Hawai Press, 2003, p. 1. 关于此书的评价，可参阅 [英] T. H. 巴雷特，"评沈丹森著，陈源源译：《佛教、外交与贸易：600—1400年中印关系的重整》"，北京大学东方文学研究中心：《东方文学研究通讯》2004年第3期，第41页。

世纪)、泛亚洲主义阶段(1901—1961年)、(中印)冲突阶段(1962—1988年)和中印大同阶段(1988年至今)等四个阶段进行分析。他的结论是,"中印研究"虽有两百年的历史,但仍处于发轫期,因为这一领域的界定迄今尚未明确,研究范式不够清晰,相关成果出版太过随意,且以过时概念研究问题,观点缺乏批判性。他认为"中印研究"主要存在中印两国档案文献或一手资料难以顺利获取,几乎不用非英语的印地语、孟加拉语而导致材料陈旧和原创性观点罕见,一些中印学者的相关著述对中印关系的看法过于偏激或过于辩护等问题。"这些著述旨在做政治宣传而非从事学术研究,是中国的印度研究和印度的中国研究所面对的更大问题。"[1] 作为印裔美国汉学家的代表人物,沈丹森的观点值得重视。

在研究中国宗教哲学为数甚少的学者中,K. S. 穆尔提(K. Satchidananda Murty)是其中之一。穆尔提曾经数次应邀来华访问,在中国人民大学、中国社会科学院等中国科研机构发表过学术演讲,与季羡林、黄心川等中国学者有过接触。穆尔提在1976年出版了涉及中国哲学的著作《远东哲学》(Far Eastern Philosophy),在书中进行了中印古代哲学比较。在他看来,《易经》哲学的玄妙境界与印度的吠陀哲学和奥义书思想是相似的。[2] 他认为,佛教进入中国后,中国世界观的确发生了改变。佛教也开始中国化,禅宗是这方面的一个极好例子。他说:"菩提达摩的教诲把中国和印度的思想联结和融合在一起。"[3]

1954年,拉古·维拉编译出版《诗与画:中国不害思想》(Chinese Poems and Pictures on Ahimsa),向印度学界译介中国传统文化。此书收录了弘一大师的诗作,也包括杜甫、白居易、苏轼等人的诗歌,画为丰子恺所作。郁龙余认为:"此书的贡献在于,将中国化的护生(Ahimsa,即不

---

[1] 此处相关介绍和引文均见:[美]沈丹森,陈源源译:"中印研究的兴趣、发展与现状:沈丹森在复旦大学的讲演",原载《文汇报》2014年5月19日。中国人民大学复印报刊资料《中国外交》2014年第7期全文转载。

[2] K. Satchidananda Murty, *Far Eastern Philosophy*, Mysore: University of Mysore, 1976, pp. 35 – 39.

[3] Tan Chung, ed. *Indian Horizons*, Vol. 43, No. 1 – 2, New Delhi: Indian Council for Cultural Relations, 1994, p. 238.

害、非暴力）思想译成梵语和英语，向印度和西方做介绍。"① 2010 年，拉古·维拉的儿子即前述的钱德拉出版了研究中国明代刻本《释迦如来应化事迹》的书《佛陀的高贵人生》（Life of Lord Buddha from Chinese Sutra Illustrated in Ming Woodcuts）。这说明，对佛教之于中印文化关系的意义，父子二人均保持着高度的研究热情。

如果将中国文学按照学术惯例分为古代、现代和当代文学的话，印度汉学界目前研究现代和当代文学者不断涌现，但由于中国古文艰深，除了谭中、狄伯杰和 V. 赛特等少数人外，绝大多数印度学者对中国古代文学的研究退避三舍。不过，也有少数人通过中国古代文学的英文翻译研究唐代诗歌。谭中是迄今为止印度汉学界研究中国文学视野广阔、成果丰富、学术质量上乘的学者。他曾经将中国唐诗译为英文在印度出版。谭中除进行中国历史、中国宗教哲学研究外，还进行中国文学研究，因而打破了文史哲的现代学科分野。

20 世纪 60 年代至 70 年代，印度的中国文学研究泛善可陈。不过，值得一提的是，印度大作家泰戈尔的侄子泰无量（Amitendranath Tagore, 1922—）研究了五四运动以后中国文学的不同流派，并在日本出版了研究成果《1918 年至 1937 年间的现代中国文学论战》。② 泰无量还把《道德经》译为孟加拉语。进入 20 世纪 80 年代以来，印度学界对于中国现代文学的研究取得了引人注目的成绩。例如，尼赫鲁大学的达雅万迪研究了以《家》、《春》、《秋》三部曲蜚声中外文坛的现代著名作家巴金并取得了成果。还有印度学者对中国现代作家如茅盾等人进行专题研究。不过，印度汉学界最倾心研究的现代著名作家是鲁迅。

1981 年 11 月 9 日至 11 日，尼赫鲁大学举行纪念鲁迅诞生 100 周年学术研讨会。此次会议论文后来结集，成为《中国述评》1982 年第 2—3 合期的"鲁迅特刊：文学、社会与革命"。③ 担任该期主编的是印度汉学家潘

---

① 参阅孟昭毅、郁龙余、朱璇：《天竺纪行：郁龙余、孟昭毅学术之旅》，北京：北京大学出版社，2013 年版，第 16 页。

② Amitendranath Tagore, *Literary Debates in Modern China*: 1918–1937, Tokyo: The Centre for East Asian Cultural Studies, 1967.

③ Patricia Uberoi, ed. "Special Number on Lu Xun: Literature, Society and Revolution", *China Report*, Vol. 18, No. 2 & 3, March-June, 1982.

翠霞（Patricia Uberoi）。这是印度学者关于鲁迅研究成果的首次集中展示。该期特刊共计122页，包括谭中、S. 穆尔提、M. 拉瓦特、谈玉妮、H. K. 古普塔、黄绮淑、潘翠霞、J. 玛马克和 N. M. 潘克吉等人的九篇论文，还包括潘翠霞的一篇"引言"和 G. 乔希的一篇书评，评价对象是 M. 潘迪等人于1982年主编出版的印地语著作《鲁迅的遗产》（Lu Xun ki Virasat）。他们的论文涉及对鲁迅代表作如《阿 Q 正传》、《狂人日记》和《伤逝》的评价、鲁迅与日本的关系、鲁迅与外国文化的影响、鲁迅的政治思想、鲁迅的杂文、鲁迅与文化革命、毛泽东对鲁迅的评价等诸多议题。其中，谭中和谈玉妮等人的相关评价值得重视。例如，谈玉妮在论述鲁迅受外国文化影响时说，鲁迅是独特的这一个。他的思想接近于马克思主义主义立场，但又不全然如此。"鲁迅的生活态度从根本上说是个人主义，正是这一点足以将他与真正的马克思主义者区分开来。鲁迅的文学理念（literary mind）是包罗万象的（universalized），但他过去一直是、将来也仍旧是鲁迅自己。"① 谭中对鲁迅的代表作《阿 Q 正传》等进行了分析，并重点探讨了鲁迅与李立三、李大钊等共产党人的思想联系，但其重点是毛泽东和周扬等对鲁迅的评价及鲁迅本人的思想性格。谭中认为，鲁迅与毛泽东的相似点在于，两人都是"硬骨头"性格，都有斗争思想。对于某些关于鲁迅的评价，谭中坦率地发表了自己的观点："就开展中国的鲁迅研究而言，三个'伟大'和一个'方向'却变成了障碍。就鲁迅的形象而言，它们形成一种虚假的模式。这束缚了人们的新思维，助长其评价鲁迅时的主观臆断，如'神化'、'拔高'和'掩饰'……为了避免对鲁迅进行刻板定型的研究，人们必须不带成见地评价他。"② 对于某些学者将鲁迅比作堂·吉诃德，谭中认为这不无道理，但他又说："鲁迅同太多的人发生论战，这种方式某种程度上近似于堂·吉诃德……但鲁迅与堂·吉诃德之间有一个根本的区别，即鲁迅没有自欺欺人。"③ 从这些论述来看，谭中的鲁迅研究特色明显。

---

① Patricia Uberoi, ed. "Special Number on Lu Xun: Literature, Society and Revolution", *China Report*, Vol. 18, No. 2 & 3, March-June, 1982, p. 67.
② Ibid., p. 19.
③ Ibid., p. 24.

尼赫鲁大学的马尼克也是热心翻译和研究鲁迅的代表人物之一。他于 1997 年以论文《鲁迅作品中的创造性过程和革命性话语》而获得博士学位。他曾以孟加拉语翻译了鲁迅小说《孔乙己》（1978 年）、以英语翻译了鲁迅杂文《文化偏至论》（2004 年），发表关于鲁迅的研究论文如《阿 Q 与国民性质疑》（1991 年）、《鲁迅的"人"的概念》（1995 年）和《一个作家的辉煌高度：我的鲁迅观》（1998 年）等。

在研究中国当代文学的印度学者中，尼赫鲁大学的邵葆丽成绩突出。她曾在中国学习，具有扎实的中文功底，回国后专门从事中国新时期文学研究（1976 年以后）。她从后毛泽东时代入手，从文学思潮到具体作家进行了广泛论述。1997 年，她在《中国述评》上发表文章《三中全会以来的文学政策：变化的十年》。此后，她发表了《1976 年到 1989 年间中国文学"百花齐放"的再现》一文。2004 年，她在《中国述评》上发表文章《"个人"在后毛泽东时代文学里的再现》，将研究的范围从 1976 年延伸到 2000 年左右。邵葆丽的研究视野广阔，基本上囊括了新时期许多重要的文学现象。迄今为止，她出版了两部关于中国当代文学的研究著作。[1] 德里大学东亚研究系的谈玉妮曾经出版了以女性主义理论研究中国当代女性文学的著作。[2] 根据笔者 2011 年底在印度与她的交谈获悉，她还对巩俐等人的电影表演和当今中国的中产阶级产生了研究兴趣。另外，尼赫鲁大学中文教授墨普德也出版了两种关于中国文学的研究著作。[3] 1996 年，尼赫鲁大学中文教授海孟德在一次文学研讨会上宣读了一篇学术文章《全球化、经济改革和中国当代后现代小说概览》，2000 年该文在《中国述评》上正式发表。作者将探索笔触延伸到中国当代文学的一个新领域，涉及到著名电影导演张艺谋、陈凯歌等人的作品。

---

[1] Sabaree Mitra, *Literature and Politics in 20th Century China: Issues and Themes*, New Delhi: Books Plus, 2005; Sabaree Mitra, *Chinese Women Writers and Gender Discourse*, New Delhi: Books Plus, 2008.

[2] Ravni Thakur, *Rewriting Gender: Reading Contemporary Chinese Women*, London and New Jersey: Zed Books, 1997.

[3] Priyadarsi Mukherji, *Chinese and Tibetan Societies through Folk Literature*, New Delhi: Lancer's Books, 1999; Priyadarsi Mukherji and Cristina Beatriz del Rio Aguirre, *Cross-Cultural Impressions: Ai Ch'ing, Pablo Neruda and Nicolas Guillen*, Delhi: Authors Press, 2004.

2009年到2012年，印度、美国、中国、新加坡等国举办了多次泰戈尔国际学术研讨会纪念其150周年诞辰。在这种热烈的时代气氛和学术背景下，由中印两国学者合作主编的中文版和英文版《泰戈尔与中国》先后在北京和新德里出版发行。通观中文版《泰戈尔与中国》，除了印度外交秘书拉奥琦等人撰写的"前言"、"序言"和两篇"导言"外，正文内容共分八个部分，其全部16篇文章的标题分别是："和平乡第二位诺贝尔奖金获得者论第一位诺贝尔奖金获得者"、"泰戈尔的'伟大中国之行'"、"泰戈尔的中印大同理想"、"泰戈尔的中国兄弟"、"泰戈尔论亚洲"、"泰戈尔与中国文学的共鸣"、"泰戈尔的音乐成就"、"泰戈尔的当下意义"。整个16篇文章的作者包括魏丽明和曾琼等两位中国学者及11位印度学者。谭中在书中指出："在个人的层面上，徐志摩是和印度思想家交流的中国知识分子。在更高的层面上，徐志摩是代表了中国文明的一个流派与泰戈尔所代表的印度文明的一个流派之间的交流。我顺便指出，徐志摩和泰戈尔都是被自己的国人有所误解的。因为泰戈尔的地位更高，他在印度被误解的程度超过徐志摩在中国被人误解的程度。因此，强调这次访问是由泰戈尔与徐志摩所代表的中印文明交流具有重要意义。"[1]

在对中国当代文学进行分析研究的印度汉学界，也有部分学者因为偏爱"西方之眼"，受西方反华舆论聒噪的影响，抛开主流正面的中国当代文学作品和文学现象，把眼光投射到中国的阴暗面，从而影响到他们的汉学研究质量。这体现了意识形态对于印度汉学研究的负面影响。当然，这只是印度汉学研究的支流而已。

另外，值得一提的是，在中国古典及现当代文学作品的译介中，印度学者近二十年来表现出很高的热情。除了上述的马尼克外，另有一批学者如阿德拉卡、邵葆丽和狄伯杰等人加入到这一行列中。他们将中国文学或译为英语，或译为孟加拉语、印地语等印度现代语言。中国古代文学有谭中的英文译本《中国古典诗词》和V.赛思的《三位中国诗人：王维、李白和杜甫》等。中国现当代文学有鲁迅的小说、艾青与舒婷的诗歌、谌容

---

[1] 王邦维、谭中主编、魏丽明副主编：《泰戈尔与中国》，北京：中央编译出版社，2010年版，第91页。

的《人到中年》、陈建功的《丹凤眼》、玛拉沁夫的《活佛》等被译成英语、印地语或孟加拉语等语种出版。这些举措必将促进当代印度的汉学研究。

不过，由于部分学者缺乏中国古文功底，这自然影响了他们对中国古代文学和文学理论的研究热情，其研究焦点集中在中国现代和当代文学上。谁都知道，一个文明古国，其文化精华应该在传统经典中，中国古代文学和文化典籍如《诗经》、《楚辞》、《史记》、《资治通鉴》、《文赋》和《文心雕龙》等是中华文化的精粹所在。如果不能对中国古代文学和文学理论直接进行研究，那么对于中国文学或中国文化的认识将受到影响。研究中国文学如通过西方人的翻译文本进入，就会过滤掉通过阅读原文能够感悟的文化信息。只有打破汉学研究的这个"瓶颈"，明确地说，只有突破语言的限制，印度汉学界才能在中国文学研究领域有所突破。我们欣喜地看到，一些印度学者在这方面迈出了坚实的步伐。如身为中国女婿的狄伯杰于1991—1993年在北京大学做了三年访问学者，专门学习文言文和中国历史；1996年他再度来北京，在中国社会科学院研究中国文化。他还在北京师范大学和英国爱丁堡大学等深入学习与研究。2010年底为止，狄伯杰就中印关系和中国文学发表了15篇较有影响的论文，并撰写了六部专著。这些专著包括获得中国政府图书奖的中国古诗印地语译作《中国诗歌》[1]和《中国文学史概要及其代表作赏析》（2001年，该书成为印度本科生与研究生的教材）。此外，他还编写了《汉印词典》（2003年）。

根据郁龙余的介绍，在当代印度，以印度现代语言译介中国诗歌最著名的例子包括狄伯杰的印地语译本《中国诗歌》（2009年），墨普德（Priyadarshi Mukherjee）的孟加拉语译本《毛泽东诗词全集与文学赏析》（2012年），以及史达仁（Sridharan Madhusudhanana）的泰米尔语《诗经》选译本（2012年）等。这三个译本在很大程度上代表了当代印度汉学界译介中国文学的最高水平。狄伯杰的《中国诗歌》共选译了自春秋战国时期至元代的85首诗歌，并有适当的注释。该书选译《诗经》六首，屈原和南方诗歌四首，汉代诗歌一首，唐代诗歌40首，元代诗歌三首。郁龙余读过该

---

[1] B. R. Deepak, Trans. *Cini Kavita*, New Delhi: Prakashan Sansthan, 2009.

书后认为:"印地语版《中国诗歌》令我赞赏的是翻译艺术。一方面,狄伯杰选择的是一种简洁、流畅的现代诗歌语言,将不同时代、不同风格的中国古代诗歌,译成同一种风格的印地语,既是别无选择,又是明智之举……狄伯杰的译文清新晓畅,读者易于理解与接受……《中国诗歌》印地语版的不足,是规模不够大,若能译出120—150首,就更好。"① 关于墨普德的孟加拉语译本《毛泽东诗词全集与文学赏析》,郁龙余指出,这是毛泽东诗词全集第一次被译成孟加拉文。"该书的译注者将所译诗词分析得很细致,将内涵意义、典故等解释得很清楚,以便普通读者以及未来的研究者都能阅读及欣赏。为了适应孟加拉文化的特点,作者除了把诗中中国人的姓名音译成孟加拉文之外,还把姓名意译成孟加拉文,产生语音与语义上的新味。译者本身是一个诗人,他尝试着将毛泽东诗词用不同的押韵法译成孟加拉文,注意了大多数诗词的押韵。"② 关于上述三人中国文学译介的深远意义,郁龙余乐观地指出:"狄伯杰、墨普德、史达仁等三位印度学者用印度民族语言对中国诗歌进行翻译和研究,让人感到中国诗歌印译的春天似乎已在敲门。我们希望,在不远的将来,当这扇翻译之门打开的时候,迎来的是一个中国诗歌、中国经典印译的春天。"③

总之,狄伯杰、墨普德和史达仁等人在汉学领域所取得的最新成就说明,新一代功底扎实的印度汉学家正在崛起。

第三节　当代印度的中国研究转型

印度独立以来,虽然汉学家们对中国历史、中国文学乃至中国宗教哲学等进行了层次不一或规模不等的研究,但相对于印度学者的中国现实问

---

① 郁龙余:"印译中国诗歌:古老文化的交融",《中国社会科学报》2013年2月9日, http://www.gmw.cn/xueshu/2013-02/09/content_6676035.htm。
② 同上。
③ 同上。

题研究（如政治、军事、国防、外交、经济、社会、妇女问题等方面）而言，研究规模近乎比例失衡。某种程度上，这一问题在中国的印度研究界同样存在，但没有印度的情况那么严重。毕竟中国古代对印度文化全方位的研究传统一直延续至今，没有出现明显的断裂。例如，中国学者季羡林和黄宝生等人对印度两大史诗的翻译、黄宝生对印度梵语文学理论的翻译和深入研究均为中国翻译和研究印度文学的典范。

客观地说，和欧美或日本历史悠久的汉学研究相比，印度汉学研究的整体水平差距明显。当然，这种状况有其历史成因。其中不可忽视的一个重要因素是，印度的中国研究缺乏悠久的历史传统和学理基础。用迪香卡的话来说是："在印度的中国研究迎来自己的时代以前，还有很长的路要走。印度从来没有自己的汉学传统……印度中国研究最大的弱点是，印度学者的语言能力很差。"[1] 除了印度近代以前缺乏汉学研究的传统和基础这一因素之外，造成这种不理想现状的重要因素是，印度中国研究在后殖民时期进入影响深远的转型期。独立以后，百废待兴的印度需要尽快建设经济，加之国际风云变幻莫测，印度需要审时度势，学术触角需要全方位地感受来自世界各地和各个学术领域的新信息。这样一来，印度学界对于中国的研究兴趣被分散到文化、政治和经济等各个方面。印度的汉学研究实际上很快就被内涵和外延更为丰富广阔的中国研究所替代。汉学家的身份开始变得模糊，与此同时，许多中国问题专家开始步入学术研究领域。汉学研究的空间被压缩，一些中文功底尚可的学者也主动或被动地"收缩战线"，放弃自己研究中国文化的优势，转而向中国现实问题领域靠拢。这与后殖民时期印度中国研究转型的时代背景密切相关。

关于中国研究转型的时代背景，1986年中国问题研究专家迪香卡道出了其中的原委。在他看来，从20世纪50年代开始，印度对新中国的兴趣基本上被她的政治、社会、经济等国情方面的问题吸引过去。很多人想了解中国，但并非是她文化的一面，而是她现实的一面。1962年中印边境冲突爆发后，印度把中国视为一个"最危险的敌人"。印度很多人，包括印

---

[1] Giri Deshingkar, *Security and Science in China and India (Selected Essays)*, Delhi: Samskriti, 2005, p. 458.

度外交部都认为，印度缺乏了解中国现实问题的专家。因为很多人想的是："了解敌人非常重要。"在这种前提下，德里大学建立了谭中初创并领衔的中国研究系（后来发展为中日研究系乃至现在的东亚研究系）。关于中国的这一"区域研究"（Area Studies）采纳了美国在第二次世界大战期间为了解敌对国而设立的区域研究模式。美国当时是研究对手苏联，后来又扩展到研究中国。在印度，初步设想是对"共产党中国"进行人类学、社会学、历史学、经济学、政治学、外交关系等各个领域的研究。但对"共产党中国"的研究一开始，当局就默认对中国的政治研究优先挂帅的原则，还常常打着中国历史研究的幌子。结果是："甚至在开始阶段，关于中国哲学、人类学、地理、语言、历史和宗教方面的研究全部出局。因为这些意图和目的，中国研究也就缩水为'中国观察'（China watching）。"迪香卡承认，他自己是那时中国研究系的一位教师，也误将"中国观察"当作自己的主要任务。日本研究则逃脱了这一不幸命运，因为它不是印度的敌对国。迪香卡坦率地反思道："'中国观察'不再是中国研究，因为大家一心思考中国而使作为一大文明的中国消失了……这种'中国观察'不需要熟悉中国的地理、朝代历史、文学、哲学、艺术、音乐或思想发展。"① 这种来自于"中国观察"的研究模式进一步抑制了很多印度学者学习汉语和中国文化的兴趣，从而影响到他们的研究质量。印度中国观察所依据的美国模式值得一提。有的学者指出，所谓区域研究或地区研究是指，使用社会科学的各种手段对世界的各个国家或地区进行专门研究。② 美国当代中国学强调地区研究的重要性，它是一门以近现代和当代中国为基本对象的学问。"从狭隘的古典汉学研究转向对中国现当代问题的研究，是战后美国中国学研究转型的一个显著特征。"③ 这种转型恰恰就是印度中国研究转型的一大外部动力和诱因。就迪香卡本人而言，他起初是运用汉语和伪满洲的档案文献研究中国晚清历史，但时代的要求却使他成为研究中国国防和海军战略方面的专家，并撰写了很多关于印度对华外

---

① Giri Deshingkar, "Sinology or Area Studies?", *China Report*, Vol. 1, 1986, New Delhi, pp. 79 – 80.
② 仇华飞：《美国的中国学研究》，北京：中国社会科学出版社，2011 年版，第 18 页。
③ 同上书，第 18—19 页。

交政策的文章。

基于上述背景，20世纪后半叶中国现实问题几乎成为学者们研究中国的普遍首选。以往由汉学家大展身手的舞台，更多的时候却由中国问题专家来表演。后殖民时代的印度学术界多了一种专业称谓即"中国问题专家"。很大程度上，冷冰冰的对华"区域研究"代替或覆盖了充满人文关怀并能拉近中印心灵距离的汉学研究。因此，谭中等印度学者在新世纪初发起了所谓"跨越喜马拉雅鸿沟"，以促进中印认识和理解对方的学术运动。印度学者B. 坦克哈（Brij Tankha）承认："1962年与中国的冲突是一个分水岭，它奠定了对中国进行更深入研究的基础，并促使政府部门开辟了一个专门的领域，主要关注外交政策和安全问题……在为这些（中国研究）项目提供资金支持方面，福特基金会扮演了重要的角色，特别是通过提供奖学金，使学生可以在美国学习并利用其图书馆。"[①] 中印边境冲突和美苏冷战的世界性影响，使得印度的中国研究内涵发生了实质性变化。姜景奎指出："随着自美国引入的'区域研究'范式开始占据主导地位，传统的欧洲'东方学'研究范式以及在此基础上融合中印传统发展起来的'中印学'研究范式在印度逐渐式微。1962年中印边境战争削弱了'中印学'在印度的社会认可度，之后的政治僵局又增加了限制，印度的中国学格局由此改变……印度社会'向西看'的普遍心态大大抑制了中国学传统的发展和恢复。"[②] 当时很多无法到中国大陆的印度学者到欧洲和美国，主要是到美国的大学攻读中国研究方面的学位，如嘉玛希、玛姐玉和V. P. 杜特等人便是如此。某种程度上，这对他们的中国研究无疑是一种制约。少数印度学者则去台湾的大学攻读学位或从事中国研究。直到20世纪80年代末，中印文化交流的规模仍然非常小。中国问题专家成为印度制定对华外交策略的重要助手。当然，由于谭中等老一辈汉学家的努力，随着玛姐玉、狄伯杰和邵葆丽等年轻一代汉学家的迅速成长，上述不理想的状况正得以改观。21世纪初，印度的中国研究开始进入新的发展阶段。

---

① [印] B. 坦克哈著，张燕晖译："印度的中国学研究"，《国外社会科学》2007年第4期，第76页。

② 引文见 [印] 师觉月著，姜景奎等译：《印度与中国——千年文化关系》，北京：北京大学出版社，2014年版，第202页。

当代印度关于中国现实问题的研究在发展中形成了几个研究中心。[①]其中，首屈一指的是1964年利用美国福特基金会的资助在德里大学建立的"中国研究中心"，后来发展为有关中日韩研究的东亚研究系。先后在此进行教学或研究的学者包括V. P. 杜特、谭中、黄猗淑、迪香卡、白蜜雅（Mira Sinha Bhattacharjea）、M. 莫汉蒂、K. P. 古普塔、S. 查克拉巴蒂、马杜·巴拉、玛姐玉、谈玉妮（Ravni Thakur）和余德烁（Yukteshwar Kumar）等人。他们中很多人均涉及中国现实问题研究。

就尼赫鲁大学而言，它的中国研究经历过一些曲折。该校有关中国研究的机构包括东亚研究中心、社会科学部和隶属于语言文化学院的中国与东南亚研究中心。先后在此研究中国现实问题的学者包括阿尔卡·阿查利亚、斯瓦兰·辛格、G. P. 德斯潘德等人，而前述研究中国历史和文学的马尼克、狄伯杰、邵葆丽和墨普德等人也在该校。

贝纳勒斯印度大学的几位中文学者倾向于中国历史和文学研究，对于中国现实问题关注得不多。国际大学中文系有的中文学者近年来对中国现实问题产生了浓厚的兴趣。

20世纪60年代中期，印度的中国研究所成立。该所最初的成员是德里大学的一批学者，后来不断发展，聚集了一大批中国问题专家。它每周定期举办中国问题研讨会，组织过很多国际和国内学术研讨会，为印度外交部门充当智库。M. 莫汉蒂和曾任印度驻华大使的任嘉德等人曾经效力于此。中国研究所每周例行讲座邀请的对象范围很广，既有印度国内的著名学者、博士候选人等，也有西方学者和印度后裔西方学者，还有尼泊尔等南亚地区国家的访印学者，有时也邀请中国访印学者在该所举办专题讲座。笔者便曾应邀在此举办了题为《印度的中国形象》的专题讲座。据悉，中国学者赵干城和黄迎虹等也曾受邀在此举办专题讲座。这种开放性保证了中国研究所的讲座具有内容丰富、信息新颖等诸多特点。

中国研究所主编并定期出版的英文季刊《中国述评》是迄今为止印度

[①] 关于印度的中国研究机构，参阅中印联合编审委员会：《中印文化交流百科全书》，北京：中国大百科全书出版社，2014年版，第530页。

唯一一份全面研究中国问题的刊物，于1964年8月发行创刊号，封面标有汉字《中国通讯》。20世纪末，该刊固定为季刊。该刊在印度中国研究领域的地位，近似于《南亚研究》和《南亚研究季刊》之于中国的印度研究的重要性。值得注意的是，根据笔者2012年1月至2月在德里大学和尼赫鲁大学对该刊自创刊号至今载文的检索和浏览来看，它登载关于中国现实问题研究成果的频率远远大于刊载中国语言、文学、哲学、历史等汉学研究成果的频率。这体现了当代印度中国研究转型所带来的深远影响。如果将之与中国社会科学院亚太研究所主办的《南亚研究》历来登载的内容进行比较，上述反差一目了然。因为《南亚研究》在很长一段时间内坚持每期刊登一定数量的印度学研究成果（即关于印度语言、文学、哲学、宗教和历史等领域的研究成果）。另外一个引人注目的特点是，《中国述评》坚持每期刊发述评，但截至2011年底，在笔者留学印度期间认真检索的范围内，它所刊登的书评对象几乎无一例外是英文著述，虽然评述对象中包括某些中国学者的英文研究成果，但绝大多数是对西方或印度学者英文著述的评介，中国大陆学者的中文著作迄今似乎没有受到点评与刊载，这似乎是值得关注和思考的一种现象。

近年来，中国研究所牵头组织定期召开全印中国问题研讨会。应印度中国研究所（ICS）的邀请，笔者曾经参加过2011年11月于海德拉巴大学举行的第四届中国问题研讨会。与会者来自印度中国研究所、德里大学、尼赫鲁大学、国际大学和贝纳勒斯印度大学（Banaras Hindu University）等印度高校或中国研究机构。与会学者包括两位印度前驻华大使即任嘉德（C. V. Ranganathan）和康维诺（Vinod Khanna），以及M. 莫汉蒂（Manoranjan Mohanty）、嘉玛希、那济世（Arttatrana Nayak）、海孟德（Hemant Adlakha）、玛妲玉、邵葆丽（Sabaree Mitra）、阿维杰特·巴纳吉（Avijit Banerjee）和阿尔卡·阿查利亚（Alka Acharya）等印度汉学家或中国问题研究专家。此次研讨会全面探讨了中国政治、经济、社会、文化以及中印关系等各个方面的重要议题，但显然是中国政治和中印关系等主题所占的比重更大。应邀参会的还包括胡娟、蒋茂霞和俞文岚等三位来自云南社会科学院南亚研究所的研究人员。她们的发言涉及云南和印度东北部地区的合作发展等重大问题，与会印度学者嘉玛希等人给予积极而热烈的回应。① 中国学者张力（四川大学）和魏丽明（北京大学）等人曾分别应邀参加了中国研究所主办的第二届、第三届全印中国问题研讨会。

新德里的国防战略和分析研究所（IDSA）成立于 20 世纪 60 年代。它出版过一些有关中国的杂志和通讯，主要涉及中国国防和军事方面。斯瓦兰·辛格和谢钢（Srikanth Kondapalli）等人曾是该所主要的研究人员。该所也常常组织中国问题研讨会。此外，设在新德里的政策研究所（IPR）、参考政策研究所（IAP）、和平与冲突研究所（IPCS）等的研究都与中国问题相关。世纪之交中国的崛起，进一步吸引了印度学者们的研究兴趣。②

根据章立明的相关考察和研究可以发现，印度当代中国研究人员主要包括智库专家、高校学者、政府高官、媒体记者和在国际机构担任首席顾问的资深从业者，他们中大多数人具有出色的海外教育背景，在经济学、政治学、国际关系与策略学等领域拥有专业经验，本人也是政府官员、经济学家或高校学者，往往先后或者同时兼有以上身份，在欧美学术界、大众传媒界和印度政界的影响力都不容小觑。这些人如莫汉·古鲁斯瓦米（Mohan Guruswamy）、布拉马·切拉尼（Brahma Chellaney）、阿尔文德·辛格（Arvinder Singh）、纳拉亚南（Raviprasad Narayanan）、贾格迪什·巴格沃蒂（Jagdish Bhagwati）、杰伦·兰密施（Jairam Ramesh）、莫汉·马力克（Mohan Malik）、阿文德·萨勃拉曼尼亚（Arvind Subramanian）和塔伦·卡纳（Tarun Khanna）等。该学者还注意到，印度的当代中国研究不一定是在印度本土进行，许多成果是由身在欧美的印度裔学者完成的，他们了解欧美也了解印度，是从地缘政治的角度来进行中国研究的。就印度的中国研究机构来说，它们主要由官方或半官方的智库和大学的研究所组成，著名的智库有印度国家应用经济研究委员会（NAEC）、印度经济增长研究所（IEG）、政策计划中心（CPP）、发展中社会研究中心（CSDS）、国防与分析研究所（IDSA）、印度联合服务学会（USI）、印度海事基金会（NMF）、南亚分析集团（SAAG）、英迪拉·甘地发展研究所（IGID）和

---

① 参见 http：//www.isas.net.cn/ViewNews.aspx? N_id=9&id=1139。
② 此处关于印度各地中国问题研究机构的介绍，参见薛克翘：《中国印度文化交流史》，北京：昆仑出版社，2008 年版，第 558—567 页。

金奈中国研究中心（CCCS）等，它们在协助政府制定对华政策上起着非常重要的作用。①

第四节　中国问题研究的主要建树

独立以来，印度围绕中国现实问题进行的研究大致可以分为三个阶段进行考察。第一阶段从印度独立到1962年前后，第二阶段从20世纪60年代持续到20世纪80年代末，20世纪90年代至今的20多年为第三阶段。

第一阶段属于中国问题研究的萌芽期，学者们的研究成果主要涉及中印文化交流史，涉及中国现实问题研究的著作并不多见。第二阶段的30年为中印关系从历史低谷的冰点到缓慢解冻的时期，出现了很多质量参差不齐的著作。比较有代表性的著作有M. 莫汉蒂的《毛泽东的政治哲学》等。这一时期蔚为大观的是围绕中印边境冲突做文章的大量著述，充满了意识形态话语与对中国的敌意和曲解，如H. D. 马拉维亚的《北京领导人的背信弃义》和D. K. 巴纳吉的《中印边界争端》等。马拉维亚在书中说："中国侵略非常亲华的印度是在印度和尼赫鲁的背上插了一刀。"② D. K. 巴纳吉则说："我们看作自己朋友的中国背叛了我们，破坏了印度的统一，损害了我们关系重大的民族利益。"③ 毋庸置疑，第二阶段是印度中国问题研究的曲折发展期。

20世纪90年代以来，随着中印关系逐步改善，越来越多的印度学者有机会来华感受中国，他们开始以理性的眼光反思中印关系，其研究成果呈现出前所未有的面貌。迄今为止的20多年是印度学者研究中国现实问题

---

① 本段内容参阅章立明："印度当代中国研究关注经济崛起"，《中国社会科学报》2013年9月6日，http：//www.sinoss.net/2013/0909/47593.html。

② H. D. Malaviya, *Peking Leadership Treachery and Betrayal*, Delhi：New Literature, 1979, p. 75.

③ D. K. Banerjee, *Sino-Indian Border Dispute*, Delhi：Intellectual Publishing House, 1985, p. 74.

最为积极、成果最为丰富的时期。白蜜雅、迪香卡、任嘉德、苏巴拉马尼亚·斯瓦米、室利马蒂·查克拉巴蒂、尼米·库里安以及前述的莫汉蒂等人的有关著述代表了近年来印度中国问题研究的最高水平。

独立以来，印度的中国现实问题研究颇多建树。他们的研究涉及到中国政治人物及其理论，中国经济发展和改革开放政策，中印经济比较，中国发展道路和未来走向，中国崛起及其对印度的战略影响，中印关系，中印合作发展的理想设计，中国与巴基斯坦、美国、欧洲、日本或东南亚地区的关系，中国国防战略、核战略和外交安全，中国社会问题，以及中国能源、城市发展、女性问题等方面。此外，由于中印边界纠纷和1962年边境冲突是中印当代关系史上最复杂和重要的事件之一，很多印度学者不遗余力地进行专题研究，或在文章中探讨这一问题。随着中印同时崛起成为亚洲乃至世界瞩目的现象，在比较研究视野中全方位地考察中国现实问题成为越来越多的印度学者的不二选择。不过，由于很多学者的汉语水平不高或根本不懂汉语，他们只能利用西方关于中国的英文资料进行研究。这些学者有的受到西方看中国的心态影响，采纳西方研究模式，这自然反映在他们的研究成果中。他们绝大多数情况下都以英文著作或论文在印度国内发表自己的研究成果。当然，也有少数学者选择在西方发表研究成果。这里对近20年来印度学者的某些代表性成果及其观点做一简介，以期管中窥豹之效。

关于中国政治人物及其思想理论，代表性的著述是 V. P. 杜特、沈纳兰、室利马蒂·查克拉巴蒂和白蜜雅等人对毛泽东思想和中国"文化大革命"的研究，以及拉温德拉·夏尔马等人对邓小平理论和江泽民"三个代表"重要思想的研究。杜特是德里大学东亚研究系的创始人之一，曾经在中国和美国学习。他早年研究辛亥革命史，后来逐渐转向中印关系和外交政策研究，著有《中国与世界：对共产主义中国外交政策的分析》和《中国的外交政策与印度的外交政策》等。他的著作还涉及中国政治和"文化大革命"。[①] 沈纳兰（Narayan C. Sen, 1928— ）曾于1955年至1958年间

[①] 例如 Gargi Dutt and V. P. Dutt, *China's Cultural Revolution*, Bombay: Asia Publishing House, 1970; V. P. Dutt, ed. *China: The Post-Mao View*, New Delhi: Allied Publishers, 1981。

留学于北京大学中文系,并在王瑶指导下研究鲁迅。他后来还来华任北京外文出版社孟加拉语专家。他分别于 1990 年和 1996 年出版《中国农村经济与发展》和《毛泽东其人》,并用孟加拉语发表了专著《毛主义与印中佛教哲学》、译著《新中国短篇小说集》等。① 查克拉巴蒂主要围绕中国的"文化大革命"、毛泽东及其知识分子政策等问题展开研究。1990 年,她出版《中国与纳萨尔巴里》,该书是作者在其博士论文《中国与纳萨尔巴里意识形态之理解》的基础上充实而成的。她在书中主要论述了发生于 20 世纪 60 年代末印度的纳萨尔巴里运动(Naxalite Movement)与中国的所谓"政治联系"。纳萨尔巴里运动领导人声称要以武装革命推翻现政府和政治体制。查克拉巴蒂因此认为:"这些人显然深受中国革命、中国共产党及其领导人,特别是受毛泽东和林彪的影响。"② 1998 年,她出版了《毛泽东、中国知识分子与文化大革命》,探讨了当代中国的一段特殊历史。她认为,从各个方面衡量,毛泽东"既是一个知识分子,又是一个革命家"。③ 白蜜雅曾经撰文就毛泽东和甘地两位伟人进行比较研究。④ 2001年,白蜜雅还出版了著作《中国、世界与印度》,对 1947 年以来中国的外交政策、中印政治关系曲折发展和毛泽东的三个世界理论等问题进行了深入探讨。对于邓小平理论和江泽民"三个代表"重要思想的探讨,显示了印度学者对于中国政治精英的高度重视。莫汉蒂认为,后毛泽东时代的改革理论已经确定,那就是邓小平确定的建设有中国特色的社会主义初级阶段理论。他认为,邓小平理论是"当代中国的马克思主义"。邓小平理论可以与民主革命时期的毛泽东思想相比拟。它的核心是改革开放,向外资技术开放。总之,毛泽东思想将新民主主义革命理论定型,而邓小平理论

---

① 关于沈纳兰的相关信息,参阅中印联合编审委员会著:《中印文化交流百科全书》,北京:中国大百科全书出版社,2014 年版,第 502 页。
② Sreemati Chakrabarti, *China and the Naxalites*, New Delhi: Radiant Publishers, 1990, p. 2.
③ Sreemati Chakrabarti, *Mao, China's Intellectuals and the Cultural Revolution*, Delhi: Sanchar Publishing House, 1998, p. 13.
④ Mira Sinha Bhattacharjea, "Gandhi and Mao: A Search for Similarities", Tan Chung, ed. *Indian Horizons*, Vol. 43, No. 1 - 2, New Delhi: Indian Council for Cultural Relations, 1994, pp. 255 - 264.

则是社会主义经济发展理论的定型。[1] 在迪香卡看来，20世纪20年代，中国将民主和科学当作二位可以拯救中国的先生（即"德先生"和"赛先生"），江泽民则"相信'市场先生'和'高科技先生'（Mr Market and Mr High-tech）在当代中国同样奏效"。[2]

关于中国经济发展或中印经济发展的比较，苏布拉马尼亚·斯瓦米的相关研究引人注目，他于2006年出版了《中印经济结构及经济发展比较研究》一书。关于中国经济增长及其前景，还有很多印度学者进行了分析和预测。他们认为，导致中国经济快速增长的主要因素包括改革开放政策、稳定的国际环境、大规模开发、出口导向战略、国家团结和国民支持等。但在他们看来，中国经济发展也存在一些制约因素，并且相对于中国的"快速增长"模式，印度的"渐进增长"模式具有潜在的优势：更加健康的银行体系、更优越的制度框架、更强大的私营企业、较高的资本效率、更年轻的人力资源，以及印度由信息产业带来的"世界办公室"效应等。通过比较，中国经济增长在印度坐标上的位置得到了重新标识。当然，其中也不乏一些唱衰中国经济发展的声音。

印度中国研究所（ICS）于1993年开展了"迈入21世纪的中国"的课题研究。该课题从印度和中国的相互影响、中国的经济和国际贸易、中国社会和政治变革、中国的地区发展和中国少数民族地区状况等方面开展研究。1999年，该所还成立经济研究小组，重点关注当代中国经济、中印经济发展比较以及中印双边经济关系中的重大课题，并与印度工业联合会（CII）、塔塔钢铁公司（TISCO）等机构和企业合作开展专题研究。根据有的学者研究发现，随着中国经济崛起，自2003年以来印度开始转向探讨中国经济增长以及社会转型中出现的社会问题，如2012年在印度国际大学举行的第五届印度中国研究年会上，涉及中国经济模式和社会问题探讨的论文有16篇，数量远远超过印度中国研究此前的一贯热点——中印外交和战略研究的成果。该学者认为，印度对中国经济崛起的研究大致可分为三

---

[1] Manoranjan Mohanty, "The New Ideological Banner: Deng Xiaoping Theory", *China Report*, Vol. 34, No. 1, 1998.

[2] Giri Deshingkar, "A Special Look on Jiang Zemin's Political Report", *China Report*, Vol. 34, No. 1, 1998.

类。第一类主要思考印中经济和社会发展模式,如莫汉蒂的《印度与中国的草根民主》和《中国的成功陷阱:对世界发展的启示》等;或者热衷于探讨印度经济何时将赶超中国的问题,以古鲁斯瓦米的《追龙:印度能否赶超中国》、阿文德·萨勃拉曼尼亚的《暗淡:生活在中国经济支配的阴影之下》、普拉纳布·巴丹(Pranab Bardhan)的《崛起的泥足巨人:剖析中国与印度经济崛起》和乔杜里·巴尔(Raghav Bahl)的《超级大国?中国兔与印度龟的奇妙赛跑》为代表。第二类主要是在"强邻必是对手"的思维下,从经济发展、外交政策、军事对抗和能源安全等各个方面寻找"中国威胁论"的证据,包括塔伦·卡纳的《数十亿企业家:中国和印度是如何定位他们的将来》、莫汉·马利克的《中国和印度:大权的角逐者》和《龙的恐怖主义》以及布拉马·切拉尼的《亚洲主宰:中国、印度和日本的崛起》和《水:亚洲的新战场》等。第三类反感讨论印度何时超越中国和中国对印度的威胁等问题,主张中印应建立"亚洲共同体",代表性著述有杰伦·兰密施的《中印大同:关于中国和印度的思考》和谭中的《亚洲巨人:龙象探戈》等。①

    关于中国发展道路和中国崛起的战略影响,以尼米·库里安等人的著述为代表。库里安在2001年出版的《崛起的中国与印度的政策选择》中对此进行了深入探讨。她认为,中国崛起提高了西方经济强国在华经济利益,而中国自身也成为一个巨大的经济市场,充满了经济活力,给予外商更多的投资机会。关于未来中国走向的问题,她说:"很明显,中国不会满足于充当一个和平的大国,只在国际事务中发挥被动的作用。"② 她认为,中国与印度存在很多相似与差异点,有合作也有竞争的机会。无论从短期或长期来看,中印合作与中印竞争都会出现,但重要的是,竞争并不必然会妨碍中印之间的合作。关于中国发展前景,莫汉蒂认为:"与其他所有国家一样,中国必须迎接新的挑战。中国不会分崩离析,但中国如何

---

① 本段内容参阅章立明:"印度当代中国研究关注经济崛起",《中国社会科学报》2013年9月6日,http://www.sinoss.net/2013/0909/47593.html。

② Nimmi Kurian, *Emerging China and India's Policy Options*, New Delhi: Lancer Publishers & Distributors, 2001, p.193.

面对发展民主意识的挑战,这是属于未来的故事。"① 有的学者将中国发展作为印度的参照系来观察,以警醒印度人。他们发现,在中国、印度、俄罗斯三国中,中国发展最快。"印度的争论就是围绕全球化而展开。在印度,怀疑的声音比中国或俄罗斯要多得多……中国很显然不是这样的。"②当然,在中国崛起及其对印战略影响的问题上,也有一些学者表示了担忧,其中不乏"中国威胁论"的影子。这与中印边境冲突的影响密切相关。例如,部分印度学者对中国军事现代化持消极看法。历史负担和现实忧虑使部分印度观察家对中国军事力量的解读出现了偏差,他们有的人将中国视为"超级大国"便反映了这一点。从解构中国的"经济超级大国"形象到建构中国的"军事超级大国"形象,在这种反差强烈的解读背后,我们可以发现,印度在苦苦寻觅自己在当代世界中的经济坐标和军事政治坐标,借以界定自己的身份。

关于中印关系,印度学者最为关注,研究著述也最为丰富,其中任嘉德、白蜜雅、K. 巴杰帕伊和 S. 曼辛哈等人的成果最具代表性。他们的相关著作依次为《潘查希拉及其未来》(2005 年)、《中国、世界与印度》(2001 年)、《龙与象:二十一世纪的中印关系》(2000 年)和《印度与中国的外交政策比较研究》(1998 年)。关于中印关系,前任驻华大使任嘉德认为:"有人担心中国会从喜马拉雅山区王国长驱直入占领南亚平原,那种想法完完全全是夸大其词的。"任嘉德还认为,作为世界上两个人口大国,印中之间应该有可能在一个更大的合作框架内追求各自利益。"印度需要的是自信心而不是狂想,印度是个太大的国家,不可能向任何国家低头屈服;但它也必须像一个成熟的大国那样行事,即使利益并不吻合,我们也应该能够以平衡而合理的姿态去同国际社会来往。"③ 还有印度观察家注意到,1999 年以来中国已经改变它在克什米尔问题上支持巴基斯坦的

---

① Manoranjan Mohanty, "Forces of Unity in Contemporary China: A Response to Mori Kazuko," *China Report*, Vol. 38, No. 3, 2002.

② G. P. Deshpande, "Globalisation, Regionalism, and Nationalism", *China Report*, Vol. 38, No. 2, 2002.

③ 叶正佳译:"印度前驻华大使任嘉德等论印中关系的前途",《南亚研究》2000 年第 1 期。

立场，转而强调通过印巴之间冷静克制的双边谈判来和平解决克什米尔争端。① 这反映了印度对中国战略动向和地区影响的新认识。

关于中国和印度合作发展的理想设计，则以杰伦·兰密施和谭中二人近年来对"中印大同"（Chindia）思想的论证为代表。关于中国与巴基斯坦、美国、欧洲、日本或东南亚地区的关系，也有很多学者不同程度地予以关注。关于中国国防战略和外交安全策略，斯瓦兰·辛格等人的研究值得关注。关于中国农村和社会问题，莫汉·古鲁斯瓦米等人的相关研究值得注意。值得一提的是，由于中印边界纠纷和1962年边境冲突是中印当代关系史上最复杂和重要的事件之一，几十年来很多印度学者不遗余力地进行专题研究，或在文章中探讨这一问题。这足以成为一个专门的研究课题。关于中国能源、城市发展、女性问题等其他领域，印度学者也有不少研究成果问世。此外，谭中为了推动中印双方尽快地面对彼此，坦诚相待，以"跨越喜马拉雅鸿沟"为旨趣，主编并出版了一系列著述，这可以视为近年来印度中国问题研究领域的标志性事件。他主编的书中收录的很多文章，都与中国现实问题密切相关。限于篇幅，此处对以上议题不再赘述，而拟留待另外的专题研究（或专著）进行探讨。

---

① Surjit Mansingh, ed. *Indian and Chinese Foreign Policies in Comparative Perspective*, New Delhi: Radiant Publishers, 1998, p. 498.

第八章

中国的印度研究概况

如前所述，所谓印度的中国研究，主要包含印度的汉学研究和中国现实问题研究两大部分。因此，中国的印度研究似乎也应包括中国的印度学研究和印度现实问题研究两大部分。与汉学研究的外延和内涵一样，印度学的内涵和外延也十分丰富。"正如可以用汉学指称中国学（Sinology）（一样），我们也可以用梵学指称印度学（Indology）。但梵语是印度古代通行语，因此确切地说梵学是指古典印度学。"① 按照这一思路，似乎可以将此处的印度学理解为古典印度学（核心是梵学）和现当代印度学（梵学再加上涉及印地语、孟加拉语等现代印度语言的相关各领域研究）等两大部分，其中现代印度学涉及语言、历史、宗教、哲学、文学和艺术等多个学科的研究。考虑到英语已成为当代印度的辅助官方语和出版机构、媒体的重要工作语言，印度学者以英语为媒介进行的相关研究似乎也可纳入现当代印度学研究的范畴。对于中国的印度研究史，季羡林、林承节、薛克翘、王向远等学者不同程度地进行过介绍，笔者在这些学者研究的基础上，尝试对此领域进行全景式的简略考察。② 薛克翘认为："只是在上个世纪初期新文化运动以后，中国人才算真正开始了印度学的科学研究。"③ 因

---

① 黄宝生："金克木先生的梵学成就"，该文见金克木：《印度文化余论》，北京：学苑出版社，2002年版，第2页。

② 此处关于现代中国学者印度研究概况的介绍，主要参阅林承节：《中印人民友好关系史（1851—1949）》，北京：北京大学出版社，1993年版，第427—454页；同时参阅中印联合编审委员会著：《中印文化交流百科全书》，北京：中国大百科全书出版社，2014年版，第468—496、529—542页。关于印度文学在中国的译介和研究，同时参阅季羡林：《比较文学与民间文学》，北京：北京大学出版社，1997年版，第101—117页；季羡林：《季羡林全集》，第14卷，北京：外语教学与研究出版社，2009年版，第111—117页；王向远：《东方各国文学在中国——译介与研究史述论》，南昌：江西教育出版社，2001年版，第1—8页。《中印人民友好关系史（1851—1949）》对1949年之前中国印度学研究的概况做了比较详细的说明，但基本未涉及季羡林和金克木等二人在1949年前所做的相关研究。

③ 薛克翘：《中国印度文化交流史》，北京：昆仑出版社，2008年版，第3页。

此，本章对20世纪初至今中国大陆的印度研究进行简介，但极少数地方突破这一限制。篇幅所限，此处主要考察中国大陆学者（除了少数例外，基本不涉及中国台湾和香港地区学者）的相关代表性研究成果，对于相关领域的翻译或编译成果则基本不做介绍。①

第一节 现代中国的印度学

一般认为，20世纪初中国人对印度历史、文学、哲学、佛学等知识领域所进行的现代学术意义上的研究已经开始。其实，早在19世纪末，康有为等近代中国知识分子便已开始关注印度，但真正意义上的印度学研究还得从章太炎、梁漱溟和梁启超等人说起。本节拟以印度佛教和其他宗教、印度宗教哲学、语言、梵语文学和泰戈尔、印度历史等为对象，对20世纪初叶至1949年间中国学者的一些代表性成果进行简介。

首先来看中国学者研究印度佛教、印度宗教哲学的一些代表性成果。包括佛教在内的印度宗教哲学也是中国近代和现代时期（史学界一般视1919年至1949年为中国现代史时期）印度学研究成果最丰富、最有学术"含金量"的一个领域。

有的学者说："佛学是印度宗教和哲学思想的组成部分，而且与中国文化的关系最为密切。"② 由于印度佛教之于中国文化的巨大影响，中国学者无一例外地重视佛教研究，自然也非常关注它在中国的变异体即中国佛教的研究，并延伸到印度与中国古代文化关系的研究。在林承节看来，虽然章太炎写过《大乘佛教缘起考》一文，但梁启超在佛教研究方面的工作

---

① 本章关于20世纪中国印度学研究的相关成果，参阅周晓兰编："中国印度学总书目（1—5）"，《南亚研究》2001年第1—2期，2002年第1—2期，2003年第1期。周晓兰编："中国印度学总书目（港台及其他国家）（1—2）"，《南亚研究》2004年第2期，2005年第1期。

② 黄宝生："金克木先生的梵学成就"，该文见金克木：《印度文化余论》，北京：学苑出版社，2002年版，第7页。

做得更多。① 梁启超的某些探索也大致可以归入中印古代文化交流史的研究范畴。

林承节认为，在研究印度佛教史方面，佛门弟子吕澂贡献突出。自20世纪20年代起，吕澂开始研究印度佛教史。1925年，他出版了《印度佛教史略》，这是"近代中国学者撰写的第一部印度佛教史……这本书的出版，对我国学者研究印度佛教史起了推动作用"。②

1943年，佛门弟子释印顺著《印度之佛教》一书，进一步推进了中国的印度佛教研究。该书对佛教在印度衰落的内外因进行了比较深入的探索。

1943年，戴蕃豫出版了《佛教美术史印度篇初稿》一书，全面地介绍了印度佛教的建筑、雕刻、绘画及其体裁、风格的变化。这是中国最早的一本论述印度佛教艺术的著作。③

20世纪初研究印度佛教的学者中，通晓梵文、巴利文和吐火罗语的季羡林贡献突出。黄宝生认为，季羡林和另一位精通梵文的著名学者金克木，在前辈学者陈寅恪和汤用彤等人研究的基础上，共同开拓梵学研究领域，终于使中国的梵学研究扩展为名副其实的印度学研究。"他们发挥各自的特长，季先生侧重研究佛典语言、佛教史、中印文化交流史和梵语文学；金先生侧重研究梵语语言学、梵语文学、印度哲学和宗教。"④ 季羡林的佛教史研究与其关于印度古代语言的研究密不可分。1948年，季羡林发表《浮屠与佛》认为，中国古代佛典翻译中的"佛"字，不是直接译自梵文的 Buddha，而是间接通过吐火罗文词汇译来的，但是该文尚未解决清音和浊音的问题。⑤ 1989年，季羡林利用新材料，又写了《再谈"浮屠"与"佛"》一文，认为"浮屠"的来源是与梵文 Buddha 相对应的大夏文 bodo

---

① 林承节：《中印人民友好关系史（1851—1949）》，北京：北京大学出版社，1993年版，第440页。本节介绍多参考该书相关内容。
② 同上书，第440页。
③ 同上书，第441页。
④ 黄宝生："金克木先生的梵学成就"，该文见金克木：《印度文化余论》，北京：学苑出版社，2002年版，第3页。
⑤ 该论文参见季羡林：《季羡林全集》，第15卷，北京：外语教学与研究出版社，2010年版，第1—15页。此处介绍参阅后边所引高鸿文章。

等的音译，而"佛"则是来自于伊朗语族一些单音节的音译。① 1948 年，季羡林还撰写了《论梵文 td 的音译》一文。② 这三篇论文体现了一种新的研究思路："以梵文研究为出发点，并进而研究中亚古语，从语言学入手，揭示西域这一中间地带在中西文化交流中所起的重要作用。"③

黄宝生认为："20 世纪，中国开拓梵学研究的先驱者是陈寅恪先生和汤用彤先生。"④ 汤用彤与陈寅恪的不同在于，他"率先突破中国梵学研究局限于佛学研究的传统，撰写了一部《印度哲学史略》"，并遍览汉文佛经，辑录了一部《汉文佛经中的印度哲学史料》（宫静等整理，1994 年出版）。这也是中国学术界"对国际印度哲学史研究的独特贡献"。⑤ 汤用彤的研究跨越了佛教与哲学的界限。曲大成认为，汤用彤是"世界公认的佛学研究大家"。⑥ 虽然其主要成就在中国佛教研究，但其关于印度佛教研究的成果也值得重视。对于把印度的思想派别称为哲学，汤用彤持保留意见。汤用彤在《印度哲学史略》的绪论中断言："印度学说宗派极杂，然其要义，其问题，约有共同之事三：一曰业报轮回，二曰解脱之道，三曰人我问题。"⑦

林承节认为："近代中国系统研究印度哲学，开端者是梁漱溟。"梁漱溟于 1919 年依据讲义稿出版的《印度哲学概论》是中国学者撰写的"第一部印度哲学专著"。⑧ 该书系统地介绍了印度哲学的主要流派和佛教思想的变迁。作者意识到，印度哲学与印度宗教的关系是水乳交融的。他说：

---

① 该论文参见季羡林：《季羡林全集》，第 15 卷，北京：外语教学与研究出版社，2010 年版，第 253—268 页。此处介绍参阅后边所引高鸿文章。
② 此文介绍参阅后边所引高鸿文章，乐黛云编：《季羡林与二十世纪中国学术》，北京：北京大学出版社，2001 年版，第 349 页。
③ 参阅高鸿："季羡林先生学术小传"，乐黛云编：《季羡林与二十世纪中国学术》，北京：北京大学出版社，2001 年版，第 349—350 页。
④ 黄宝生："金克木先生的梵学成就"，该文见金克木：《印度文化余论》，北京：学苑出版社，2002 年版，第 3 页。
⑤ 同上。
⑥ 曲大成："汤用彤有关印度佛教的研究"，汤用彤选编，李建欣、强昱点校：《印度佛教汉文资料选编》，北京：北京大学出版社，2010 年版，第 410 页。
⑦ 汤用彤：《印度哲学史略》，北京：北京大学出版社，2010 年版，第 2 页。
⑧ 林承节：《中印人民友好关系史（1851—1949）》，北京：北京大学出版社，1993 年版，第 438 页。

"印度无一个一个之哲学者,而但有一宗一宗之宗教。所谓印度哲学者,皆于其宗教求之。此人之常言也。"① 1921年,梁漱溟的代表作《东西文化及其哲学》出版。该书以印度宗教哲学和中国、西方思想为起点,对三大文明的哲学进行了比较。由此,梁漱溟得出了闻名于世的"世界文化三期重现说"。②

1945年至1947年间,金克木发表了几篇研究印度哲学的文章,其中包括《〈吠檀多精髓〉译述》(1945年)等。金克木认为:"印度正统哲学通常认为有六派,其实这是不确切的说法。梵籍中论到哲学派别的大半都没有列举六派,有的提出六派,但又和一般所论的不同。"③ 金克木得出一个与梁漱溟近似而又略有区别的结论:"所以印度的宗教与哲学结合得密切而不可分离。如此哲学化的宗教以及如此宗教化的哲学也正是印度思想的特色。"④ 此后,在《印度哲学思想史设想》一文中,他对计划中将要撰写的《印度哲学史》(实际未动笔)的结构等做了精心策划。

在印度逻辑学方面,虞愚出版了《印度逻辑》(上海商务印书馆,1939年)。

1949年以前,研究印度古代语言学、语法学的学者,以金克木和季羡林两人为典型代表。不同的是,前者主要关注印度古代语法理论的杰出代表即《波你尼经》,后者则以佛典语言为切入点,突入印度佛教研究最令人困惑的隐蔽地带。除此二人外,周一良也曾于1945年发表《中国的梵文研究》一文,对梵语在中国历史上的研究情况做了介绍,并认为中国古代对梵语语言学的研究重视不够,因此希望学界能致力于梵语语法研究。⑤

金克木认为,《波你尼经》是印度古代语法研究的一个高峰。"《波你尼经》随时代而结束了它的历史作用,但它的历史意义和科学价值是不可

---

① 梁漱溟:《印度哲学概论》,上海:上海人民出版社,2005年版,第34页。
② 梁漱溟:《东西文化及其哲学》,北京:商务印书馆,1999年版,第202页。
③ 金克木:《印度文化论集》,北京:中国社会科学出版社,1983年版,第85页;亦见金克木:《梵竺庐集》(丙·梵佛探),南昌:江西教育出版社,1999年版,第314页。
④ 金克木:《印度文化论集》,北京:中国社会科学出版社,1983年版,第129页。
⑤ 参见林承节:《中印人民友好关系史(1851—1949)》,北京:北京大学出版社,1993年版,第430页。

磨灭的。对于读古代印度文献的人,《波你尼经》的知识也还是必要的。"①金克木的成就在于,他是第一位非常详尽地介绍《波你尼经》语法体系的中国学者,这对后来的学者继续进行这方面的探索提供了很好的范例,也开辟了崭新的道路。

1941年,季羡林在德国完成了博士论文《〈大事〉中伽陀部分限定动词的变位》,并以此获得哲学博士学位。② 有的学者认为,季羡林的这一博士论文第一次全面而系统地总结了小乘佛教大众部说出世部律典《大事》伽陀部分所用混合梵语动词的各种形态变化,拓宽了混合梵文形态学的研究领域,大大地推动了混合梵语的研究。③ 1944年,季羡林在德国的《哥廷根科学院院刊·语文学和历史学分卷》上发表德语论文《中世印度语中语尾-am向-o和-u的转化》。他证明了一些佛典是由原来的古代半摩揭陀语向西北方言转化,然后或者同时梵文化。④ 1949年,《哥廷根科学院院刊·语文学和历史学分卷》发表了季羡林1945年所写的德语论文《以不定过去时的使用作为确定佛典的年代与来源的标准》,其中的核心观点是:不定过去时最初流行于用印度东部方言写成的接近所谓"原始佛典"的一些佛典中,在晚出的一些佛典中,存在于一些较古的部分中,在较晚的或较新的佛典中则逐渐消失了。⑤ 上述两文引发了国际梵学界长达半个多世纪的争议。

印度梵语文学在20世纪初就已经为中国学者所了解,如鲁迅等人便曾高度赞扬过梵语文学的丰富宝藏。再追溯至近代乃至古代,中国学者便已知悉印度两大史诗的名称。但正如林承节所言,直到近代,中国对梵语文学的研究尚未开始。这种情况到了曾随高僧学得梵文的苏曼殊那里,才开始有了改观。苏曼殊是中国近代"最先提出要研究梵语文学者……苏曼殊

---

① 金克木:《印度文化论集》,北京:中国社会科学出版社,1983年版,第300页。
② 该德语版博士论文的内容参见季羡林:《季羡林全集》,第9卷,北京:外语教学与研究出版社,2009年版,第1—130页。
③ 高鸿:"季羡林先生学术小传",乐黛云编:《季羡林与二十世纪中国学术》,北京:北京大学出版社,2001年版,第345页。
④ 该论文参见季羡林:《季羡林全集》,第9卷,北京:外语教学与研究出版社,2009年版,第182—216页。此处介绍参阅高鸿前引文。
⑤ 该论文参见上书,第222—330页。此处介绍参阅高鸿前引文。

确实起到沟通梵华学术的作用,他的著述标志着我国学者研究梵语文学的开始"。① 苏曼殊曾经写过涉及印度文学研究的《梵文典》一书,可惜已失传。

20世纪20—30年代,一些中国学者撰写了研究印度文学的论文。例如,1921年腾若渠在《东方杂志》上发表《梵文学》一文,介绍印度两大史诗。1924年,郑振铎在《小说月报》上著文,介绍印度两大史诗的内容。1927年,许地山写于1925年的论文《梵剧体例及其在汉剧上的点点滴滴》发表在《小说月报》上。许地山考察了梵语戏剧的发展轨迹,并在中印戏剧比较的基础上得出结论:印度戏剧对中国戏剧有所影响。"中国底乐舞显然是从西域传入,而戏剧又是一大部分从乐舞演进底。从这点来说,我们不能不注意到印度伊兰底文学上头。"② 1931年,许地山还写了《印度戏剧》一文,介绍了印度戏剧的发展演变及其代表作家。1949年以前,还有一些著名学者,如梁启超、胡适、陈寅恪和季羡林等从佛典翻译、历史考证和比较研究等视角,对中印文学关系进行探索。1946年至1949年间,季羡林撰写了一些涉及印度文学的论文,从比较文学视角考察中印古代文学关系。这种比较文学的考察视角给后来的印度文学研究者以深刻影响。他的论文还涉及到中印古代文化交流史的研究范畴。

1924年泰戈尔访华前后,中国学者对于泰戈尔作品和思想的译介、研究曾经形成了一个高潮,很多著名的知识分子都以自己的著述参与其中。③ 限于篇幅,此处不再赘述。

1930年,许地山的《印度文学》由上海商务印书馆出版,1931年和1945年两次再版,该书在当时的学术界影响较大。关于许地山的《印度文学》,季羡林评价说:"篇幅虽然不算多,但是比较全面地讲印度文学的书在中国这恐怕还是第一部。它从吠陀文学讲起,一直讲到近代文学,印度文学史上主要的作品和作家,主要的流派都讲到了。对想从事印度文学研

---

① 林承节:《中印人民友好关系史(1851—1949)》,北京:北京大学出版社,1993年版,第428页。

② 郁龙余编:《中印文学关系源流》,长沙:湖南文艺出版社,1987年版,第55页。

③ 关于泰戈尔译介和研究的这次热潮,参阅王向远:《东方各国文学在中国——译介与研究史述论》,南昌:江西教育出版社,2001年版,第54—61页;林承节:《中印人民友好关系史(1851—1949)》,北京:北京大学出版社,1993年版,第430—438页。

究的人来说，是一部有用的书。"① 王向远认为，该书虽然没有被称为"印度文学史"，但它其实是一本系统叙述从古代到近代印度文学发展演变的文学史著作。该书将印度文学史分为"吠陀文学或尊圣文学"、"非圣文学"、"雅语文学"和"近代文学"四个时期。这是简明实用的划分法，对后来的印度文学史著作撰写产生了影响。②

1945 年，柳无忌的《印度文学》由重庆中国文化服务社出版，这是第二部印度文学史。柳无忌在许地山的"四分法"基础上，对印度文学史采取了"三分法"，即吠陀文学时期、雅语文学时期和近代的白话地方文学时期。由于作者不谙印度语言，他大量地吸收了相关英文材料，同时对许地山的著作进行引用和借鉴。该书在许著基础上有所突破和创新，但也有忽略占重要地位的佛教文学等缺陷。③ 但不管怎样，两部印度文学史著作的出现，为1949 年后中国学者继续撰写印度文学史开了个不错的头。

再来看中国学者对印度历史和中印关系史的相关研究。

按照林承节的考证，中国学者对印度历史的研究始于20 世纪初，一定程度上是和中国的政治现实密切相关的。④ 除编译著述外，中国学者撰写的第一部印度通史是1926 年出版的刘炳荣著的《印度史》。该书从印度古代一直写到英国统治印度时期的20 世纪初。该书作者透露，写作此书的目的是"使国人了解印度并进而谋求中国解放之道"。⑤ 该书的出版促进了中国学术界对印度历史、特别是英属印度史的深入了解和研究。

1929 年，向达出版研究英属印度史的专门史著作《印度现代史》，对英印殖民关系的历程和1857 年印度民族大起义等重要议题进行探讨。该书为中国学者进一步研究英属印度史打下了基础。

1949 年以前，除了一些翻译著作外，中国学者撰写的印度通史还包

---

① 季羡林：《比较文学与民间文学》，北京：北京大学出版社，1997 年版，第115 页。
② 参阅王向远：《东方各国文学在中国——译介与研究史述论》，南昌：江西教育出版社，2001 年版，第3—4 页。
③ 同上书，第6—8 页。
④ 林承节：《中印人民友好关系史（1851—1949）》，北京：北京大学出版社，1993 年版，第441 页。此处关于中国当时的印度历史研究和中印文化交流史研究的介绍和相关评述，参阅该书第441—454 页。
⑤ 转引自林承节：《中印人民友好关系史（1851—1949）》，北京：北京大学出版社，1993 年版，第443 页。

括：1933 年出版的滕柱著的《印度小史》、陈恭禄著的《印度通史大纲》、1947 年出版的李志纯著的《印度史纲要》和 1948 年出版的糜文开著的《印度历史故事》。

按照林承节的考证，1920 年甘地开始领导"不合作运动"后，对印度民族运动史的研究成了中国学者研究印度史的一项主要内容。民族运动史著述也随之出现，包括樊仲云的《圣雄甘地》（1926 年）、王森然的《印度革命与甘地》（1930 年）、袁学易的《印度独立运动史略》（1931 年）、徐懋庸的《印度革命史》（1933 年）、石啸冲的《印度民族解放运动史》（1943 年）、张君劢的《印度复国运动》（1943 年）等。

抗日战争爆发后，由于尼赫鲁积极倡导支援中国，中国学者对尼赫鲁的研究得以加强。例如，张君劢撰写了《印度民族解放运动与尼赫鲁》一书，并于 1939 年出版。

第二次世界大战爆发后，中国学者出版了一些介绍印度政治、经济和文化等各方面情况的书籍，包括蒋君章的《现代印度》（1942 年）、金仲华的《世界战争中的印度》（1942 年）、麦朝枢等著的《大时代中的印度》（1942 年）和胡树藩的《现代印度论》（1944 年）等。这些著述尽可能地满足了当时中国人们迫切了解印度的愿望。

这一时期，中印友好关系史也是中国学者的研究重点。20 世纪 40 年代，学者们在报刊上发表的重要文章包括郑鹤声于 1943 年发表的《中印两国在历史上之关系》（载《东方杂志》）等。1942 年，许公武的小册子《中印历代关系史略》出版，这是中国学者系统研究中印关系的开先河之作。

1949 年前，许多学者关于印度文学、宗教、哲学等方面的著述都程度不一地涉及中印古代文化交流史，如前述梁启超、季羡林等人的相关著述便是如此。向达于 1929 年出版的《印度现代史》值得一提。这是因为该书有一章题为《印度在中国文化史上的影响》，论述了中印两国悠久而密切的文化交流史。作者不仅探讨了历史上印度文化对中国文化的影响，还注意到了中国文化对印度的影响。这比印度汉学家师觉月提出某些相似观点早了很多年。

第二节　当代中国的印度学

　　1949年至今，中国的印度学研究已经走过了漫长的60多年历程，但是正如众所周知的那样，由于1962年中印边境冲突及其对此后中印关系互动的消极影响，中国印度学研究在很长一段时期内遭遇冷淡和各种不利因素的干扰，这极大地影响了研究者的热情和研究成果的质量。20世纪末至今的20多年里，由于中印关系开始步入正常化阶段，中国印度学研究开始有了长足进步，研究者有所增加，并出现了很多高质量的研究成果，取得了很多突破性进展，开辟了很多新的研究领域。此处在季羡林、薛克翘和王向远等学者的研究基础上，简略介绍中国学者对印度佛教、印度教、印度宗教哲学、印度语言、梵语文学、印度中世纪文学、现当代文学、艺术、印度历史、中印文化交流史等领域的代表性成果。[①] 学术阅历和学力所限，也由于当代中国印度学研究成果十分丰富，笔者难以将所有相关资料"一网打尽"，此处及下一节的简介只是一种初步尝试，难免会出现资料取舍或论述判断的不当或谬误，的确只是抛砖引玉而已。

一、印度佛教研究

　　1949年以后的中国学术界，在印度佛教领域，季羡林的相关研究仍是首先值得关注的代表性成果。1956年、1958年和1984年，他先后撰写了三篇关于佛教语言的论文，涉及原始佛教史研究，属于印度古代语言和宗

---

① 此处关于1949年至今中国学者印度研究概况的介绍，主要参阅薛克翘：《中国印度文化交流史》，北京：昆仑出版社，2008年版，第540—555页。关于印度文学在中国的译介和研究，同时参阅季羡林：《比较文学与民间文学》，北京：北京大学出版社，1997年版，第101—117页；季羡林：《季羡林全集》，第14卷，北京：外语教学与研究出版社，2009年版，第111—117页；王向远：《东方各国文学在中国——译介与研究史述论》，南昌：江西教育出版社，2001年版，第8—84页。

教的跨学科研究。1980 年，季羡林为《大唐西域记校注》一书写了 10 万多字的前言，主要论及唐初中国的译经情况等，也涉及 6—7 世纪时印度社会政治状况和佛教发展演变、唐代中印交通等。[1] 1981 年，季羡林完成《关于大乘上座部的问题》一文，以巴利文佛典和锡兰历史文献为依据，详细讨论并基本解决了困扰欧洲和日本学者 100 多年的世纪性难题。[2] 此后不久，他还写了《论释迦牟尼》和《说"出家"》等文章，继续介绍和探讨印度佛教相关问题。1984 年，季羡林写成 10 多万字的论文《商人与佛教》。[3] "这篇论文视角独特、论证资料来源广泛，为印度佛教史的研究打开了一个新局面。"[4] 季羡林写于 20 世纪 80 年代的四篇论文即《关于大乘上座部的问题》、《商人与佛教》、《论梵文本〈圣胜慧到彼岸功德宝集偈〉》和《佛教开创时期的一场被歪曲被遗忘了的"路线斗争"——提婆达多问题》，均"击中印度佛教史上的关键问题，篇篇发前人所未发，视角独特、资料扎实，充分展示了季先生治佛教史的深厚功力和高超技巧"。[5] 1991 年，季羡林完成了《佛教的倒流》一文，考察了常人未关注的佛教史研究的一个重要方面。[6] 季羡林还以《西域佛教史》等论文，不同程度地涉及印度佛教史和中国佛教研究。值得注意的是，季羡林名扬世界的吐火罗语研究成果《吐火罗文〈弥勒会见记〉译释》，既为世界学术界的印度佛教研究增光添彩，也为中国学者指引了又一条无比艰辛而又充满希望的学术路径。[7] 他的《吐火罗语研究导论》亦可作如是观。[8]

---

[1] 季羡林的这篇"前言"参见玄奘、辩机原著，季羡林等校注：《大唐西域记校注》（上），北京：中华书局，2000 年版，第 1—138 页。

[2] 该文参见季羡林：《季羡林全集》，第 15 卷，北京：外语教学与研究出版社，2010 年版，第 54—76 页。

[3] 该文参见季羡林：《季羡林全集》，第 16 卷，北京：外语教学与研究出版社，2010 年版，第 5—117 页。

[4] 高鸿："季羡林先生学术小传"，乐黛云编：《季羡林与二十世纪中国学术》，北京：北京大学出版社，2001 年版，第 351 页。

[5] 同上。

[6] 该文参见季羡林：《季羡林全集》，第 15 卷，北京：外语教学与研究出版社，2010 年版，第 313—354 页。

[7] 该文参见季羡林：《季羡林全集》，第 11 卷，北京：外语教学与研究出版社，2009 年版，第 9—144 页。

[8] 该文参见季羡林：《季羡林全集》，第 12 卷，北京：外语教学与研究出版社，2009 年版，第 23—199 页。

第八章
中国的印度研究概况 | 283

20世纪50年代，吕澂撰写了研究印度佛教（佛学）的系列论文，如《谈南传的佛灭年代》、《略论南方上座部佛学》、《略述经部学》和《佛家逻辑》等。1961年，吕澂举办了一次为期五年的佛学班，其讲义稿后来结集成册为《印度佛学源流略讲》。该书把印度佛学（佛教）分为原始佛学、部派佛学、初期大乘佛学、小乘佛学、中期大乘佛学和晚期大乘佛学等六个阶段，对印度佛学1500年的历史发展概况做了介绍。书中一些观点如佛灭年代"点记说"等属吕澂"孤明先发之见"。"这样原原本本讲述印度佛学史的，在我国这还是第一部书。"[①]

20世纪末，中国印度佛教研究界出现了一本非常重要的补白之作，这就是郭良鋆依据巴利文经典解读而写成的《佛陀和原始佛教思想》。该书主体部分包括巴利语文献概述、佛陀生平事迹介绍和四谛说、神通说、无我说和涅槃说等原始佛教思想的分析等，还包括巴利语三藏提要。该书是"中国佛教研究现代化的代表作，为中国学术界填补了一个急需填补的空白"。[②]

王邦维关于义净两部著作的重要校注成果于1988年和1995年先后出版，对于促进印度佛教史和中国佛教史研究大有助益。[③] 例如，德国学者宁梵夫（Max Deeg）在评价王邦维关于《南海寄归内法传》的校注成果时认为："总而言之，王邦维的这本书是对佛教历史学研究的一个贡献，它将会激励更多的致力于佛教领域的西方学者去努力学习中文，以便能够分享近年来在中国研究中国佛教的优秀的学术成果。"[④]

20世纪末，中国的印度佛教研究成果还可举出很多实例，例如杨曾文的《佛教的起源》以汉译佛典《四阿含》为原始资料，探讨了原始佛教和

---

① 吕澂：《印度佛学源流略讲》，"整理者说明"，上海：上海人民出版社，1979年初版，2005年重印。
② 郭良鋆：《佛陀和原始佛教思想》，"专家推荐意见"，北京：中国社会科学出版社，1997年版，第273页。
③ 这两部校注著作是：义净著、王邦维校注：《大唐西域求法高僧传校注》，北京：中华书局，1988年第1版，2009年第4次印刷。义净著、王邦维校注：《南海寄归内法传校注》，北京：中华书局，1995年第1版，2009年第3次印刷。
④ 义净著、王邦维校注：《南海寄归内法传校注》，北京：中华书局，1995年第1版，2009年第3次印刷，第292页。此处引文为郑国栋、杨峋译。

部派佛教的情况。① 方广锠的《印度禅》则以新的视角,切入印度佛教研究。② 崔连仲的著作《从佛陀到阿育王》,涉及印度佛教史的相关问题。③

《南亚研究》于20世纪80年代初创刊以来,先后刊发了一些涉及印度佛教研究的论文。④ 这些论文视角多样,结论常有创新之见。例如,葛维钧通过认真研究得出结论,阿育王的法与佛教的法"并不是一回事"。⑤ 朱明忠对佛教在内的印度不同宗教进行了比较探讨,指出了它们在各自不同发展阶段所具备的特征。⑥ 段晴对与戒日王相关的印度佛教史做了探讨。⑦ 索代对印度佛教之于藏传佛教的历史关系进行了考察。⑧ 自20世纪80年代至21世纪初,《南亚研究》成为发表该领域成果最重要的学术阵地之一,为相关领域的可持续发展作出了贡献。

再看有代表性的学术著作。21世纪初,姚卫群出版了颇具特色的《佛学概论》。⑨ 该书将印度佛教和中国佛教融为一体进行研究,并探讨佛教思想之于现代精神文明建设的启迪意义。

近年来,专治梵语文学和诗学的黄宝生转向梵汉对勘和巴汉对勘领域,并出版了《梵汉对勘入楞伽经》等几部重要佛经的校勘成果,成绩令人瞩目。⑩ 这为印度佛教在21世纪初中国语境下的创新研究打下了基础,开辟了新途径。在黄宝生看来,梵汉对勘的方法对于汉译佛经的标点和注

---

① 杨曾文:《佛教的起源》,台北:佛光出版社,1991年版。
② 方广锠:《印度禅》,杭州:浙江人民出版社,1998年。同时可参阅方广锠:"《那先比丘经》中的灵魂观",《南亚研究》1983年第1期,第76—84页;方广锠:"关于印度初期佛教研究的几个问题",《南亚研究》1994年第1期,第31—38页。
③ 崔连仲:《从佛陀到阿育王》,沈阳:辽宁大学出版社,1991年版。
④ 此处相关学者关于印度佛教研究的成果介绍,参阅黄夏年:"四十年来中国大陆对外国佛教研究综述",国学网,http://www.guoxue.com/discord/hxl/40nl.htm。
⑤ 葛维钧:"阿育王法与佛教的法不应混同",《南亚研究》1988年第4期,第57页。
⑥ 朱明忠:"印度教与佛教问题",《南亚研究》1991年第1期,第34—40页。
⑦ 段晴:"戒日王的宗教政策",《南亚研究》1992年第3期。同时可参阅段晴:"戒日王的宗教信仰",《南亚研究》1992年第1期,第49—56页。
⑧ 索代:"印度佛教与藏传佛教",《南亚研究》1993年第1期,第41—48页。
⑨ 姚卫群:《佛学概论》,北京:宗教文化出版社,2006年版。
⑩ 例如:黄宝生:《梵汉对勘入楞伽经》,北京:中国社会科学出版社,2011年版;《梵汉对勘入菩提行论》,北京:中国社会科学出版社,2011年版;《梵汉对勘维摩诘所说经》,北京:中国社会科学出版社,2011年版;黄宝生译注:《梵汉对勘神通游戏》,北京:中国社会科学出版社,2012年版;黄宝生著:《巴汉对勘〈法句经〉》,北京:中西书局,2015年版。

释工作大有裨益。黄宝生强调："梵汉佛经对勘是属于佛教思想史、佛经翻译史和佛经汉语研究的基础性工作。"① 黄宝生出版的几部梵汉对勘成果皆有"导言"，它其实也是一种涉及佛经汉译史的研究成果。据悉，这种梵汉对勘的系列成果今后将陆续出版。

近年来，一些中青年学者锐意进取，奉献出一些高质量学术成果。例如，湛如出版《净法与佛塔：印度早期佛教史研究》（中华书局，2006年），周贵华出版《唯识通论：瑜伽行学义诠》（中国社会科学出版社，2009年），叶少勇出版《〈中论颂〉——梵藏汉合校·导读·译注》（北京中西书局，2011年）。党素萍的论文也涉及梵汉佛经对勘的问题。② 由此可见，梵汉对勘或梵藏汉对勘正在成为当前中国印度佛教研究界的一大亮点和热点。这将进一步促进中国的印度佛教研究转型，也必将为中国在佛教研究领域获取更多的学术话语权。

此外，值得注意的是，一些活跃在世俗学术圈以外的宗教界人士也为包括佛教因明在内的佛教研究作出了积极的贡献。例如，杭州佛学院专攻佛教因明学的刚晓法师出版有《摄大乘论讲记》等四部唯识著作及《汉传因明二论》、《正理经解说》、《集量论讲记》、《正理滴点论解》、《量理宝藏论解说》、《释量论讲记》等因明学著作，还在《中国文化研究》、《佛学研究》、《法音》、《藏外佛教文献》以及《西北民族大学学报》等杂志上发表相关论文数十篇。③

关于国内研究佛教的人才队伍状况，王邦维指出："从眼下中国国内的情况看，研究中国佛教史的队伍，从人数来讲，已经不小，每年的成果，数量也不算少，但就印度佛教和佛教史的研究而言，无论是队伍和成果，都要薄弱得多。"④ 对于上述问题，国家相关部门已经给予高度重视，并启动相关程序进行具体支持。迄今为止，北京大学招收梵巴专业本科生的工作仍在持续，培养该专业硕士、博士的工作也没有中断，这就很好地

---

① 黄宝生：《梵学论集》，北京：中国社会科学出版社，2013年版，第344页。
② 党素萍："略谈《八千颂般若经》历代汉译本的特点"，《南亚研究》2010年第3期，第134—144页。
③ 参见百度百科，"刚晓法师"，http://baike.baidu.com/view/8976111.htm?fr=aladdin。
④ 转引自湛如：《净法与佛塔：印度早期佛教史研究》，北京：中华书局，2006年版，第4页。

保证了21世纪中国佛教研究乃至整个梵学研究领域后继有人。2009年，中国社会科学院接受了国家社科基金重大委托项目《梵文研究及人才队伍建设》，并为此成立了梵文研究中心执行这个项目。黄宝生和葛维钧等学者一起，开设了一个为期三年的梵文班，并制订了有关印度佛教和梵学领域的研究计划。①

2011年10月22—23日，由中国社会科学院梵文研究中心主办的"梵学与佛学研讨会"在苏州召开。此次会议上，许多学者提交了与印度佛教研究（包括梵汉或梵藏汉佛经对勘）相关的论文，如黄宝生、葛维钧、薛克翘、李南、萨尔吉、叶少勇、刘震和周贵华等人的论文便是如此。来自中国台湾地区的学者如万金川、释慧敏等也提交了相关论文。② 这表明，中国的印度佛教研究界呈现了新气象。

关于20世纪以来中国学界的佛教文学研究，有学者整理出了较为详细的成果目录，这便是《佛教文学研究论著目录初稿》。③ 这份目录虽被编者谦称为"初稿"，但对国内相关研究领域的学者、特别是初学者而言，其导航价值不言而喻。

二、印度教和印度宗教哲学研究

在谈到20世纪以来中国的印度宗教研究状况时，有的学者指出："中国学界研究印度宗教文化的最大特点，就是佛学研究成果丰硕，但长期忽略了对印度教及其文化的研究……这也使得中国学界在解释印度宗教文化时遗漏了印度教文化，对印度宗教多元文化也缺乏学术关注。"④ 检索《南

---

① 此段中关于中国未来梵文研究人才队伍培养的相关信息等，参阅段晴："关于西藏梵文贝叶经研究现状及人才培养"，上网时间：2006年10月11日，http://info.tibet.cn/zt2006/06zt_xzwhlt/06zt_xzwhlt_shilu2/t20061011_160400.htm。同时参阅黄宝生：《梵学论集》，"代序"，北京：中国社会科学出版社，2013年版，第5页。
② 参见逸轩："千年绝学从今起——'梵学与佛学研讨会'综述"，北京大学东方文学研究中心：《东方文学研究通讯》2011年第3—4期，第58—61页。
③ 陈明、潘姗编："佛教文学研究论著目录初稿"，北京大学东方文学研究中心：《东方文学研究通讯》2007年第3期，第49—63页。
④ 李丽整理："中国的印度宗教文化研究：发展与前景——邱永辉教授访谈录"，《东南亚南亚研究》2012年第4期，第78页。

亚研究》创刊以来的各期刊物，笔者发现，很长一段时期内，以"印度教"或"耆那教"等为标题的论文寥若晨星，无法与佛教研究的论文数量相抗衡。但是，仔细检索不难发现，近30年来，一些学者以自己的相关研究，弥补了中国学界在上述领域的研究空白或不足。越到后来，相关成果逐渐增多，加入研究队伍的人也开始增加，这是一个好的迹象，但与佛教研究的人才相比，还是显得比例失调。

正如有的学者指出的那样，改革开放以来，中国学界对印度宗教文化的研究进入了新的阶段。除黄宝生、蒋忠新、张保胜等人翻译的《摩诃婆罗多》、《摩奴法论》、《薄伽梵歌》等印度教经典外，国外关于印度教的研究著作的汉译数量亦有增加。这无疑为中国学者研究印度教创造了更好的前提。① 世纪之交，印度教研究开始成为中国印度学界的一个新的学术生长点，出现了一批重要的研究成果。

20世纪80年代初，张宝胜对印度教经典之一《薄伽梵歌》进行了探索。② 葛维钧则以系列论文的形式，对印度教大神毗湿奴的一千名号进行了详细分析，其分析颇见功力。③ 尚会鹏、朱明忠、邱永辉等先后对印度种姓制度进行了探索。④ 朱明忠和邱永辉等学者的相关研究具有跨学科的特征。迄今为止，一些综合性著作如《世界十大宗教》、《当代印度宗教研究》、《中国大百科全书·宗教卷》、《宗教大辞典》和《南亚大辞典》等都不同程度地介绍过印度教概况。

---

① 李丽整理："中国的印度宗教文化研究：发展与前景——邱永辉教授访谈录"，《东南亚南亚研究》2012年第4期，第77页。
② 张宝胜："《薄伽梵歌》初探"，《南亚研究》1981年第1期，第14—25页。
③ 葛维钧："毗湿奴及其一千名号"，《南亚研究》2005年第1期，第48—53页；《南亚研究》2005年第2期，第48—51页；《南亚研究》2006年第1期，第52—56页；《南亚研究》2006年第2期，第62—69页。
④ 例如，尚会鹏："种姓的社会流动及其理论"，《南亚研究》1986年第4期，第18—25页；尚会鹏："种姓的名称、定义及本质问题"，《南亚研究》1991年第1期，第27—33页；朱明忠："印度教与佛教问题"，《南亚研究》1991年第1期，第34—40页；邱永辉："印度世俗主义浅析"，《南亚研究》1993年第3期，第35—39页；邱永辉："印度教社会的婆罗门"，《南亚研究》1994年第4期，第29—34页；邱永辉："印度教、民族主义与印度人民党"，《南亚研究季刊》1998年第4期，第42—48页；朱明忠："印度教在世界的传播与影响"，《南亚研究》2000年第2期，第44—51页；朱明忠："印度教虔诚派改革运动及其影响"，《南亚研究》2001年第1期，第36—43页；等等。

1994年，朱明忠的《恒河沐浴——印度教概览》一书由四川民族出版社出版，这是中国最早系统介绍印度教的读物之一。2003年，朱明忠和尚会鹏的《印度教：宗教与社会》一书出版。该书是中国"第一部全面系统地论述印度教的学术专著。长期以来，我国学者对印度佛教有较多的研究，而对印度教却研究甚少，系统论述印度教的著作更是罕见"。① 朱明忠认为："印度教是一个历史悠久、内容庞杂的宗教文化体系。它包罗万象，涉及范围极广。我国对印度教的研究和探索，尚属初级开拓阶段。"②

邱永辉则认为，几个世纪以来，世界各国的学者们已有不少介绍和研究印度教的著述，却没有公认的印度教"权威"著作。鉴于此，她在此前研究基础上，继续推进自己的印度教研究。2012年，邱永辉出版了《印度教概论》一书。该书充分利用印度教的传统经典文献和最新资料，全面而系统地探讨了印度教的方方面面。

关于耆那教的研究，巫白慧曾经探索过其逻辑思想。③ 宫静和薛克翘也有涉及耆那教的相关研究成果面世。④ 关于锡克教的研究，也有少数学者的论文涉及。⑤ 关于耆那教和锡克教、印度基督教等的研究，还有一些学者的相关论文和著作不同程度地涉及，如吴永年和季平的《当代印度宗教研究》（上海外语教育出版社，1998年）和王树英编的《宗教与印度社会》（中国华侨出版公司，1994年）等便是如此。与印度佛教和印度教的研究成果相比，中国学者对耆那教和锡克教的研究显然非常薄弱。

接下来看看当代中国学者研究印度宗教哲学的简况和一些代表性成果。

早在1949年以前，梁漱溟、金克木等人便对印度宗教哲学有过研究。但是，20世纪50年代，这种传统没有得到很好的延续；60年代中印边境

---

① 朱明忠、尚会鹏：《印度教：宗教与社会》，北京：世界知识出版社，2003年版，第4页。
② 同上。
③ 巫白慧："耆那教的逻辑思想"，《南亚研究》1984年第2期，第1—11页。
④ 宫静："耆那教的教义、历史与现状"，《南亚研究》1987年第3期，第40—48页；薛克翘："谈中世纪耆那教神秘主义诗歌"，《南亚研究》2010年第2期，第141—150页。
⑤ 张占顺：《锡克教与锡克群体的变迁》，世界知识出版社，2008年版；孟庆顺："论18世纪中叶的锡克独立运动"，《南亚研究》1988年第3期；庄万友："19世纪中期至20世纪初锡克教的宗教、社会运动"，《南亚研究》1994年第2期，第30—37页；庄万友："锡克教中央庙宇管理委员会的组织结构与实力"，《南亚研究》1998年第2期，第58—64页。

冲突以后，国内学界对于这方面的研究在很长时期均陷入了停滞状态。我国改革开放和中印关系正常化进程启动以来，中国学者对于印度宗教哲学（包含印度逻辑学在内）的研究进入一个新阶段，产出不少学术成果。

自20世纪70年代末至今，中国学者在不断翻译和出版日本、印度学者的印度宗教哲学著作的同时，出版了一批研究印度宗教哲学的著作，包括：黄心川的《印度近代哲学家辩喜研究》（中国社会科学出版社，1979年）、《印度哲学史》（商务印书馆，1989年）、《印度近现代哲学》（商务印书馆，1989年）；巫白慧的《东方著名哲学家评传·印度卷》（主编，山东人民出版社，2000年）、《印度哲学：吠陀经探义和奥义书解析》（东方出版社，2000年）；方立天的《佛教哲学》（中国人民大学出版社，1986年，2006年增订再版）；姚卫群的《印度哲学》（北京大学出版社，1992年）、《印度宗教哲学概论》（北京大学出版社，2006年）；朱明忠的《奥罗宾多》（云南教育出版社，2009年）；李建欣的《印度古典瑜伽哲学思想研究》（北京大学出版社，2000年），等等。因明学研究著作包括石村的《因明述要》（中华书局，1981年）、沈剑英的《因明学研究》（中国大百科全书出版社，1986年）、巫寿康的《因明正理门论研究》（北京三联书店，1994年，中华书局2007年再版）、刘培育的《因明研究》（吉林教育出版社，1994年）、郑宏伟的《佛家逻辑通论》（复旦大学出版社，1996年）、李润生的《因明入正理论导读》（中国书店，2007年）、沈剑英的《敦煌因明文献研究》（上海古籍出版社，2008年）、巫白慧译解的《〈梨俱吠陀〉神曲选》（商务印书馆，2010年）、郑伟宏的《因明大疏校释、今译、研究》（复旦大学出版社，2010年）和园真法师的《因明学纲要》（巴蜀书社，2011年）等。[1] 从上述情况来看，当代中国学者对于印度宗教哲学的探索出现了一些令人惊喜的变化，他们不仅关注印度佛教哲学和印度教哲学的传统领域，还将印度哲学史的研究推进到对现代印度哲学的考察阶段，并开始关注具体的哲学问题如瑜伽哲学或因明逻辑问题。

---

[1] 本节关于中国印度学研究成果的相关介绍，参阅朱晓兰编："中国国家印度学总书目（1—4）"，《南亚研究》2001年第1—2期；2002年第1—2期。

除了上述著述外，近30年来中国许多学术期刊上也刊载了不少关于印度宗教哲学的论文，例如金克木的论文《古代印度唯物主义哲学管窥——兼论"婆罗门"、"沙门"及世俗文化》（《江淮论坛》1981年第4期）。不过，整体来看，这一时期《南亚研究》当仁不让地成为发表这方面论文的最重要阵地。20世纪80年代，黄心川、巫白慧和姚卫群等学者集中精力探索带有典型宗教色彩的印度哲学思想。

由《南亚研究》刊载的宗教哲学论文来看，自20世纪80年代末至21世纪初，一些学者如朱明忠和宫静等的探索范围开始扩大，在巩固原来阵地的同时，他们也探索泰戈尔、奥罗宾多等现代作家与哲学家的思想。黄心川于1989年出版的《印度近现代哲学》考察了拉姆·莫汉·罗易、提拉克、奥罗宾多、甘地、泰戈尔等近现代大家的哲学思想，还延伸考察了印度伊斯兰哲学思想的兴起和发展。

关于印度逻辑学（因明学）方面的论文偶尔可见，如尹智全的《因明三支论式与亚式推论式》（《南亚研究》1989年第1期）和黄志强的《三支论式及其规则初探》（《南亚研究》2001年第1期）等。

在当代研究印度宗教哲学的中国学者中，黄心川无疑是非常重要的一位。薛克翘认为，黄心川的《印度近代哲学家辩喜研究》是中国改革开放以后最早出版的关于印度哲学研究的专著，是中国研究印度近代哲学的第一部著作。黄心川的《印度近现代哲学》也是中国首部研究印度近现代哲学的著作。[1]

此外，方立天、巫白慧、姚卫群和李建欣等人的相关著作也具有非常高的学术价值。他们在不同程度上总结和推进了新时期中国的印度宗教哲学研究。例如，巫白慧的《印度哲学：吠陀经探义和奥义书解析》探析了印度哲学主要流派，该书对因明学进行了"具有创新和突破性意义的研究"。[2]

客观地看，与印度宗教研究人才队伍缺乏坚实基础一样，21世纪初印度宗教哲学研究的人才梯队已有断层之虞。这将威胁该学科未来的可持续

---

[1] 薛克翘：《中国印度文化交流史》，北京：昆仑出版社，2008年版，第543页。
[2] 巫白慧：《印度哲学：吠陀经探义和奥义书解析》，"专家推荐意见"，北京：东方出版社，2000年版，第533页。

发展。虽然近年来一些学习和研究印度佛教、梵语文学的青年才俊开始涌现，但倾心于印度宗教哲学研究者较少。如何吸引更多的青年才俊投身其中，值得学界思考。

三、印度语言研究

1949年以来，中国学者对佛典语言和印度古代语言学的研究传统至今没有断裂，并产出一批经得起时间验证的成果，如季羡林、朱庆之和段晴等人的相关研究便是如此。当然，他们之间又有区别，如季羡林从语言的角度切入印度佛教史的研究范畴，朱庆之关注的是佛典对中国古代语言的微妙影响，而段晴则对金克木关于印度古代语言学的相关研究进行"学术接力"。他们研究旨趣的分野，意味着印度语言研究在中国语境下的自然变异。

1957年，季羡林在《北京大学学报》发表论文《原始佛教的语言问题》，对巴利文《小品》中的一句话作出了合理解释，阐明了原始佛教所采取的放任包容的语言政策。他的结论是："原始佛教采取了放任的语言政策，一方面它不允许利用婆罗门教的语言梵文，另一方面也不把佛所利用的语言摩揭陀语神圣化，使它升为经堂语而定于一尊。它允许比丘们利用自己的方言俗语来学习，宣传佛教教义。这对于接近群众，深入群众有很大的好处。"[1] 次年即1958年，他在《语言研究》上发表《再论原始佛教的语言问题——兼评美国梵文学者的方法论》。[2] 1984年，他撰写了《中世印度雅利安语二题》。[3] 同年，他完成了《三论原始佛教的语言问题》一文。[4]

季羡林还把眼光投向更为艰深的悉昙学领域。为此，他于1990年撰写了短文《玄奘〈大唐西域记〉中"四十七言"问题》，纠正了《大唐西域

---

[1] 该文参见季羡林：《季羡林全集》，第9卷，北京：外语教学与研究出版社，2009年版，第343—353页。此处引文见该书第351页。
[2] 同上书，第368—394页。
[3] 同上书，第398—414页。
[4] 同上书，第415—462页。

记校注》中的一个错误，澄清了在梵文字母数量上的分歧与争论。接着，在当年，应东国大学吴亨根教授及李法山教授的邀请，季羡林撰写了《梵语佛典及汉译佛典中四流音 rrll 问题》一文。① 他在文中指出："随着梵语佛典的汉译，随着悉昙学传入中国，四个流音元音也翻译成了汉字。它们于是又在中国踏上了流转变化的路途。"② 他的结论之一是："无论是在印度，还是在中国，四字都有其特殊性。"③ 1993 年，季羡林在《所谓中天音旨》一文中，从佛教史角度继续探讨中天竺四流音的相关问题。④ 这些文章可说是"彻底解决了与四流音相关的问题"。⑤

至今，有的学者也以自己的著述闯入了悉昙学这一十分冷僻的研究领域。⑥ 但是，和梵语语言学研究一样，这方面也存在人才短缺、后继乏人的问题。

近年来，国内汉语学界已经基本达成共识，即认为佛经汉语是中国古代汉语中的一个特殊类型。有的学者仿照"佛教混合梵语"的称谓，将其称为"佛教混合汉语"或"佛教汉语"。黄宝生据此认为："近二三十年中，佛教汉语研究已成为一门'显学'。日本学者辛岛静志和中国学者朱庆之是这个领域中的代表人物。"⑦ 朱庆之长期从事中古汉语与佛典语言研究，其研究旨趣似乎与季羡林在国内首创的佛典语言研究存在某种关联。

朱庆之的代表作是 1992 年出版的《佛典与中古汉语词汇研究》等。⑧ 受到西方学者提出的"佛教混合梵语"概念的启发，他在国内最早提出了"佛教混合汉语"或"佛教汉语"说。例如，他在为台湾学者万金川的书作序时，回溯了这一概念的大致来历："从语言学的角度，学术界对佛教汉语（佛经语言）研究的进程大体可以分为两个阶段。第一阶段从 20 世

---

① 该文参见季羡林：《季羡林全集》，第 15 卷，北京：外语教学与研究出版社，2010 年版，第 276—312 页。
② 同上书，第 287 页。
③ 同上书，第 306 页。
④ 同上书，第 358—386 页。
⑤ 高鸿："季羡林先生学术小传"，乐黛云编：《季羡林与二十世纪中国学术》，北京：北京大学出版社，2001 年版，第 351 页。
⑥ 周广荣：《梵语〈悉昙章〉在中国的传播与影响》，北京：宗教文化出版社，2004 年版。
⑦ 黄宝生：《梵学论集》，北京：中国社会科学出版社，2013 年版，第 322 页。
⑧ 朱庆之：《佛典与中古汉语词汇研究》，台北：文津出版社，1992 年版。

纪初叶开始到 80 年代末,学者们将佛典语料当作中土文献语料的补充来使用;第二阶段从 90 年代初开始,出现了专门的佛教汉语研究,即此地所谓的'佛经语言学'。"①

万金川是中国台湾地区的学者。他曾经著有《龙树的语言概念》、《词义之争与义理之辨》和《佛典研究的语言学转向:佛经语言学论集》等。他对朱庆之提出的"佛教混合汉语"一词多有论述,并表示赞赏。万金川说:"总之,透过梵、巴、汉、藏等文本的对勘方法而来进行所谓'佛教混合汉语'的相关研究,如今已然在汉语史专业的研究者之间有了初度的觉醒,而这当然也拉近了佛教学专业与汉语史研究之间的学术间距。"② 照此思路,中国学者必将在梵汉佛经对勘或梵汉藏佛经对勘领域作出更大贡献,也将在古代汉语研究中获得丰硕成果。

1949 年以后,由于各种复杂的因素,国内的梵语研究人才奇缺,对于印度古代语言学或语法学的译介或研究呈现出长期的冷漠状态。这一畸形局面直到 21 世纪初段晴的著作《波你尼语法入门》出版,才得到初步改观。该书以疏解波你尼《八章书》的梵文语法书《月光疏精粹》为蓝本,逐渐展开对波你尼语法体系的全面介绍,以为希望了解印度古代语言特点却无法登堂入室的读者提供基础的知识阶梯。作者认为,波你尼的语法体系其实便是一个哲学体系。③ 令人忧虑的是,投身于这种对印度古代语言学的继续介绍或研究的青年学子迄今并不多见。

1993 年,北京大学出版社出版了殷洪元的《印地语语法》,该书是中国首部印地语语法著作,对于促进中国的印地语教学起到了很好的作用。近年来,由中国学者编撰的类似教材如孟加拉语语法和孟加拉语教程等也陆续出现,如李缘山的《孟加拉语实用语法》(北京广播学院出版社,2003 年)便是如此。

---

① 朱庆之:"序一:从佛典研究的语言学转向谈佛教汉语研究的任务",万金川:《佛典研究的语言学转向:佛经语言学论集》,台北:正观出版社,2005 年版,第 3 页。
② 万金川:《佛典研究的语言学转向:佛经语言学论集》,台北:正观出版社,2005 年版,第 76 页。
③ 段晴:《波你尼语法入门》,"绪论",北京:北京大学出版社,2001 年版,第 7—8 页。

四、印度文学研究

如果将目光转向1949年后的梵语文学研究，我们将会发现，这是一个成果十分丰富的学术领域。迄今为止，对于1949年至2000年间的印度文学研究，王向远的著作做了较为详细的分析。笔者在此借鉴他的叙述体例，对1949年至今60多年的印度文学研究进行非常简略的考察。笔者拟分下述线索进行简介：包括印度文学史、梵语文学和梵语诗学在内的印度古代文学，包括泰戈尔、普列姆昌德及印度英语文学在内的印度现当代文学，比较文学视野下的印度文学研究，如中印文学关系、印西文学关系和中印诗学、印西诗学比较等。对于以汉译佛经或梵语佛经为基础的相关研究，将在比较文学视野中进行透视。

有学者认为，第一部真正的印度文学史当属金克木于1964年出版的《梵语文学史》。这部著作是"第一部由通晓梵语的人以第一手材料写成的梵语文学史，第一部试图以马克思主义观点写成的印度文学史。它资料丰富翔实，内容全面系统，论述严谨，分析透彻，建立了比较完善的梵语文学史体系，确立了梵语文学史的基本内容"。[①] 该书带有阶级分析等明显的时代痕迹，但是它所具备的重要学术价值不容否认。金克木将古代梵语文学分为"《吠陀本集》时代"、"史诗时代"和"古典文学时代"等三个时期。

按照时间顺序来算，第二部印度文学史著作当属刘安武于1987年出版的《印度印地语文学史》。该书是作者利用大量印地语一手文献写出的中国第一部印地语文学史，其开创性意义不可低估。[②]

黄宝生于1988年出版了带有梵语文学史性质的《印度古代文学》。该书着重介绍吠陀时期到12世纪左右的梵语文学，但也花了一定篇幅介绍俗语文学。

1991年，季羡林主编的《印度古代文学史》由北京大学出版社出版。

[①] 王向远：《东方各国文学在中国——译介与研究史述论》，南昌：江西教育出版社，2001年版，第8页。

[②] 刘安武：《印度印地语文学史》，北京：人民文学出版社，1987年版，第438—446页。

该书内容涉及从公元前15世纪到19世纪中叶的印度文学,语种包括梵语、巴利语、泰米尔语、印地语和乌尔都语,这保证了该书学术质量的上乘。该书是"一本比较完整的印度古代文学史"。[①] 21世纪初,中国尚未出现第二种类似的印度古代文学史。

1998年,青岛出版社出版石海峻的《20世纪印度文学史》,这是中国第一部20世纪印度文学史,它使印度文学自古至今的大致面貌为国内学界基本所知。

21世纪初至今的十多年来,中国学界对于印度文学史的创新研究有了新的进展,如薛克翘和唐孟生等多人合作撰写的两卷本《印度近现代文学》已于2014年出版。某些专题研究的印度文学史也已经或即将出版。例如,笔者忝列其间的拙著《印度文论史》于2015年出版。各种因素使然,拙著并不尽如人意,期待有机会进一步完善之。展望未来,通史性质或断代史形式的印度文学史仍然有待学者们协同攻关,而分语种的印度文学史(如孟加拉语文学史、泰米尔语文学史、马拉提语文学史等)或专题性质的印度文学史(如印度翻译文学史、梵语诗学史等)更是未来的研究重点之一,这是深化印度文学研究的关键。

众所周知,印度古代文学是由多种语言组成的,如梵语佛经文学、巴利语佛经文学、古典梵语文学和梵语诗学、各种俗语文学、古代印地语文学、泰米尔语文学、孟加拉语文学等。对于古代、中世纪和近代泰米尔语文学和孟加拉语文学的研究,由于语言的障碍和掌握相关语言的学者很少,除了张锡麟等极少数人的成果外,这方面的研究基本未能展开。

值得一提的是,采用一手文献进行的印地语和乌尔都语文学研究近年来出现了一些标志性成果,如薛克翘、唐孟生、姜景奎和印度在华专家沃茨博士(Dr. Rakesh Vats)等勉力合撰的《印度中世纪宗教文学》(上、下卷)和廖波的《印度印地语作家格莫勒希沃尔小说创作研究》便是此类著述。《印度中世纪宗教文学》可被视为新世纪中国印度文学研究的标志性成果之一,它填补了国内印度学研究领域的重要空白点。该书主要涵盖

---

① 王向远:《东方各国文学在中国——译介与研究史述论》,南昌:江西教育出版社,2001年版,第13页。

13世纪至18世纪印度的虔诚文学（以印度教为核心）、苏菲文学（以伊斯兰教为核心）、锡克教文学、佛教文学与耆那教文学等。尽管作者之一薛克翘自谦不能通晓印度10多种主要地方语言，但在迄今的国内印度文学研究语境中看，该书"应该说比从前有所进步了"。[①]

由于掌握梵语和巴利语的研究者不多，梵语佛经文学或巴利语佛经文学研究成果不太多见，除了郭良鋆等极少数学者外，大部分学者均利用汉译佛经进行研究。在这方面，一些学者产出了高质量的成果，侯传文的《佛经的文学性解读》便是一个典型的例子。[②] 郭良鋆的巴利语佛经文学研究已如前述，体现在其《佛陀和原始佛教思想》一书中。她为此还发表过相关的学术论文。[③] 1949年至今，利用汉译佛经进行文学研究的作者和论文不胜枚举。

1949年以来，中国学者的印度学研究最出彩的地方，除了前述一些领域的杰出贡献之外，以季羡林、金克木和黄宝生等为代表的梵语学者，代代相传，进行了印度两大史诗译介、吠陀诗歌译介、古典梵语文学翻译和研究、梵语诗学译介研究等重要工作，有的还属于跨世纪工程，如《摩诃婆罗多》的翻译与黄宝生的梵语诗学译介便是如此。

黄宝生说："建国以来，我国在印度古代文学研究领域里贡献最大的是季羡林和金克木。"[④] 季羡林对印度古代文学研究的贡献首先体现在他对印度两大史诗之一《罗摩衍那》的翻译介绍和分析上。季羡林还对该著在印度国内外的影响进行了比较文学意义上的考察。他将之与另一史诗《摩诃婆罗多》进行比较。[⑤]

金克木对于梵语文学的研究除了前述《梵语文学史》外，还包括他对《梨俱吠陀》的哲理诗、自然诗、送葬诗、招魂诗、对话诗和独白诗等进行的开拓性研究。他还研究了《摩诃婆罗多》的楔子，并对印度古代戏剧

[①] 薛克翘等著：《印度中世纪宗教文学》（上卷），"前言"，北京：昆仑出版社，2011年版，第3—5页。
[②] 侯传文：《佛经的文学性解读》，北京：中华书局，2004年版。
[③] 郭良鋆："印度巴利文佛教文学概述"，《南亚研究》1982年第3期，第37—46页。
[④] 黄宝生：《印度古代文学》，北京：知识出版社，1988年版，第177页。
[⑤] 季羡林：《比较文学与民间文学》，北京：北京大学出版社，1997年版，第282页。

特殊类型的"概念人物化"特征进行了别开生面的分析。① 金克木的相关研究具有鲜明的个人特色，他对印度古代文学的感悟式研究常常能在电光火石的刹那击中读者心扉，这与季羡林依据详尽资料娓娓道来而又切中肯綮、以理服人的文风形成鲜明对照。

对于吠陀文学、宗教神话、古典梵语文学、两大史诗和古代印地语文学等印度古代文学重要领域，刘安武、黄宝生、赵国华、蒋忠新、刘国楠、薛克翘、郁龙余、何乃英、李南、吴文辉、姜景奎、陈明、党素萍、于怀瑾等学者均进行了相关研究。他们的学术探索既可见之于个人的学术著述，也散见于《南亚研究》、《外国文学评论》等各种学术期刊，还散见于历年出版的《印度文学研究集刊》、《东方文学研究集刊》等刊物。关于印度两大史诗的研究，刘安武的《印度两大史诗研究》值得一提。② 对于印度历史悠久的民间文学的研究，薛克翘的《印度民间文学》一书值得一提。③ 从学术史来看，该书无疑是中国学界全面而系统地介绍和研究印度民间文学的第一部。关于古代印地语文学，姜景奎的《印地语戏剧文学》有部分篇幅涉及，但其介绍和论述现代印地语戏剧的篇幅占优。④ 这也是中国学界第一部印地语戏剧文学研究著作。据悉，青年学者于怀瑾于2012年完成了关于迦梨陀娑代表作之一、古典梵语长诗《鸠摩罗出世》研究的博士论文，并以此获得博士学位。她还将整首诗译出，收入该论文的附录中。⑤ 随着近年来北京大学和中国社会科学院梵文中心持续重视梵语后备人才的培养，人们有理由期待，古典梵语文学研究领域必将出现更多的成果。

一般而言，季羡林和金克木之后，在梵语文学和梵语诗学研究领域作出开创性贡献的代表，非黄宝生莫属。他不仅主持梵文学者们完成翻译和出版《摩诃婆罗多》的世纪性工程，而且翻译或合作翻译了其他一些梵

---

① 上述各方面的研究成果，参见金克木：《梵竺庐集》（丙·梵佛探），南昌：江西教育出版社，1999年版。
② 刘安武：《印度两大史诗研究》，北京：北京大学出版社，2001年版。
③ 薛克翘：《印度民间文学》，银川：宁夏人民出版社，2008年版，第212—230页。
④ 姜景奎：《印地语戏剧文学》，北京：中国对外翻译出版公司，2002年版。
⑤ 信息来源见中印联合编审委员会：《中印文化交流百科全书》，北京：中国大百科全书出版社，2014年版，第295页。

语、巴利语文学经典。他还撰写了很多研究印度古代文学的论文。① 如果要论及黄宝生对于印度古代文学的研究，其对梵语诗学的译介和研究显然不能忽略。他的《印度古典诗学》（1993 年）和译著《梵语诗学论著汇编》（上、下册，2008 年）为梵语诗学研究在中国语境中的真正展开奠定了学术基础。

由于各种复杂因素，梵语诗学在中国古代并没有被译介进来。显然，佛教思想垄断了印度文化对中国学者的吸引力。在译介梵语诗学方面，金克木有着开创之功。"在中国，金克木先生是梵语诗学翻译介绍的先驱者。"② 1980 年，他出版了《古代印度文艺理论文选》。按照某些学者观点，该书"既是一个译本，也是一部独特的研究著作"。③ 金克木曾经以《略论印度美学思想》一文，借美学研究的旗号对梵语诗学的一些基本范畴和思维模式进行解说。

到了 20 世纪 90 年代，梵语诗学的介绍和研究成为中国学界一个新的学术生长点。这主要包括对梵语诗学的系统介绍和研究，对梵语诗学的专题研究，以及围绕梵语诗学展开的比较诗学研究等三个方面。

1993 年，黄宝生出版了中国第一部系统介绍和研究梵语诗学的专著《印度古典诗学》，这是中国梵语诗学研究的里程碑式著作。该书分上下两编，即"梵语戏剧学"和"梵语诗学"两编。该书基本上囊括了主要的梵语诗学原著，成为一部学术性和工具书性质兼容的开创性著作。

同一时期里，有的学者在对东方美学进行历史归纳时，将梵语诗学基本原理视为印度美学的重要组成部分加以分析。④ 在梵语诗学的专题研究方面，倪培耕于 1997 年出版的《印度味论诗学》（漓江出版社）是一个典型的例子。该书主要依据印度当代学者的观点和成果介绍来研究味论，在介绍当代学者关于梵语诗学味论的最新研究成果方面有其独特价值。迄今为止，对梵语诗学进行专题研究者仍然少见。

就印度现代文学而言，泰戈尔和普列姆昌德无疑是中国学者研究的重

---

① 参见黄宝生：《梵学论集》，北京：中国社会科学出版社，2013 年版。
② 黄宝生：《梵语诗学论著汇编》，"导言"，北京：昆仑出版社，2008 年版，第 2 页。
③ 王向远：《东方各国文学在中国》，南昌：江西教育出版社，2001 年版，第 52 页。
④ 邱紫华：《东方美学史》（下卷），北京：商务印书馆，2003 年版，第 908—933 页。

点，在中国对泰戈尔的翻译和研究热度更是至今未减。

就泰戈尔研究而言，中国学术界的研究可以追溯到1949年以前。与印度学界的泰戈尔研究一样，中国的泰戈尔研究也大致可以分为三个阶段。①据统计，1980年到1999年的20年间，中国学者发表的泰戈尔评论与研究文章在140篇左右。若加上21世纪初的10年，这类文章的总数肯定要超过200篇。这些文章可以大致分为以下几个方面的研究内容：一是对泰戈尔生平、思想与文学作品的综合研究，二是对泰戈尔具体的文学作品进行研究，三是对泰戈尔的文学理论与美学思想进行评价，四是对泰戈尔的宗教哲学思想进行评论，五是研究泰戈尔的社会思想、教育思想等，六是对泰戈尔与西方的文学关系进行研究，七是研究泰戈尔与中国的文学和文化关系。泰戈尔1924年访华及其复杂反响成为当代学者们争相评述的议题。另外，近30年来，很多中国学者选择以泰戈尔作为学位论文的研究对象。目前，中国学界的泰戈尔研究还在发展之中，可以期待出现更多更好的研究成果。

普列姆昌德是20世纪后半叶中国学界翻译和研究得较多的一位重要的印度作家。②根据有的学者考证，1953年中国开始译介普列姆昌德的作品，这与来自苏联文学界的影响有关。20世纪70年代末，关于普列姆昌德的研究进入新的时期。刘安武于1992年出版了《普列姆昌德和他的小说》，这是中国第一部比较系统而深入地评述普列姆昌德生平和创作的著作。1999年，刘安武出版了《普列姆昌德评传》，对普列姆昌德的作品进行总结性评述。这部著作的问世，是"我国印度文学及普列姆昌德研究深化的重要标志之一"。③

除了泰戈尔和普列姆昌德之外，20世纪后半期，中国学术界没有形成对其他印度近现代作家的翻译和研究热潮。这与中国掌握印地语、孟加拉语、乌尔都语、泰米尔语等印度现代语言的人才较少有关，也与中国学术

---

① 有的学者将整个20世纪中国的泰戈尔译介和研究史分为三个高潮期，参见王向远：《东方各国文学在中国》，南昌：江西教育出版社，2001年版，第55页。
② 此处对中国学界关于普列姆昌德和印度现当代文学研究的相关介绍，主要参阅王向远：《东方各国文学在中国》，南昌：江西教育出版社，2001年版，第70—84页。
③ 王向远：《东方各国文学在中国》，南昌：江西教育出版社，2001年版，第77页。

界的西方中心思潮长期盛行有关。不过，也有一些学者乐于此道，并产出高质量成果，如薛克翘论述印地语作家普拉萨德，刘曙雄、唐仁虎和郭童等论述普列姆昌德，倪培耕论述孟加拉语作家萨拉特·钱德拉·查特吉，张锡麟论述泰米尔语作家阿基兰，周志宽论述孟加拉语作家般吉姆·钱德拉·查特吉，姜景奎论述印地语戏剧家杰耶辛格尔·伯勒萨德，邓兵论述印地语作家皮湿姆·萨赫尼，魏丽明论述印地语作家介南德尔，孔菊兰论述乌尔都语作家克里山·钱达尔等。值得一提的是，廖波近期出版的基于博士论文修改而成的著作《印度印地语作家格莫勒希沃尔小说创作研究》颇有创新意义。据介绍，该书是"目前国内已出版的唯一一部研究当代印地语作家的专著"。该书对于当代印地语文学"新小说运动"代表人物格莫勒希沃尔的小说创作的系统研究"无疑具有填补空白的意义"。[①]

1949 年以来，中国学界对印度英语作家的翻译、介绍和研究，在很长一段时期内并未形成热潮。自 20 世纪 80 年代至今，拉什迪等为代表的印度海外英语作家在国际文坛频频获奖，印度英语作家开始成为中国翻译和研究的重点之一。该领域在未来必将涌现更多的成果。

近年来，随着中印文化交流的不断展开，印度文学界的最新动向逐渐为中国学界熟知。例如，有的学者对印度印地语文学中的"贱民文学"（Dalit Sahitya）产生了兴趣，并发表了相关论文。[②] 笔者也以论文的形式，先后对在印度留学期间了解到的印度比较文学研究、翻译研究最新动向等进行过初步介绍。[③] 不过，由于中国的印度文学研究队伍相对较弱，对于印度学界的最新动向了解，还存在诸多不尽如人意之处。

最后，再来看比较文学视野下的印度文学研究。这涉及中印文学关系（包括以汉译佛经或梵文佛经为基础的相关研究）、印西文学关系和中印诗学、印西诗学比较等。

[①] 廖波：《印度印地语作家格莫勒希沃尔小说创作研究》，"序"（唐仁虎），北京：世界图书出版公司，2011 年版。

[②] 戈富平："印地语'贱民文学'概述"，姜景奎、郭童编：《多维视野中的印度文学文化：刘安武先生 80 华诞纪念文集》，银川：阳光出版社，2010 年版，第 145—152 页。

[③] 参阅拙文："独立以来印度比较文学发展概况"，《南亚研究》2006 年第 2 期，第 83—87 页；拙文："翻译研究的东方视角——印度翻译研究的基本概况及启示意义"，《中国比较文学》2013 年第 3 期，第 1—12 页。

自20世纪70年代末80年代初开始，中国比较文学发展进入复兴阶段。这种时代思潮自然会被印度文学的研究者们敏锐地感知到。《南亚研究》自创刊至今，发表了很多篇涉及中印文学比较的论文。总之，在季羡林等学者的典范之作的吸引下，许多学者将这种既熟悉又陌生的比较方法运用在印度文学研究领域，使得30多年来的中国比较文学研究增添了许多印度色彩。

首先来看中印文学关系研究。在该领域，季羡林无疑是最有代表性的一位。例如，他对吐火罗文《弥勒会见记》的研究，涉及中国戏剧文学受外来文化浸染的问题。季羡林的研究模式，对某些学者仍具吸引力。例如，有的学者借助出土的梵文佛典、中古中土佛经注疏及敦煌吐鲁番文献，对佛教创世神话在西域和中原的传播问题进行了影响研究意义上的考察。[①]

20世纪90年代至今，黄宝生发表了多篇与中印文学或中印诗学比较相关的论文，如《〈管锥编〉与佛经》和《语言和文学——中印古代文化传统比较之三》等。[②] 郁龙余、薛克翘、刘安武、王立、唐仁虎和魏丽明、王向远等也分别于2001年至2007年间出版了涉及中印文学关系研究或中印文学平行比较的著作。有的著作还冠以"比较研究"的醒目字样。[③] 这充分体现了比较文学研究意识和方法对中国印度文学研究界的深入渗透。近年来，还出现了一种新的动向，即中印学者联合出版著作，探索中印文学关系。[④] 至今为止，探讨中印文学关系或中印文学平行比较的相关论文

[①] 陈明："印度佛教创世神话的源流：以汉译佛经与西域写本为中心"，《外国文学评论》2010年第4期，第29页。

[②] 此处提到的论文，分别参见黄宝生：《梵学论集》，北京：中国社会科学出版社，2013年版。

[③] 郁龙余：《中国印度文学比较》，北京：中国社会科学出版社，2001年版；薛克翘：《中印文学比较研究》，北京：昆仑出版社，2003年版；郁龙余等著：《梵典与华章：印度作家与中国文化》，银川：宁夏人民出版社，2004年版；刘安武：《印度文学与中国文学比较研究》，北京：中国国际广播出版社，2005年版；王立：《佛经文学与古代小说母题比较研究》，北京：昆仑出版社，2006年版；王向远等著：《佛心梵影——中国作家与印度文化》，北京：北京师范大学出版社，2007年版；唐仁虎、魏丽明等著：《中印文学专题比较研究》，太原：北岳文艺出版社，2007年版。

[④] 王邦维、谭中主编，魏丽明副主编：《泰戈尔与中国》，北京：中央编译出版社，2010年版。

或著作仍在不断涌现。据悉，郁龙余主持撰写的《中国印度文学交流史》和《新中国外国文学研究六十年》（印度卷）将在近期出版。其中，前一书将由山东教育出版社出版。① 上述成果无疑将进一步促进中国学界印度文学研究和中印文学关系研究的深入发展。

就印度与西方文学关系而言，国内学界早有涉猎，如季羡林对《五卷书》在世界传播的探索便带有这一研究的痕迹。《南亚研究》等刊物早已刊登过这方面的相关成果。由于印度与西方文学关系研究对于研究者的知识学养要求甚高，目前进入这一领域进行研究的学者一直属少数派。不过，这并未影响该领域出现一些高质量的学术成果，如石海军于2008年在北京大学出版社出版的《后殖民：印英文学之间》便是该领域的领衔之作。笔者于2008年出版的《英国文学中的印度》似可忝列其间。

张玉安和裴晓睿等对印度文学与东南亚文学的关系进行了别开生面的研究，其成果值得学术界高度重视。②

与很少有人对梵语诗学进行专题研究相反，国内学界围绕梵语诗学进行比较诗学研究却显得相对热闹。这与20世纪末中国比较文学蓬勃发展的学术背景密切相关。

由于中国古代文论是一种丰富的理论资源，也由于中印诗学拥有各自的味论、韵论、修辞论（庄严论）乃至戏剧学理论，因此季羡林、黄宝生、郁龙余、杨晓霞、汤力文等学者曾先后进行中印诗学比较。中印比较诗学研究基本上局限在印度文学研究者的范围。

在梵语诗学与西方诗学比较研究方面，黄宝生无疑是拓荒者。1991年，他发表了国内第一篇相关论文。③ 该文着眼于梵语诗学和西方现代诗学的比较，在中西和中印诗学比较研究视野之外，新辟天地，很多观点发人深思。笔者的相关拙文和拙著《梵语诗学与西方诗学比较研究》（巴蜀书社，2010年）似可差强人意地忝列其间。

---

① 笔者于2014年11月通过电话咨询深圳大学印度研究中心主任郁龙余教授时所获得的最新信息。前一书为钱林森教授主持编写的大型丛书之一种，后一书为陈建华教授主持的2009年度国家社会科学基金重大项子课题之一。
② 张玉安、裴晓睿：《印度的罗摩故事与东南亚文学》，北京：昆仑出版社，2005年版。
③ 黄宝生："印度古典诗学和西方现代文论"，《外国文学评论》1991年第1期。

由于印度历史上与东南亚国家的特殊文化关系，一些东南亚国家的语言文化不可避免地打上了印度文化的烙印，因此裴晓睿对梵语味论诗学在泰国的传播、接受和变异乃至批评运用做了比较详尽的研究。① 这篇论文的学术价值不可低估。

印度既是文学、文化遗产丰富的大国，也是艺术底蕴丰厚的文明国度。因此，1949年以来，中国学界对于印度的艺术研究也出现了一些成果。

就印度美术研究而言，王镛的成果较为丰富，其著作包括1997年于文化艺术出版社出版的《20世纪印度美术》、1999年于人民美术出版社出版的《印度美术史话》、2008年于中国青年出版社出版的《印度细密画》等。1955年，常任侠于上海出版社出版《中印艺术因缘》。1980年，他的《印度与东南亚美术发展史》在上海人民美术出版社出版。叶功贤和王迪民编著的《印度美术史》于1991年在云南人民出版社出版。2012年，赵玲于上海三联书店出版《印度秣菟罗早期佛教造像研究》。关于印度莫卧儿帝国时期的细密画，罗照辉也进行过专题介绍。② 关于印度民间戏剧或表演艺术，刘国楠等人有过介绍。③ 关于印度电影，崔岩砺和王树英等有过介绍。④ 关于印度古典舞蹈和民间舞蹈，也有学者进行过介绍。⑤ 关于印度音乐，薛克翘和陈志明等有相关探索。⑥ 关于印度古代医学，陈明等人

---

① 裴晓睿："印度诗学对泰国诗学和文学的影响"，《南亚研究》2007年第2期。
② 罗照辉："莫卧儿细密画艺术研究——宫廷画派的沿革"，《南亚研究》1986年第3期，第60—67页。
③ 刘国楠："北印度的民间戏剧"，《南亚研究》1981年第3—4合期，第143—149页；吕超："印度表演艺术与敦煌变文讲唱"，《南亚研究》2007年第2期，第79—82页。
④ 崔岩砺："泰戈尔与印度电影"，《南亚研究》1992年第4期，第75—79页；王树英："印度电影业的发展历程"，《南亚研究》1994年第4期，第56—59页。
⑤ 江东：《印度舞蹈通论》，上海音乐出版社，2004年版；张钧：《印度婆罗多舞教程》，上海：上海音乐出版社，2004年版；郭兰兰："印度古典舞蹈"，《南亚研究》1981年第3—4合期，第150—154页；王树英："印度民间舞蹈"，《南亚研究》1981年第3—4合期，第155—161页；任鸣皋："印度古典舞蹈手势"，《南亚研究》1981年第3—4合期，第162—176页；江东："印度舞蹈与宗教背景的文化阐释"，《文艺研究》1996年第2期，第74—79页；等等。
⑥ 张玉榛：《东方与西方相遇：拉维·香卡印西音乐交融研究》，北京：首都师范大学出版社，2010年版；庄静：《轮回中的韵律：北印度塔布拉鼓探微》，北京：中国文联出版社，2014年版；薛克翘："从两大史诗看印度古代音乐"，《南亚研究》1985年第2期，第58—65页；孔菊兰："印度德里苏丹国时期的穆斯林音乐"，《南亚研究》1992年第3期，第62—69页；陈志明："印度音乐舞蹈在中国的传播和影响"，《南亚研究》2010年第4期；等等。

有过相关研究。① 此外，关于印度医学在中国传播等问题，陈明在近期出版的一部百科全书中做了介绍。②

上述领域的介绍和研究，除了散见于《南亚研究》等期刊外，还散见于其他相关论文或著述中。总体来看，中国学者对印度艺术的介绍和研究还处于初步阶段。鉴于当今中印关系步入成熟期，文化交流越来越成为两国交往的重要内容，因此加强对印度戏剧、电影、舞蹈、音乐和绘画等的介绍和研究，应该成为学术界的重要课题。

五、印度历史与中印文化交流史研究

与研究印度佛教、印度现当代文学相比，中国学术界对于印度历史的研究显得非常寂寞，这似乎也与整个中国学术界长期以来忽视对世界史的研究和教学有关。近30年来，作为印度研究的重要阵地，《南亚研究》充当了发表印度历史研究成果的急先锋，几乎每年都发表与此相关的文章。

仔细考察也不难发现，中国学界对印度史某些领域的专门史、断代史或对印度历史人物、历史事件或历史现象的研究，仍有可圈可点之作不时问世。特别值得欣慰的是，关于中印文化交流史的研究，成为近代以来中国学界的一大亮点，因为这一领域先后聚集了梁启超、陈寅恪、季羡林和薛克翘等众多学者。

1949年后，最早出版的带有印度通史性质的著作是季羡林于1956年完成、1957年由湖北人民出版社出版的《印度简史》。③ 名为"简史"，该著相当于印度历史的普及性读物。全书主体分为五章，标题分别是："原始公社时代"、"奴隶制度时代"、"封建制度时代"、"近代印度"和"现代印度"。这透露出作者利用马克思主义理论解释印度史的思路。

---

① 例如：陈明：《印度梵文医典〈医理精华〉研究》，北京：中华书局，2002年版；廖育群：《阿输吠陀：印度的传统医学》，沈阳：辽宁教育出版社，2002年版；陈明：《敦煌出土胡语医典〈耆婆书〉研究》，台北：新文丰出版公司，2005年版。

② 参阅中印联合编审委员会：《中印文化交流百科全书》，北京：中国大百科全书出版社，2014年版，第39—49页。

③ 该书具体内容参见季羡林：《季羡林全集》，第10卷，北京：外语教学与研究出版社，2009年版，第27—90页。

此后，1958年北京人民出版社出版了季羡林的《1857—1859年印度民族起义》一书，对印度民族大起义的起因、爆发、进程、影响及关于印度民族大起义的几种看法进行分析。[①] 该文也带有阶级分析色彩，体现了当时的学术气候对历史研究的影响。

1957年，金克木在中国青年出版社出版了《中印人民友谊史话》。该书也属介绍中印友好关系史的普及性读物。

整个20世纪50年代至60年代，中国学界对于印度通史的研究并未出现高质量成果。当然，对于佛教史、文化史和思想史等印度专门史的研究，季羡林等学者奉献出了一些高质量的成果。其中一些成果已在前边做过介绍。

20世纪70年代末改革开放以来，中国学术界对于印度历史的研究开始出现复兴的迹象，到了90年代对于印度通史的研究和书写才真正起步。从1980年常任侠出版《印度与东南亚美术发展史》至2004年林承节出版新世纪中国第一部《印度史》，20多年间中国学术界出现了一些以"印度史"命名的历史著述。它们有的属于通史，更多的则是专门史或断代史。

除了林承节上述一书外，印度通史性质的著作还包括：李连庆的《印度史话》（世界知识出版社，1987年）、培伦主编的《印度通史》（黑龙江人民出版社，1990年）、华中师范大学印度史研究室的《简明印度史》（湖南人民出版社，1991年）。

整体来看，印度通史的高质量成果还体现在林承节于2004年在人民出版社出版的《印度史》中。在此之前，他已经先后出版了若干部印度史著作。从《印度史》的叙述体例来看，林承节废弃了用简单的阶级分析梳理复杂漫长的印度史的做法。这是他的印度通史研究有所突破的基本前提。

林承节的印度史研究使中国印度学研究的重要领域保持在一个较高的水准上。除了学术质量上佳的《印度史》外，他的其他著作如《中印人民友好关系史（1851—1949）》也作出了开创性贡献。这使中国学界在印度历史和中印关系史研究的某些重要领域走在了印度和西方同行的前列，这

---

① 季羡林：《季羡林全集》，第10卷，北京：外语教学与研究出版社，2009年版，第91—188页。

为中国学者与印度、西方同行对话创造了前提。有的学者评价这部书时认为："资料的丰富和翔实，不仅使这部著作显得更为全面、丰满和平衡，而且更为重要的是，它还使书中的分析论述更加扎实、透切和准确。"①

近30年来，除了林承节的上述成果外，中国史学界和南亚学界还奉献出一批涉及印度的专门史研究著作（有的已在前边介绍，有的将在后文介绍），如再细分的话，印度美术史方面的著作包括常任侠的《印度与东南亚美术发展史》（上海人民美术出版社，1980年）、叶公贤和王迪民的《印度美术史》（云南人民出版社，1991年）和王镛的《印度美术史话》（人民美术出版社，1999年）等。

印度文化史方面的著作包括刘国楠、王树英的《印度各邦历史文化》（中国社会科学出版社，1982年），王树英的《印度文化与民俗》（四川民族出版社，1989年），黄心川的《印度哲学史》（商务印书馆，1989年）、尚会鹏的《印度文化史》（台湾亚太图书出版社，1998年），刘建、朱明忠、葛维钧合著的《印度文明》（中国社会科学出版社，2004年）等。其中，刘建、朱明忠、葛维钧合著的《印度文明》颇值得一提，它近似于一部印度文化史。由于三位作者皆从事印度文学、宗教、历史等方面的研究，他们的合作为该书质量提供了很好的保障。

印度社会政治史方面的著作包括葛维钧的《印度社会政治简史》（中国社会科学出版社，1988年）、陈锋君主编的《共产国际与印度》（北京大学出版社，1989年）和《印度社会述论》（中国社会科学出版社，1991年）、刘欣如的《印度古代社会史》（中国社会科学出版社，1990年）等。其中，刘欣如的相关著作有的以英语在国外发表或出版，得到了印度和西方学者的引用。

迄今为止，由于国内学界较少推出印度经济史领域的研究专著，黄思骏的《印度土地制度研究》一书便显得弥足珍贵。该书系统深入地阐述了公元前1000年至20世纪90年代印度土地制度的漫长演变史，对国内的印度史、世界史研究领域均作出了开创性贡献。作者坦言道："希望《印度

---

① 薛克翘："读《中印人民友好关系史，1851—1949》"，《南亚研究》1996年第1—2合期，第91页。

土地制度研究》一书的出版有助于印度史和东方学的研究，有助于加深对印度社会、特别是印度农村社会的了解，有助于中印文化交流。"[1]

印度妇女史著作有陶笑虹的《殖民地印度的妇女》（华中师范大学出版社，2011年）等。

近10多年来，饶宗颐等学者当年对于中印交通史的研究，再次成为一些学者关注的问题，他们撰写了相关的论文继续进行探索，例如童恩正的《古代中国南方与印度交通的考古学研究》、汶江的《滇越考——早期中印关系的探索》、段渝的《支那名称起源之再研究——论支那名称本源于蜀之成都》等。[2]

涉及中印关系史的著作包括吕昭义的《英属印度与中国西南边境：1774—1911年》（1996年）、赵蔚文的《印中关系风云录（1949—1999）》（时事出版社，2000年版）、张敏秋主编的《中印关系研究（1947—2003）》（北京大学出版社，2004年版）、张敏秋主编的《跨越喜马拉雅障碍：中国寻求了解印度》（重庆出版社，2006年版）、王宏纬的《当代中印关系述评》（中国藏学出版社，2009年版）等。

在断代史方面，早在1951年中华书局便出版了潘朗的《印度解放运动史》一书。1964年，陈翰笙在商务印书馆出版《印度莫卧儿王朝》一书，该书于1979年在该馆再版。他在书中某些地方从中印比较的视角，对莫卧儿王朝史进行探索。他认为，莫卧儿时代的文化"为今日印度文化打下了基础"。[3] 1979年，商务印书馆还出版了潘香华编著的《印度民族大起义（1857—1859）》。商务印书馆分别于1980年、1981年出版了崔连仲的《古代印度》和涂厚善的《古代印度河流域的文化》。不过，近20年来，除了林承节的著作外，中国学术界奉献的断代史新作较少，值得一提的是崔连仲的《从佛陀到阿育王》（辽宁大学出版社，1991年）、林承节的《独立后的印度史》（北京大学出版社，2005年）和尚劝余的《尼赫鲁时代中国和印度的关系（1947—1964）》（中国社会科学出版社，2009年）等。

---

[1] 黄思骏：《印度土地制度研究》，北京：中国社会科学出版社，1998年版，第8页。
[2] 此处提及的论文参见段渝主编：《南方丝绸之路研究论集》，成都：巴蜀书社，2008年版。
[3] 陈翰笙：《印度莫卧儿王朝》，北京：商务印书馆，1979年版，第51页。

除了上述著作外，近 30 年来，关于印度历史人物的研究也出现了一些著作，包括彭树智的《印度革命活动家提拉克》（商务印书馆，1982 年版）、李文业的《印度章西女王》（商务印书馆，1982 年）、梁洁筠编著的《印度的首任总理尼赫鲁》（商务印书馆，1986 年）、任鸣皋编著的《圣雄甘地》（商务印书馆，1987 年）、张力的《印度总理尼赫鲁》（四川人民出版社，1997 年）、朱明忠的《尼赫鲁》（台湾东大图书公司，1999 年）和《尼赫鲁研究》（四川人民出版社，2000 年）、尚劝余的《尼赫鲁与甘地的历史交往》（四川人民出版社，2000 年）、张忠祥的《尼赫鲁外交研究》（中国社会科学出版社，2002 年）、段玉明的《指空：最后一位来华的印度高僧》（巴蜀书社，2007 年）、任鸣皋的《柯棣华》（社会科学文献出版社，2008 年）、黄迎虹的《感化型政治——以圣雄甘地绝食的理论与实践为例》（上海人民出版社，2012 年）等。这说明，中国学者的聚焦点仍然是甘地、尼赫鲁等重量级人物，对于拉姆·莫汉·罗易、辩喜、提拉克和奥罗宾多等重要历史人物缺乏足够的关注。

关于印度重要历史事件和现象的研究成果包括唐孟生的《印度苏非派及其历史作用》（经济日报出版社，2002 年）和陈义华的《后殖民知识界的起义——庶民学派研究》（中央编译出版社，2009 年）等。唐孟生的著作是中国学术界的补白之作，学术价值不言而喻。陈义华的著作也是国内学界该领域的创新补白之作。

综上所述，近 30 年来，中国学者对于印度历史的研究兴趣集中在印度文学史或文化史、中印关系史及下边将提到的中印文化交流史等领域。这似乎与印度文化传统魅力对中国仍具强烈感召力、中印关系改善为中印关系研究带来天赐良机等因素有关。中国学界对于印度专门史、断代史的研究非常不理想，亟待加强，对于印度重要历史人物、重大历史事件、重要历史现象的关注也显得非常薄弱，这似乎又与中国印度学研究的人才或后备人才多年来积累不理想有关，也与这些领域更需要深入研究和学养积累，需要印度方面丰富的文献资料为基础，需要国家对此加大项目资助和资金扶持等有关。但愿借着中印关系逐渐步入成熟期的契机，这方面的情况能够逐步得以改观。

近 30 年来，中国学界涉及中印文化交流史的著作有：季羡林的《中印文化关系史论文集》(三联书店,1982年)、金克木的《印度文化论集》(中国社会科学出版社,1983年)、耿引曾编的《汉文南亚史料学》(北京大学出版社,1991年)、季羡林的《中印文化交流史》(新华出版社,1991年)、王树英的《中印文化交流与比较》(中国华侨出版社,1994年)、孙宜学编的《泰戈尔与中国》(河北人民出版社,2001年)、薛克翘的《佛教与中国文化》(昆仑出版社,2006年)和《中国印度文化交流史》(昆仑出版社,2008年)等。[①]

季羡林关于中印文化交流史的研究具有鲜明的个人特色。他不仅关注中印之间的文学、文化交流,还关注它们之间的物质交流。换句话说,他关注的是广义的中印文化交流史亦即中印精神文化交流史再加中印物质文化交流史。1991年出版的《中印文化交流史》虽然不是他心目中最理想的学术结晶,但事实上也放射出夺目的学术光彩。[②] 季羡林还持中印文化双向交流说,这和印度汉学家师觉月的思路一致。

从中印文化交流史研究的角度看,薛克翘的《佛教与中国文化》和《中国印度文化交流史》等几部著作组成了一个比较完整的系列,使学界对中印文化交流历史的基本概貌有了全面认识。其中,薛克翘还对老子在印度的现代传播等问题进行了开创性探索。其他学者如王树英、耿引曾、郁龙余和刘建等涉及中印文化交流的著述也值得关注。

有的学者在谈到1949年以来中国学界对中印文化关系史研究的状况和特征时指出,1979年以来的学界成绩显然要大大优于第一阶段;改革开放后20多年中,人才结构基本合理,研究领域广泛,佛教、文艺、敦煌学、丝路学和中印交通史等热点集中;缺点和不足是后继乏人的迹象开始显露,研究成果中不乏人云亦云的低水平重复之作。[③] 这些观察都有道理,但要解决未来或许会出现的人才队伍和研究水平之虞,除了加大国家的资

[①] 参阅薛克翘:《中国印度文化交流史》,北京:昆仑出版社,2008年版,第20—26页。此处没有提及的其他关于中印文化交流的著述,详见该书相关内容。

[②] 该书的具体内容参见季羡林:《季羡林全集》,第13卷,北京:外语教学与研究出版社,2009年版,第353—539页。

[③] 薛克翘:《中国印度文化交流史》,北京:昆仑出版社,2008年版,第25—26页。亦可参阅薛克翘:"近五十年我国中印文化关系史研究综述",《南亚研究》2006年第2期,第76—79页。

助力度,尽快培养相关后备人才,走出国门开阔眼界并积累学养和资料,培育研究者高度的文化自觉意识之外,中印两国学者还应该加学强术合作的频率和力度。

第三节 印度现实问题研究

前边对20世纪以来中国的印度学研究做了挂一漏万的简略介绍。接下来对近30年来中国学者对印度政治与社会问题、印度经济发展、印度军事安全和外交战略、中印关系等重要领域的代表性成果进行简介。

一、印度政治和社会问题研究

1949年新中国成立初期至70年代末,中国翻译了一些印度和苏联学者所写的涉及印度工人阶级、印度民族解放斗争和印度共产党活动等方面的著述。这对了解印度的国情与现状有所助益。20世纪50年代,百废待兴的中国对于印度政治或社会问题的研究尚未进入严格意义上的学术研究阶段。雪上加霜的是,由于1962年中印边境冲突的严重影响,这方面的研究更是基本陷入停滞状态。30年间,中国学者撰写或编写的相关著作屈指可数,读者可见的大约只有以下几本书:世界知识出版社编的《印度共产党在喀拉拉邦的胜利》(世界知识出版社,1958年)、天津人民出版社编的《印度边界问题的真相》(天津人民出版社,1959年)、纪祖荦的《印度基本情况》(世界知识出版社,1959年)、世界知识出版社编的《印度共产党在喀拉拉邦的成就和斗争》(世界知识出版社,1960年)、广东人民出版社编的《印度革命胜利的曙光》(广东人民出版社,1970年)等。[①]看这些书的标题便可发现,它们大多是当时政治形势下的产物。

[①] 参阅周晓兰编:"中国印度学总书目(1—2)",《南亚研究》2001年第1、2期。

改革开放 30 多年来，中国学界对印度政治和社会问题的研究有了很大的起色，先后出现了如下著作：陈佛松编著的《印度社会中的种姓制度》（商务印书馆，1983 年）、黎菱的《印度妇女：历史现实新觉醒》（世界知识出版社，1986 年）、陈锋君主编的《印度社会述论》（中国社会科学出版社，1991 年）、高鲲、张敏秋主编的《南亚政治经济发展研究》（北京大学出版社，1995 年）、林良光主编的《印度政治制度研究》（北京大学出版社，1995 年）、邱永辉的《现代印度的种姓制度》（四川人民出版社，1996 年）、孙士海主编的《南亚的政治、国际关系及安全》（中国社会科学出版社，1998 年）、邱永辉、陈继东和李德昌的《南亚国家的经济改革与民主化浪潮——印度和巴基斯坦研究》（四川大学出版社，1998 年）、尚会鹏的《种姓与印度教社会》（北京大学出版社，2001 年）、朱明忠和尚会鹏的《印度教：宗教与社会》（世界知识出版社，2003 年）、杨翠柏等著的《印度政治与法律》（巴蜀书社，2004 年）、王晓丹的《印度社会观察》（世界知识出版社，2007 年）、马加力的《崛起中的巨象：关注印度》（山东大学出版社，2010 年）、王红生的《论印度的民主》（社会科学文献出版社，2011 年）、林承节的《印度近二十年的发展历程：从拉吉夫·甘地执政到曼莫汉·辛格政府的建立》（北京大学出版社，2012 年）、张高翔的《印度教派冲突研究》（人民出版社，2012 年）和陈小萍的《印度教民族主义与独立后印度政治发展研究》（时事出版社，2015 年）等。由此可见，越来越多的学者开始关注印度政治或社会问题。

随着 21 世纪来临，中国学术界对于印度政治和社会问题研究的兴趣迅速让位于印度经济及印度军事、安全、外交与中印关系等领域。这似乎与 1998 年印度核试验带给国际社会的震惊有关，也与印度的国际地位近年来迅速攀升有关。[1] 笔者在研究过程中随机翻阅 1996 年以来的历期《南亚研究》后发现，其每年所刊载的涉及印度政治和社会发展的论文屈指可数，到了 21 世纪这种情况更是严峻。从所发论文内容来看，它们的作者大多关注教派冲突与社会治理、议会选举、中产阶级现状等问题，对于印度政党

---

[1] 关于中国的印度研究机构，参阅中印联合编审委员会：《中印文化交流百科全书》，北京：中国大百科全书出版社，2014 年版，第 529 页。

政治的深度透视及其他必须深入印度社会内部才能熟悉的问题则缺乏足够的探索兴趣。

林良光主编并于1995年出版的《印度政治制度研究》是国内第一部冠以"印度政治制度"的学术专著。正如高鲲在评价《印度政治制度研究》时指出的那样，这是一本"全面、系统、深入研究印度政治制度的学术著作"。高鲲认为，该书最大的特点是，研究印度政治制度而没有就制度论制度。"总之，本书对印度的政治制度，从历史到现实，从政治到社会、文化传统的各个侧面，全面系统地做了详细的论述，加深了我们对印度政治制度以至整个政治局势的了解……从整体上看，本书不失为一本研究印度政治制度的、有一定学术价值和实用价值的佳作。"[1]

杨翠柏等著并于2004年出版的《印度政治与法律》分"独立以后印度政治与法律制度发展"和"印度政治与法律制度"等两编，主要考察印度政治制度和印度法律制度的发展演变。

孙士海主编并于1998年出版的《南亚的政治、国际关系及安全》第二章题为《印度的政治发展及国内安全》。它又分别以印度独立以来国内政治局势演变和领导更迭、印度的安全情报体系构成和影响印度国内安全稳定的四个因素等三项议题进行论述，对印度自政坛至安全部门的各方面情况进行了扫描，并对印度自我维稳的能力进行了评估。作者的结论是："总之，像印度这样一个多民族、多宗教和地区差别悬殊的大国，在国内安全方面所遇到的难题确实是不少的，完全实现国内的安全、稳定尚需付出巨大的努力。"[2] 事实证明，这种判断或预测对于21世纪初的印度是比较恰当、符合事实的。

邱永辉、陈继东和李德昌等合著的《南亚国家的经济改革与民主化浪潮——印度和巴基斯坦研究》以较为充足的篇幅探讨了印度政治民主与经济发展、社会进步之间的关系。作者认为，世纪之交的印度社会经济发展的最大问题在于政治稳定。"政治动荡、经济改革的乏力加上民族、宗教、

---

[1] 高鲲："读《印度政治制度研究》"，《南亚研究》1996年第1—2期，第92—93页。
[2] 孙士海主编：《南亚的政治、国际关系及安全》，北京：中国社会科学出版社，1998年版，第72—73页。

种姓和地区的冲突时而出现，必将影响印度走向世界大国的步伐。"①

孙培钧、华碧云主编并于2001年出版的《印度国情与综合国力》第九章题为《国内政治》。作者认为，当代印度处于由传统社会向现代社会的转型期。"在今后较长一个时期之内，印度的国家与社会整合将是一个非常艰巨的任务，这使得它的政治力在短期内难以得到显著的提高。"②

迄今为止，在国内学界关于印度政治发展道路的论述中，王红生的《论印度的民主》独具特色。该书是国家社会科学基金项目《独立以来印度社会的变动及其对印度政治的影响》的结项成果修改版。作者从印度民主的起源、国家制度建设、经济发展与社会变迁、危机处理等角度，对存在争议的印度民主体制历史功能和运作成效问题进行探讨。他认为："对印度的民主的研究现在不仅仅是一个充满争论的学术问题，而且已经成为一个敏感的政治问题。"③ 他还认为，实行民主制度的印度的确存在很多问题，但也有着不凡的国际表现。最重要的是，印度社会是稳定的。因此，有理由说，印度的民主发展道路可以称作"进入现代世界的第四条道路"。④ 这种发展道路"不仅仅属于印度，印度的民主道路对广大发展中国家的政治现代化具有启示意义"。⑤

研究印度教的学者，对于两个涉及印度社会现实的重要问题非常关注，由此形成了两大学术热点，其中之一便是对教派与教派冲突的现实问题研究。江亦丽、姜景奎、邱永辉和欧东明等人对此问题皆有关注，并发表了相关论文。⑥ 他们的研究具有跨学科的特色。

---

① 邱永辉、陈继东、李德昌：《南亚国家的经济改革与民主化浪潮——印度和巴基斯坦研究》成都：四川大学出版社，1998年版，第126—127页。
② 孙培钧、华碧云主编：《印度国情与综合国力》，北京：中国城市出版社，2001年版，第264页。
③ 王红生：《论印度的民主》，北京：社会科学文献出版社，2011年版，第22页。
④ 同上书，第409页。
⑤ 同上书，第410页。
⑥ 例如：江亦丽："橘黄旗下的联盟——印度教教派组织'国民志愿服务团'（RSS）剖析"，《南亚研究》1994年第2期，第55—60页；姜景奎："印度的教派问题"，《南亚研究》1998年第2期，第51—57页；邱永辉："解读古吉拉特教派冲突"，《南亚研究》2002年第1期，第20—25页；欧东明："英殖民政府与印度教派主义的兴起"，《南亚研究季刊》2004年第3期，第72—74页；邱永辉："解析2008年印度奥里萨邦的印耶冲突"，《南亚研究》2009年第2期，第47—56页；等等。

在印度教研究中，另一个问题为赵卫邦、尚会鹏、孙培钧、杨瑞林、王士禄、高鲲、邱永辉等学者所关注，这就是种姓制度对现代印度社会生活、国家政治等方面的复杂影响。①

早在1983年，商务印书馆出版了陈佛松编著的《印度社会中的种姓制度》一书。在种姓制度研究方面，赵卫邦是开拓者之一。他自20世纪70年代起便开始撰写系列论文，讨论印度种姓制度。虽然赵卫邦的相关研究成果不免带有时代的局限，但其开拓和草创的意义不可忽略。

在学术积累的基础上，1996年邱永辉出版了全面而系统地研究种姓制度与印度社会发展关系的专著，这便是《现代印度的种姓制度》。有学者指出，该书填补了中国关于种姓制度的"学术空白"，是印度学领域的"一个十分可喜的新收获"。② 2003年，邱永辉和欧东明出版了合著《印度世俗化研究》，对印度社会世俗化即从宗教社会向世俗社会转型的历程进行了系统研究。2009年，邱永辉出版《印度宗教多元文化》一书。这显示了她继续拓宽自己研究领域的旨趣。③

2001年，北京大学出版社出版了尚会鹏的《种姓与印度教社会》一书。该书从文化人类学、社会学、宗教学和历史学等不同角度切入种姓制度与印度社会关系的考察，在此基础上进行深入阐释，这是该书的一大特色。另一个特色是增加了作者在印度南部坦焦尔地区库土尔村进行人类学田野调查的纪实文字，这使它的学术说服力得以增强。④

二、印度经济发展研究

近30年来，中国南亚学界对于印度经济发展的研究兴趣不减，四川大学南亚研究所更是成为该领域的研究重镇，先后涌现出雷启淮、李德昌、

---

① 这些学者关于种姓制度的研究成果，参见邱永辉：《现代印度的种姓制度》，成都：四川人民出版社，1996年版，第278—279页。
② 林承节、吴宏阳："印度种姓制度研究的一项可喜成果——评《现代印度的种姓制度》"，《南亚研究》1997年第2期，第86—89页。
③ 邱永辉：《印度宗教多元文化》，北京：社会科学文献出版社，2009年版。
④ 考察的具体情况参见尚会鹏：《种姓与印度教社会》，北京：北京大学出版社，2001年版，第402—418页。

文富德、陈继东、杨文武、戴永红等多位研究印度经济的专家。其他单位如中国社会科学院亚太研究院的孙培钧、中国现代国际关系研究院的华碧云、北京大学的张敏秋、云南社会科学院的任佳和陈利君、广东外语外贸大学的左连村等也是该领域的研究专家。目前，随着中印关系步入成熟期和印度经济发展加速，关注印度经济的学者越来越多，后备人才非常充足，该领域的研究成果不断涌现，这使得印度经济研究成为中国南亚学界的一大亮点。

回溯历史可以发现，自 1959 年著名学者陈翰笙在商务印书馆出版《印度和巴基斯坦经济区域》以来，国内学者已经先后出版了下述关于印度经济研究的著作，如李了文主编的《印度经济》（人民出版社，1982 年）、孙培钧等著的《印度垄断财团》（时事出版社，1984 年）、孙培钧主编的《中印经济发展比较研究》（北京大学出版社，1991 年）、孙士海和孙培钧主编的《转型中的印度经济》（鹭江出版社，1996 年）、张敏秋的《恒河明珠：塔塔》（北京大学出版社，1997 年）、张淑兰的《印度拉奥政府经济改革研究》（新华出版社，2003 年）、沈开艳等著的《印度经济改革发展二十年：理论、实证与比较（1991—2010）》（上海人民出版社，2011 年）等。[①]

四川大学南亚研究所向来以印度经济研究为重要的发展方向，其成果亦较为丰富。几十年来，该所主办的刊物《南亚研究季刊》是国内发表印度研究相关成果最主要的阵地之一。20 世纪 90 年代以来，该所还先后出版了很多著作，其中涉及印度经济研究的有文富德的《印度经济发展：经验教训》（四川大学出版社，1994 年）、陈继东的《独立后印度经济社会发展研究》（四川大学出版社，1997 年）、雷启淮的《印度农村产业结构研究》（四川大学出版社，1997 年）、文富德的《印度经济全球化研究》（巴蜀书社，2008 年）、杨文武主编的《印度经济发展模式研究》（时事出版社，2013 年）和戴永红等主编的《中印海外能源战略研究：地缘政治经济的视角》（时事出版社，2014 年）等。

云南社会科学院一些从事南亚问题的学者近年来出版了一些涉及印度

[①] 参阅周晓兰编："中国印度学总书目（2）"，《南亚研究》2001 年第 2 期。

经济问题研究的著作,如任佳等著的《中国与印度经贸合作新战略——中国云南省与印度经贸和科教合作研究》(云南人民出版社,2003年)、任佳的《印度工业化进程中产业结构演变》(商务印书馆,2007年)、陈利君的《中印能源合作战略与对策研究》(中国社会科学出版社,2011年)等。

以上所列举的都是国内近30年来涉及印度经济研究的著作。限于篇幅,这里没有一一列举其他更多学者所出版的相关著作。除了上述著作外,《南亚研究》、《南亚研究季刊》和《当代亚太》等杂志在近30年来也发表了很多与印度经济研究相关的论文,有的论文便是形成上述专著的重要基础。

通过对近30年来的相关著作和论文进行分析可以看出,它们存在一些研究的重点和热点,体现出中国南亚学界研究印度经济的一些规律或特点。

第一,20世纪80年代至90年代末,中国学者对于印度经济的关注点首先是印度农业、粮食、乡村建设、贫困问题、"绿色革命"、失业问题、城市化、人口、工业、企业、外国投资、市场经济改革和经济发展道路等涉及发展中农业大国的多个重要议题。这种关切似乎与中国同为农业大国不无关系,印度的经验教训自然是中国发展的一面镜子。

第二,20世纪末至今,中国学界对于印度经济发展的关注,在延续某些传统领域研究的基础上,紧紧跟随世界经济发展大潮和国外印度研究的大势,追踪印度经济发展的新动向及经济改革、转型,审时度势,顺势而为,由此产生了一些新的学术生长点,如对印度经济迅速崛起、WTO与印度经济发展的关系、经济全球化对印度的影响、知识经济、高科技发展、软件业、能源政策和印度反倾销政策等问题的研究便是如此。世纪之交,中国学者还对印度经济发展的经验和教训适时地进行总结,考察印度经济的发展模式,并在分析印度经济改革和发展形势的同时,对其发展前景进行各种预测和展望。

第三,部分学者对中印经济发展比较颇感兴趣。这一研究旨趣在于寻找两国经济发展的异同点,以对方之长启迪己方,以对方之短警示己方。随着中印同时崛起,学者们对中印比较的兴趣日益浓厚,关于两国经济发展比较的著作也随即出现。迄今为止，已经出现过一些相关著作，如沈开艳的《经济发展方式比较研究——中国与印度经济发展比较》（上海社会科学院出版社，2008年）等。

第四，20世纪80年代以来，学者们便开始呼吁中印两国加强经贸往来，促进双边关系健康发展。随着印度经济发展加速和国力增强，随着中印经济比较研究的展开以及中印关系逐渐迈入正常或成熟期，21世纪以来国内学术界倡导中印在经济发展中相互学习和中印开展经贸合作的呼声更为响亮。学者们倡导中国与包括印度在内的南亚国家开展密切的经贸合作，并提出建立中印自由贸易区的构想。这表明，此前的中印经济发展比较也水到渠成地产生了十分积极的效果，学者们的著书立说到了一个崭新的阶段，他们将学术研究、服务社会、促进中印关系健康发展等积极地联系在一起。他们还纷纷撰文，呼吁政府支持和鼓励云南、四川和西藏乃至整个西南地区或西部地区开拓南亚市场。某些学者更是开创性地提出建立中印缅孟区域经济合作的战略构想，这一点已经成为中印领导人的高层共识，从而成为两国政府顶层设计的基本内容之一。

第五，部分学者对印度外贸发展及印度与美国、东盟、韩国、日本、欧盟等国家或地区经济或贸易关系进行了探索，并发表了不少的相关成果。迄今为止，这方面的专著还比较少见，这说明该领域的研究暂时还未成为中国学界的重点。

历史地看，中国学者在20世纪中后期开始的印度经济研究，首先是从翻译印度或西方的相关成果入手的。这决定了国内学界的印度经济研究必然是一个从学习到模仿、再到独立思考和创新研究的过程。

目前，中印两国经济崛起和中印关系步入成熟期的时代背景，使得中国的印度经济研究处在前所未有的大好发展时机。目前，中国学者、特别是年轻一代的学者的理论自觉意识很强，他们对印度经济发展的研究常有新见。例如，张力群于2009年出版的著作《印度经济增长研究》运用制度变迁理论和经济增长理论，分别考察印度尼赫鲁时期和经济转轨时期的经济增长。

吹毛求疵地看，国内有的学者在研究过程中，限于诸多复杂因素如签证问题等，不能及时或很少赴印实地调研、考察，与印度同行进行学术合作与交流对话的机会也较少,这便在无形中影响了其学术研究的深度和力度。另外,部分学者的研究成果存在这样那样的局限和缺憾,能够转化而服务于国家经济发展、外交战略和助推中印关系健康发展者较少。近年来,印度经济研究领域出现了很多新的动向,如金砖国家合作机制的逐步建立、中印经贸往来呈现许多新的特点,这既是挑战,也是学者们的机遇所在。复旦大学、四川外国语大学先后成立关于金砖国家合作机制研究的学术中心,这是一种鼓舞人心的动向。中国学术界的印度经济研究前景可期且大有可为。

三、印度军事、安全、外交研究

严格地说,1949年新中国成立以来,中国学者对于印度的主要关切点首先在于文学、文化、宗教哲学、历史和经济等领域,对于印度军事、安全和外交的关注并未占据首要位置。尽管发生了1962年中印边境冲突的严重事件,这种状况也未得大的改观,一直持续到20世纪末。随着1998年印度核试验的公开进行,中国学者开始关注印度的军事发展、国防安全和外交战略。本书接下来对中国学者关于印度国防政策、军事发展战略、包括核战略在内的安全和外交战略等方面的探索做一简介。由于上述原因,此处大体上依据20世纪末至今10多年来的相关研究成果进行说明。

关于印度的国防政策,孙士海主编的书中认为,印度独立以后的半个多世纪里,其国防政策经历了发展演变的过程。独立初期至20世纪60年代初,由于印巴分治和非暴力和平思想对印度的影响等因素,印度实行的是"先经济后国防"政策,但其中也不乏中国因素和巴基斯坦因素的复杂考量。中印边境冲突爆发成为印度国防政策和军事力量发展的分水岭,20世纪80年代里,具有强烈民族主义和印度教原教旨主义色彩的印度人民党上台后,印度开始推行"实力对实力"的现实主义政策。印度独立后继承了英国统治时期制订的海军发展计划并将其列入战略规划。[①]

[①] 此处介绍参考孙士海主编:《印度的发展及其对外战略》,北京:中国社会科学出版社,2000年版,第271—307页。

关于印度的军事力量发展和国防政策演变，田民洲主编的《印度军情内幕》（新华出版社，2002年）和蒋一国等著的《印度国防经济研究》（解放军出版社，2002年）两本于同一年出版的著作均在不同程度上进行了揭秘。比较而言，《印度军情内幕》属于同时面向"业内人士"和普通读者的读物，《印度国防经济研究》一书更为专业，所述内容涉及印度独立以来至冷战后的国家战略、军事战略、国防经济发展战略等。

与上述两书相比，曹永胜等著的《南亚大象：印度军事战略发展与现状》（解放军出版社，2002年）将印度国防政策和军事发展上升到战略层面进行论述。该书分别讨论印度的战略文化环境亦即追溯印度军事战略起源、印度的国家安全观、印度军事战略的历史演变、印度核威慑战略、印度的海洋战略等。统观全书，由于其所依据的资料有限，似乎没有掌握足够的第一手印度文献，书中的一些观点似乎值得商榷。

世纪之交，中国学界对印度以"中国威胁"为借口进行的核试验及与此相关的印巴核竞赛、印度核威慑战略尤为关注。对于印度核战略或核威慑战略的关注，其实也是对冷战后印度的国家安全观、地区外交观和大国外交观的一次集中探视。

在宋德星看来，1996年印度拒签《全面禁止核试验条约》这一动作以及昭示其于20世纪60—80年代奉行的"保留发展核武器选择权"和"保留发展核武器可靠选择权"的两种核战略发生了新的变化。印度在核战略问题上"玩安全牌"的真正意图是，确保国家战略目标的实现。这一目标是，走出南亚，称雄亚洲和印度洋，在21世纪争做世界一等强国。①

1998年核试验使印度追求"世界大国地位"的战略构想明朗化。印度的大国战略引起更多学者的关注。吴永年等人认为，印度的世纪性崛起以及印度谋求世界大国地位所面临的真正挑战首先不是来自其他大国，而是来自于南亚地区的安全稳定。"从力量对比的角度看，印度的行为有'越位'之嫌，同时又表明印度的大国外交和战略有着明确的目标，为了实现这个目标，印度必须摆脱它仅仅是局限于次大陆的国家，确立它已是亚洲

---

① 宋德星："从印度拒签《全面核禁试条约》看其核战略"，《南亚研究》1997年第1期，第10—15页。

有影响大国的地位。"[1]

张力于2006年完成并通过答辩的四川大学博士学位论文《冷战后时期印度的外交与战略安全》，对世纪之交印度的安全和外交战略进行了系统而全面的审视。该论文对于世纪之交印度的安全和外交战略进行了理论和历史视野的双重考察或"双焦透视"。[2]

近年来，国内学界对于印度安全和外交战略或其世界大国梦、世界大国战略的关注越来越多。受到学者们青睐的主要议题包括印度"争常"或"入常"即争取成为安理会常任理事国，印度的核原则、核危机及核战略新动态，印度的海洋战略或印度洋战略，印度与南亚地区的安全关联，印度的公共外交和文化外交，包括印度在内的南亚反恐和能源、水资源等非传统安全问题等。在双边关系或地区问题上，学者们关注印美关系、印中关系、印俄关系、印巴关系、印度的"东向政策"或东盟战略、印度的非洲援助等。

四、中印关系研究

随着1998年印度核试验的发生，中国学者中的大部分人开始注意近邻的动向，在关注印度军事、安全和外交等方面的同时，自然也极为重视与自己利益攸关的中印关系。

通观20世纪90年代末至今的相关论文或著作可以发现，它们大多出自研究印度问题或南亚问题多年的专家、学者之手，他们中有的曾经留学印度，有的多次到印度进行学术访问或参加学术会议，对于印度非常熟悉或比较了解。近几年来，随着国内培养的南亚研究梯队人才迅速成长，一批年轻学者逐渐步入印度研究或中印关系研究领域。这使国内学界的中印关系研究前景变得更加光明。这些年轻学者的加盟，使得中国的印度研究或中印关系研究呈现出一些新的特点。他们思维敏捷，积极而自觉地吸收

---

[1] 吴永年、赵干城、马孆：《21世纪印度外交新论》，上海：上海译文出版社，2004年版，第239—241页。

[2] 张力的博士论文摘要和目录，参见知网：http://cdmd.cnki.com.cn/Article/CDMD-10610-2007225280.htm。

西方最新的国际关系理论，并将之运用于研究中，这就为中印关系研究增添了很多富有新意的成果。有的学者具有跨学科研究的背景，其成果体现出或浓或淡的跨学科意识。有的学者还高度重视与印度或西方学界的对话交流，以英语发表相关研究成果，这为提升国内学界在中印关系研究领域的国际话语权创造了契机。

考察10多年来国内学界的相关著述不难发现，它们可以大致分为下面几个类别或主题。首先是20世纪90年代末至21世纪初的几部著作。它们对中印关系进行历史梳理，总结两国半个多世纪交往的历史规律。这便是王宏纬的《喜马拉雅山情结：中印关系研究》（中国藏学出版社，1998年，该书修订后改名为《当代中印关系述评》于2009年出版）、赵蔚文的《印中关系风云录（1949—1999）》（时事出版社，2000年）和张敏秋主编的《中印关系研究（1947—2003）》（北京大学出版社，2004年）。

王宏纬的著作初版标题为《喜马拉雅山情结：中印关系研究》。文如其名，该书由西藏问题和边界争端切入正题，逐步梳理中印关系如何从"蜜月期"后的"暗潮汹涌"走向冲突，再走向解冻、和解及冷战后的曲折反复的漫长历史。

赵蔚文的《印中关系风云录（1949—1999）》介绍了1949年至1999年间中印关系的曲折反复。该书采用了许多外文资料，但整体而言，作者的叙述要略多于议论，这或许与作者的行文风格有关，也可能与作者向国内广大读者通俗地介绍当代中印关系史的定位有关。该书观点鲜明，资料翔实，文字鲜活，颇值一读。

张敏秋主编的《中印关系研究（1947—2003）》很有特色。该书既有史学研究色彩即探索当代中印关系发展规律的旨趣，也有军事、政治、经济和国际关系研究的色彩即分专题研究的特点。书后包括《中印关系大事记》和《中印关系重要文献选辑》两个重要的附录，这增加了该书的史学价值。

除随新民等人的相关著作之外，国内学界从地缘政治、安全、外交、战略等角度研究中印关系的成果以论文为主要载体。按照发表的时间顺序观察，这些论文大多"与时俱进"，紧跟中印关系发展的时代潮流，关注重要事件，思考其形成机理，透析其特殊规律。如再细分的话，这些论文大致可分为以下范畴或议题：对 1998 年印度核试验进行分析、对 21 世纪中印关系进行把脉和展望、探讨中印关系中的互信与合作、印度如何认识中国崛起、中印边界问题、中印关系中的西藏因素、中印在能源和水资源等非传统安全领域的合作、印度媒体对华报道等等。这些论文的作者大多具有严谨的学术理性，他们舍弃了某些印度或西方同行惯常的意识形态偏见，这使他们对于中印关系的研究论述大多具有中立客观的色彩。

2013 年，赵干城出版专著《中印关系现状·趋势·应对》，从中印相互认知、外交安全领域的双边关切等各个角度，对中印关系进行了颇有新意的研究。[1]

就涉及中印的多边关系而言，学者们探讨的议题很多，如中印俄三边合作关系、中印巴关系、中印美关系等，此处不再赘述。

第四节　中印研究对方的异同

20 世纪以来，中国的印度研究和印度的中国研究呈现出很多相似的特点，其中也折射出一些差异。首先，由于中国古代对印度佛教文化的长期译介，国内的印度学研究具有十分丰富的资源。国人对印度佛教文化的兴趣，使得一些人将此视为印度文化的代表，从而对其展开研究，产生了很多相关的成果，这使中国的印度研究在近现代时期产生了一些著名的人物及其代表作。反观印度，其所具有的前现代汉学研究或曰中国学研究基础甚微，只是到了泰戈尔 1924 年访华后，由于中印文化联系的渠道得到恢复，一些对中国文化感兴趣的学者来华，学习语言并直面研究对象，这是现代印度的中国学草创的动因之一。同样，一些中国学者也赴印学习，为现代中国的印度学研究打下了宝贵的基础。金克木、巫白慧等人是其中的佼佼者。现代时期，中印学者互赴对方国家学习，为研究对方打下了坚实

---

[1] 赵干城：《中印关系现状·趋势·应对》，北京：时事出版社，2013 年版。

的基础。"总之,到印度独立、中国解放前,中国学、印度学已作为一门学科在两国开始创立,有了专门的机构、专门的人员,并开始取得研究成果。虽然这还只是很小的迈步,但总算从荒野中初辟蹊径,以后的前进已有路可循。"①

现代时期,中印两国学者还不约而同地利用另一渠道,开辟走向中国学或印度学研究的道路。这便是先后走向欧美的汉学研究、印度学研究重镇,向西方的学术大家们"淘宝取经",奠定自己的研究基础。例如,季羡林留德十年,终成一代梵学大师。师觉月等人在西方学习中文,回印后也为印度汉学研究立下了汗马功劳,其关于中印古代文化交流的代表作在中印学界备受赞誉并广为引用。1947年,师觉月来北京大学任教。季羡林曾经为师觉月于1945年创办的研究中印文化关系的期刊《中印研究》(Sino-Indian Studies)写过简介。② 这两位均在西方学习并获得博士学位的学者,为各自的研究领域在对方国家继续发展奠定了坚实的基础。

1947年至今,中印两国对对方的研究走过了一段蜿蜒曲折的道路。在印度,虽然汉学家们对中国历史、中国文学乃至中国宗教哲学等进行了层次不一或规模不等的研究,但较印度学者对中国现实问题的研究(如政治、军事、国防、外交、经济、社会、妇女问题等方面),研究规模和成果不成比例。某种程度上,这一问题在中国的印度学研究界同样存在,只不过没有印度的情况那么严重。毕竟中国古代对印度文化全方位的研究传统一直延续至今,基本上没有出现大的断裂。例如,中国学者季羡林和黄宝生等人对印度两大史诗的翻译,黄宝生对梵语文学理论的翻译、研究及其关于梵文佛教经典的校勘均为典范。而印度缺乏前现代时期的汉学积累,这是其当代中国学研究出现某种不尽如人意的状况的主要原因之一。当然,某些印度学者的中国研究也有十分出色的表现,例如哈拉普拉萨德·雷对于古代中印关系的研究和对于汉文南亚史料的英译,便是值得中

---

① 林承节:《中印人民友好关系史(1851—1949)》,北京:北京大学出版社,1993年版,第421—422页。需要指出的是,印度独立以前,也有部分印度学者在西方学习汉语,从此进入中国学研究领域,师觉月便是最著名的一例。

② 季羡林:"期刊简介:《中印关系》",季羡林:《季羡林全集》,第13卷,北京:外语教学与研究出版社,2009年版,第1—4页。

国学界关注的重要成果。玛妲玉、嘉玛希、狄伯杰、墨普德、邵葆丽和沈丹森（印度海外学者中从事汉学研究的代表人物之一）等中坚力量或后起之秀正在崛起，印度未来的中国学研究必将更上一层楼。在此背景下，张贵洪的相关思考很有意义："中印可以通过一系列人文外交举措，夯实中印关系的民间基础，如：大力宣传中印关系史上的友好人士……资助在印度建立中国研究中心和设立研究项目等。"[1]

世纪之交，即20世纪末至今，中印学者研究对方出现了一些新的特征。自20世纪60年代以来，印度学者持续不断地关注中国军事、政治发展和中印关系。世纪之交，印度在这些方面的关注一如既往。与印度学者不同，中国学者对于印度文学、历史、宗教哲学等人文学方面的关注自20世纪至今没有明显断裂，但对印度军事、政治发展和中印关系等社会学科的严格意义上的研究，是从世纪之交开始的。这种学术研究领域或关注议题的不对称现象耐人寻味，值得探讨。

总之，检视中印两国短暂而又漫长的20世纪印度研究史和中国研究史，不禁令人感叹，因为其中的蜿蜒曲折恰如一个世纪多以来复杂坎坷的中印关系史。对于中印两国的印度研究史和中国研究史，值得从各个视角进行考察，因为它们是一面真实的镜子，折射出中印关系的过去、现在和未来。

---

[1] 张贵洪："为中印关系发展提供'正能量'"，《中国社会科学报》2014年10月15日。

余 论
文化互动与中印关系发展

首倡软实力论的美国学者约瑟夫·奈在与中国学者对话时指出："中国在人权方面、外交方面有些做法妨碍到了中国软实力的增强。2006年，中国纪念明代航海家郑和下西洋，借以为自己在印度洋的扩张提供说辞。但是，此举并未对印度产生软实力的影响，反而使印度产生了对中国海上扩张的担心和疑虑。"[1] 印度学者指出，当今许多人关注中国和印度的崛起。他们把中国描绘成西方意义上的一条险恶的龙，把印度比作智慧却行动笨拙的一头大象，但完全忽略了"这些词在它们各自文化中的象征意义，这进一步加深了世界对中印两国的误解"。[2] 将印度学者和约瑟夫·奈两人的观点进行对比，不难发现以奈为代表的西方学者对中国历史和政治现实的误读，也不难透视当代中国与当代印度之间存在文化误读的深刻原因和复杂背景。

前已论及几个方面的重要问题，它们包括中印文明特质和中印文化交流的历史脉络；中印双向认知，亦即近代以来、特别是1947年印度独立以来中印关系曲折发展的文化阐释和心理透视；中印媒体报道对方与中印关系发展的联系；中印间公共外交和中印文化软实力双向传播对当代中印关系的深刻影响；现当代时期印度的中国研究和中国的印度研究概况，等等。本书大致采纳比较的方式进行研究，其旨趣在于，为学界打开一扇中印对视的"文化窗户"或时空上的一条"心理隧道"，窥视100多年来中印关系发展的蜿蜒曲折。进一步说，探索中印两国人民认识对方的思维定势及其积极、消极影响，成为本书研究的主要目的之一。

---

[1] 张国祚："中国的事要多听中国人说——与约瑟夫·奈的对话"，《中国社会科学报》2012年7月4日。

[2] [印]拉维·布塔林加姆著，杨志超译："一个印度人对中国式思维的认知"，《东南亚南亚研究》2012年第1期，第61页。

余 论
文化互动与中印关系发展

迄今为止,中印关系发展中出现的诸多问题,乃至1962年中印边境冲突的发生,皆与中印之间的历史认知或文化思维不对称有很大关系。这些复杂的问题和重大历史事件既然已经发生,就需要对它们作出细致的分析和全面的观察,发现其中的规律,寻求相应的良策,因为我们都期盼21世纪的中印关系将在继往开来的新起点上稳步前进。

华裔学者谭中认为,在研究中印关系和规划两国未来前景的过程中,必须以"地缘文明"范式取代地缘政治范式的观察视角。他认为,如果继续按照西方传统"地缘政治"范式发展中印关系,就无法从历史上大英帝国设下的陷阱中解脱。按照"地缘经济"范式发展两国关系比较合理,但最好是在中印关系中创立一种新的"地缘文明"范式,使得24亿人口重振昔日雄风,使得欧亚大陆这一"世界巨岛"恢复世界中心地位。在他看来,中国与印政策在某些时期存在"缺点",因为中国与印度打交道时没有充分考虑"紧邻效应"的影响,某些人看不起印度,有"逞强"的趋势,也没有充分认识到中印联合发展本地区经济的长远效益。他说:"我认为中国应该从中印关系开始推行'地缘文明'战略,从下面三个方面进行突破。第一,像沈丁立教授所说,主动帮助印度变成一个'伟大的国家',使印度'信任'中国,不对中国崛起有所顾忌与害怕……第二,立即下决心解决边界纠纷。第三,和印度全面具体商讨共同发展经济,真正做到两国取长补短,相辅相成。"[1] 谭中的话自然是一家之言,但其首倡的以中印历史友谊和当代文化交流为核心的"地缘文明"范式,值得中印学者重视。反观某些学者关于印度的论点,不难发现谭中观点的可取之处。例如,有人指出:"采取区别对待、各有偏重、借巴制印的外交策略,既充分尊重印度确立大国地位和其他国家'跟随印度'的客观形势,同时又坚持中巴'全天候'友谊,通过扶助'巴基斯坦以西阵营'来适度冲淡印度持续膨胀的'霸权野心'。"[2] 这种思想便是典型的地缘政治观在中印关系研究中的体现。从发展健康友好的中印关系大局看,理应剔除此种观点

---

[1] 谭中:"采用'地缘文明'范式促进中印关系发展",《南亚研究季刊》2008年第2期,第1—9页。

[2] 丁工:"中等强国与中国周边外交",《世界经济与政治》2014年第7期;中国人民大学复印报刊资料《中国外交》全文转载,2014年第9期,第41页。

中的不合理成分。

总之，20世纪以来中印关系的曲折发展说明，中印之间的文化互动或人文交流虽然不能取代两国之间的政治互动、经贸往来，但其重要地位不容忽视。当今很多学术研究或官方文件在论及如何进一步促进中印关系健康发展时，大多将中印文化交流或人文交流、学术互动等排在政治互访与经济贸易之后，使其长期处于无足轻重的位置。如从中国学界一直遵循的表述惯例或语言规范来看，这似乎也无可厚非；倘若从中印关系近100多年的曲折发展进行考量，这种人为排序或话语操控将在无意中贬低两国政治家与学者们积极倡导中印文化互动与人文交流的时代意义。因为在当今时代，中印文化心理上的"喜马拉雅壁垒"远未清除，将文化互动、人文交流和学术合作等放在首要位置，不失为明智之举。目前，一些学者在论述国际关系时，提出构建旨在以合作共赢为核心的"新型大国关系"，开展以和平、合作和共赢为核心的"和合外交"，这一切显然离不开中外文化互动和人文交流的积极贡献。① 走过曲折发展历程的中印关系更是如此。

20世纪50年代访华的一位印度人士询问中国人为何不再信奉佛教。对方答道："一千多年来，我们都在敬奉佛陀。他不能赐予我们土地，而毛主席给了我们土地，我们便敬重他。"他为此感叹道："无论这种答复有何弦外之音，真实的情况是，佛教、儒教和道教并未在毛主席治下的中国社会生活中占据统治地位。"② 这种分析忽视了中国藏族地区信奉佛教和其他地区部分群众信奉佛教、伊斯兰教等宗教的事实，但揭示了中国主体民族为世俗社会的基本国情，增进了对中国社会的基本认知。这个例子说明，文化交流和人员往来必须维持在健康和正常的水平上，否则无法论及中印友好关系的快速发展。众所周知，国之交在于民相亲，民相亲在于心相知，而心相知的基础前提便是对对方国情有一定的正确了解。但是，国内学界的一些情况并不令人乐观。当前，"一带一路"研究成为学界研究

---

① 参阅杨洁勉："新型大国关系：理论、战略与政策建构"，《国际问题研究》2013年第3期，第9—19页；张立文："和合外交与新型大国关系的思议"，《学术前沿》2013年第6期（上），第14—21页。

② Sailakumar Mukherjee, *A Visit to New China*, Calcutta: A. Mukherjee and Co., 1956, p. 124.

的热点之一，不过听听印度汉学家、中印关系史专家雷（Haraprasad Ray）的一番话，或许会有一些感慨。他说："丝绸之路并非是一条路，而是由许多道路组成……现存的丝绸之路只是零零散散、不成规模，但绝大多数研究亚洲贸易的历史学家了解它。尽管我们所有人都熟悉丝绸之路，但大多数中国人已经忘记了它。"① 或许正是如此，中国南亚学会会长孙士海认为应该将基础研究、应用研究和对策研究结合起来。他指出："没有对南亚语言、历史、文化的把握，就不会把外交、安全问题研究得太透。"②

21世纪以来，我们已经看到了中印关系健康发展的很多积极信息。2001年9月17—18日，"中国印度名人论坛"首次会议在新德里召开。会上，双方代表达成共识，其中包括："文化方面：两国政府应考虑在对方首都建立文化交流中心，设立青年交流项目，翻译古典文献和文学著作，加强在电影界的合作（包括故事片、动画片的交流和演员的培训）。新闻媒体方面：两国应增加媒体交流，增派媒体记者到对方常驻，简化向记者发放签证的手续。"③ 2013年10月1日，中国驻印度使馆在印度英文报纸《印度快报》上发表"中国梦"国庆专刊，庆祝中华人民共和国成立64周年。时任驻印度大使魏苇在专刊上发表文章指出："印度提出的'2020愿景'，目标是在2020年将印度建成发达国家，这可以称之为'印度梦'。'中国梦'和'印度梦'的实现均需要一个和平安定的周边和外部环境，这离不开与邻国相互支持、和睦相处。中国奉行'与邻为善、以邻为伴'的睦邻友好政策，愿与印度一起，努力将亚洲打造成为世界和平之锚。"④ 相信这些积极友好的中国话语必将有效地传达中方的善意，沟通两国人民的文化心灵，从而进一步促进21世纪中印关系的良性发展。2015年5月发表的中印联合声明指出："三、两国领导人同意，作为地区和世界大国，中印同时复兴为实现亚洲世纪提供了重要机遇。他们注意到，中印关系将

---

① Kamal Sheel, Lalji Shravak, Charles Willemen, eds., *India on the Silk Route*, New Delhi: Buddhist World Press, 2010, p. 11.
② 转引自毛莉："努力提升我国南亚研究国际学术话语权"，《中国社会科学报》2014年9月19日。
③ 马加力："架设中印理解与交流的新桥梁"，《南亚研究》2001年第2期，第96页。
④ 魏苇："中印携手合作，共创'亚洲世纪'"，2013年10月1日，http://www.fmprc.gov.cn/ce/cein/chn/sgxw/t1083864.htm。

在 21 世纪的亚洲乃至全球发挥决定性作用……三十、作为国际新秩序中的两个主要国家，中印之间的互动超越双边范畴，对地区、多边和国际事务具有重要影响。"①

总之，憧憬着"中国梦"的中国与憧憬着"印度梦"的印度，必须在 21 世纪的新起点上，携手深化包括人文领域在内的各领域交流合作，稳步走向中印关系友好而灿烂的明天。

---

① "中华人民共和国和印度共和国联合声明"，2015 年 5 月 15 日，http://www.fmprc.gov.cn/ce/cein/chn/zygx/zywx/t1264214.htm。

附录一

中印文化交流史大事记[*]

---

[*] 本"大事记"参考的主要著述包括：季羡林：《中印文化交流史》，北京：新华出版社，1991年版；林承节：《中印人民友好关系史（1851—1949）》，北京：北京大学出版社，1993年版；薛克翘：《中印文化交流史话》，北京：商务印书馆，1998年版；郁龙余等著：《梵典与华章：印度作家与中国文化》，银川：宁夏人民出版社，2004年版；薛克翘：《中国印度文化交流史》，北京：昆仑出版社，2008年版；谭中："现代印度的中国研究"，《南亚研究季刊》2011年第1期；中印联合编审委员会：《中印文化交流百科全书》，北京：中国大百科全书出版社，2014年版，第514—524页。

公元前4世纪，考底利耶在《政事论》中提到"支那"即古代中国，这是印度最早提到中国。

汉武帝建元六年即公元前135年至前122年，张骞出使西域，西域道开通，此后演变为今日所谓"丝绸之路"。

西汉太初元年（公元前104年），司马迁开始撰写《史记》，其中的《大宛列传》和《西南夷列传》中提到"身毒"，这是中国与印度文化交流最早、最可靠的文字记载。

两汉之交，印度佛教传入中国。

399年，法显等四人去天竺寻求戒律，历时15年回国，撰回忆录《佛国记》（又名《法显传》）。

401年，后秦皇帝姚兴将鸠摩罗什请到长安，从此，鸠摩罗什在此主持译经场，翻译佛经300多卷。

贞观三年即629年至贞观十九年即645年，玄奘西行天竺取经，646年撰《大唐西域记》12卷。后主持译经场，译出佛经74部，1335卷。

641年至691年，40多位唐朝僧人先后去印度取经。

643年至660年左右，王玄策先后三次出使印度，回国后撰写《中天竺国行记》（又名《王玄策西国行传》）。

671年至695年，义净西行印度求法。

966年，宋太祖下诏募集往西天求法的人，应诏者157人。

宋仁宗时代（1023—1063年），中国汉地僧人去印度取经基本停止。

1330年至1339年，汪大渊随船考察南洋，1349年撰《岛夷志略》，对印度各地记载颇为详细。

1405年至1430年，郑和七次下西洋，随行的费信、马欢和巩珍回国后分别撰写《星槎胜览》、《瀛涯胜览》和《西洋番国志》等三部书，其中很多记载涉及印度。

1730年，陈炯伦刊出《海国闻见录》，其中记载涉及印度。

1820年，谢清高口述、杨炳南笔录的《海录》刊出，其中记载涉及印度。

1852年，魏源所著《海国图志》完成，其中第19至22卷、第29至30卷涉及印度。

1879年，四川总督丁宝桢派遣黄懋材等六人出使印度，这是中国近代史上派员赴印考察的第一起事件。黄懋材回国后撰《印度札记》、《游历刍言》和《西徼水道》等。

1881年，泰戈尔撰文谴责英国人的对华鸦片贸易，表达对中国命运的关注和同情。

1881年，马建忠和吴广霈奉清廷之命出使印度，此后分别撰《南行记》和《南行日记》，记载各自的印度见闻。

1893年，印度宗教哲学家辩喜抵达香港。

1901年，康有为抵达印度加尔各答，在此居住一年半，后撰《印度游记》等。

1913年，《东方杂志》第10卷第4号上刊登钱智修介绍泰戈尔的文章。这是我国最早介绍泰戈尔生平和思想的文章。

1915年，陈独秀在其主编的《青年杂志》上译介泰戈尔诗歌四首，这是国内对泰戈尔诗歌最早的译介。

1916年，许季上率先在北京大学开设印度哲学课。

1917年至1924年，梁漱溟在北京大学讲授印度哲学。

1918年，加尔各答大学开设中国语言文学课，这是印度大学汉学研究的第一步。

1919年，梁漱溟出版《印度哲学概论》，并于1921年出版《东西文化及其哲学》。

1921年，泰戈尔在印度圣蒂尼克坦创办国际大学（Viswa Bharati）。

1923年至1926年，印度著名汉学家师觉月在法国完成博士学位论文《中国佛教圣典》。

1924年3月21日至5月30日，泰戈尔访问中国，其间梁启超发表著名演说《印度与中国文化之亲属的关系》。

1924 年，泰戈尔英文版《中国演讲集》发表，次年修订再版。

1928 年，徐志摩到印度看望泰戈尔。

1928 年 9 月，"当代玄奘"谭云山到泰戈尔创办的印度国际大学任教。

1929 年 3 月和 6 月，泰戈尔两次到上海，先后会见徐志摩、陆小曼和宋庆龄等人。

1930 年，上海商务印书馆出版许地山的《印度文学》。

1931 年，陈寅恪在清华大学开设佛典翻译文学课。

1933 年，谭云山出版《印度周游记》。

1934 年 5 月，印度中印学会在国际大学成立，泰戈尔任主席，尼赫鲁任名誉主席。

1935 年 5 月，中国中印学会在南京成立，蔡元培为理事会主席，戴季陶为监事会主席。

1936 年 7 月，陶行知访问印度，会见甘地。

1937 年 4 月 14 日，国际大学中国学院举行成立典礼，谭云山任院长。

1938 年 1 月 9 日，印度举行"中国日"活动。

1938 年 9 月，印度援华医疗队到达中国。

1938 年，印度汉学家拉古·维拉写成《〈罗摩衍那〉在中国》。

1939 年，尼赫鲁访问重庆，与国民党拟订了中印民族合作运动计划。

1939 年 12 月至 1940 年 11 月，徐悲鸿访问泰戈尔国际大学。

1940 年，戴季陶造访泰戈尔国际大学。

1941 年，季羡林在德国完成了关于印度佛教研究的博士论文。

1941 年至 1945 年，金克木、吴晓铃、徐梵澄、陈翰笙、常任侠、陈洪进等人先后赴印从事讲学和研究。

1942 年，云南呈贡建立国立东方语文专科学校，这是中国大学首次设立印度语言文学专业。

1942 年，蒋介石访印期间，提出实施交换留学生和学者的计划。

1942 年，印度音乐舞蹈联合会决定向中国赠送泰戈尔画像，1944 年送达重庆。

1943 年 3、4 月间，中国文化访问团访问印度，双方协议，当年即互派10位研究生。

1943年，中印政府决定互派留学生，首批印度留学生九人于当年11月来华。

1944年5月，印度宗教哲学家、贝拿勒斯印度大学校长S. 拉达克里希南在重庆做系列演讲，后据此于1954年出版《印度与中国：1944年在华演讲录》。

1944年，师觉月出版早期印度汉学研究代表作《印中千年文化关系》。

1946年，北京大学成立东方语文系，教授印度语言文学。同年，金克木在武汉大学开设印度哲学课程。

1947年，印度临时政府派遣10名留学生来华，学习中国语言、艺术、哲学等。

1947年，K. P. S. 梅农依据1944年访华经历写成的《德里到重庆旅行日志》出版。

1947年至1948年，师觉月来北京大学任教，讲授印度历史和文化。

1948年5月，谭云山被南京国民政府任命为文化专员回到印度国际大学工作。

1950年4月1日，中印正式建立外交关系。

1951年9月至12月，文化部副部长丁西林率郑振铎等23人文化代表团访问印度，这是新中国派往印度的第一个文化代表团。季羡林第一次随团访印。

1951年9月21日至10月30日，印度友好代表团受邀访华，并参加中国国庆大典。

1952年1月，吴咸率中国电影代表团访问印度，参加第一届印度国际电影节。

1952年4月至6月，尼赫鲁胞妹率领印度文化代表团访华。

1952年5月16日，中国印度友好协会在北京成立。

1952年，访华回国的森德拉尔和卡兰吉亚分别撰写中国游记并在印度出版。

1953年7月至8月，S. 森古普塔率印度艺术代表团访华演出，毛泽东主席观看演出。

1953年11月，冰心等六人代表团访印。

1953年，印度中国友好协会在德里成立。

1954年6月25日至28日，周恩来总理访印，双方发表联合公报，倡导和平共处五项原则。

1954年10月19日至30日，尼赫鲁总理携女儿英迪拉·甘地访华，受到毛泽东亲切接见。

1954年12月至1955年1月，文化部副部长郑振铎率67人的文化代表团访印并演出歌舞、京剧。

1955年4月，郭沫若率领文化代表团访印。

1955年6月至8月，印度外交部副部长A. K. 钱达率印度文化代表团访华演出。

1955年10月至11月，印度电影代表团在华展演《流浪者》、《两亩地》、《暴风雨》等。

1955年，K. M. 潘尼迦的《在新旧两个中国：外交官回忆录》在伦敦出版。

1956年7月，印度农业考察团访华，考察农业合作化运动。

1956年12月，茅盾、周扬、老舍等率中国作家代表团赴印参加亚非作家会议。

1957年1月，厦门大学校长率领大学代表团访印。

1957年8月，印度历史学家D. D. 高善必访问中国。

1957年，K. M. 潘尼迦在孟买出版《印中文化关系研究》。

1958年11月，中国青年艺术剧院院长吴雪访印，参加迦梨陀娑纪念活动。

1958年，印度电影制片人到中国拍摄纪录片《中国在前进》。

1960年1月，北京大学副校长周培源等到印度参加印度科学大会第47届年会。

1961年，人民文学出版社出版冰心、郑振铎等译《泰戈尔作品集》（10卷）。

1962年，中印边境冲突爆发。此后，中印文化交流陷入低潮。

1962年，人民文学出版社出版季羡林译迦梨陀娑《优哩婆湿》。同年，中国青年出版社出版冯金辛、齐光秀译《罗摩衍那的故事》。

1964年，四川大学设立印度研究室，后改名为沿用至今的南亚研究所。

1964年，吉林大学历史系印度史研究室成立。

1964年，金克木出版《梵语文学史》（人民文学出版社）。

1964年，印度独立以来第一份研究中国的英文杂志《中国述评》创刊。

1965年4月，四川大学印度研究室编辑《南亚简报》，后来它依次更名为《印度问题研究参考资料》、《印度研究资料》、《南亚研究资料》，1985年定名为《南亚研究季刊》。

1966年，印度政府正式批准德里大学成立中国研究系，后来发展为中日研究系、东亚研究系。

1972年，印度汉学家K. P. 古普塔在《中国述评》发表长文《从社会历史视角分析印度的现代中国观》。

1973年至1977年，季羡林完成印度古代梵语史诗《罗摩衍那》的翻译，并于1980年到1984年分七册出版。

1977年底，迈索尔大学副校长乌尔斯等人访问中国，他们是中印边境冲突后最早访问中国的印度学者。

1978年，中国南亚学会成立。

1978年，季羡林第三次随团访问印度。

1978年，谭中出版博士论文《中国与美好新世界：鸦片战争起源研究，1840—1842》。

1979年，印度国际大学授予谭云山文学博士学位。

1979年，北京大学和中国社会科学院联合成立南亚研究所，1985年左右发生变动。

1979年，《南亚研究》创刊。

1980年1月，中国参加在印度班加罗尔举办的国际电影节。1981年、1983年、1985年、1987年，中国均参加在印度举办的国际电影节。同期，印度多部电影来北京参展放映。

1981年，王士清、吴晓铃、石真等访问印度。

1981年11月9日至11日，尼赫鲁大学举办纪念鲁迅诞辰100周年学术研讨会，中国学者王士清参会。次年，会议论文集由印度学者潘翠霞编辑，刊载于《中国述评》。

1982年，中国印度文学研究会成立。

1983年10月，刘国楠和金鼎汉等印地语学者访问印度，参加在德里举行的世界印地语大会。

1985年1月，印度驻华大使馆等在北京举办印度文化节。

1985年11月，中国电影周在新德里举办，吴贻弓率中国电影代表团访印。

1985年，季羡林等人访问印度。

1985年，《南亚研究季刊》定名。

1986年3月，印度电影周在北京举行。

1986年，王槐挺赴印度访问，受到印度作家安纳德的热情接待。

1987年4月，中国在印度拍摄电视片《爱德华—柯棣华》。

1988年，拉吉夫·甘地访问中国，中印签订1988—1990年文化交流执行计划。

1991年12月，李鹏总理访印，其间，两国政府共同商定互办文化节事宜。

1993年，拉奥总理访华，中印签订《广播电视合作协定》。

1993年，哈拉普拉萨德·雷出版《印中关系中的商贸和外交：15世纪的孟加拉研究》。

1994年11月28日至12月2日，特里凡得琅举行"印度学国际讨论会"，王邦维等应邀赴会。

1994年，中国举办第一届"印度文化节"，印度派140人大型代表团访华。

1994年，谭中主编的"印度和中国"特刊《印度地平线》出版。

1998年，谭中主编的英文版《跨越喜马拉雅鸿沟：印度寻求了解中国》在新德里出版。

2000年，刘安武等主编并翻译的24卷《泰戈尔全集》出版。

2000年11月6日至7日，德里大学举行"殖民帝国主义时期的印中互动"国际研讨会。邱永辉、王崇理等学者应邀赴会。

2001年12月，王蒙率领中国作家代表团一行五人访印。

2001年，狄伯杰（B. R. Deepak）出版《中国文学史概要及其代表作赏析》。此外，他还编写了《汉印词典》（2003年）。

2002年3月，何建明率团访问印度文学院等印度机构。

2002年6月，印地语作家施里拉尔·舒克拉率印度作家代表团一行10人访华。

2003年6月，瓦杰帕伊总理访华，中印重新构思如何加强中印人文交流。

2003年9月，云南省南亚学会成立。

2004年至2011年，哈拉普拉萨德·雷先后出版中国古代史料中的南亚文献英译四册。

2005年，黄宝生主持翻译的《摩诃婆罗多》（六卷）由中国社会科学出版社出版。

2005年，玛妲玉（单玛薇）出版《在华印度人：1800—1949》。

2006年，张敏秋主编的《跨越喜马拉雅障碍：中国寻求了解印度》出版。

2006年，中印友好年。中印举办一系列促进友好睦邻关系的活动。

2006年，深圳大学印度研究中心成立。

2007年2月14日，中印两国在新德里正式启动"2007印度—中国旅游友好年"活动。

2008年11月23日，中国南亚国际学术论坛暨谭云山、师觉月诞辰110周年学术研讨会在北京外国语大学召开，谭中夫妇及其胞弟与师觉月的几个女儿出席。

2008年，季羡林获得印度国家最高荣誉奖"莲花奖"。这是中国学者首次获得此奖。

2009年，印度前驻华大使苏里宁的夫人普兰·苏里出版中国游记《寻找中国的灵魂》。

2009年，狄伯杰出版中国古诗印地语选译本《中国诗歌》（Cini Kavita）。该书后于2011年获得中国政府图书奖。

2009年，玛妲玉与人合作，在孟买出版新著《中国与孟买的建设》。

2009年至2013年，美国哈佛大学、印度国际大学、新加坡国立大学、美国芝加哥大学、印度中国研究所等多次举办泰戈尔国际学术研讨会，中国学者王邦维、刘建、董友忱、郁龙余、魏丽明、曾琼、王义桅、甘丽娟、李丽、尹锡南等多人次赴会。

2010年，王邦维、谭中等主编的中文版《泰戈尔与中国》由中央编译出版社出版。

2010年和2011年，泰戈尔国际学术研讨会两次在北京大学召开，印度学者多人参会。

2011年，中印两国确定为"中印交流年"。

2011年12月6日，云南大学与印度文化关系委员会签署备忘录，设置泰戈尔教席，以促进中印学术交流。

2011年底，毕飞宇受邀赴加尔各答，参加印度学者为其作品举行的专题研讨会。

2011年，谭中、阿米亚·德武、王邦维和魏丽明等主编的英文版《泰戈尔与中国》在新德里出版。

2012年，中印两国确定为"中印友好合作年"。

2012年2月25日，印度第一部泰米尔语《诗经》节译本首发仪式在新德里泰米尔中心举行。

2012年3月24日，兰州大学首次上演泰戈尔戏剧《齐德拉》（也译《花钏女》）的中文版，印度驻华大使苏杰生等亲临观看。

2012年11月15日至17日，印度中国研究所主办鲁迅文化周暨鲁迅国际研讨会，纪念鲁迅诞辰130周年，印度、中国、韩国、日本、俄罗斯等国60多位学者应邀参加。

2013年，中印学术合作项目"中印文化交流百科全书"正式启动，薛克翘、刘建、玛妲玉、邵葆丽等学者参与研究。

2013年，谭中、张敏秋和谈玉妮主编的英文版《跨越喜马拉雅鸿沟：中国寻求了解印度》在新德里出版。

2013年5月，中印共同确定2014年为"中印友好交流年"。

2013年5月15日，加尔各答泰戈尔故居中国展厅落成，魏丽明等应邀出席并发表演讲。

2013年7月18日，印度第一所孔子学院在孟买举行揭牌仪式。

2013年11月8日至9日，印度中国研究所、国际大学和印度外交部公共外交处在新德里印度国际中心联合主办题为"泰戈尔跨文化互动的遗产：印度、中国与文明国"的国际学术研讨会，纪念泰戈尔获得诺贝尔文学奖100周年。印度国家安全顾问梅农、谭中、狄伯杰、邵葆丽、郁龙余、王义桅等参会。

2014年1月，印度著名汉学家师觉月的代表作《印度与中国——千年文化关系》由姜景奎、叶少勇等译为中文出版（北京大学出版社）。

2014年2月11日，中国驻印使馆在新德里举行"中印友好交流年"启动仪式。

2014年6月30日，中国国家副主席李源潮在北京人民大会堂与印度副总统安萨里共同出席《中印文化交流百科全书》发布会。

2014年9月19日，《中华人民共和国和印度共和国关于构建更加紧密的发展伙伴关系的联合声明》在新德里发表，双方同意启动"中国—印度文化交流计划"。

2015年5月5日，"中印互信合作"国际学术研讨会在四川大学举行。

2015年5月15日，《中华人民共和国和印度共和国联合声明》在北京发表，关于中印人文交流，该声明指出，为进一步便利和促进两国文化、旅游、经济、人员往来，双方决定互相在对方国家增设一个总领事馆。中国将在金奈开设总领事馆，印度将在成都开设总领事馆。双方同意2015年6月21日共同组织国际瑜伽日相关活动。两国领导人欢迎云南民族大学与印度文化关系委员会开展合作。欢迎双方相关部门签署教育交流计划。双方将于2015年下半年各派200名青年互访。双方欢迎四川省和卡纳塔卡邦缔结友好省邦关系，重庆市和金奈市、青岛市和海德拉巴市、敦煌市和奥兰加巴德市缔结友城关系。为进一步加强对话，增进相互了解，双方决定设立"中印智库论坛"，每年召开一次，在两国轮流举办。双方同意将媒体高峰论坛机制化，由中国国务院新闻办公室和印度外交部负责，每年一次，轮流在两国举办。两国领导人欢迎上海复旦大学设立甘地印度研究中心。

附录二

印度汉学研究部分重要书目[*]

[*] 篇幅所限,此处主要收录部分印度汉学研究著作或论文集(或博士学位论文),少数为与此主题相关的单篇论文或译著。

Bagchi, Prabodh Chandra（师觉月）, *India and China: A Thousand Years of Cultural Relations*, New York: Philosophical Library, 1951.

Bagchi, Prabodh Chandra（师觉月）, *Indological Studies: A Collection of Essays*, Santiniketan: Visva Bharati, 1982.

Bapat, P. V. , *2500 Years of Buddhism*, New Delhi: Publications Division, Ministry of Information and Broadcasting, Government of India, 1971 (1956) .

Bhattacharya, Manik, *The Creative Process and Revolutionary Discourse in Lu Xun's Writings*, Thesis submitted to the Jawaharlal Nehru University, for the award of the degree, Doctor of Philosophy, School of Languages, Jawaharlal Nehru University, New Delhi, 1996.

Chakrabarti, Sreemati, *China and the Naxalites*, New Delhi: Radiant Publishers, 1990.

Chakrabarti, Sreemati, *Mao, China's Intellectuals and the Cultural Revolution*, New Delhi: Sanchar Publishing House, 1998.

Chatterji, Suniti Kumar, *Select Papers*, Vol. 3, Calcutta: Prajna, 1984.

Choudhury, Paramesh, *Indian Origin of the Chinese Nation: A Challenging, Unconventional Theory of the Origin of the Chinese*, Calcutta: Dasgupta & Co. Private Ltd. , 1990.

Das, S. K. , ed. *Talks in China*, Rabindra Bhavana: Visva Bharati, 1999.

Das, S. K. , ed. *The English Writings of Rabindranath Tagore*, Vol. 1 – 3, New Delhi: Sahitya Akademi, 1996.

Deepak, B. R. （狄伯杰）, *India-China Relations in the First Half of the 20th Century*, New Delhi: A. P. H. Publishing Corporation, 2001.

Deepak, B. R. (狄伯杰), *India & China: 1904 – 2004, A Century of Peace and Conflict*, New Delhi: Manak Publications, 2005.

Deshingkar, Giri, *Security and Science in China and India (Selected Essays)*, New Delhi: Samskriti, 2005.

Dutt, Gargi, and V. P. Dutt, *China's Cultural Revolution*, Bombay: Asia Publishing House, 1970.

Dutt, V. P., ed. *China: The Post-Mao View*, New Delhi: Allied Publishers, 1981.

Ganguli, B. N., *In New China*, Bombay: Indian Council for World Affairs, 1955.

Gupta, Karunakar, *The Hidden History of the Sino-Indian Frontier*, Calcutta: Minerva Associates Publications, 1974.

Gupte, R. S., *History of Modern China: Nationalism and Communism in China*, New Delhi: Sterling Publishers, 1974.

Jetly, Nancy, *India China Relations 1947 – 1977: A Study of Parliament's Role in the Making of Foreign Policy*, New Delhi: Radiant Publishers, 1979.

Karanjia, R. K., *China Stands Up and Wolves of the Wild West*, Bombay: People's Publishing House, 1952.

Kumar, B. K., *China through Indian Eyes: A Select Bibliography 1911 – 1977*, Delhi: Concept Publishing Company, 1978.

Kumar, Shive & S. Jain, *History of Modern China (1839 – 1980)*, New Delhi: S. Chand & Company Ltd., 1985.

Kumar, Yukteshwar, *A History of Sino-Indian Relations: 1st Century to 7th Century A. D.*, New Delhi: A. P. H. Publishing Corporation, 2005.

Maurya, Abhai, ed. *India and World Literature*, New Delhi: Indian Council for Cultural Relations, 1990.

Mehra, Prashotam, *The McMahon Line and After: A Study of the Triangular Contest on India's North-eastern Frontier between Britain, China and Tibet, 1904 – 1947*, Delhi: Macmillan, 1974.

Mehra, Parshotam, *Negotiating with the Chinese 1846 – 1987: Problems *and Perspectives* (*Within an Epilogue*), New Delhi: Reliance Publishing House, 1989.

Menon, K. P. S., *Delhi-Chungking: A Travel Diary*, London: Oxford University Press, 1947.

Menon, K. P. S., *China: Past & Present*, Bombay: Asian Publishing House, 1968.

Menon, K. P. S., *Twilight in China*, Bombay: Bharatiya Vidya Bhavan, 1972.

Mitra, Sabaree (邵葆丽), *Literature and Politics in 20th Century China: Issues and Themes*, New Delhi: Books Plus, 2005.

Mitra, Sabaree (邵葆丽), *Chinese Women Writers and Gender Discourse*, New Delhi: Books Plus, 2008.

Mohanty, Manoranjan, ed. *Chinese Revolution: Comparative Perspectives on Transformation of Non-Western Societies*, New Delhi: Ajanta Publications, 1992.

Mukherji, Priyadarsi, *Chinese and Tibetan Societies through Folk Literature*, New Delhi: Lancer's Books, 1999.

Mukherji, Priyadarsi and Cristina Beatriz del Rio Aguirre, *Cross-Cultural Impressions: Ai Ch'ing, Pablo Neruda and Nicolas Guillen*, Delhi: Authors Press, 2004.

Murty, K. Satchidananda, *Far Eastern Philosophy*, Mysore: University of Mysore, 1976.

Nag, Kalidas, ed. *Tagore and China*, Calcutta: Federation of Indian Music and Dancing and Calcutta Art Society, 1945.

Nair, V. G., ed. *Professor Tan Yun-Shan and Cultural Relations between India and China*, Madras: Solar Works, 1958

Pande, Ira, ed. *India China: Neighbours Strangers*, New Delhi: HarperCollins Publishers, 2010.

Panikkar, K. M., *In Two Chinas: Memoirs of a Diplomat*, London: George Allen & Unwin Ltd., 1955.

Panikkar, K. M., *India and China: A Study of Cultural Relations*, Bombay: Asia Publishing House, 1957.

Phukon, Girin and Dhiren Bhagawati, eds. *Mao Zedong and Social Reconstruction*, New Delhi: South Asian Publishers, 1996.

Radhakrishnan, S., *India and China: Lectures Delivered in China in May 1944*, Third edition, Bombay: Hind Kitabs Ltd. 1954.

Raman, G. Venkat (万可达), *State Authority and Decentralization: A Comparative Study of Mao Zedong and Deng Xiaoping's Thoughts on Development Strategy*, Gurgaon: Hope India Publications, 2008.

Ray, Harprasad, *Trade and Diplomacy in India-China Relations: A Study of Bengal during the Fifteenth Century*, New Delhi: Radiant Publishers, 1993.

Ray, Harprasad, *Chinese Sources of South Asian History in Translation: Data for Study of India-China Relations through Ages*, Vol. 1, Kolkata: The Asiatic Society, 2004.

Ray, Harprasad, *Chinese Sources of South Asian History in Translation: Data for Study of India-China Relations through Ages*, Vol. 2, Chinese Sources on Ancient Indian Geography, Kolkata: The Asiatic Society, 2006.

Ray, Harprasad, *Chinese Sources of South Asian History in Translation: Data for Study of India-China Relations through Ages*, Vol. 3, Kolkata: The Asiatic Society, 2009.

Ray, Harprasad, *Chinese Sources of South Asian History in Translation: Data for Study of India-China Relations through Ages*, Vol. 4, Kolkata: The Asiatic Society, 2011.

Ray, Harprasad, ed. *Contribution of P. C. Bagchi on Sino-Indo Tibetology*, Kolkata: The Asiatic Society, 2002.

Roy, Kshitis, ed. *Sino-Indian Studies*, Vol. 5, Part 3 & 4, Santiniketan: Visva Bharati, 1957.

Roy, M. N., *My Experiences in China*, Calcutta: Renaissance Publishers, first edition, 1938, second edition, 1945.

Roy, M. N., *Revolution and Counter-revolution in China*, Calcutta: Renaissance Publishers, 1946.

Roy, M. N., *M. N. Roy's Memoirs*, Bombay: Allied Publishers Pvt. Ltd., 1964.

Roy, M. N., *Men I Met*, New Delhi: Ajanta Publications, 1968.

Roy, M. N., *Selected Works of M. N. Roy* (Vol. 3) (1927 – 1932), Delhi: Oxford University Press, 1990.

Saksena, Shalini, *India, China and the Revolution*, New Delhi: Anmol Publications, 1992.

Sen, Surendranath, *India through Chinese Eyes*, Madras: University of Madras, 1956.

Sen, Tansen, *Buddhism, Diplomacy, and Trade: The Realignment of Sino-Indian Relations, 600 – 1400*, Honolulu: University of Hawai Press, 2003.

Seth, Vikram, *Three Chinese Poets*, New Delhi: Viking, 1992.

Sheel, Kamal (嘉玛希), *Peasant Society and Marxist Intellectuals in China: Fang Zhimin and the Origin of a Revolutionary Movement in the Xinjiang Region*, New Jersey: Princeton University Press, 1989.

Sheel, Kamal (嘉玛希), Lalji Shravak, Charles Willemen, eds., *India on the Silk Route*, New Delhi: Buddhist World Press, 2010.

Singh, A. K., *A History of China in Modern Times*, New Delhi: Surjeet Publications, 1984.

Singh, K. Natwar, *My China Diary: 1956 – 1988*, New Delhi: Rupa & Co., 2011.

Sundarlal, *China Today: An Account of the Indian Goodwill Mission to China, September-October 1951*, Allahabad: Hindustani Culture Society, 1952.

Surie, Pooram, *China: A Search for Its Soul, Leaves from a Beijing Diary*, New Delhi: Konark Publishers, 2009.

Tagore, Amitendranath, *Literary Debates in Modern China: 1918 – 1937*, Tokyo: The Centre for East Asian Cultural Studies, 1967.

Tan Chung, *China and the Brave New World: A Study of The Origins of The Opium War (1840 – 1842)*, New Delhi: Allied Publishers, 1978.

Tan Chung, *Triton and Dragon: Studies on Nineteenth-Century China and Imperialism*, New Delhi: Gian Publishing House, 1986.

Tan Chung, ed. *Indian Horizons* (*Vol.* 43, *No.* 1 -2), New Delhi: Indian Council for Cultural Relations, 1994.

Tan Chung, ed. *Across The Himalayan Gap: An Indian Quest for Understanding China*, New Delhi: Gyan Publishing House, 1998.

Tan Chung, ed. *In the Footsteps of Xuanzang: Tan Yunshan and India*, New Delhi: Gyan Publishing House, 1999.

Tan Chung, Amiya Dev, Wang Bangwei & Wei Liming, eds. *Tagore and China*, New Delhi: Saga Publications, 2011.

TanChung, Zhang Minqiu and Ravni Thakur, eds. *Across the Himalayan Gap: A Chinese Quest for Understanding India*, New Delhi: Konark Publishers, 2013.

Tan Yun-Shan, *What is Chinese Religion?* Chungking and Santiniketan, 1938.

Tan Yun-Shan, *Cultural Interchange between India and China*, Chungking and Santiniketan, 1940.

Tan Yun-shan, *Ahimsa in Sino-Indian Culture*, Santiniketan, 1949.

Tan Yun-Shan, *The History of the Chinese Language and Literature*, Santiniketan, 1952.

Tan Yun-Shan, *The Universal Mother in Sino-Indian Culture and Chinese Universalism*, Santiniketan, 1960.

Tan Yun-Shan, *Some Aspects of Chinese Buddhism*, Santiniketan, 1963.

Tan Yun-shan, *Sino-Indian Culture*, Santiniketan: Visva-Bharati, 1998.

Tankha, Brij and Madhavi Thampi, *Narratives of Asia from India, Japan and China*, Calcutta and New Delhi: Sampark, 2006.

Thakur, Ravni (谈玉妮), *Rewriting Gender: Reading Contemporary Chinese Women*, London and New Jersey: Zed Books, 1997.

Thampi, Madhavi (玛妲玉或单玛薇), *Indians in China: 1800 - 1949*, New Delhi: Manohar Publishers, 2005.

Thampi, Madhavi (玛妲玉) ed. *India and China in the Colonial World*, New Delhi: Social Science Press, 2005.

Thampi, Madhavi (玛妲玉) and Shalini Saksena, *China and the Making of Bombay*, Bombay: The K. R. Cama Oriental Institute, 2009.

Uberoi, Patricia, ed. "Special Number on Lu Xun: Literature, Society and Revolution", *China Report*, Vol. 18, No. 2 & 3, March-June, 1982.

Wang Bangwei and Tansen Sen, eds. *India and China: Interactions through Buddhism and Diplomacy, A Collection of Essays by Professor Prabodh Chandra Bagchi*, Gurgaon: Anthen Press India, 2011.

［印］谭中：《谭云山与中印文化交流》，香港：香港中文大学出版社，1998年版。

［印］谭中、耿引曾：《印度与中国——两大文明的交往与激荡》，北京：商务印书馆，2006年版。

［印］谭中主编，刘朝华、黄蓉副主编：《中印大同：理想与实现》，银川：宁夏人民出版社，2007年版。

［印］谭中、郁龙余主编：《谭云山》，北京：中央编译出版社，2012年版。

［美］沈丹森（Tansen Sen）著，陈源源译："中印研究的兴趣、发展与现状：沈丹森在复旦大学的讲演"，原载《文汇报》2014年5月19日，中国人民大学复印报刊资料《中国外交》2014年第7期全文转载。

附录三

《泰戈尔与中国》部分译文

一、泰戈尔与中印合作[①]

卡利达斯·纳格 著/尹锡南 译

诗人（指泰戈尔，下同——译者按）神圣的父亲即大仙德温德拉纳特非常痴迷于东方哲学与宗教，早在1877年，他就不辞辛劳地进行了一次中国旅行。从那些遥远日子里只言片语的记载中，我揣测，他在航行到中国之前，在他自办的著名的《真理智慧报》（Tattva Bodhini Patrika）上发表了一些相关的文章，旨在唤起印度人对道家思想和儒家思想的兴趣。造访缅甸和马来亚后，德温德拉纳特抵达香港。由于不满香港的商业气息和欧化风格，他继续前行到广州，人们后来对中华民国之父孙中山（1866—1925）的回忆使此地变得神圣。1882年，刚从首次欧洲之旅回印的21岁的年轻诗人泰戈尔，在《文艺女神》（Bharati）上发表了他的文章《中国的死亡贸易》，严厉谴责欧洲列强执行的惨无人道的鸦片政策。1905年至1906年间，身为《孟加拉观察》（Banga Darsan）的主编，泰戈尔写了一篇关于L.迪金森的《华人约翰信札》（Letters of Hohn Chinaman）的评论，他高度地赞美中国人的生活与理想。自此，他对中国民族主义运动的进程保持着强烈的兴趣，中国的民族运动在1911年中华民国建立时达到了高潮。1913年，当诺贝尔文学奖桂冠戴上他的头顶时，他的《吉檀迦利》旋即被译为汉语。1916年至1917年间，当他第二次穿越远东和太平洋访

---

① 译自Kalidas Nag, ed. *Tagore and China*, Calcutta: Federation of Indian Music and Dancing and Calcutta Art Society, 1945, pp. 50–58.

问美国时，他亲身接触到许多中国和朝鲜的崇拜者，他们开始与他互通书信。1921年，当诗人创办国际大学时，他特意邀请到法国著名的印度学家和汉学家列维教授（Sylvain Levi），以便在此和我们的一些印度学者一道，开始进行汉梵研究（Sino-Sanskrit research）。加尔各答大学研究生系的著名创始人阿苏托西·穆克吉先生（Asutosh Mookerjee）给予诗人以热情的配合，将一些年轻有为的学者派到了国际大学，师觉月教授（P. C. Bagchi）便是其中之一。师觉月受到列维教授中印学（Sino-Indian studies）的极大启发，便跟随他到了巴黎大学，在那里，他以研究中国佛教经典的学术论文获得博士学位。师觉月在加尔各大学始终坚持他的中印学研究，而学者V.夏斯特里（Pandit Vidhuhsekhar Sastri）在圣蒂尼克坦从事中国佛教与藏传佛教的比较研究。1923年，当我从巴黎大学回来后，诗人热情地邀请我帮助他组建国际大学的一些系。他非常高兴地向我透露，由于受到梁启超博士为首的中国朋友的邀请，他不久将访问中国。不久，对于诗人的个人邀请具有了民族的性质，尽管中国朋友承诺解决诗人演讲巡游的费用，对亚洲文化深感兴趣的S. J. K. 比尔拉（Seth Jugal Kishore Birla）给诗人提供了一万卢比的一笔资金，以便他能将克迪莫亨·沈教授（Kshitimohan Sen）、南达拉尔·鲍斯教授（Nandalal Bose）和我等三位印度学者带到中国。时任国际大学乡村福利系的恩厚之先生（L. K. Elmhirst）作为诗人的秘书随行，还有一位美国的社会工人葛玲小姐（Miss Greene）也加入了群体，这便成了一个正规的访问中华民国的国际大学代表团（Visva-Bharati Mission），时间恰巧在孙中山博士于1925年逝世前一年。1924年3月21日，我们拔锚起航，开始了意义重大的航行。我们很高兴与一位著名军官李同忠先生（Li Tong Cong，音译）同行，他将前往他在广州的司令部。诗人于26日到达仰光后，华侨团体在位于肯门郸（Kenmendine）的中华学院（Chinese College）里为他举行了隆重的招待会。中华学院的院长林我将（Lim Ngo Chiong）把诗人的演说译为中文。后来，作为我们的第一位汉语教师，他来到圣蒂尼克坦，在此服务了几年（1925—1926）。驶过新加坡和香港后，我们终于抵达中国海岸，于4月12日踏上上海的土地。年轻而才华横溢的中国诗人徐志摩代表我们的中国朋友前来迎接我们，著名的领袖张嘉森先生（即张君劢——译者按）在美丽的花园里热烈欢迎诗人一行。时值我们的孟加拉新年除夕，诗人以其无以伦比的方式感谢中国朋友，以新的祈愿祝福他们的夏季绽放新葩。我们从上海被带到美丽迷人的杭州西湖一带，13世纪的威尼斯旅行者马可·波罗曾经对此赞不绝口。当我们参观灵隐寺的石窟时，主人提醒我们，这是印度佛教的洞窟。我们这才明白，许多个世纪以前，一位来自东印度的佛门高僧造访过此地。他帮助中国朋友，宣扬永恒的慈悲教义，直至圆寂此地。这个故事深深地打动了诗人，他在杭州当众发表了演说："印度高僧与中国人民完全融为一体，正是通过他们这种精神融合和爱的奉献，印度人才在过去赢得中国的心，将来也会如此。"诗人也热切期盼赢得中国的心。令人尊敬的75岁的中国诗人陈三立先生握着印度诗人弟弟（brother poet of India）的手，泰戈尔博士深受感动。

我们下一站将访问南京，它在蒋介石将军的领导下，即将成为统一后的中国首都（1927—1928）。作为孙逸仙博士"三民主义原则"的坚定支持者，他帮助孙博士平定了1923年的广州叛乱（应指1924年10月间孙中山和蒋介石等在共产党人支持下平定陈廉伯等发动的针对广东革命政府的商团叛乱，作者此处所叙时间有误——译者按）。1924年，在孙博士的教导下，蒋将军去了莫斯科，对苏联的军事组织进行了一番深入的研究。回国后，他在革命军中复职。从1927年底到1928年10月，他已当选为南京国民政府主席，我们会看到他在中国组织统一战线的"辉煌业绩"。我们发现南京是中国的重要文化中心，这里有一所优秀的大学（应指当时邀请泰戈尔演讲的东南大学——译者按）和一个图书馆，诗人在此对学生和公众发表了一次令人鼓舞的演讲。他受到了省督韩紫石和督军齐燮元（齐当时任江苏督军兼苏皖赣巡阅使——译者按）的热情欢迎，齐决定着中国东南方三大省即江苏、安徽和江西的命运。

来到山东后，我们敬拜了圣人孔子。诗人一行受到了麦法官（Justice Mai）亦即复兴中国佛教协会会长的热情接待。我们拜访了莲宗（Lotus sect，即净土宗——译者按）寺庙，诗人在济南府的山东基督教大学发表关于圣蒂尼克坦的演讲。

最后，我们到达历史名城北京，亲密接触了现代中国的一些著名领袖人物。就其他人而言，我们还得感谢泰戈尔接待委员会主席梁启超博士和国立北京大学（文学院）院长胡适教授暨博士的热情接待，在我们与新中国（New China）的学者、思想家和艺术家们取得联系的过程中，他们始终提供了宝贵的帮助。我们会见的人还包括：著名哲学家梁漱溟教授、与欧肯教授（Eucken）合著《中国与欧洲生活哲学》的张嘉森先生（即张君劢，下同——译者按）、前外交部长王达实先生（Wang ta Shi，音译，似指王宠惠——译者按）、前内阁总理熊希龄先生、国立大学（应指于1923年7月由北京国立高等师范改名而来的北京师范大学——译者按）校长和前教育总长范源濂先生、前法制局局长林长民先生、北京大学校长蔡元培先生、红十字会会长和杰出的妇女领袖凌秀熙女士（Mrs. Hsiung-she Ling，音译）、北京女子师范学院院长（应为国立北京女子师范大学——译者按）杨荫榆女士、德国的中国哲学研究权威卫礼贤博士（Dr. R. Wilhelm）以及前皇帝溥仪的家庭教师庄士敦教授（Johnston）。每天，我们都在北京体验中国的文化生活，克迪莫亨·沈教授开始研究中国宗教与哲学，南达拉尔·鲍斯教授和我则观赏了大部分重要的中国艺术和古玩珍藏品，造访了一些著名中国画家的画室。鲍斯教授和我被邀请到国立北京大学发表关于印度艺术的演讲，很荣幸的是，胡适博士担任了我们的中国听众的翻译人。胡适博士是美国著名哲学家杜威（John Dewey）最欣赏的弟子。杜威和罗素阁下（Hon. Bertrand Russell）曾先后被邀请到中国做巡回演讲。像为我们在北京的演讲作翻译一样，胡适博士也为这二位的演讲进行翻译。我们的朋友徐志摩为诗人在中国其他地方发表的演讲担任翻译。北京清华学院（时为清华学校，下同——译者按）教务长张彭春博士也曾慷慨相助。

前皇帝邀请我们进宫

我们在北京逗留期间，最妙的事莫过于前宣统皇帝给诗人一行发来的邀请。1911年革命后，他被允准在紫禁城的皇宫里度过少年时代。普通人等从未梦想能进入专为"天子"特设的宫廷禁区。在一位经验丰富的英国学者庄士敦博士的指导下，前皇帝仍在接受西方教育。庄士敦对佛教思想和中国艺术颇感兴趣。庄士敦先生拜会了诗人，并做了一些准备工作，以便诗人在觐见前皇帝时能够免却不必要的繁文缛节。两年以前即1922年，中国青年运动的领袖胡适博士很荣幸地受到皇帝邀请进宫。既然亚洲获诺贝尔奖的诗人（Poet-Laureate of Asia）可以接受邀请，前皇帝就吩咐当时掌管皇宫内务的杰出中国学者和诗人郑孝胥（末代皇帝溥仪宫中的内务府大臣——译者按）进行妥善安排，以在御花园里招待诗人一行。泰戈尔博士及其随行人员到达了宫殿大门即神武门，他们在那里受到了宫廷高官的迎接。我们得穿过一个接一个的庭院，一行人越接近皇帝住的地方，中国官员的人数就逐渐地减少，因为只有极少数中国官员能够有幸进入"天子"的居住范围。从大门走到主殿大约花了一小时。

著名画家南达拉尔·鲍斯在孟加拉语信中栩栩如生地描述了这次访问（此信已被译为英文）："我们一个接一个地走近皇帝。首先是诗人、庄士敦教授（皇帝的导师）和中国翻译，接着是女士们，最后是克迪莫亨先生、卡利达斯巴布即我自己和恩厚之。当我们以中国礼节对皇帝及其两个皇后和皇妃（应指皇后婉容和淑妃文绣——译者按）致敬时，他们都站立不动。诗人将孟加拉的桑卡（Sankha，即贝壳制作的手镯）作为礼物送给皇后和皇妃，他告诉她们，这些手镯是为女性带来荣华富贵的吉祥信物。恩厚之赠予皇帝一套诗人（泰戈尔——译者按）的作品，而我（南达拉尔）则赠给皇帝几件艺术版画。诗人向帝王家族表达了来自印度的问候，并向他们祝福。他谈起古代中印之间的友好联系，并说我们愿重新建立那种古老的联系。皇帝亲自带领我们游览皇宫，并向我们展示许多从未向他人展示的东西。皇帝向诗人赠送了一尊宝贵的佛陀像和一幅极为珍贵的中国画。诗人和皇帝合影留念，诗人还和著名中国诗人郑先生合影。"

在写于1924年5月9日的另一封信中，南达拉尔·鲍斯描述了他对北京及其艺术中心的生动印象："故宫（现已改为博物院）最为壮观。宽敞的房间里到处都是无价珍宝，敞开的庭院和宽阔的走廊装饰得如梦似幻，无数的博物馆中珍藏着丰富的艺术品。第一眼看到这些时，我惊得目瞪口呆。我们可曾有过如此的富丽堂皇？想到这里，我不禁有点沮丧。我以这种想法来安慰自己：允许我们再次转世为人的话，那么，如果那些东西是我们的话，他们会来到身边；如若不是属于我们的话，也会有其他一些事情发生。中国幅员辽阔，她在艺术方面特别具有非凡的成就。或许，她在艺术和工艺方面最为辉煌，但西方的影响却已经开始腐蚀着她。在极为精美的手绘本地画旁，从美国、日本进口的彩色印刷年历开始找到了立足之地。女人们开始喜欢美国的高跟鞋，男人们则对欧洲的衣服产生了兴趣，他们喜欢像英国士兵那样把头发剪短。在皇宫里，紧挨着一条妙不可言的柔和美丽的老地毯，铺开的是一条丑陋不堪的很摩登的地毯，上面随意地设计了一些俗艳之极的桂竹香（wall flower）。不幸的是，一切都在按照美国的方案进行设计，甚至连这些居住的房子都在改变模样……我们最为关注的这群人都是现代派，他们蔑视一切。他们急于彻底摆脱古老传统，但有时却不太明智。我很担忧，因为他们往往盲目地任由外国影响所摆布。也有一群年老的传统派，他们拒绝探视任何现代的东西。不过，仍有一些真正的行家，他们真正能够欣赏艺术。几乎与我们自己创办印度东方艺术学会（Indian Society of Oriental Art）的方针一样，他们也创办了自己的一个学会。我正尝试在他们的学会与我们自己的加尔各答学会之间建立固定联系。他们将原创六幅画作为一份礼物赠给诗人。我们已经收集了许多拓本（rubbings），它们非常漂亮。我也正在尝试将一两位中国画家带回去，但这是一项极为棘手的工作……中国人甚至比我们更恋家。我正在到处广发邀请，伺机劝说一些人到印度来。"

诗人在北京过生日

5月8日即孟加拉历2月25日（25th Baisakh），我们这个来自圣蒂尼克坦的一小群人在诗人的房间里安静地庆贺他的生日。南达拉尔·鲍斯在随后的信中记录了这一事件："我们三个印度人代表自己和自己的同胞们庆祝师尊（Gurudev）的生日。卡利达斯先生赋诗一首，克迪莫亨先生吟诵了一首挺有意义的梵文颂诗，我则作画一幅。中国人给他起了一个新的名字（竺震旦），意思是 the thundering morn of India（'印度雷鸣之晨'，此处的英文释义并未准确传达梁启超所赠中文名字的寓意——译者按），[①]还给了他一方精巧优美的镌刻着这个新名字的大印石。他们还赠予他十五

[①] 关于泰戈尔获赠名字的涵义寓意及梁启超相关解说，参见梁启超：《梁启超全集》，第7册，北京：北京出版社，1999年版，第4257页；或参见谭中、耿引曾：《印度与中国——两大文明的交往和激荡》，北京：商务印书馆，2006年版，第24页——译者注。

六幅画、一个名为'千花'的漂亮的中国茶杯和其他许多东西。《齐德拉》（或译《花钏女》——译者按）的演出非常成功。在戏剧编排和其他一些细节方面，我略微帮了一点忙。他们的眼睛似乎有些问题，但他们看上去竟还有些像曼尼普尔人（印度东北部的一个民族——译者按）。男演员和女演员们看起来都很像，齐德拉公主很可能真的是他们中的一员。"

1924 年 5 月 10 日发行的《远东时报》（Far Eastern Times，或译《东方时报》，此乃奉系军阀张作霖等人创办的英文报纸——译者按）对这次生日庆典做了生动形象的报道。为了这次演出，诗人的戏剧《齐德拉》做了特殊的改编，以方便中国男女演员、主要是组成"新月"剧团的年轻业余演员们的表演。场景渲染非常出色，服装姿态恰到好处，这体现了中国人自然浑成的艺术气质。引人注目的是，林徽因小姐是如此年轻的一个少女（girl），英语表达却无懈可击（perfect）。张歆海教授扮演主角阿周那，青年诗人徐志摩扮演爱神（Madana），爱神的表演非常出色。兴高采烈地坐在诗人旁边的是著名演员梅兰芳，他穿着晚礼服，很明显，这种印度之夜的色彩方案使他若有所思。

在戏剧开演以前，为庆贺诗人的 64 岁生日而举行了一次正式聚会。胡适博士担任了这次庆典的主持人。他解释了为何中国朋友决定赠予印度诗人一个特殊的中文名字，以纪念这个日子。命名仪式由著名学者和历史学家梁启超主持。他宣称，泰戈尔博士名字中的 Rabi 意为 sunlight（阳光），Indra 意为 thunder（雷鸣），他通过研究发现，印度原本表示中国的词语 China-sthana 可以译为"震旦"亦即雷鸣之晨。如果再加上表示印度的古代汉字"竺"，那么泰戈尔博士的名和姓便是"竺震旦"亦即"印度雷鸣之晨"，这个名字可以将中国文化与印度文化深远而长久地结合在一起。人们对此等匠心独具的语言绝技报以长久的掌声，以示敬意。接下来，泰戈尔博士的两个印度弟子为观众助兴。沈教授吟诵了一首梵语颂诗，这使某些观众感到惊奇，他们原以为"你们不可能说一门死语言"。纳格博士则以孟加拉语吟诵了泰戈尔的诗歌，此即《鸿雁集》（Balaka）中的"新年"一诗。这时，泰戈尔身着孟加拉长袍，在热烈的掌声中登台解释，他怎么创作《齐德拉》，这部戏剧的创作动机又是什么，等等。在为泰戈尔博士献歌这一点上，新月社值得高度称赞。这是一种无比美妙的敬意，中国人在这一点上超越了其他民族。在北京,就在一个大厅里(指北京的协和大礼堂——译者按),所有的艺术和文学不分国别地结合在一起。

这次聚会后的第二天即 5 月 9 日,中国观众涌向真光影戏院聆听诗人的第一次公开演讲。梁启超博士先向大家介绍了泰戈尔。诗人说,1861年,当他出生时,随着其他事物一道,三大运动开始在自己的本土风起云涌。首先是巨大的思想运动,它反对以静止的眼光看待宗教,试图大胆地振兴宗教……其次是文学运动,亦即文学的复兴……第三个运动就是追求民族自我表述的运动,它的目标是,不仅在个人层面上,而且在整个民族的层面上,自由无拘地表述自己,抛弃舶来的生活与行为理念。演讲者(指泰戈尔——译者按)谈到了东方对西方的影响,以及东方在物质层面和精神领域接受西方标准的趋势。他以生动的语言呼吁抛弃实利主义(或译"物质主义")准则,这引起了听众们极大的注意。发表这番开场白以后,诗人念起一些事先写好的讲稿来,这些讲稿后来以《中国演讲集》(Talks in China)为题出版。

诗人在北京休息时,克迪莫亨·沈、南达拉尔·鲍斯和卡利达斯·纳格等参观了一些重要的历史遗迹和中国佛教艺术中心。现任中央研究院主任的李济教授当时担任我们一行的导游和翻译。关于这次历史性的游览,沈教授所写的一封信透露了一些重要的细节:"由于中国政府的帮助,我们的旅行很是舒坦。他们提供了一辆小车,还备有餐厅、寝室和厨房。我们有一个厨师和一个男孩。除此之外,一队卫兵也与我们同行。每到一个重要的驻地,军官们都要进行盘问……所有这些预防措施都很必要,因为路上到处都有土匪。不过,相对说来,我们还算安全,因为,身为印度人,所有人都非常尊敬我们,大家都带着敬意对我们说'阿弥陀佛'……我们到达洛阳(在北京以西 900 英里处),这是一个地道的中国城镇,没有谁讲英语或懂得英语……我们接下来到了龙门,易水河绕着它的两边奔流。这里有成千上万的石窟寺,每一个石窟都有佛教遗迹和雕像,这些是两千年来人类虔诚崇拜的产物。我们在几处庙龛点燃了焚香……接下来我们参观了白马寺。大约两千年以前,正是在白马寺这里,最早的来自印度的声音传播着佛教。"

离开北京后,我们一行人造访山西,那时,此地由阎锡山统治。他提供一大片土地，以供按照室利尼克坦的模式建立实验性农场。他的模范省将改善当地人民的生活福利作为首要目标。

接着，我们被带到了汉口，此地在后来的历史上扮演了重要的角色，因为，国民党在1926年广州第二届全国代表大会进行重组以后，1927年国民政府从广州迁移到汉口，汉口国民政府瓦解以后，南京成为蒋介石的第二个首都。我们从汉口乘船回到上海，在张嘉森先生的住处为诗人和随从一行举行了激动人心的告别会。但是，在中国的最重要的告别会却是由国际学院（International Institute）主持的，时值诗人即将离开北京之前。吉尔伯特·雷德博士（Gilbert Reid）主持这次告别会，台上则是穿着各自服装的九种宗教的代表。《北京导报》（Peking Leader，是美国人当时在北京主办的英文报纸——译者按）于5月26日对诗人的最后一次演讲做了部分报道："他（泰戈尔）说，来到中国不久，别人问他是否信仰神灵。在答复这个问题时，他觉得无以回应。但他发现，很难信服世界及其所有的美只不过是机械过程的产物这一观点。对他来说，鲜花，树木，鸟儿，这一切都富含深意，体现了一种人格个性而非简简单单、平淡无奇的过程……美的声音感染着他，他情不自禁地相信，这声音背后蕴涵着一种人格，在鲜花中，在阳光里，在世界上所有美丽事物中，他发现了这种人格个性。你可分析它的香味，它的颜色和它的形态，但是你不可洞察玫瑰花的魅力，而这种魅力使得你愿意将它当作信使献给你的爱人……泰戈尔博士最后说道，他为被赐予的这种表达方式感激不尽，这是一种诗歌的表达方式。他发现，只有通过诗歌，才可以表达美的真实和真实的美。"

诗人的部分演说和讲话发表在他的《中国演讲集》中，但是要对他这次重要旅行获得一个全面的印象，人们必须多少研究一下当时的中国报刊，还得研究论述泰戈尔其人其作的中文书籍。一位著名中国学者谭云山就写过一本这样的书，1927年7月，他在新加坡准备赴爪哇的途中邂逅了诗人。谭教授记叙了他在1927年至1937年的10年中，如何使自己在圣蒂尼克坦建立一个永久的中国研究中心的美梦成真，这也幸亏得到了他的中国朋友、特别是戴季陶先生阁下的慷慨支持。1940年，戴非常愉快地亲自造访了泰戈尔博士的国际大学（Visva Bharati）。1937年4月，诗人正式创办了中国学院（China Bhavan），作为第一任会长，他还发起组织了印度中印学会（Sino-Indian Society of India）。我们的民族领袖如圣雄甘地、潘迪特·贾瓦哈拉尔·尼赫鲁等对此表示热烈祝贺。1939年，在诗人的大力支持下，潘迪特·尼赫鲁受邀访问了重庆。同一年，尊敬的太虚方丈云游印度各地，在他之后，作为来自中国的文化大使（cultural ambassador），戴季陶先生阁下于1940年向病榻上的诗人表达了敬意。另一位著名中国画家徐悲鸿为诗人画了肖像，这些画陈列在圣蒂尼克坦和加尔各答的印度东方艺术学会。学会的创始人和主持人阿巴宁德拉纳特·泰戈尔博士对中国艺术非常痴迷。他曾经在加尔各答自己的画室迎接过一群中国画家，并为他们安排了画展，这些画得到了人们的高度称赞。他的弟子即圣蒂尼克坦艺术学院主任南达拉尔·鲍斯教授是中国艺术的忠实崇拜者，他已经昭示了同时吸纳中国和印度绘画技法的新路径。中国向我们呈现了亚洲艺术和文化的新世界。从中国回来以后，我在1925年至1926年间创办了大印度学会（Greater Indian Society）。在过去20年间，该学会与我在加尔各答大学的学术同行进行合作，发表和出版了关于中国文化的文章与著作，这些成果特别地涉及印度历史。在我们美术方向的研究生课程中，中国、印度支那和中亚占有重要的地位。这样来看，泰戈尔博士在1924年进行的历史性访问，在潜力巨大的中印文化合作方面翻开了新的篇章。这场世界大战结束以后，如果且只有当中印被允许自由遵循它们传统的和平方略和文化合作的话，那么人类的一半将会因此受益，对于其他人而言，这不会是一场无足轻重的教训。

二、泰戈尔与中国[①]

恩厚之 著／尹锡南 译

罗宾德拉纳特·泰戈尔访华不仅是最具有历史意义的事件，它还体现

[①] 译自 Kalidas Nag, ed. *Tagore and China*, Calcutta: Federation of Indian Music and Dancing and Calcutta Art Society, 1945, pp. 62 – 63.

了泰戈尔自己对现代世界的个人认知。说它具有历史意义是因为，正如南京的省督所说："700多年来，我们在中国等候着再度聆听印度的声音。许多世纪以来，印度的声音一直在启迪着我们，直到蒙古人的入侵完全隔断了彼此的视线和友谊。"他接着说："请记住，对我们来说，印度从来不是十分真实的印度，相反，她有些近似天国，高处世俗红尘之上，超脱于永恒冰雪之外。从印度那边曾经传来一脉新的知识、学问和文化，一支音乐、戏剧、雕塑、绘画与哲学，还传来了曾经影响整个中国生活的一种宗教。我们一直还在念叨六十多个佛教徒的名字，在公元200年至1200年之间，他们成功地征服了那些漫长而艰险的旅程。"在从印度出发以前，泰戈尔常说，对印度人而言，很有必要努力探究现代中国的理想抱负。他拒绝造访古代建筑，这并非是他不感兴趣，而是由于时间短暂，况且，他还带了一队印度专家，他们中一位是艺术家，一位是梵文学者，一位是历史学者，他们将考察中国历史的方方面面。在此期间，他决定竭尽全力，会见现代中国的学生、教授、作家、活跃的画家、演员、歌唱家和音乐家，以探索他们的思想智慧和理想抱负。

在南京、北平和天津，他非常好奇地发现，学生们疑心重重地注视着他。他们曾经听说，印度好像属于领袖人物的家园，这些领袖想把"西方"拒之门外，推广手工纺织，拒斥现代科学的厚礼。他们以为，和许多从西方回来的人一样，泰戈尔也会鼓励他们只往后看，珍惜其传统文化，形成一种空灵超脱的思想观念。泰戈尔的形体容貌，他的胡须和衣着似乎印证了他们的忧虑。甚至连学者、作家和艺术家们都花了一点点时间才摆脱自己先前的偏见。然而，从胡适开始，他们很快就意识到，这是一颗最为现代的智慧头脑，它乐意探索现代世界的任何问题。他恳请中国人不仅要鉴别新的西方的虚假和真实所在，还要明辨往昔古老的中国文化之精华所在，并明白她必须以新的方式和新的眼光面对一个崭新的世界。心有灵犀一点通，他们热情地聆听着泰戈尔的讲述，他自己如何努力地让孟加拉从语言和音乐的古代桎梏里挣脱出来，同时又如何地珍爱往昔印度文化中的精华，以便那种对西方服饰和习惯的东施效颦（mere aping）永远不会导致印度人忘记这点：如果印度必须多方地学习西方，她也还有很多的东西赠予西方。

他旅行到很远的地方，拜见山西省长，接受了对方赠送的晋祠的古代道观，并获得了足够土地以便在中国创办实验中心。印度人、中国人和其他人可以像诗人自己在室利尼克坦的乡村重建机构所做的那样，在此进行乡村经济和社会问题的研究。他欣赏梅兰芳的表演。在一位中国名士家里，在为他特意举办的绘画聚会上，他在丝绸上挥毫作画。他一直强调，印度专家们应该与中国人同住同行，这样他们不仅会发现中国古代的宝藏，也会邂逅和理解工作的和在家休息的中国人。

最为重要的或许是，他对一群中国年轻思想家和作家的要求即刻做出了回应，并在巡游中国的整个过程中，坚持将他们中的一两位带在身边随行随住。这样，他开始理解和欣赏诗人徐志摩，最后和他建立了长久的友谊。在各种条件下以多种方式旅行时，他们凑在一起，便是如此地嘻嘻哈哈，相互逗趣。

当他离开北平奔赴日本时，他的随行人员中除了三位印度人外，还包括了一位中国的将军学者（scholar-general），一位中国教授，一位中国诗人。他想说："除非你亲自看看日本，亲自感受她的文化应该怎样地感激中国，而这样一种文化之丰富内涵却被你们抛而弃之，你们又怎能认识自己的古代中国？跟我来看一看吧！尽管他们的政治野心误入了歧途，他们试图盲目地模仿全盘西化，他们却仍然拥有许多优秀的东西。世界上还有哪个地方，工作的男男女女会如此重视培育鲜花，如此珍视自然之美？"当这些中国朋友从日本回国后，他们在北平举办了一次展览会，以向世人说明，他们不仅受到了日本艺术家和作家的热情接待，而且也以此证实日本文化的丰富多彩。日本文化在很大程度上直接起源于唐宋时期与佛教中国的联系交流。直到发生徐志摩死亡的悲剧，泰戈尔从未与他中断过联系。他们都钟情文学，也都喜出新见，迷恋诗歌，喜欢幻想，耽于快乐，这使他们建起了中印之间的一座永恒之桥，这应该有助于后世的一代又一代人进行一种互惠互利的交流，圣蒂尼克坦的"中国学院"已经象征了这种交流，在那里，中国和印度的学者一同分享泰戈尔的静修林（Ashram，亦译"学校"、"精舍"或"寓所"）生活，分享一个独一无二的拥有中国经典的图书馆的财富。

三、远东新闻报道泰戈尔访华[1]

卡利达斯·纳格 编/ 尹锡南 译

在启航赴华前夕,诗人表达了一些非常重要的观点:"当中国的邀请函送达我时,我感到,这是发给印度的邀请,作为她谦卑的儿子,我必须接受这一邀请。印度很贫穷,她缺乏物质财富,没有值得吹嘘的政治权力和军事成就。这份邀请表明,她却仍有值得馈赠世界的东西。在商业和政治的竞争冲突中,在无比贪婪和深仇大恨的纷争倾轧中,在毁灭一切的冲突对立中,印度仍有她的救世福音(message of salvation)献给世界……印度明白,只有在精神财富和心理安康方面,文明才能达到其目的,通过物质产品的丰腴富饶,通过失控的权力与权力竞争,文明不能达到目的。她始终坚信人类的团结统一,她还勇敢地宣称,只有懂得所有生灵在精神方面的统一和谐,人类才明白真理。国际大学将此视为自己的理想,她正在请求整个世界一同分享人类共同遗产中一切卓越辉煌和真实的东西。国际大学是印度对人类至高真理的自我奉献。我期盼着我们的访问会重新建立中印之间的文化和精神联系。我们将邀请中国学者,并尽力安排学者之间进行交流。如果能做好这点,我会感到高兴。我相信,当中国学者来到印度时,你们会热情地迎接他们。"(1924 年 5 月 20 日报道)

泰戈尔在缅甸 (略)

---

[1] 选译自 Kalidas Nag, ed. *Tagore and China*, Calcutta: Federation of Indian Music and Dancing and Calcutta Art Society, 1945, pp. 34 – 50。

缅甸华侨的招待会

当泰戈尔从加尔各答启航时，那儿没有什么重要的华侨组织，尽管他们作为小商贩成千上万地居住在加尔各答。但是，他抵达仰光时却发现了一个巨大而有素养的华侨团体，他们在仰光郊区肯门鄞的中华学校为这位印度诗人举行了招待会。缅甸华侨领袖陶森科（Tao Sein Ko，M. L. C.，音译）主持了这次重要聚会。中华学校校长林我将先生（Lim Ngo Chiong）代表华侨接待理事会欢迎泰戈尔博士一行。林校长说："我毫不怀疑，泰戈尔博士及其著名同伴组成的代表团，将标志给中国人民以巨大精神影响的又一个时代。这就好比唐朝时期佛陀教诲在中国广为流传……我们希望通过他的努力，东方与西方的精华可以同时焕发光彩，这将对整个世界的进步、统一和完美作出贡献。"

作为主持人，陶森科先生在致辞时说："佛陀属于印度，泰戈尔博士也属于这个国家。他现在即将去北京履行使命，发表一系列关于宗教哲学的演讲。他们已经听说了很多有关圣蒂尼克坦即寂静乡（abode of Peace）的消息。在这个充满痛苦焦虑的世界上，所有人都需要和平安宁，中国尤其需要安宁。我希望泰戈尔博士此次访问将终结冲突纷争，将和平安宁的黎明带给中国。"

在缅甸华侨团体对诗人所说的这番动人的言辞中，我们还读到了其他一些信息："您光临本城自然是对我们的鼓舞，也将鼓励我们认识真善美……我们热切期望您的这次中国之行成为一座航标灯，引导中国及其人民迈向和平友好……您曾经努力缩短东西方的距离。不用多久，您就会在我们那拥有古老文化和文明的国度里受到欢迎，在世界的那个地方，您将传播有助于进步的声音……我们完全相信，您的声音将带着希望，鼓舞那些正在努力维护祖国和平与繁荣的爱国工人们。"

被这些欢迎词所深深地打动，诗人发表了一些思想深刻的观点："我的朋友们啊！我们生活在一个伟大的时代。曾经有个时期，印度的使者们带着一种新的生活哲学来到了中国……当这些使者到达中国并接触当地生活时，这便出现了一种思想和艺术的伟大觉醒，这是中国和印度历史上的辉煌时代,文学自此繁荣,科学自此发达。① 我们生活在现代。现代时期的一大好处就是其中的生活充满热情。我的朋友们啊,永远不必为生活忧虑。必须体验生活,在错误中体验生活。不要停靠在你的墓碑前,试图以此等愚蠢之举获得平安无忧。因此,刚刚觉醒的中国将通过错误而发现真理……我们东方人信奉某种根本的真实,信仰卓越的生命哲学,如果我们在人类自己的心灵深处坚持真理,我们便可到处行走,虽会招致灾亡,然却获得永生……这便是我将要告诉你们国家的真理(message)。"

主持人陶森科先生颇有学者风度,他希望诗人访华达成最有意义的目的,即鼓舞中国最为睿智者维护他们的古代传统。

泰戈尔博士最后热情邀请中国与缅甸朋友访问圣蒂尼克坦,因为,正如他说,只有遵守他的国际大学制定的文化路线,东方人与西方人的持久合作才能实现。

离开缅甸以前,诗人和随行人员与一些著名学者如 Shew Zan Aung 建立了个人联系,该学者是伦敦巴利语佛典学会教授里斯·戴维斯女士(Rhys Davids)和仰光大学卢切教授(Luce)的合作者,卢切教授正在帕岗寺和其他历史遗址进行关于佛教壁画的特殊研究。

泰戈尔在马来亚(略)

---

① 此处的英文为:My friends! It is a great age in which we have been born. At one time the messengers from India went to China with a new philosophy of life……When the messengers reached China and came into contact with life there, then there was a great illumination of mind and art; literature and science flourished in that age great both in the history of China and India. We have been born of this modern age. 参见 Kalidas Nag, ed. *Tagore and China*, Calcutta: Federation of Indian Music and Dancing and Calcutta Art Society, 1945, p. 37. 相关的中译文是:"古时代,各大国皆各有不同之文化,及刺激人类之脑筋,如以中国自身论,当印度消息传到该处时,各人之脑筋中将发光,艺术将扩张,文学及科学亦然,此系中国和印度最大之时代,欧洲亦然。"——泰戈尔:《过缅甸对华侨的演讲》(时间:1924 年 3 月 26 日);原载《文学周报》第 118 期,1924 年 4 月 21 日,转引自孙宜学编著:《泰戈尔与中国》,石家庄:河北人民出版社,2001 年版,第 165 页——译者注。

诗人与随行人员在中国

在香港

经历了几天紧张忙碌的带有新加坡特色的聚会、晚宴和宴会后,诗人一行启航出发,于1924年4月12日到达香港。这是中国的第一个港口,但是,非常令人惋惜,它已不再属于中国,因为尽管我们在码头和市场碰见了成千上万的中国苦力,但香港这个城市的每一寸土地都是英国的,香港是英国与远东进行"大宗贸易"的一个商场。一些孟加拉医生和其他多数来自锡克教群体的印度人登上汽船甲板迎接诗人。我们在此惊喜地见到了 W. W. 霍奈尔爵士先生,他是从前的孟加拉公共教育处主任,此刻却已被任命为刚成立的香港大学副校长(Vice-Chancellor)。霍奈尔先生提出想在他家款待我们,而我们的印度朋友却请他谅解,得胜般兴高采烈地把诗人带去和我们的同胞一道分享普通的印度饭菜。诗人刚一到达香港,邻近各国领袖的书信开始纷至沓来,他们想把获诺贝尔奖的亚洲诗人请到自己的国家去。中华民国之父孙逸仙博士的代表前来迎接诗人,邀请他访问南中国的首都广东,但是,由于命运作梗,孙博士和泰戈尔博士这两位中国与印度最伟大的健在的领袖人物却无法相见。众所周知,孙逸仙因病逝世于1925年初。来自厦门大学的深孚众望的中国副校长(实为校长——译者按)林文庆博士也亲自前来邀请泰戈尔博士访问厦门大学,他许诺将在厦门大学设立一个关于印度历史文化的特别教席(special chair)。1931年,他对泰戈尔的《金帆船》表达了令人鼓舞的赞美声。诗人的秘书恩厚之先生已经开始为诗人筹划一个涵盖面很广的项目,它将囊括印度支那、暹罗(近来已经通过新的路径建立了联系)和荷属东印度(诗人将在1927年而非现在造访此处)。1924年4月14日,诗人在孟加拉新年这一天所写的一封信中已经开始酝酿着巨大的梦想:"应该毫不迟疑地建造'珍奇屋'(Birla Sadan),以接待安置中国学者们。应该热烈欢迎第一批中国学者,准备好一切,使他们生活舒适……我们或许要在此地(中国)呆到五月末,然后在日本呆到六月末,然后去爪哇、暹罗(泰国)和柬埔寨。"(我们知道,诗人计划中的这一访问直到几年后即1927年到1928年间才得以成行。)

香港的尼玛兹家族（Nemazi family）和新加坡的尼玛兹家族一样，非常尊重泰戈尔博士及其随行人员。他们安排诗人一行乘汽车巡游香港岛，欣赏美景、高处山上的大学和九龙美丽的住宅区。九龙只有白人才有权拥有地基，近来尼玛兹家族也获准在此拥有宅基地。因为是一个商业城市，当地报纸（应指英文报纸——译者按）并不怎么关注文化方面的信息。中文报纸或许登载过更多的有趣报道，但我们对中文一无所知。我们只是从4月10日出版的《中国邮报》（China Mail，这是香港当时的一份英文报纸——译者按）的一段文字中猜到了香港方面的反应："他坦承自己只是一个诗人……使所有人高兴。文学没有地理边界，这很好。谁向这个世界传播真理，我们就聆听他的智慧倾诉，不管他原本属于哪个国家。出于个人偏好，我们或接受或拒斥某些思想，但非常明显的是，我们会赞美卓越人物的伟大思想。当某些伟人传播明智务实者冷嘲热讽的原理时，我们或可怀抱希望。泰戈尔主张世界大同。当世界被分为六个或七个部分时，这似乎是一种难以采纳的不可思议的观点。一直以来的呼声便是'随他前行'。泰戈尔向北到了北京，履行一项使我们激动和羡慕的使命。北边很幸运，我们期盼泰戈尔计划返程时，香港也能拥有这番幸运。香港比任何其他地方都更愿意接受诗人的思想、也更值得诗人宣扬他的思想原理。"

离开香港以前，锡克教团体在当地名叫"祖师门"（Guru-dwara）的地方盛情款待诗人和随行人员，他们还唱起颂神曲为诗人助兴。

在上海

诗人一行终于到达上海，在此逗留了一阵。著名的学者政治家张嘉森博士在他的漂亮花园中举办了盛大的招待会，许多名流聚集一堂，诗人在中国土地上发表了他的第一次演讲（1924年4月12日）："朋友们，对我来说，这是一个异常欣喜的日子。我住在亚洲一个遥远的地方，却被邀请到你们的国家，我为此深表感激……当初接到你们的邀请函时，我有一点点紧张……这些人邀请我去他们的国家，他们究竟对我有何期盼，我必须为他们奉献什么样的真理信息呢？……一种责任感驱使我坐下来，准备我的中国演讲……但是春天到了，诗人心中有了自己的感应……歌潮如此汹涌，彷佛春天繁花盛开，我无暇履行职责，而是继续创作诗歌，谱写乐曲……不过，你们的确不要奢望诗人们会履行约定。诗人们只想在他们的乐器上表现出可被感知的生命的神秘微颤，并在先知先觉的悦耳佳音中赋之以声。我想，诗人的天职就是招徕那种可以感知却无法听闻的声音，鼓舞人们矢志不渝地实现梦想，将未绽之花的最初音讯带给一个似信非信的世界……精明世故者和无信仰者已经造成了各种纷争，而正是那永葆童心者，那有梦在心者，那坚定信念者构筑了辉煌灿烂的文明。正如你们将在自己过去的历史中领悟的那样，这种创造的天赋具有广阔无垠的信念。现代的怀疑论者向来都是苛刻挑剔，他们什么都创造不了，只会败事有余。那么且让我们坚定而乐观地相信，我们生于这样一个时代，各个民族正团结在一起。流血杀戮和痛苦不幸不会永远持续，这是因为，身为人类，我们绝不会在动荡不安和角逐竞争中发现自己的灵魂良心。我回想起印度向你们馈赠爱意、与你们称兄道弟的那个时代。我期望，那种亲密的血缘关系仍然存在，它潜藏在东方人民的心灵深处。那条道路上的世纪杂草可能已经蔓延滋生，但是，我们仍将发现它的踪迹。我请求你们并肩相助，开启中国、印度和我们所有亚洲邻居之间的友谊之路。

我期盼，你们中间会突然出现一些伟大的梦想家，他们将宣扬关于爱的一种宏伟真理，并藉此超越一切差异，弥合无数个世纪以来日益扩大的情感裂痕。在亚洲，一代代伟大的梦想家已经以他们洒下的爱之甘露滋润着这个温馨世界。亚洲再度等待出现这类梦想家，从事这项工作，它并非战争、亦非获利，而是建立基于心灵沟通的密切联系。这一时代即将来临，我们会再度为同属一洲倍感自豪，从亚洲发出的光芒熠熠四射，穿透了困厄乱象的风暴乌云，照亮了众生之路。"

对上海日侨团体的演讲（略）

泰戈尔与在华西方记者交锋（略）

在南京

离开上海后,诗人在南京停留。1928 年起,南京被定为国民政府的首都。诗人在南京与军事长官(督军)、尊敬的齐燮元阁下做了一番长谈,齐当时统治着江苏、安徽和江西等三省。诗人坦率地告诉督军,他感到非常难过,因为,他"发现中国处于内战造成的巨大痛苦之中,内战削弱了中国人民的力量,此刻中国需要全力以赴地抵抗外来敌人的侵略蚕食"。他同时还说,在所有伟大的文明中,真正有价值的东西是和平的结晶,是文学、艺术、音乐及所有永恒的东西。他说,当一个国家被内乱弄得积贫积弱、元气大伤时,人民的创造资源就会完全枯竭,所有的精神创造也会被扼杀窒息……他说:"中国责任巨大,因为她有一个伟大的文明,而以国内纷争和内战危害这一点便是犯罪,这在世界历史上将永远不可饶恕。"督军感谢诗人的坦诚相告,也感激他在一个非常关键的时刻来到中国传播真理,人们极其需要这一真理。接下来,诗人与省督韩紫石进行了愉快的交谈。韩是一位佛教学者,他说,他将竭尽全力地支持鼓励中印之间的学者与学生交流。

泰戈尔在北京

1924 年 4 月 23 日,泰戈尔与随行人员乘坐豪华专列"蓝捷号"(Blue Express)抵达北京时,北京火车站欢声雷动,人们抛撒着鲜花,还响起了猛烈的爆竹声,这是中国人热情好客的一种奇怪方式。人群中有当地各个组织与大学的学生和代表、英美日代表,一些印度人也出现在那里,林长民、蒋梦麟和梁启超博士等著名学者领袖和其他人士也前来迎接。4 月 25 日出版的《华北正报》(North China Standard,这是当时的日本外务省在北京出版的一份英文报纸,前后存在了十一年时间——译者按)对此做了生动的报道:"近年来,在中国知识界,再没有比罗宾德拉纳特·泰戈尔来访更加激动人心的事件了。许多人来到中国,然后离开,却没有谁受到如此热情的接待。怎么解释这一现象?这是因为,泰戈尔博士属于东方,中国知识分子尊敬他,其实也就是尊重东方文明。此外,泰戈尔博士带着一种真理福音来到中国,对年长与年轻的中国人而言,这不能不具有巨大的吸引力。因为试图将西方文明移植到中国的土壤、根基和枝桠中,中国青年常常为人所诟病。几年以前,这类批评指责确有道理,然而,自那以后,已有明确证据表明,中国青年开始从信奉西方实利主义转向从祖先的文化中寻求心灵安慰。另一方面,中国青年意欲透过西方文明检视祖先的教诲,这将因泰戈尔先生的话而得到支持。因此,要不了多久,中国青年与中国老年人之间将会做出妥协,如果这真是泰戈尔先生访华的最终效果的话,他将为中国文明的事业大助一臂之力。"

4月24日出版的《北京日报》(Peking Daily News,或译《每日新闻》,这是此前北洋政府创办的英文报纸,陈友仁曾经担任该报编辑——译者按)这样报道说:"对中国文化界来说,见到泰戈尔爵士这位印度伟大诗人真是荣幸。现今时代,理论和思想无比混乱,人们茫然而不知所措,不知道追随哪种潮流才是正道。帝国主义的拥护者尚未绝迹,而共产主义思潮似乎已经涌入所有的国家……但是,我们几乎没有听说谁能指出人类所犯的根本错误,并开出一种良方,这将使世界重获新生。泰戈尔博士已经对西方文明进行了一番彻底的审视,他明白,那种文明究竟缺乏了什么。他知道,东方思想还得履行自己的使命。"在接受《北京导报》的专访时,诗人表示,希望能在短暂访华期间,以某种方式呼吁中国人民设法复兴东方文化。

4月25日,诗人在位于六国饭店(Wagon-Lits Hotel,六国饭店是由英国人于1900年建造的,当时的各国公使、官员及上层人士常在此住宿、餐饮、娱乐,成为达官贵人的聚会场所,后更名为"华风宾馆"——译者按)的英美协会(Anglo-American Association)发表演讲。这次演讲非常重要,以致《北京日报》和《远东时报》都对这次盛会做了报道。英美协会会长弗朗西斯·艾格伦爵士(Francis Aglen)主持了这次聚会,但请求美国大使舒尔曼博士(J. G. Schurman)向众人介绍泰戈尔,因为,他是协会中唯一一位与泰戈尔博士有过私交的人。他说:"对于英语听众来说,今天的演讲者无需介绍。正如爱默生所言:'当上帝将一位思想家派到这个世界时,这个世界就得留神。'我们人类确乎讲究实用,注重功利,但在其灵魂深处,却有理想主义的潜流。这是其获得卓越成就的根本缘由。

在英语世界中，没有谁能说服我们相信，我们已经完全屈服于实利主义，屈服于边使用边腐朽的感官之物，因为，他用来说服我们的语言会反对他自己，这种语言就是莎士比亚、华兹华斯、贝克和格拉斯顿的语言，是爱默生和林肯的语言。然而，西方仍有很多东西要学习东方。所有民族都献出自己的一份力量，毕竟，所有民族都属于人类。印度是一个神圣庄严、丰富多彩、极富灵性的文明家园。我想，这一文明再也没有比印度的泰戈尔博士更好的阐释者。现在，我很荣幸地将他介绍给你们。"

泰戈尔博士的答复（略）

在中国的最后几天

1924年4月26日，在国立北京大学，各个官方机构与非官方组织安排了一个盛大的招待会，人们聚集一堂，诗人对现代中国的学生和学者们发表了演讲。他们起初对诗人特别强调以东方文化抗衡西方文明颇有微词，但不久便发现，这位印度诗人远非保守反动，事实上，他还代表了那个时代极其重要的革命力量。诗人的英语秘书恩厚之先生（L. K. Elmhirst）写道："北京复兴运动的学者和文人们对诗人的思想有些怀疑，不敢确信他对中国古代传统的热情赞扬是否有些保守反动。他发表的第一次演讲完全赢得了他们的心。他们发现，与其说他一直是文学领域的一位革命家，还不如说他是所有领域的革命者。"燕京女子学院的学生们在给诗人的一封信中也体现了同样的感情色彩："看着您，我们就宛如仰望高山之巅。我们不知道怎样表达对您的敬慕之情。为了表达我们深深的敬意，我们想邀请您在日落时或月亮升起后光临我校，那个时候，我们已经完成了课业。如蒙您赏光，使我们荣幸地与您相见，我们将感激不尽。我们谨祝您'一路平安'。"

不用说，对于来自成长中的中国女性发自内心的这种热情和理解，诗人也进行了热情的回应。他从未放弃任何一个机会接见各个妇女组织的成员，这些组织在合适的时机到来时，在现代中国的杰出女性蒋介石夫人那里，会得到进一步的繁荣发展。

在具有历史意义的地坛公园（Temple of the Earth），诗人面对数千名中国学生和学者发表了一次值得纪念的演讲。他说："我自己认为，亚洲一直在等待、现在还在期待着发出自己的声音。亚洲过去并不总能如愿发声。曾有这样一个时期，亚洲拯救世界于野蛮状态中。接下来便是黑暗降临亚洲，我不知道怎么……我们必须从麻痹昏愦中奋起，以证明我们并非乞丐，这是我们的责任。请在你们自己的家园中搜寻价值不朽的东西，这样，你们将会自救，并能拯救整个人类。由于变为剥削者，由于她的剥削榨取，西方正日益变得道德沦丧。我们愿搜寻发现自己与生俱来的基本权利。我们必须以自己对人类精神道德力量的忠实信念与之抗衡。我们东方从不敬服将军，也不敬畏与谎言打交道的外交官，我们只崇拜精神领袖。依赖这些领袖，我们将脱离苦海，否则便根本无法得救。归根结底，物质力量并非无比强大。权力（power）会粉碎自身。机关枪和飞机将活生生的人毁灭在它们的武力之下，西方正日益衰落，不可救药。我们不会追随西方进行残酷自私的你争我夺……你们的文明是基于社会生活的灵魂信仰而孕育形成的。许多个世纪以来，你们诚实忠厚，心地善良，并不只是显示强壮的一面，这就孕育了你们的智慧。这便赐予你们辉煌的历史。因为我谈到了亚洲，你们便前来聆听我的讲话，我为我们的亚洲大陆感到自豪，我也对你们给我的热情欢迎表示感谢。"

在北京时，主人们带领诗人及其随行人员参观了颐和园、孔庙和国立博物馆（National Museum）等各种历史建筑。诗人在西山呆了好几天，他在中华学院发表了题为《中国与世界文明》的精彩演讲。5月7日出版的《京津泰晤士报》（Peking and Tientsin Times，或译《京津时报》，系英国当时在华创办的英文报纸——译者按）对此做了相关报道。以下便是其中几段的文字摘录："在我们各自的国家车间（national workshops）彼此隔绝的状态下，我们曾经培育了自己的文化。我们却没有智慧和机会与世界历史协调我们的工作……我们现在必须向整个世界而非仅仅向我们自己人民中的崇拜者证明我们的文化价值……既然我身在中国，我就问问你们，也问问自己，从你们自己的家中，能够虔诚恭敬地拿出什么东西献给这个新的时代？我曾经听说，你们中国人基本上是实用主义者，甚至是实利主义者。①……我绝不相信你们是实利主义者。世界上没有那个伟大的民族是彻头彻尾的实利主义者……实利主义具有排他独断性。由于这种排他性，实利主义者坚持声称他们的个人享有权。不过，你们不是个人主义者……你们的社会是集体心灵的创造结晶，这不可能是实利主义和利己主义的心态。你们与自己的人民和客人们分享财富……我曾经漫游你们的国家，我发现，你们付出了极大的努力，使你们的这方土地变得肥沃富饶，你们也以令人称奇的完美心态，把日常所用之物装饰得美轮美奂……你们的北京体现了人类社会的非凡绝妙之美……粗俗地讲求实用扼杀美。眼下，我们全世界都在大量生产各种产品物件，这是一个阻碍完美生命之路的巨大的帝国机构。② 文明期盼着完美无瑕，因为文明之魂只能以美进行表达。这必定是你们对这个世界作出的贡献。利用这个机会，我真心实意地恳请你们，不要被那些巨大而粗俗的力量、那种保守的精神、那成千上万毫无意义和目的的复制品所迷惑，从而拒斥美。请拥抱完美的理想，并重视所有相关的工作和你所有的活动。"

  作为中国青年的一员代表，针对上述演说，清华学院的王文显教授（Prof. J. Wong Quincey）③ 在《京津泰晤士报》上发表了批评意见："对于他的演讲内容，我们又能说些什么呢？我们的第一印象大致是，当一位诗人作诗时，合乎逻辑的理性批评无奈其何……不过，经过一番仔细分析，我们又惊喜地发现，泰戈尔根本不是在作诗……唯独在中国，我们才可在日常用品中发现形式和色彩的美，唯独在中国，我们才可邂逅功利与美的巧妙融合……但这是否就是她对新的世界文化的唯一贡献呢？如果泰戈尔从知识而非直觉的角度谈论美的话，答案就是否定的。公平地说，我们不

---

  ① 此处英文是：I have heard it said that you Chinese are more or less pragmatic and even materialistic。此句未见于 S. K. Das 主编的英文版《中国演讲集》（Talks in China.）第 63 页相关段落，令人费解，疑似删掉——译者注。
  ② 此处原文是：Gross utility kills beauty, We have now all over the world a huge production of things, huge organisation of empire obstructing the path of life。此处英文与 S. K. Das 主编的英文版《中国演讲集》第 64 页相关段落有异——译者注。
  ③ 王文显是当时的清华学校（作者此处称"清华学院"）教师。关于王文显的生平及著述，参见杨婷：《作为清华学院派戏剧教育家的王文显研究》（贵州师范大学 2008 年硕士学位论文），见豆丁网：http://www.docin.com/p-421048537.html——译者注。

能苛求诗人,我们必须记得,他是以心灵之眼在搜寻……同样公平的是,对于西方来说,在严厉谴责愚蠢自私的实利主义以及与真正文明精神不相协调的丑恶现象(此处原文 hediousness 实为 hideousness 之误——译者按)这点上,欧洲和美国最为杰出而开明的心灵丝毫并不亚于泰戈尔。实利主义与那些丑恶现象已经将西方带到了巨大倒退的边缘。我们期望,西方的先知预言者们能在泰戈尔温柔而动人的心声前发现新的力量和友谊。莎士比亚、雪莱和其他诗人已经使我们非常了解进步的悲剧所在、进步所造成的严重浪费。现在只等泰戈尔为我们指出,进步与完美之间充满敌意。这种思想丰富多彩、博大精深。我们中国人是否弥合了进步与完美之间的裂痕?泰戈尔认为是的。我们仍然愿意赞同他的观点。我们有可能弥合这种裂痕,我们最多是希望如此。"

参考文献[*]

---

[*] 篇幅所限,此处的参考文献仅列出本书初稿中参考的中英文著作,期刊论文、工具书和网站文献等均见书中脚注。特此说明。

一、中文著作（含译著）

［英］A. L. 巴沙姆主编，闵光沛等译：《印度文化史》，北京：商务印书馆，1999年版。

［印］A. P. J. 阿卜杜尔·卡拉姆、阿隆·狄瓦里著，季平、廖红等译：《火之翼：A. P. J. 阿卜杜尔·卡拉姆自传》，北京：当代世界出版社，2003年版。

阿驴：《呀！印度》，北京：华夏出版社，2012年版。

［印］阿马蒂亚·森著，刘建译：《惯于争鸣的印度人》，上海：上海三联书店，2007年版。

［美］爱德华·W. 萨义德著，王宇根译：《东方学》，北京：三联书店，1999年版。

［美］埃德加·斯诺著，董乐山译：《西行漫记》，北京：三联书店，1980年版。

北京大学东方文学研究中心编：《东方研究》，北京：国际文化出版公司，2002年版。

冰心：《冰心文集》，第四卷，上海：上海文艺出版社，1986年版。

蔡枫、黄蓉主编：《跬步集：深圳大学印度学研究文选》，北京：北京大学出版社，2011年版。

曹永胜等著：《南亚大象：印度军事战略发展与现状》，北京：解放军出版社，2002年版。

陈翰笙：《印度莫卧儿王朝》，北京：商务印书馆，1979年版。

陈翰笙：《四个时代的我：陈翰笙回忆录》，北京：中国文史出版社，2012年版。

陈明：《印度梵文医典〈医理精华〉研究》，北京：中华书局，2002年版。

陈义华：《后殖民知识界的起义：庶民学派研究》，北京：中央编译出版社，2009年版。

陈永国等主编：《从解构到全球化批判：斯皮瓦克读本》，北京：北京大学出版社，2007年版。

［印］D. D. 高善必著，王树英、王维、练性乾、刘建、陈宗荣译：《印度古代文化与文明史纲》，北京：商务印书馆，1998年版。

邓小平：《邓小平文选》（第3卷），北京：人民出版社，1993年版。

段晴：《波你尼语法入门》，北京：北京大学出版社，2001年版。

段渝主编：《南方丝绸之路研究论集》，成都：巴蜀书社，2008年版。

方广锠：《印度禅》，杭州：浙江人民出版社，1998年版。

方连庆、刘金质、王炳元主编：《战后国际关系史（1945—1995）》（上），北京：北京大学出版社，2003年版。

葛维钧：《印度社会政治简史》，北京：中国社会科学院南亚与东南亚研究所，1988年版。

郭良鋆：《佛陀和原始佛教思想》，北京：中国社会科学出版社，1997年版。

韩方明主编：《公共外交概论》，北京：北京大学出版社，2011年版。

韩方明主编：《中国人的国际新形象》，北京：新华出版社，2012年版。

［美］汉斯·摩根索著，徐昕、郝望、李保平译：《国家间政治：权力斗争与和平》，北京：北京大学出版社，2012年版。

虹影：《阿难》，北京：文化艺术出版社，2006年版。

侯传文：《佛经的文学性解读》，北京：中华书局，2004年版。

侯传文：《话语转型与诗学对话——泰戈尔诗学比较研究》，北京：中国社会科学出版社，2010年版。

黄宝生：《印度古代文学》，北京：知识出版社，1988年版。

黄宝生译：《奥义书》，北京：商务印书馆，2010年版。

黄宝生：《梵汉对勘维摩诘所说经》，北京：中国社会科学出版社，

2011年版。

黄宝生：《梵学论集》，北京：中国社会科学出版社，2013年版。

黄懋材：《得一斋杂著》，光绪十二年（1886年），梦花轩重刊本。

黄思骏：《印度土地制度研究》，北京：中国社会科学出版社，1998年版。

黄心川主编：《南亚大辞典》，成都：四川人民出版社，1998年版。

黄迎虹：《感化型政治——以圣雄甘地绝食的理论与实践为例》，上海：上海人民出版社，2012年版。

惠立、彦悰：《大慈恩寺三藏法师传》，北京：中华书局，2008年版。

季羡林主编：《印度文学研究集刊》，第1辑，上海：上海译文出版社，1984年版。

季羡林主编：《印度文学研究集刊》，第2辑，上海：上海译文出版社，1986年版。

季羡林主编：《印度文学研究集刊》，第4辑，上海：上海译文出版社，1999年版。

季羡林：《中印文化交流史》，北京：新华出版社，1991年版。

季羡林：《比较文学与民间文学》，北京：北京大学出版社，1997年版。

季羡林：《禅和文化与文学》，北京：商务印书馆国际有限公司，1998年版。

季羡林：《季羡林全集》，第1、9—14卷，北京：外语教学与研究出版社，2009年版。

季羡林：《季羡林全集》，第15—16卷，北京：外语教学与研究出版社，2010年版。

贾海涛、石沧金：《海外印度人与海外华人国际影响力比较研究》，济南：山东人民出版社，2007年版。

[印]贾瓦哈拉尔·尼赫鲁著，齐文译：《印度的发现》，北京：世界知识社，1956年版。

姜景奎：《印地语戏剧文学》，北京：中国对外翻译出版公司，2002年版。

姜景奎主编:《印度文学研究集刊》,第 6 辑,上海:上海译文出版社,2003 年版。

姜景奎、郭童编:《多维视野中的印度文学文化:刘安武先生 80 华诞纪念文集》,银川:阳光出版社,2010 年版。

姜景奎主编:《中国学者论泰戈尔》,银川:阳光出版社,2011 年版。

姜智芹:《文学想象与文化利用:英国文学中的中国形象》,北京:中国社会科学出版社,2005 年版。

姜智芹:《傅满洲与陈查理:美国大众文化中的中国形象》,南京:南京大学出版社,2007 年版。

蒋忠新译:《摩奴法论》,北京:中国社会科学出版社,2007 年版。

[印]杰伦·兰密施著,蔡枫、董方峰译:《理解 CHINDIA:关于中国与印度的思考》,银川:宁夏人民出版社,2006 年版。

金克木:《古代印度文艺理论文选》,北京:人民文学出版社,1980 年版。

金克木:《印度文化论集》,北京:中国社会科学出版社,1983 年版。

金克木:《梵竺庐集》(甲·梵语文学史),南昌:江西教育出版社,1999 年版。

金克木:《梵竺庐集》(乙·天竺诗文),南昌:江西教育出版社,1999 年版。

金克木:《梵竺庐集》(丙·梵佛探),南昌:江西教育出版社,1999 年版。

金克木:《印度文化余论》,北京:学苑出版社,2002 年版。

[印]卡·古普塔著,王宏纬译:《中印边界秘史》,北京:中国藏学出版社,1990 年版。

康有为:《大同书》,北京:北京古籍出版社,1956 年版。

李侃等著:《中国近代史》(第四版),北京:中华书局,1994 年版。

李涛主编:《南亚地区发展报告 2012》,北京:时事出版社,2013 年版。

李兆乾:《佛国都城——德里》,上海:上海人民出版社,1982 年版。

梁漱溟:《东西文化及其哲学》,北京:商务印书馆,1999 年版。

梁漱溟：《印度哲学概论》，上海：上海人民出版社，2005年版。

廖波：《印度印地语作家格莫勒希沃尔小说创作研究》，北京：世界图书出版公司，2011年版。

林承节：《中印人民友好关系史（1851—1949）》，北京：北京大学出版社，1993年版。

林承节：《印度现代化的发展道路》，北京：北京大学出版社，2001年版。

林承节：《殖民统治时期的印度史》，北京：北京大学出版社，2004年版。

林承节：《印度史》，北京：人民出版社，2006年版。

林良光、叶正佳、韩华：《当代中国与南亚国家关系》，北京：社会科学文献出版社，2001年版。

林仁川、徐晓望：《明末清初中西文化冲突》，上海：华东师范大学出版社，1999年版。

刘安武：《印度印地语文学史》，北京：人民文学出版社，1987年版。

刘安武、倪培耕、白开元主编：《泰戈尔全集》，第17、19、20、21、22、23、24卷，石家庄：河北教育出版社，2000年版。

刘安武：《印度两大史诗研究》，北京：北京大学出版社，2001年版。

刘安武：《印度文学与中国文学比较研究》，北京：中国国际广播出版社，2005年版。

刘芬：《印度》，北京：世界知识社，1956年版。

刘建、朱明忠、葛维钧：《印度文明》，北京：中国社会科学出版社，2004年版。

鲁光：《东方的爱》，成都：四川人民出版社，1983年版。

吕澂：《印度佛学源流略讲》，上海：上海人民出版社，1979年初版，2005年重印。

毛泽东：《毛泽东外交文选》，北京：中央文献出版社，1994年版。

孟华主编：《比较文学形象学》，北京：北京大学出版社，2001年版。

孟昭毅、郁龙余、朱璇：《天竺纪行：郁龙余、孟昭毅学术之旅》，北京：北京大学出版社，2013年版。

［英］内维尔·马克斯韦尔著，陆仁译：《印度对华战争》，北京：世界知识出版社，1981年版。

倪世雄等著：《当代西方国际关系理论》，上海：复旦大学出版社，2001年版。

骆郁廷等著：《文化软实力战略、结构与路径》，"序"，北京：中国社会科学出版社，2012年版，第3页。

［印］毗耶娑著，黄宝生等译：《摩诃婆罗多》（第1、5卷），北京：中国社会科学出版社，2005年版。

秦亚青编：《西方国际关系理论经典导读》，北京：北京大学出版社，2009年版。

仇华飞：《美国的中国学研究》，北京：中国社会科学出版社，2011年版。

邱永辉：《现代印度的种姓制度》，成都：四川人民出版社，1996年版。

邱永辉、陈继东、李德昌：《南亚国家的经济改革与民主化浪潮——印度和巴基斯坦研究》，成都：四川大学出版社，1998年版。

邱永辉、欧东明：《印度世俗化研究》，成都：巴蜀书社，2003年版。

邱永辉：《印度宗教多元文化》，北京：社会科学文献出版社，2009年版。

邱永辉：《印度教概论》，北京：社会科学文献出版社，2012年版。

邱紫华：《东方美学史》（下卷），北京：商务印书馆，2003年版。

邱紫华：《触摸印度的千手千眼》，武汉：华中师范大学出版社，2014年版。

任访秋主编：《中国近代文学大系：1840—1919》（卷十三），"散文集·4"，上海书店出版社，1993年版。

［美］斯蒂芬·科亨著，刘满贵等译：《大象和孔雀——解读印度大战略》，北京：新华出版社，2002年版。

［美］塞缪尔·亨廷顿著，周琪等译：《文明的冲突与世界秩序的重建》，北京：新华出版社，1999年版。

随新民：《中印关系研究：社会认知视角》，北京：世界知识出版社，

2007年版。

孙培钧、华碧云主编：《印度国情与综合国力》，北京：中国城市出版社，2001年版。

孙士海主编：《南亚的政治、国际关系及安全》，北京：中国社会科学出版社，1998年版。

孙士海主编：《印度的发展及其对外战略》，北京：中国社会科学出版社，2000年版。

孙宜学编：《泰戈尔与中国》，石家庄：河北人民出版社，2001年版。

孙宜学编：《不欢而散的文化聚会——泰戈尔来华讲演及论争》，合肥：安徽教育出版社，2007年版。

孙中山：《孙中山选集》（上卷），北京：人民出版社，1956年版。

尚会鹏：《种姓与印度教社会》，北京：北京大学出版社，2001年版。

尚劝余：《尼赫鲁时代中国和印度的关系（1947—1964）》，北京：中国社会科学出版社，2009年版。

[印] 师觉月著，姜景奎等译：《印度与中国——千年文化关系》，北京：北京大学出版社，2014年版。

[印] 谭中：《谭云山与中印文化交流》，香港：香港中文大学出版社，1998年版。

[印] 谭中、耿引曾：《印度与中国——两大文明的交往与激荡》，北京：商务印书馆，2006年版。

[印] 谭中主编，刘朝华、黄蓉副主编：《中印大同：理想与实现》，银川：宁夏人民出版社，2007年版。

[印] 谭中、郁龙余主编：《谭云山》，北京：中央编译出版社，2012年版。

唐孟生：《印度苏非派及其历史作用》，北京：经济日报出版社，2002年版。

唐仁虎、刘安武译：《普列姆昌德论文学》，桂林：漓江出版社，1987年版。

唐仁虎、魏丽明等著：《中印文学专题比较研究》，太原：北岳文艺出版社，2007年版。

汤用彤：《印度哲学史略》，北京：北京大学出版社，2010年版。

汤用彤选编，李建欣、强昱点校：《印度佛教汉文资料选编》，北京：北京大学出版社，2010年版。

汤志钧编：《康有为政论集》（下册），北京：中华书局，1981年版。

田民洲主编：《印度军情内幕》，北京：新华出版社，2002年版。

万金川：《佛典研究的语言学转向：佛经语言学论集》，台北：正观出版社，2005年版。

王邦维主编：《东方文学研究集刊》（1），长沙：湖南文艺出版社，2003年版。

王邦维、谭中主编，魏丽明副主编：《泰戈尔与中国》，北京：中央编译出版社，2010年版。

王春景：《R.K.纳拉扬的小说与印度社会》，石家庄：河北教育出版社，2010年版。

王德华、吴扬主编：《龙与象——21世纪中印崛起的比较》，上海：上海社会科学院出版社，2003年版。

王宏纬：《当代中印关系述评》，北京：中国藏学出版社，2009年版。

王立：《佛经文学与古代小说母题比较研究》，北京：昆仑出版社，2006年版。

王向远：《东方各国文学在中国——译介与研究史述论》，南昌：江西教育出版社，2001年版。

王向远等著：《佛心梵影——中国作家与印度文化》，北京：北京师范大学出版社，2007年版。

王红生：《论印度的民主》，北京：社会科学文献出版社，2011年版。

王岳川编著：《文化输出：王岳川访谈录》，北京：北京大学出版社，2011年版。

文富德：《印度经济：发展、改革与前景》，成都：巴蜀书社，2003年版。

巫白慧主编：《东方著名哲学家评传·印度卷》，济南：山东人民出版社，2000年版。

巫白慧：《印度哲学：吠陀经探义和奥义书解析》，北京：东方出版社，2000 年版。

吴永年、赵干城、马孆：《21 世纪印度外交新论》，上海：上海译文出版社，2004 年版。

吴志伟：《印度：绝望与惊喜》，青岛：中国海洋大学出版社，2010 年版。

萧三：《萧三文集》，北京：新华出版社，1983 年版。

徐继畲：《瀛环志略》（一），台北：台湾华文书局，1969 年版。

玄奘、辩机原著，季羡林等校注：《大唐西域记校注》（上），北京：中华书局，2000 年版。

薛克翘：《中国与南亚文化交流志》，上海：上海人民出版社，1998 年版。

薛克翘：《中印文化交流史话》，北京：商务印书馆，1998 年版。

薛克翘：《中印文学比较研究》，北京：昆仑出版社，2003 年版。

薛克翘：《佛教与中国文化》，北京：昆仑出版社，2006 年版。

薛克翘：《印度民间文学》，银川：宁夏人民出版社，2008 年版。

薛克翘：《中国印度文化交流史》，北京：昆仑出版社，2008 年版。

薛克翘：《象步凌空：我看印度》，北京：世界知识出版社，2010 年版。

薛克翘、唐孟生、姜景奎等著：《印度中世纪宗教文学》（上、下卷），北京：昆仑出版社，2011 年版。

杨朔：《亚洲日记》，北京：北京出版社，1957 年版。

杨朔：《杨朔散文选》，北京：人民文学出版社，1987 年版。

杨曾文：《中国佛教史论》，北京：中国社会科学出版社，2002 年版。

姚卫群：《佛学概论》，北京：宗教文化出版社，2006 年版。

［印］蚁垤著，季羡林译：《罗摩衍那》（四），北京：人民文学出版社，1982 年版。

义净著、王邦维校注：《大唐西域求法高僧传校注》，北京：中华书局，1988 年第 1 版，2009 年第 4 次印刷。

义净著、王邦维校注：《南海寄归内法传校注》，北京：中华书局，1995 年第 1 版，2009 年第 3 次印刷。

佚名主编：《印度文化代表团在中国》，北京：人民美术出版社，1956年版。

殷永林：《独立以来的印度经济》，昆明：云南大学出版社，2001年版。

尹锡南：《印度的中国形象》，北京：人民出版社，2010年版。

尹锡南：《华梵汇流：尹锡南讲印度文学与中印文学关系》，北京：中央编译出版社，2014年版。

尹锡南：《印度中国观演变研究》，北京：时事出版社，2014年版。

郁龙余编：《中印文学关系源流》，长沙：湖南文艺出版社，1987年版。

郁龙余：《中国印度文学比较》，北京：中国社会科学出版社，2001年版。

郁龙余编：《中国印度文学比较论文选》，杭州：中国美术学院出版社，2002年版。

郁龙余等著：《梵典与华章：印度作家与中国文化》，银川：宁夏人民出版社，2004年版。

余秋雨：《千年一叹》，北京：作家出版社，2002年版。

袁南生：《感受印度》，北京：中国社会科学出版社，2007年版。

袁田：《印度，去十次都不够》，南京：江苏人民出版社，2012年版。

乐黛云编：《季羡林与二十世纪中国学术》，北京：北京大学出版社，2001年版。

湛如：《净法与佛塔：印度早期佛教史研究》，北京：中华书局，2006年版。

詹得雄：《印度散记》，北京：新华出版社，1984年版。

张金鹏：《莲花之上——印度行游书》，北京：中国青年出版社，2007年版。

张昆：《国家形象传播》，上海：复旦大学出版社，2005年版。

张模超等主编：《新编中华人民共和国史》，成都：成都科技大学出版社，1994年版。

张敏秋主编：《中印关系研究（1947—2003）》，北京：北京大学出版社,2004年版。

张敏秋主编:《跨越喜马拉雅障碍:中国寻求了解印度》,重庆:重庆出版社,2006年版。

张讴:《印度文化产业》,北京:外语教学与研究出版社,2007年版。

张玉安、裴晓睿:《印度的罗摩故事与东南亚文学》,北京:昆仑出版社,2005年版。

赵干城:《中印关系现状·趋势·应对》,北京:时事出版社,2013年版。

赵卫邦:《赵卫邦文存》,(上册),四川大学南亚研究所编,成都:四川大学出版社,1989年版。

赵蔚文:《印中关系风云录(1949—1999)》,北京:时事出版社,2000年版。

郑宸:《罗摩桥》,北京:(生活·读书·新知)三联书店,2011年版。

郑瑞祥:《印度的崛起与中印关系》,北京:中信出版社,2006年版。

郑逸梅、陈左高主编:《中国近代文学大系:1840—1919》(卷二十四),"书信日记集·2",上海书店出版社,1993年版。

中国人民解放军白求恩国际和平医院《柯棣华大夫》编写组:《柯棣华大夫》,盛贤功执笔,北京:人民出版社,1979年版。

中国社会科学院近代史研究所中华民国史研究室编:《胡适来往书信选》(上册),北京:社会科学文献出版社,2013年版。

中印联合编审委员会:《中印文化交流百科全书》(薛克翘主编),北京:中国大百科全书出版社,2014年版。

周恩来:《周恩来外交文选》,北京:中央文献出版社,1990年版。

周而复:《浪淘沙》,北京:档案出版社,1991年版。

周广荣:《梵语〈悉昙章〉在中国的传播与影响》,北京:宗教文化出版社,2004年版。

周利群、沈逸鸣:《菩提树下,恒河水上——次与印度的神奇邂逅》,北京:人民邮电出版社,2012年版。

周宁:《天朝遥远:西方的中国形象研究》,北京:北京大学出版社,2006年版。

朱明忠、尚会鹏:《印度教:宗教与社会》,北京:世界知识出版社,2003年版。

二、英文著作

Agarwala, Ramgopal, *The Rise of China: Threat or Opportunity?* New Delhi: Bookwell, 2002.

Aiyar, Pallavi, *Smoke and Mirrors: An Experience of China*, New Delhi: Harper Collins India, 2008.

Bagchi, Prabodh Chandra, *India and China: A Thousand Years of Cultural Relations*, New York: Philosophical Library, 1951.

Bagchi, Prabodh Chandra, *India and China: A Thousand Years of Cultural Relations*, New Delhi: Munshiram Manoharlal Publishers Pvt. Ltd., 2008.

Bagchi, Prabodh Chandra, *Indological Studies: A Collection of Essays*, Santiniketan: Visva Bharati, 1982.

Bajpai, Kanti & Amitabh Mattoo, eds. *The Peacock and the Dragon: India China in the 21st Century*, New Delhi: Har-Anand Publications, 2000.

Banerjee, D. K., *Sino-Indian Border Dispute*, New Delhi: Intellectual Publishing House, 1985.

Bapat, P. V., *2500 Years of Buddhism*, New Delhi: Publications Division, Ministry of Information and Broadcasting, Government of India, 1971 (1956).

Basham, A. L., *A Cultural History of India*, Oxford: Oxford University Press, 1975.

Basham, A. L., *The Wonder that was India: A Survey of the History and Culture of the Indian Subcontinent before the Coming of the Muslims*, Third Revised Edition, New Delhi: Picador India, 2004.

Bhatia, Shyam, *India's Nuclear Bomb*, Ghaziabad: Vikas Publishing House Pvt. Ltd., 1979.

Bhattacharjea, Mira Sinha, *China the World and India*, New Delhi: Samskriti, 2001.

Bhushan, Shashi, *China: The Myth of a Super Power*, New Delhi: Progressive People's Sector Publications, 1976.

Chakrabarti, Sreemati, *China and the Naxalites*, New Delhi: Radiant Publishers, 1990.

Chakrabarti, Sreemati, *Mao, China's Intellectuals and the Cultural Revolution*, Delhi: Sanchar Publishing House, 1998.

Chandra Jain, Jagdish, *Amidst the Chinese People*, Delhi: Atma Ram & Sons, 1955.

Chandrasekhar, S., *A Decade of Mao's China: A Survey of Life and Thought in China Today*, Bombay: The Perennial Press, 1960.

Chandrasekhar, S., *Communist China Today*, Bombay: The Asia Publishing House, 1961.

Chaudhuri, Sailen, *Maoist Betrayal, India: A Case Study*, New Delhi: Sterling Publishers, 1980.

Chaturvedi, Gyaneshwar, *India-China Relations: 1947 to Present Day*, Agra: MG Publishers, 1991.

Cooney, Kevin J. and Yoichiro Sato, eds. *The Rise of China and International Security: American and Asia Respond*, London and New York: Routledge, 2009.

Dalvi, J. P., *Himalayan Blunder: The Curtain-raiser to the Sino-Indian War of 1962*, Bombay: Thacker & Company Limited, 1969.

Das, Gautam, *China-Tibet-India: The 1962 War and the Strategic Military Future*, New Delhi: Har-Anand Publications, 2009.

Das, Gurudas and C. Joshua Thomas, eds. *India-China Trade and Strategy for Frontier Development*, New Delhi: Bookwell, 2010.

Das, S. K., ed. *Talks in China*, Rabindra Bhavana: Visva Bharati, 1999.

Dasgupta, Dhirendranath, *With Nehru in China*, Calcutta: National Book Agency, 1955.

Deepak, B. R., *India-China Relations in the First Half of the 20th Century*,

New Delhi: A. P. H. Publishing Corporation, 2001.

Deepak, B. R. , *India and China: 1904 – 2004, A Century of Peace and Conflict*, New Delhi: Manak Publications, 2005.

Deshingkar, Giri, *Security and Science in China and India (Selected Essays)*, New Delhi: Samskriti, 2005.

Dutt, Gargi and V. P. Dutt, *China's Cultural Revolution*, Bombay: Asia Publishing House, 1970.

Dutt, Subimal, *With Nehru in the Foreign Office*, Calcutta: The Minerva Associates, 1977.

Dutt, V. P. , ed. *China: The Post-Mao View*, New Delhi: Allied Publishers, 1981.

Frankel, Francine R. and Harry Harding, eds. *The India-China Relationship: What the United States Needs to Know*, New York: Columbia University Press, 2004.

Gandhi, Mahatma, *The Collected Works of Mahatma Gandhi*, Vol. 5, New Delhi: The Publications Division, Ministry of Information and Broadcasting, Government of India, 1961.

Gandhi, Mahatma, *The Collected Works of Mahatma Gandhi*, Vol. 49, New Delhi: The Publications Division, Ministry of Information and Broadcasting, Government of India, 1979.

Gandhi, Mahatma, *The Collected Works of Mahatma Gandhi*, Vol. 68, New Delhi: The Publications Division, Ministry of Information and Broadcasting, Government of India, 1977.

Garver, John W. , *Protracted Contest: Sino-Indian Rivalry in the Twentieth Century*, London: Oxford University Press, 2001.

Ghose, Sri Aurobindo, *Sri Aurobindo Bande Mataram*, *Early Political Writings*, Vol. 1, Pondicherry: Sri Aurobindo Ashram, 1972.

Ghosh, S. K. & Sreedhar, eds. *China's Nuclear and Political Strategy*, New Delhi: Young Asia Publications, 1975.

Goel, Sita Ram, *Mind-murder in Mao Land*, Calcutta: Society for Defence of Freedom in Asia, 1953.

Goel, Sita Ram, *China is Red with Peasnt's Blood*, Calcutta: Society for Defence of Freedom in Asia, 1953.

Goel, Sita Ram, *Red Brother or Yellow Slave*, Calcutta: Society for Defence of Freedom in Asia, 1953.

Goel, Sita Ram, *The China Debate: Whom Shall We Believe?* Calcutta: Society for Defence of Freedom in Asia, 1953.

Gupta, Karunakar, *The Hidden History of the Sino-Indian Frontier*, Calcutta: Minerva Associates Publications, 1974.

Gupte, R. S., *History of Modern China: Nationalism and Communism in China*, New Delhi: Sterling Publishers, 1974.

Guruswamy, Mohan, ed. *Emerging Trends in India-China Relations*, New Delhi: Hope India Publications, 2006.

Hoffmann, Steven A., *India and the China Crisis*, Delhi: Oxford University Press, 1990.

Johnson, Bruce, R. P. Misra, D. V. Urs, R. Dwarakinath, *People's China Today: Eye-Witness Report*, Mysore: People's Book House, 1979.

Karanjia, R. K., *China Stands Up and Wolves of the Wild West*, Bombay: People's Publishing House, 1952.

Kaul, T. N., *India, China and Indochina: Reflections of a "Liberated" Diplomat*, New Delhi: Allied Publishers Private Limited, 1980.

Kumar, R. V., *Chinese Air Force Threat*, New Delhi: Manas Publications, 2003.

Kurian, Nimmi, *Emerging China and India's Policy Options*, New Delhi: Lancer Publishers, 2001.

Landry, Donna & Gerald Maclean, eds., *Selected Works of Gayatri Chakravorty Spivak*, New York and London: Routledge, 1996.

Lohia, Rammanohar, *India, China and Northern Frontiers*, Hyderabad: Navahind, 1963.

Mackerras, Colin, *Western Images of China*, Hong Kong: Oxford University Press, 1989.

Malaviya, H. D. , *Peking Leadership Treachery and Betrayal*, Delhi: New Literature, 1979.

Mankekar, D. R. , *The Guilty Men of 1962*, Bombay: The Tulsi Shan Enterprises, 1968.

Mansingh, Surjit, ed. *Indian and Chinese Foreign Policies in Comparative Perspective*, New Delhi: Radiant Publishers, 1998.

Menon, K. P. S. , *Delhi-Chungking: A Travel Diary*, London: Oxford University Press, 1947.

Menon, K. P. S. , *China: Past & Present*, Bombay: Asian Publishing House, 1968.

Menon, K. P. S. , *Twilight in China*, Bombay: Bharatiya Vidya Bhavan, 1972.

Mitra, Sabaree, *Literature and Politics in 20th Century China: Issues and Themes*, New Delhi: Books Plus, 2005.

Mitra, Sabaree, *Chinese Women Writers and Gender Discourse*, New Delhi: Books Plus, 2008.

Mohan, C. Raja, *Crossing the Rubicon: The Shaping of India's New Foreign Policy*, Hampshire: Palgrave Macmillan, 2004.

Moulik, T. K. , *Mao's China: The Dilemma*, Bombay: Somaiya Publications, 1982.

Mukherjee, Sailakumar, *A Visit to New China*, Calcutta: A. Mukherjee and Co. , 1956.

Mukherji, Priyadarsi, *Chinese and Tibetan Societies through Folk Literature*, New Delhi: Lancer's Books, 1999.

Mukherji, Priyadarsi and Cristina Beatriz del Rio Aguirre, *Cross-Cultural Impressions: Ai Ch'ing, Pablo Neruda and Nicolas Guillen*, Delhi: Authors Press, 2004.

Mullik, B. N. , *The Chinese Betrayal: My Years with Nehru*, Bombay: Allied Publishers, 1971.

Munshi, K. M. & R. R. Diwakar, *Chinese Aggression and Its Implications*, Bombay: Bharatiya Vidya Bhavan, 1963.

Murty, K. Satchidananda, *Far Eastern Philosophy*, Mysore: University of Mysore, 1976.

Murty, T. S. , *India-China Boundary: India's Options*, New Delhi: ABC Publishing House, 1987.

Nag, Kalidas, ed. *Tagore and China*, Calcutta: Federation of Indian Music and Dancing and Calcutta Art Society, 1945.

Nagarjun, *Peking's World Network: Survey of China Lobby in Five Continents*, New Delhi: Perspective Publications, 1965.

Narsimha, Sushila and G. Balatchandirane, eds. *India and East Asia: Learning from Each Other*, Delhi: Department of East Asian Studies, University of Delhi, 2004.

Nehru, Jawaharlal, *We Accept China's Challenge*, New Delhi: Publications Division, Ministry of Information and Broadcasting Government of India, 1962.

Nehru, Jawaharlal, *Prime Minister on Sino-Indian Relations*, Vol. 1: Indian Parliament: Part 2, New Delhi: External Publicity Division: Minister of External Affairs Government of India, 1963.

Nehru, Jawaharlal, *Selected Works of Jawaharlal Nehru*, Vol. 11, New Delhi: Orient Longman, 1978.

Nehru, Jawaharlal, *Jawaharlal Nehru's Speeches*, Vol. 5, New Delhi: Publications Division, Ministry of Information and Broadcasting Government of India, 1983.

Panda, Jagannath P. , *China's Path to Power: Power, Military and the Politics of State Transition*, New Delhi: Pentagon Security International, 2010.

Pande, Ira, ed. *India China: Neighbours, Strangers*, New Delhi: HarperCollins Publishers, 2010.

Panikkar, K. M. , *In Two Chinas: Memoirs of a Diplomat*, London: George Allen & Unwin Ltd. , 1955.

Panikkar, K. M. , *India and China: A Study of Cultural Relations*, Bombay: Asia Publishing House, 1957.

Pant, Harsh V. , ed. *The Rise of China: Implications for India*, New Delhi: Cambridge University Press India Pvt. Ltd. , 2012.

Patil, R. K. , B. J. Patel and F. N. Rana, *Report of the Indian Delegation to China on Agrarian Co-operatives*, New Delhi: Government of India Planning Commission, 1957.

Phadke, R. V. , *China's Power Projection*, New Delhi: Manas Publications, 2005.

Pillai, Mohanan B. , ed. *Foreign Policy of India: Continuity and Change*, New Delhi: New Century Publications, 2010.

Pokharna, Bhawna, *India-China Relations: Dimensions and Perspectives*, New Delhi: New Century Publications, 2009.

Radhakrishnan, S. , *India and China: Lectures Delivered in China in May 1944*, Bombay: Hind Kitabs Ltd. 1954.

Ranganathan, C. V. , ed. *Panchsheel and Future: Perspectives on India-China Relations*, New Delhi: Samskriti, 2005.

Ram, Mohan, *Politics of Sino-Indian Confrontation*, New Delhi: Vikas Publishing House, 1973.

Raman, G. Venkat, *State Authority and Decentralization: A Comparative Study of Mao Zedong and Deng Xiaoping's Thoughts on Development Strategy*, Gurgaon: Hope India Publications, 2008.

Ray, Haraprasad, *Trade and Diplomacy in India-China Relations: A Study of Bengal during the Fifteenth Century*, New Delhi: Radiant Publishers, 1993.

Ray, Haraprasad, ed. , *Contribution of P. C. Bagchi on Sino-Indo Tibetology*, Kolkata: The Asiatic Society, 2002.

Ray, Haraprasad, *Chinese Sources of South Asian History in Translation: Data for Study of India-China Relations through Ages*, Vol. 1 – 4, Kolkata: The Asiatic Society, 2004 – 2011.

Ray, Sibnarayan, ed. *Selected Works of M. N. Roy (1927 – 1932)*,

Vol. 3, Delhi: Oxford University Press, 1990.

Ray, Sibnarayan, ed. *M. N. Roy: Philosopher-Revolutionary*, New Delhi: Ajanta Publications, 1995.

Rowland, John, *A History of Sino-Indian Relations: Hostile Co-existence*, Bombay: Allied Publishers, 1971.

Roy, M. N., *My Experiences in China*, Calcutta: Renaissance Publishers, 1945.

Roy, M. N., *Revolution and Counter-revolution in China*, Calcutta: Renaissance Publishers, 1946.

Roy, M. N., *M. N. Roy's Memoirs*, Bombay: Allied Publishers Pvt. Ltd., 1964.

Roy, M. N., *Men I Met*, Delhi: Ajanta Publications, 1968.

Saksena, Shalini, *India, China and the Revolution*, New Delhi: Anmol Publications, 1992.

Sarma, KVS Rama, *China: Second Liberation*, New Delhi: Lancers Books, 1985.

Sen, Tansen, *Buddhism, Diplomacy, and Trade: The Realignment of Sino-Indian Relations, 600 - 1400*, Honolulu: University of Hawai Press, 2003.

Seth, Vikram, *From Heaven Lake: Travels through Sinkiang and Tibet*, New Delhi: Penguin Books India, 1990.

Seth, Vikram, *Three Chinese Poets*, New Delhi: Viking, 1992.

Shah, K. T., *The Promise That is New China*, Bombay: Vora and Co., 1953.

Sharma, K. R., *China: Revolution to Revolution*, New Delhi: Mittal Publications, 1989.

Sharma, Ravindra, *Paradoxes of Chinese Socialism*, New Delhi: Manak Publications, 2007.

Sharma, Shalendra D., *China and India in the Age of Globalization*, Cambridge: Cambridge University Press, 2009.

Sharma, Surya P., *India's Boundary and Territorial Disputes*, New Delhi: Vikas Publications, 1971.

Sheel, Kamal, *Peasant Society and Marxist Intellectuals in China: Fang Zhimin and the Origin of a Revolutionary Movement in the Xinjiang Region*, New Jersey: Princeton University Press, 1989.

Shourie, Arun, *Are We Deceiving Ourselves Again? Lessons the Chinese Taught Pandit Nehru But Which We Still Refuse to Learn*, New Delhi: Rupa. Co., 2008.

Sidhu, Waheguru Pal Singh & Jing-dong Yuan, *China and India: Cooperation or Conflict*, London: Lyner Rienner Publishers, 2003.

Singh, A. K., *A History of China in Modern Times*, New Delhi: Surjeet Publications, 1984.

Singh, K. Natwar, *My China Diary: 1956 – 1988*, New Delhi: Rupa & Co., 2011.

Singh, Naunihal, *China in the 21ˢᵗ Century*, New Delhi: Mittal Publications, 2006.

Singh, S., ed. *India and China: Mutual Reflections*, New Delhi: Anmol Publications Pvt. Ltd., 2006.

Sundarlal, *China Today: An Account of the Indian Goodwill Mission to China, September-October 1951*, Allahabad: Hindustani Culture Society, 1952.

Sunder, B. Shyam, *The Menace of the Dragon*, Maharashtra: Citizens' Defence Committee, 1963.

Surie, Pooram, *China: A Search for Its Soul, Leaves from a Beijing Diary*, New Delhi: Konark Publishers, 2009.

Tagore, Amitendranath, *Literary Debates in Modern China: 1918 – 1937*, Tokyo: The Centre for East Asian Cultural Studies, 1967.

Tan Chung, *China and the Brave New World: A Study of The Origins of The Opium War (1840 – 1842)*, New Delhi: Allied Publishers, 1978.

Tan Chung, *Triton and Dragon: Studies on Nineteenth-Century China and Imperialism*, New Delhi: Gian Publishing House, 1986.

Tan Chung, ed. *Indian Horizons*, Vol. 43, No. 1 – 2, New Delhi: Indian Council for Cultural Relations, 1994.

Tan Chung, ed. *Across The Himalayan Gap: An Indian Quest for Understanding China*, New Delhi: Gyan Publishing House, 1998.

Tan Chung, Zhang Minqiu and Ravni Thakur, eds., *Across the Himalayan Gap: A Chinese Quest for Understanding India*, New Delhi: Konark Publishers, 2013.

Tan Yun-Shan, *Cultural Interchange between India and China*, Santiniketan: Visva-Bharati, 1940.

Tan Yun-shan, *Ahimsa in Sino-Indian Culture*, Santiniketan: Visva-Bharati, 1949.

Tan Yun-shan, *Sino-Indian Culture*, Santiniketan: Visva-Bharati, 1998.

Tankha, Brij and Madhavi Thampi, *Narratives of Asia from India, Japan and China*, Calcutta and New Delhi: Sampark, 2006.

Thakur, Ravni, *Rewriting Gender: Reading Contemporary Chinese Women*, London and New Jersey: Zed Books, 1997.

Thampi, Madhavi, *Indians in China: 1800–1949*, New Delhi: Manohar Publishers, 2005.

Thampi, Madhavi, ed. *India and China in the Colonial World*, New Delhi: Social Science Press, 2005.

Thampi, Madhavi and Shalini Saksena, *China and the Making of Bombay*, Bombay: The K. R. Cama Oriental Institute, 2009.

Thapar, Romila, *The Penguin History of Early India from the Origins to AD 1300*, New Delhi: Penguin Books, 2003.

Vepa, Ram K., *Mao's China: A Nation in Transition*, New Delhi: Abhinav Publications, 1979.

后记

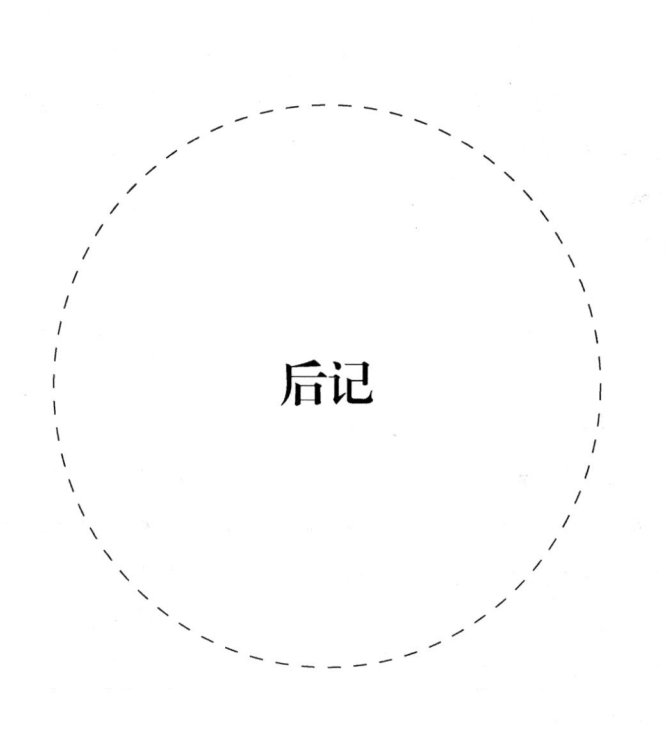

本书原名《文化视角下的中印关系研究》，是本人主持完成的2011年度教育部人文社会科学重点研究基地重大项目（批准号：11JJD810024）的最终成果。该项目成果即本书初稿于2015年8月5日通过鉴定而结项（证书号：15JJD103）。由于某些复杂原因，现将书名改为《中印人文交流研究：历史、现状与认知》出版。

从某种意义上讲，本书也是笔者对近期出版的《印度中国观演变研究》一书的深化或延伸研究。如果说《印度中国观演变研究》是聚焦于印度看中国的单向度透视的话，《中印人文交流研究：历史、现状与认知》便是刻意选取中印双向对视这一观察方法后的思考结晶。本书的结构安排体现了笔者的这一思路。至于才疏学浅的笔者思考的结晶是否有价值，发现的东西是否有新意，则需要靠读者诸君和专家们睿智评判了。

近几年出版的几本拙著中已经对国内外诸多师友和各类机构所提供的各种形式的帮助和支持一再表示鸣谢，也对自己近年来在学术道路上勉力探索的艰辛做过许多记载。为省略篇幅起见，下边只对直接涉及本书资料收集、写作、责编以及前期项目申请的单位和专家、师友简略地表示真诚的谢意，余不赘述。

首先感谢评审本项目申请书的匿名评审专家！没有他们的肯定和支持，本课题难以获得立项资助。笔者也对鉴定本项目最终成果的匿名评审专家的辛劳表示深深的谢意！

感谢几位大力支持笔者申请2011年度教育部人文社会科学重点研究基地重大项目《文化视角下的中印关系研究》的专家和师友。他们是：中国社会科学院亚太所的薛克翘先生，华南师范大学外国语言文化学院的尚劝余教授，四川大学南亚研究所的张力教授、欧东明副教授、陈小萍博士、曾祥裕博士，四川大学历史文化学院的博士生朱莉女士。另外，四川大学南亚研究所常务副所长李涛教授、黄正多副教授等也在笔者申请该项目的过程中给予大力支持，特此致谢！

就本项目研究所需大量文献的收集、购买和托运等而言，笔者要对以下年轻的朋友们表示深深的谢意：曾在德里大学留学、现已回国工作的钱铮、吴顺煌和林姗姗，现在尼赫鲁大学国际关系学院随中国问题研究专家谢刚教授（Prof. Srikanth Kondapalli）攻读博士学位的张洋，现在德里大学留学的寂肇法师等，其中又以张洋所付出的劳动最为艰辛。本书出版之际，恰值张洋痛失亲人（对其疼爱有加的长兄于近期不幸英年早逝）之时，笔者惊闻噩耗，却又不知如何以言语安慰这位年轻的朋友。笔者深信他会尽快振作起来，继续攻读印度尼赫鲁大学的博士学位，并成长为中印关系研究领域一位前景可期的青年才俊！

特别需要指出的是，本书附录的部分译文来自印度学者纳格（Kalidas Nag）编选的《泰戈尔与中国》，该书的相关信息是2004年笔者留印期间通过电话从中国社会科学院印度文学和文化研究专家刘建先生那儿获悉的。笔者当时遍寻此书未果，但在2012年春即第二次留印期间终于如愿搜得该书。为此，笔者要真诚地感谢刘先生所提供的宝贵信息。该书信息丰富，学力不逮的笔者只是勉力译出其中自认为较为重要的一些片段。期待他日能有中英文更佳的国内学者完整地译出此书以飨读者。

真诚感谢本书的责任编辑谢琳女士，她的热情友好和严谨求实令人钦佩！在审校本书稿的过程中，她不仅指出了其中的很多文字谬误，还澄清了很多与其相关的复杂问题。书稿得以最终成型并付印，谢女士功不可没！

感谢帮助借阅相关文献的几位研究生同学：李晓娟（四川大学南亚研究所2012级国际关系专业硕士生，现在青海省委党校政治学教研部工作）、李贻娴、王琼林（均为四川大学历史文化学院2013级世界史专业硕士生）、杨闰（四川大学南亚研究所2013级国际关系专业硕士生）。印象最为深刻的是，笔者有一次请求王琼林同学帮助寻找林承节先生在书中提到的一篇文章即丁则良的《义和团运动时期一个印度士兵的日记》的出处。该文原载《光明日报》1954年2月20日第5版，但收录该文的《义和团运动史论丛》将其发表日期误写为1954年2月1日。为了寻觅该文原始出处,小王遂将该年该月的《光明日报》翻了个遍,最终找到了原始的出处。这使笔者大为感叹。李晓娟、李贻娴和杨闰三位同学对笔者的信息收集和资料下载也是有求必应且速度很快。杨闰同学最后通读了一遍拙著即将付印的清样,并指出了其中存在的一些文字谬误。

写作本书初稿的过程中,73岁的父亲离我而去,那是一种难以回首的无言之痛。而今我已彻底失去双亲,独自在人生的中途徘徊和思考。学术探索的忠贞不二和家庭重担的孝心责任之间,并未取得圆满的协调。所谓忠孝难全,似乎也可注解我的内心波澜。幸而内子非常善解人意,在诸多繁重的家务中还悉心照料我的起居,使得本书初稿得以最终完成。来自亲人的支持和理解,是鄙人这辈子最珍贵的财富。

本项目研究所需资料的收集之所以能够较为顺利地完成,也与众多印度学者、朋友和学术机构的支持密不可分。这些印度朋友包括德里大学东亚研究系的玛姐玉教授(Madhavi Thampi)、玛杜·巴拉教授(Madhu Bhalla)、阿妮塔·夏尔玛教授(Anita Sharma)、K. C. 马图尔教授(K. C. Mathur)、谈玉妮教授(Ravni Thakur)等,印度中国研究所的M. 莫汉迪教授(Manorajan Mohanty)、潘翠霞女士(Patricia Uberoi)、S. 查克拉巴蒂教授(Sreemati Chakrabarti)等,印度尼赫鲁大学的狄伯杰教授(B. R. Deepak)、邵葆丽教授(Sabaree Mitra)和马尼克教授(Malik Bhattacharya)等,印度国际大学中国学院院长阿维杰特·巴纳吉博士(Avijit Banerjee)、那济世教授(Arttatrana Nayak)等,印度贝拿勒斯印度大学人文学院院长嘉玛希教授(Kamal Sheel)、杜特教授(Kamal Dutt)、阿迪提教授(Atithi Jha)等。华裔学者、现居芝加哥的谭中先生也在笔者收集资料和前期研究过程中提供了各种信息和帮助。对于上述各位学者以及其他没有在此一一具名但却给予笔者各种帮助的印度学者、学生、朋友,在此一并致谢!

本书郑重地献给笔者最亲密的印度朋友之一、国际大学中国学院院长阿维杰特·巴纳吉博士(中国学者习惯称他为"阿老师"),以纪念我们之间一段长达十余年且将一直延续的跨文明友谊!迄今为止,我已去过小我五岁的阿老师的工作单位即国际大学(印度伟大诗人泰戈尔亲自创办)两次,他也两度造访我的单位即四川大学。十多年来,阿老师给我提供了各种形式且无法详述的帮助。在国际大学期间，我最喜欢欣赏校园里学生们与大自然融为一体、别具一格的课堂：学生们席地而坐，老师则站在当年曾经深情陪伴着泰戈尔及其学生们的大榕树下滔滔不绝、谆谆教诲。

愿阿老师和我的友谊也如国际大学的美丽校园一样，自然清新，永葆青春！

愿中印关系在不断的跨文明对话中获得新的启悟，再谱新的华章，再续新的辉煌！

2015 年 11 月 18 日于四川大学